江苏文库 研究编
江苏历代文化名人传

江苏文脉整理与研究工程

江苏历代文化名人传·王韬

张海林 著

江苏人民出版社

图书在版编目(CIP)数据

江苏历代文化名人传.王韬/张海林著.—南京：
江苏人民出版社,2019.8
  (江苏文库.研究编)
  ISBN 978-7-214-23946-4

Ⅰ.①江… Ⅱ.①张… Ⅲ.①文化-名人-列传-江苏②王韬(1828—1897)-传记 Ⅳ.①K825.4

中国版本图书馆 CIP 数据核字(2019)第 179985 号

书　　名	江苏历代文化名人传·王韬
著　　者	张海林
出版统筹	韩　鑫
责任编辑	石　路
责任监制	王　娟
装帧设计	姜　嵩
出版发行	江苏人民出版社
出版社地址	南京市湖南路 1 号 A 楼,邮编:210009
出版社网址	http://www.jspph.com
照　　排	江苏凤凰制版有限公司
印　　刷	苏州市越洋印刷有限公司
开　　本	718 毫米×1 000 毫米　1/16
印　　张	28.25　插页 4
字　　数	390 千字
版　　次	2019 年 10 月第 1 版　2019 年 10 月第 1 次印刷
标准书号	ISBN 978-7-214-23946-4
定　　价	95.00 元

(江苏人民出版社图书凡印装错误可向承印厂调换)

江苏文脉整理与研究工程

总主编

娄勤俭　吴政隆

学术指导委员会

主　　任　周勋初

委　　员　（按姓氏笔画排序）
　　　　　冯其庸　邬书林　张岂之　茅家琦　郁贤皓
　　　　　周勋初　袁行霈　蒋赞初　程毅中　戴　逸

编纂出版委员会

主　　编　王燕文　王　江

副 主 编　赵金松　孙真福　樊和平　莫砺锋

编　　委　（按姓氏笔画排序）
　　　　　　王　江　王卫星　王华宝　王建朗　王燕文
　　　　　　双传学　田汉云　朱玉麒　朱庆葆　全　勤
　　　　　　刘　东　刘西忠　江庆柏　许益军　孙　逊
　　　　　　孙　敏　孙真福　李　扬　李贞强　李昌集
　　　　　　佘江涛　沈卫荣　张乃格　张伯伟　武秀成
　　　　　　范金民　尚庆飞　罗时进　周　琪　周　斌
　　　　　　周建忠　周新国　赵生群　赵金松　胡发贵
　　　　　　胡阿祥　钟振振　姜　建　姜小青　贺云翱
　　　　　　莫砺锋　徐　俊　徐　海　徐之顺　徐小跃
　　　　　　徐兴无　陶思炎　曹玉梅　章寿荣　彭　林
　　　　　　蒋　寅　程章灿　傅康生　赖永海　熊月之
　　　　　　樊和平

分卷主编　徐小跃　姜小青（书目编）
　　　　　　周勋初　程章灿（文献编）
　　　　　　莫砺锋　徐兴无（精华编）
　　　　　　茅家琦　江庆柏（史料编）
　　　　　　左健伟　张乃格（方志编）
　　　　　　樊和平　刘德海（研究编）

出版说明

江苏文化源远流长，历久弥新，文化经典与历史文献层出不穷，典藏丰富；文化巨匠代有人出，彪炳史册，在中华民族乃至整个人类文明的发展史上有着相当重要的地位。为了在新时代里科学把握江苏文化的内涵与特征，彰显江苏文化对中华优秀传统文化作出的贡献，增强文化自信，江苏省委省政府决定组织全省首个大型文化发展工程"江苏文脉整理与研究"。通过工程的实施，梳理江苏文脉资源，总结江苏文化发展的历史规律，再现江苏历史上的"文化高地"，为当代江苏把准脉动，探明趋势，勾画蓝图。

组织编纂大型江苏历史文献总集《江苏文库》，是"江苏文脉整理与研究工程"的重要工作。《文库》以"编纂整理古今文献，梳理再现名人名作，探究追溯文化脉络，打造江苏文化名片"为宗旨，分六编集中呈现：

（一）书目编。完整著录历史上江苏籍学人的著述及其历史记录，全面反映江苏图书馆的图书典藏情况。

（二）文献编。收录历代江苏籍学人的代表性著作，集中呈现自历史开端至一九一一年的江苏文化文本，呈现"江苏文化"的整体景观。

（三）精华编。选取历代江苏籍学人著述中对中外文化产生重要影响、在文化学术史上具有经典性代表性的作品进行整理。并从中选取十余种，组织海外汉学家，翻译成各国文字，作为江苏对外文化交流的标志性文化成果。

（四）方志编。从江苏现存各级各类旧志中选择价值较高、保存较好的志书，以充分发挥地方志资治、存史、教化等作用，保存江苏的地方文献与历史文化记忆。

（五）史料编。收录有关江苏地方史料类文献，反映江苏各地历史地理、政治经济、文化教育、宗教艺术、社会生活、风土民情等。

（六）研究编。组织、编纂当代学者研究、撰写的江苏文化研究著作。

文献、史料、方志三编属于基础文献，以影印方式出版，旨在提供原始文献，以满足学术研究需要；书目、精华、研究三编，以排印方式出版，既能满足学术研究的基本需求，又能满足全民阅读的基本需求。

"江苏文脉整理与研究工程"工作委员会

江苏文库·研究编编纂人员

主　编
樊和平　刘德海

副主编
徐之顺　姜　建　王卫星　胡发贵　胡传胜　刘西忠

一脉千古成江河
——江苏文库·研究编序言

樊和平

"江苏文脉整理与研究工程"是江苏文化史上继往开来的一个浩大工程。与当下方兴未艾的全国性"文库热"相比，江苏文脉工程有三个基本特点：一是全面系统的整理；二是"整理"与"研究"同步；三是以"文脉"为主题。在"书目编—文献编—精华编—史料编—方志编—研究编"的体系结构中，"研究编"是十分独特的板块，因为它是试图超越"修典"而推进文化传承创新的一种学术努力。

"盛世修典"之说不知起源于何时，不过语词结构已经表明"盛世"与"修典"之间的某种互释甚至共谋，以及由此而衍生的复杂文化心态。历史已经表明，"修典"在建构巨大历史功勋的同时，也包含内在的巨大文化风险，最基本的是"入典"的选择风险。《四库全书》的文化贡献不言自明，但最终其收书的数量竟与禁书、毁书、改书的数量大致相当，还有高出近一倍的书目被宣判为无价值。"入典"可能将一个时代的局限甚至选择者个人的局限放大为历史的文化局限，也可能由此扼杀文化多样性而产生文化专断。另一个更为潜在和深刻的风险，是对待传统的文化态度。文献整理，尤其是地域典籍的整理，在理念和战略上面临的最大考验，是以何种心态对待文化传统。当今之世，无论对个体还是社会，传统已经不仅是文化根源，而且是文化和经济发展的资源甚至资本。然而一旦传统成为资源和资本，邂逅市场逻辑的推波助澜，就面临沦为消费和运作对象的风险，从而以一种消费主义和工具主义的文化态度对待文化传统和文献整理。当传统成为消费和运作的对象,其文化价值不仅可能被误读误用,而且也可能在对传统的消费中使文化坐吃山空,造就出文化上的纨绔子弟,更可能在市场运作中使文化不断被糟蹋。"江苏文脉整理与研究工程"的"整理工程"以全面系统的整理的战略应对可能存在的第一种风险,即入典选择的风险;以"研究工程"应对第二种可能的风险,即消费主义与工具主义的风险。我们不仅是既往传统的继承者,更应当是未来传统的创造者;现代人的使命,不仅是继承优秀传统,更应当创造新的优秀传统,这便是传统的创造性转化与创新性发展的真义。诚然,创造传统任重道远,需要经过坚忍不拔的卓越努力和大浪淘沙般的历史积淀,但对"江苏文脉整理与研究工程"而言,无论如何必须在"整理"的同时开启"研究"的千里之行,在研究中继承和发展传统。这便是"研究编"的价值和使命所在,也是"江苏文脉整理与研究工程"在"文库热"中于顶层设计层面的拔群之处。

一 倾听来自历史深处的文化脉动

20世纪是文化大发现的世纪,20世纪以来西方世界最重要的战略,就是文化战略。20世纪20年代,德国社会学家马克斯·韦伯的《新教伦理与资本主义精神》,揭示了西方资本主义文明的文化密码,这就是"新教伦理"及其所造就的"资本主义精神",由此建构"新教伦理+资本主义"的所谓"理想类型",为西方资本主义进行了文化论证尤其是伦理论证,奠定了20世纪以后西方中心论的文化基础。20世纪70年代,哈佛大学教授丹尼尔·贝尔的《资本主义文化矛盾》,揭示了当代资本主义最深刻的矛盾不是经济矛盾,也不是政治矛盾,而是"文化矛盾",其集中表现是宗教释放的伦理冲动与市场释放的经济冲动分离与背离,进而对现代西方文明发出文化预警。20世纪70年代之后,亨廷顿的《文明的冲突与世界秩序的重建》将当今世界的一切冲突归结为文明冲突、文化冲突,将文化上升为西方世界尤其是美国国家战略的高度。以上三部曲构成西方世界尤其是美国文化帝国主义的国家文化战略,正如一些西方学者所发现的那样,时至今日,文化帝国主义被另一个概念代替——"全球化",显而易见,全球化不仅是一种浪潮,更是一种思潮,是西方世界的国家文化战略。文化虽然受经济发展制约甚至被经济发展水平所决定,但回顾从传统到现代的中国文明史,文化问题不仅逻辑地而且历史地成为文明发展的最高最难的问题,正因为如此,文化自信才成为比理论自信、道路自信、制度自信更具基础意义的最重要的自信。

在全球化背景下,文脉整理与研究具有重大的国家文化战略意义,不仅必要,而且急迫。文化遵循与经济社会不同的规律,全球化在造就广泛的全球市场并使全球成为一个"地球村"的同时,内在的最大文明风险和文化风险便是同质性。全球化催生的是一个文化上的独生子女,其可能的镜像是:一种文化风险将是整个世界的风险,一次文化失败将是整个人类的文化失败。文化的本质是什么?梁漱溟先生说,文化就是人的生活的根本样法,文化就是"人化"。丹尼尔·贝尔指出,文化是为人的生命过程提供解释系统,以对付生存困境的一种努力。据此,文化的同质化,最终导致的将是人的同质化,将是民族文化或西方学者所说地方性知识的消解和消失;同时,由于文化是人类应对生存困境的大智慧,或治疗生活世界痼疾的抗体,它所建构的是与自然世界相对应的精神世界和意义世界,文化的同质性将导致人类在面临重大生存困境时智慧资源的贫乏和生命力的苍白,从而将整个人类文明推向空前的高风险。应对全球化的挑战和西方文化帝国主义的国家战略,"江苏文脉整理与研究工程"是整个中华民族浩大文化工程的一部分和具体落实,其战略意义决不止于保存文化记忆的自持和自赏,在这个全球化的高风险正日益逼近的时代,完整地保存地方文化物种,认同文化血脉,畅通文化命脉,不仅可以让我们在遭遇全球化的滔滔洪水之时可以于故乡文化的山脉之巅"一览众山小"地建设自己的精神家园和文化根据地,而且可以在患上全球化的文化感冒甚至某种文化瘟疫之后,不致乞求"西方药"来治"中国病",而是根据自己的文化基因和文化命理,寻找强化自身的文化抗体和文化免疫力之道,其深远意义,犹如在今天这个独生子女时代穿越时光隧道,回首当年我们的"兄弟姐妹那么多"

和父辈们儿孙满堂的那种天伦风光,不只是因为寂寞,而且是为了中华民族大家庭的文化安全和对未来文化风险的抗击能力。

"江苏文脉整理与研究工程"是以江苏这一特殊地域文化为对象的一次集体文化自觉和文化自信,与其他同类文化工程相比,其最具标识意义的是"文脉"理念。"文脉"是什么?它与"文献"和文化传统的关系到底如何?这是"文脉工程"必须解决的基本问题。

庞朴先生曾对"文化传统"与"传统文化"两个概念进行了审慎而严格的区分,认为"传统文化"可能是历史上曾经存在过的一切文化现象,而"文化传统"则是一以贯之的文化道统。在逻辑和历史两个纬度,文化成为传统都必须同时具备三个条件:历史上发生的、一以贯之的、在现实生活中依然发挥作用的。传统当然发生于历史,但历史上发生的一切,从《道德经》《论语》到女人裹小脚,并不都成为传统,即便当今被考古或历史研究所不断发现的现象,也只能说是"文化遗存",文化成为传统必须在历史长河中一以贯之而成为道统或法统,孔子提供的儒家学说,老子提供的道家智慧,之所以成为传统,就是因为它们始终与中国人的生活世界和精神世界相伴随,并成为人的生命和生活的文化指引。然而,文化并不只存在于文献典籍之中,否则它只是精英们的特权,作为"人的生活的根本样法"和"对付生存困境"的解释系统,它必定存在于芸芸众生的生命和生活之中,由此才可能,也才真正成为传统。《论语》与《道德经》之所以成为传统,不只是因为它们作为经典至今还为人们所学习和研究,而且因为在中国人精神的深层结构中,即便在未读过它们的野夫村妇身上,也存在同样的文化基因。中国人在得意时是儒家,"明知不可为而偏为之";在失意时是道家,"后退一步天地宽";在绝望时是佛家,"四大皆空",从而建立了与自给自足的自然经济结构相匹合的自给自足的文化精神结构,在任何境遇下都不会丧失安身立命的精神基地,这就是传统。文化传统必须也必定是"活"的,是在现实中依然发挥作用的,是构成现代人的文化基因的生命因子。这种与人的生活和生命同在的文化传统就是"脉",就是"文脉"。

文脉以文献、典籍为载体,但又不止于文献和典籍,而是与负载它的生命及其现实生活息息相关。"文脉"是什么?"文脉"对历史而言是

"血脉",对未来而言是"命脉",对当下而言是"山脉"。"江苏文脉"就是江苏人的文化血脉、文化命脉、文化山脉,是历史、现在、未来江苏人特殊的文化生命、文化标识、文化家园,以及生生不息的文化记忆和文化动力。虽然它们可能以诸种文化典籍和文化传统的方式呈现和延续,但"文脉工程"致力探寻和发现的则是跃动于这些典籍和传统,也跃动于江苏人生命之中的那种文化脉动。"江苏文脉整理与研究工程"的最大特点就在于它是"文脉工程"而不是一般的"文化工程",更不是"文库工程"。"文化工程""文库工程"可能只是一般的文化挖掘与整理,而"文脉工程"则是与地域的文化生命深切相通,贯穿地域的历史、现在与未来的生命工程。

"江苏文脉整理与研究工程"是"整理"与"研究"的璧合,在"研究工程"中能否、如何倾听到来自历史深处的文化脉动,关键是处理好"文献"与"文脉"的关系。"整理工程"是对文脉的客观呈现,而"研究工程"则是对文脉的自觉揭示,若想取得成功,必须学会在"文献"中倾听和发现"文脉"。"文献"如何呈现"文脉"?文献是人类文明尤其是人类文化记忆的特殊形态,也是人类信息交换和信息传播的特殊方式。回首人类文明史,到目前为止,大致经历了三种信息方式。最基本也是最原初的是口口交流的信息方式,在这种信息方式中,信息发布者和信息传播者都同时在场,它是人的生命直接和整体在场并对话的信息传播方式,是从语言到身体、情感的全息参与,是生命与生命之间的直接沟通,但具有很大的时空局限。印刷术的产生大大扩展了人类信息交换的广度和深度,不仅可以以文字的方式与不在场的对象交换信息,而且可以以文献的方式与不同时代、不同时空的人们交换信息,这便是第二种信息方式,即以印刷为媒介的信息方式或印刷信息方式。第三种信息方式便是现代社会以电子网络技术为媒介的信息方式,即电子信息方式。文献与典籍是印刷信息方式的特殊形态,它将人类文化史和文明史上具有特殊价值的信息以印刷媒介的方式保存下来,供后人学习和研究,从而积淀为传统。文字本质上是人的生命的表达符号,所谓"诗言志"便是指向生命本身。然而由于它以文字为中介,一旦成为文献,便离开原有的时空背景,并与创作它的生命个体相分离,于是便需要解读,在解读中便可能发生误读,但无论如何,解读的对象并不只是文字本身,而是文字背后的生命现象。

　　文献尤其是典籍是不同时代人们对于文化精华的集体记忆,它们不仅经受过不同时代人们的共同选择,而且经受过大浪淘沙的历史洗礼,因而其中不仅有创造它的那个个体或文化英雄如老子、孔子的生命表达,而且有传播和接受它的那个民族的文化脉动,是负载它的那个民族的文化生命,这种文化生命一言以蔽之便是文化传统。正因为如此,作为集体记忆的精华,文献和典籍是个体和集体的文化脉动的客观形态,关键在于,必须学会倾听和揭示来自远方的生命旋律。由于它们巨大的时空跨度,往往不能直接把脉,而需要具有一种"悬丝诊脉"的卓越倾听能力。同时,为了把握真实的文化脉动,不仅需要对文献和典籍即"文本"进行研究,而且需要对创造它们的主体包括创作的个体和传播接受的集体的生命即"人物"进行研究。正如席勒所说,每个人都是时代的产儿,那些卓越的哲学家和有抱负的文学家却可能成为一切时代的同代人。文字一旦成为文献或典籍,便意味着创作它的个体成为一切时代的同代人,但无论如何,文献和它们的创造者首先是某个时代的产儿,因而要在浩如烟海的文献和典籍中倾听到来自传统深处的文化脉动,还需要将它们还原到民族的文化生命之中,形成文化发展的"精神的历史"。由此,文本研究、人物研究、学派流派研究、历史研究,便成为"文脉研究工程"的学术构造和逻辑结构。

二　中国文化传统中的江苏文脉

　　江苏文脉是中国文化传统的一部分,二者之间的关系并不只是部分与整体的关系,借助宋明理学的话语,是"理一"与"分殊"的关系。文脉与文化传统是民族生命的文化表达和自觉体现,如果只将它们理解为部分与整体的关系,那么江苏文脉只是中国文化传统或整个中华文化脉统中的一个构造,只是中华文化生命体中的一个器官。朱熹曾以佛家的"月映万川"诠释"理一分殊"。朗月高照,江河湖泊中水月熠熠,此番景象的哲学本真便是"一月普现一切水,一切水月一月摄"。天空中的"一月"与江河中的"一切水月"之间的关系是"分享"关系,不是分享了"一月"的某一部分,而是全部。江苏文脉与中国文化传统之间的关系便是"理一分殊",中国文化传统是"理一",江苏文脉是"分殊",正因为如此,关于江苏文脉的研究必须在与整个中国文化传统的关系中整体性地把握和展开。其中,文化与地域的关系、江苏文化在中华文化发展中的贡献和地位,是两个基本课题。

到目前为止的一切人类文明的大格局基本上都是由以山河为标志的地理环境造就的,从轴心文明时代的四大文明古国,到"五大洲四大洋"的地理区隔,再到中国山东—山西、广东—广西、河南—河北,江苏的苏南—苏北的文化与经济差异,山河在其中具有基础性意义。在这个意义上,可以将在此以前的一切文明称为"山河文明"。如今,科技经济发展迎来一个"高"时代:高铁、高速公路、电子高速公路……正在并将继续推倒由山河造就的一切文明界碑,即将造就甚至正在造就一个"后山河时代"。"后山河时代"的最后一道屏障,"山河时代"遗赠给"后山河时代"的最宝贵的文明资源,便是地域文化。在这个意义上,江苏文脉的整理与研究,不仅可以为经过全球化席卷之后的同质化世界留下弥足珍贵的"文化大熊猫",而且可以在未来的芸芸众生饱尝"独上高楼,望尽天涯路"的孤独之后,缔造一个"蓦然回首"的文化故乡,从中可以鸟瞰文化与世界关系的真谛。江苏独特的地域环境与江苏文化、江苏文脉之间的关系,已经不是所谓"一方水土一方人"所能表达,可以说,地脉、水脉、山脉与江苏文脉之间的关系,已经是一脉相承。

我们通过考察和反思发现,水系,地势,山势,大海,是对江苏文脉尤其是文化性格产生重大影响的地理因素。露水不显山,大江大河入大海,低平而辽阔,黄河改道,这一切的一切与其说是自然画卷和自然事件,不如说是江苏文脉的大地摇篮和文化宿命的历史必然,它们孕生和哺育了江苏文明,延绵了江苏文脉。历史学家发现,江苏是中国唯一同时拥有大海、大江、大湖、大平原的省份,有全国第一大河长江,第二大河黄河(故道),第三大河淮河,世界第一大人工河大运河,全国第三大淡水湖太湖,全国第四大淡水湖洪泽湖。江苏也是全国地势最低平的一个省区，绝大部分地区在海拔 50 米以下，少量低山丘陵大多分布于省际边缘，最高峰即连云港云台山的玉女峰也只有 625 米。丰沛而开放的水系和低平而辽阔的地势馈赠给江苏的不只是得天独厚的宜居，更沉潜、更深刻的是独特的文化性格和文脉传统，它们是对江苏地域文化产生重大影响的两个基本自然元素。

不少学者指证江苏文化具有水文化特性，而在众多水系中又具长江文化的特性。"水"的文化特性是什么？"老聃贵柔"，老子尚水，以水演绎世界真谛和人生大智慧。"天下莫柔弱于水，而攻坚强者莫之能胜。"柔弱胜刚强，是水的品质和力量。西方文明史上第一个哲学家和科学家泰勒斯向全世界宣告的第一个大智慧便是：水是万物的始基。辽阔的平原在中国也许还有很多，却没有像江苏这样"处下"。老子也曾以大海揭示"处下"的智慧："江海所以能为百谷王者，以其善下之，故能为百谷王。"历史上江苏的文化作品、江苏人的文化性格，相当程度上演绎了这种"水性"与"处下"的气质与智慧。历史上相当时期黄河曾经从江苏入海，然而黄河改道、黄河夺淮，几番自然力量或人力所为，最终黄河在江苏留下的只是一个"故道"的背影。黄河在江苏的改道当然是一个自然事件或历史事件，但我们也可能甚至毋宁将它当作一个文化事件，数次改道，偶然之中有必然，从中可以发现和佐证江苏文脉的"长江"守望和江南气质。不仅江苏的地脉"露水不显山"，而且江苏的文化作品，江苏人的文化性格，一句话，江苏文脉，也是"露水不显山"，虽不是"壁立千仞"，却是"有容乃大"。一般说来，充沛的水系，广阔的平原，往往造就自给自足的自我封闭，然而，江苏东临大海，无论长江、淮河，还是历史上的黄河，都从这里入大海，归大海，不只昭示江苏的开放，而且演绎江苏文化、江苏文脉、江苏人海纳百川的博大和静水深流的仁厚。

黄河与长江好似中华文脉的动脉与静脉，也好似人的身体中的任督二脉，以长江文化为基色的江苏文化在中华文脉的缔造和绵延中作出了杰出贡献。有学者指出，在中国文明史上，长江文化每每在黄河文化衰弱之后承担起"救亡图存"的重任。人们常说南京古都不少为小朝廷，其实这正是"救亡图存"的反证，"天下兴亡，匹夫有责"的口号首先由江苏人顾炎武喊出,偶然之中有必然。学界关于江苏文化有三次高峰或三次大贡献,与两次大贡献之说。第一次高峰是开启于秦汉之际的汉文化,第二次高峰是六朝文化,第三次高峰是明清文化。人们已对六朝文化与明清文化两大高峰对中国文化的贡献基本达成共识,但江苏的汉文化高峰及其贡献也应当得到承认,而且三次文化高峰都发生于中国社会的大转折时期,对中国文化的承续作出了重大贡献。在秦汉之际的大变革和大一统国家的建构中,不仅在江苏大地上曾经演绎了波澜壮阔的对后来中国文明产生深远影响的历史史诗,而且演绎这些历史史诗的主角刘邦、项羽、韩信等都是江苏人,他们虽然自身不是文化人,但无疑对中国文化产生了深远影响。董仲舒提出"罢黜百家,独尊儒术"的主张,奠定了大一统的思想和文化基础,他本人虽不是江苏人,却在江苏留下印迹十多年。江苏的汉文化高峰对中国文化的最大贡献,一言概之即"大一统",包括政治上的大一统和思想文化上的大一统。六朝被公认为中国文化发展的高峰,不少学者将它与古罗马文明相提并论,而六朝文化的中心在江苏、在南京。以南京为核心的六朝文化发生于三国之后的大动乱,它接纳大量流入南方的北方士族,使南北方文化合流,为保存和发展中国文化作出了杰出贡献。明朝是中国历史上第一次在南京,也是第一次在江苏建立统一的帝国都城,江苏的经济文化在全国处于举足轻重的地位,扬州学派、泰州学派、常州学派,形成明清时代中国文化的江苏气象,形成江苏文化对中国文化的第三次重大贡献。三大高峰是江苏的文化贡献,在重大历史转折关头或者民族国家危难之际挺身而出,海纳百川,则是江苏文化的精神和品质,这就是江苏文脉。也正因为如此,江苏文化和江苏文脉在"匹夫有责"的担当精神中总是透逸出某种深沉的忧患意识。

江苏文脉对中国文化的独特贡献及其特殊精神气质在文化经典中得到充分体现。中国四大文学名著,其中三大名著的作者都来自江苏,这就是《西游记》《红楼梦》《水浒》,其实《三国演义》也与江苏深切相关,虽然罗贯中不是江苏人,但却以江苏为重要的时空背景之一。四大名著中不仅有明显的江苏文化的元素,甚至有深刻的江苏地域文化的基因。《西游记》到底是悲剧还是喜剧?仔细反思便会发现,《西游记》就是文学版的《清明上河图》。《清明上河图》表面呈现一幅盛世生活画卷,实际却是一幅"盛世危情图",空虚的城防,懈怠的守城士兵……被繁华遗忘的是正在悄悄到来的深刻危机。《西游记》以唐僧西天取经渲染大唐的繁盛和开放,然而在经济的极盛之巅,中国人的精神世界却空前贫乏,贫乏得需要派一个和尚不远万里,请来印度的佛教,坐上中国意识形态的宝座,入主中国人的精神世界。口袋富了,脑袋空了,这是不折不扣的悲剧。然而,《西游记》的智慧,江苏文化的智慧,是将悲剧当作喜剧写,在喜剧的形式中潜隐悲剧的主题,就像《清明上河图》将空虚的城防和懈怠的士兵淹没于繁华的海洋一样。《西游记》喜剧与悲剧的二重性,隐喻了江苏文脉的忧患意识,而在对大唐盛世,对唐僧取经的一片颂歌中,深藏悲剧的潜主题,正是江苏文脉"匹夫有责"的担当精神和文化智慧的体现。鲁迅说,真正的悲剧是把美好的东西撕碎了给人看,《西游记》是在喜剧形式的背后撕碎了大唐时代人的精神世界的深刻悲剧。把悲剧当作喜剧写,喜剧当作悲剧读,正是江苏文化、江苏文脉的大智慧和特殊气质所在,也是当今江苏文脉转化发展的重要创新点所在。正因为如此,"江苏文脉研究"必须以深刻的哲学洞察力和深厚的文化功力,倾听来自历史深处的江苏文化的脉动,读懂江苏,触摸江苏文脉。

三 通血脉,知命脉,仰望山脉

　　江苏文化的巨大魅力和强大生命力,是在数千年发展中已经形成一种传统、一种脉动,不仅是一种客观呈现的文化,而且是一种深植个体生命和集体记忆的生生不息的文脉。这种文化和文脉不仅成为共同的价值认同,而且已经成为一种地域文化胎记。在精神领域,在文化领域,江苏不仅有灿若星河的文学家,而且有彪炳史册的思想家、学问家,更有数不尽的才子骚客。长江在这片土地上流连,黄河在这片土地上改道,淮河在这片土地上滋润,太湖在这片土地上一展胸怀。一代代中国人,一代代江苏人,在这里缔造了文化长江、文化黄河、文化淮河、文化太湖,演绎了波澜壮阔的历史诗篇,这便是江苏文脉。

为了在全球化时代完整地保存江苏文脉这一独特地域文化的集体记忆,以在"后山河时代"为人类缔造精神家园提供根源与资源,为了继承弘扬并创造性转化、创新性发展中国优秀传统文化,2016年江苏启动了"江苏文脉整理与研究工程"。根据"文脉"的理念,我们将研究工程或"研究编"的顶层设计以一句话表达:"通血脉,知命脉,仰望山脉"。由此将整个工程分为五个结构:江苏文化通史,江苏历代文化名人传,江苏文化专门史,江苏地方文化史,江苏文化史专题。

"江苏文化通史"的要义是"通血脉",关键词是"通"。"通"的要义,首先是江苏文化与中国文明的息息相通,与人类文明的息息相通,由此才能有民族感或"中国感",也才有世界眼光,因而必须进行关于"中国文化传统中的江苏文脉"的整体性研究;其次是江苏文脉中诸文化结构之间的"通",由此才是"江苏",才有"江苏味";再次是历史上各个重要历史时期文化发展之间的"通",由此才能构成"史",才有历史感;最后是与江苏人的生命与生活的"通",由此"江苏文脉"才能真正成为江苏人的文化血脉、文化命脉和文化山脉。达到以上"四通","江苏文化通史"才是真正的"通"史。

"江苏文化专门史"和"江苏文化史专题"的要义是"知命脉",关键词是"专",即"专门"与"专题"。"江苏文化专门史"在框架上分为物质文化史、精神文化史、制度文化史、特色文化史等,深入研究各类专门史,总体思路是系统研究和特色研究相结合,系统研究整体性地呈现江苏历史上的重要文化史,如哲学史、文学史、艺术史等,为了保证基本的完整性,我们根据国务院学科分类目录进行选择;特色研究着力研究历史上具有江苏特色的历史,如民间工艺史、昆曲史等。"江苏文化史专题"着力研究江苏历史上具有全国性影响的各种学派、流派,如扬州学派、泰州学派、常州学派等。

"江苏地方文化史"的要义是"血脉延伸和勾连",关键词是"地方"。"江苏地方文化史"以现省辖市区域划分为界,13市各市一卷。每卷上编为地方文化通史,讲述地方整体历史脉络中的文化历史分期演化和内在结构流变,注重把握文化运动规律和发展脉络,定位于地方文化总体性研究;下编为地方文化专题史,按照科学技术、教育科举、文学语言、宗教文化等专题划分,以一定逻辑结构聚焦对地方文化板块加以具体呈现,定位于凸显文化专题特色。每卷都是对一个地方文化的总结和梳理,这是江苏文化血脉的伸展和渗入,是江苏文化多样性、丰富性的生动呈现和重要载体。

"江苏历代文化名人传"的要义是"仰望山脉",关键词是"文化"。它不是一般性地为江苏历朝历代的"名人"作传,而只是为文化意义上的名人作传。为此,传主或者自身就是文化人并为中国文化的发展、为江苏文脉的积累积淀作出了重要贡献;或者虽然自身主要不是文化人而是政治家、社会活动家等,但对中国文化发展具有重大影响。如何对历史人物进行文化倾听、文化诠释、文化理解,是"文化名人传"的最大难点,也是其最有意义的方面。江苏历史上的文化名人汗牛充栋,"文化名人传"计划为100位江苏文化名人作传,为呈现江苏文化名人的整体画卷,同时编辑出版一部"江苏文化名人辞典",集中介绍历史上的江苏文化名人1000位左右。

"江苏文脉研究工程"最重要也是最困难的工作是如何寻找和组建一支专门化的学术研究团队,并进行学术组织和管理。它与"整理工程"不同,所有研究都必须原创,而不是对历史文献的整理。由于工程浩大,学术要求高,而专门从事江苏文化、江苏文脉研究的学者又特别少,高端学者更是屈指可数,因而只能步步为营,在摸索中前行。到目前为止,在学术的组织与管理方面大致经历了三个阶段。第一阶段是启动阶段,由于我们对相关研究在学术上可能达到的深度与高度缺乏足够的把握,所以先聘请一些大家、名家领衔相关课题研究,并进行相关学术研讨;第二阶段大胆推进,一年以后,我们感觉积累了一定经验,于是各结构负责人深入高校和其他学术机构,比较广泛地进行选题和研究专家的确认和委托;第三阶段与省哲学社会科学规划办合作,在全省乃至全国范围内进行选题征集和课题申报。为了扩大研究的影响,我们在《明清小说研究》《世界华文文学论坛》设立专门的栏目,系统介绍相关研究成果,推进学术研究。

一脉千古成江河,"茫茫九派流中国"。江苏文脉研究的千里之行已经迈出第一步,历史馈赠我们一次千载难逢的宝贵机遇,让我们巡天遥看,一览江苏数千年文化银河的无限风光,对创造江苏文化、缔造江苏文脉的先行者们献上心灵的鞠躬。面对奔涌如黄河、悠远如长江的江苏文脉,我们惟有以跋涉探索之心,怵惕敬畏之情,且行且进,循着爱因斯坦的"引力波",不断走近并播放来自江苏文脉深处的或澎湃,或激越,或温婉静穆的天籁之音。

我们一直在努力;

我们将一直努力!

目　录

第一章　吴中秀才 ··· 001
　一　诗书之家 ··· 001
　二　科举之路 ··· 007
　三　乡间教读 ··· 012

第二章　闯荡上海 ··· 022
　一　橐笔沪上 ··· 022
　二　口岸畸零人 ··· 031
　三　渐变中的思想 ··· 042

第三章　"多角之恋" ··· 053
　一　投身基督教 ··· 053
　二　挟策以干当道 ··· 059
　三　上书太平天国 ··· 071

第四章　天南求索 ··· 086
　一　杜门埋首治经 ··· 086
　二　漫游欧洲 ··· 094
　三　重构"天下观" ··· 106
　四　治史以喻今 ··· 112
　五　旧瓶新酒的循环史观 ······································· 124
　六　扶桑之游 ··· 131

第五章　中国新闻业先驱 ……………………………… 145
- 一　《循环日报》的创办及其特点 …………………… 146
- 二　《循环日报》的早期新闻实践 …………………… 155
- 三　中国新闻理论的奠基人 …………………………… 171

第六章　冲击封建政治的勇士 …………………………… 178
- 一　社会批判者 ………………………………………… 178
- 二　民本学说 …………………………………………… 186
- 三　强烈的危机意识 …………………………………… 193
- 四　革新政治的方案 …………………………………… 198
- 五　散乱的变调 ………………………………………… 209

第七章　讴歌工商 ………………………………………… 218
- 一　商亦国本 …………………………………………… 218
- 二　全面兴利 …………………………………………… 223
- 三　国佐工商 …………………………………………… 232
- 四　税者民有 …………………………………………… 238

第八章　揣摩洋务数十年 ………………………………… 242
- 一　外交观大逆转 ……………………………………… 242
- 二　异于流俗的教案观 ………………………………… 251
- 三　国际交涉策略 ……………………………………… 258
- 四　中法战争时期的对法主张 ………………………… 267

第九章　文艺作品及其思想内涵 ………………………… 272
- 一　笔记类著作 ………………………………………… 272
- 二　小说类作品 ………………………………………… 283
- 三　诗词类作品 ………………………………………… 298

第十章　探索"养才之道" ……………………………… 317
- 一　人才观的变化 ……………………………………… 317
- 二　审判旧教育 ………………………………………… 324

  三　构想新教育 …………………………………… 330

第十一章　晚年的颓废与再振作 ………………………… 338
  一　叶落归根 ……………………………………… 338
  二　投身教育实践 ………………………………… 348
  三　最后的呼唤 …………………………………… 363

附录一　王韬社会关系一览表 …………………………… 376

附录二　《循环日报》论文目录一览表 ………………… 384

附录三　上海格致书院考课题录 ………………………… 416

主要史料与参考书目 ……………………………………… 423

第一章 吴中秀才

1846年秋,三年一次的江南乡试即将在南京夫子庙边上的贡院举行。一位18岁的苏州秀才早早就来到了考场附近的钓鱼巷赁屋备考。他的爸爸和随行的老师原以为天资聪慧的他此次一定会金榜题名,不想他刚放下行李便被秦淮青楼的弦管之声勾去了魂魄,他在南京一个多月没为考试做过多少八股文,倒是为风月场中的"白下名妓"写下不少刻骨铭心的诗句。他就是本书的主角——才高八斗而又放浪形骸、思想超脱而又命运多舛的苏州才子王韬。

一 诗书之家

吴中之地,山清水秀。碧绿的田野、银带般的小河、千姿百态的青石桥、阳光下的谷仓构成了一幅恬静而又美丽的图画。古镇甫里①就坐落在这一图画之中。吴中自古以来人杰地灵,文脉厚重。自唐以降,

甫里古镇

---

① 甫里现名甪直镇,清代该镇半属长洲(今吴县),半属新阳(今昆山),王韬居镇东中市,属新阳。

陆龟蒙①、皮日休②、赵孟頫③、高启④、归有光⑤、顾炎武⑥、吴梅村⑦等著名文人词客都曾在甫里周围一带生活或隐居过。公元1828年11月10日(道光八年十月初四日),王韬就在这里诞生。⑧ 此时他的名字叫王利

---

① 陆龟蒙,字鲁望,自号江湖散人,又号天随子,长洲(今苏州)人,唐代著名文学家、藏书家,生性豪放,通六经大义,尤精《春秋》。举进士不第后,从湖州刺史张博门下游,任从事,后隐居甫里,人称"甫里先生"。常乘船设席,游行江湖间。所作诗文对晚唐时弊多所抨击。
② 皮日休,字袭美,一字逸少,唐代著名诗人、文学家,与陆龟蒙齐名,世称"皮陆",咸通八年(867年)进士及第,咸通十年为苏州刺史从事,与陆龟蒙相识,并与之唱和。其后又入京为太常博士,出为毗陵副使。僖宗乾符五年(878年),黄巢军下江浙,皮日休为黄巢所得,任为翰林学士。黄巢起义失败后不知所终。
③ 赵孟頫,字子昂,号松雪道人、水精宫道人,其父赵与訔(字中父,号菊坡)于宋末两次"知平江府事",孟頫的童年因而大部分在苏州度过,他一生也从此与苏州结下不解之缘。孟頫入元后出仕做过"江浙儒学提举"达十一年之久,在苏州与一班江南文士和佛门禅师书画唱和几无虚日,留下了大量的字画作品。苏州名僧中峰禅师在虎丘和寒山寺一带建"平江幻住庵",赵孟頫为之搬石涂壁,并亲书"栖云"两字相送。在赵孟頫的传世书法墨迹中,有《赵孟頫书札六帖卷》(指五封信和一首诗),其中四封写于苏州。苏州著名道观玄妙观内原存的"玄妙观重修三门记"和"玄妙观重修三清殿记"两碑均为赵孟頫手书。苏州太仓城北淮云寺有墨妙亭,亭内藏有赵孟頫所书《归去来兮辞》和《盘谷·序》碑刻。这是当年赵孟頫的学生顾信辞官回太仓时,赵孟頫为他写的陶渊明《归去来辞》、韩愈《送李愿归盘谷·序》两幅书法作品。顾信将它们原本上石,并特地在淮云寺内造了"墨妙亭"以储墨宝。
④ 高启,元末明初著名诗人,字季迪,号槎轩,长洲(今苏州)人。元末隐居吴淞青丘,自号青丘子。高启才华高逸,学问渊博,能文,尤精于诗,与刘基、宋濂并称"明初诗文三大家"。洪武初,参修《元史》,授翰林院国史编修官,受命教授诸王。擢户部右侍郎,力辞不受。苏州知府魏观在张士诚宫址改修府治,获罪被诛。高启曾为之作《郡治上梁文》,有"龙蟠虎踞"四字,被疑为歌颂张士诚,连坐腰斩。著有《高太史大全集》《凫藻集》等。
⑤ 归有光,字熙甫,又字开甫,别号震川,明代苏州府昆山县人,著名散文家、古文家。嘉靖十九年中举人,之后参加会试,八次落第,遂徙居嘉定安亭江上,读书谈道,学徒众多。嘉靖三十三年倭寇作乱,作《御倭议》。嘉靖四十四年成进士,历任长兴知县、顺德通判、南京太仆寺丞,参与编修《世宗实录》。归有光崇尚唐宋古文,其散文风格朴实,感情真挚,是明代"唐宋派"代表作家,著有《震川先生集》《三吴水利录》等。
⑥ 顾炎武,本名绛,字忠清,又字宁人,明朝苏州府昆山县人,南明败后因仰慕文天祥学生王炎午为人,改名炎武,学林尊为亭林先生,为明末清初著名思想家、史学家、语言学家,与黄宗羲、王夫之并称为明末清初三大儒。顾炎武青年时发愤为经世致用之学,并参加昆山抗清义军,败后漫游南北,用心学问,于国家典制、郡邑掌故、天文仪象、河漕、兵农及经史百家、音韵训诂之学都有研究。晚年治经重考证,开清代朴学风气。主要作品有《日知录》《天下郡国利病书》《亭林诗文集》等。
⑦ 吴梅村,本名伟业,字骏公,号梅村,苏州太仓人,明末清初著名诗人,崇祯四年(1631年),以会试第一、殿试第二,荣登榜眼,历任翰林院编修、东宫讲读官、南京国子监司业、左中允、左庶子等职。清顺治十年(1653年)被迫应诏北上,次年被授予秘书院侍讲,后升国子监祭酒。顺治十三年底,以奉嗣母之丧为由乞假归乡,诗酒自娱。吴梅村博学多才,精于诗词书画,著述宏丰,遗著有《梅村家藏稿》《梅村诗馀》《秣陵春》《通天台》《临春阁》《春秋地理志》等。他的作品反映的社会生活面相当广阔,因而有"诗史"之称,由于吴伟业发展了古代七言歌行的体裁,形成了独特的诗歌艺术风格,时人称之为"梅村体",影响了清一代诗坛的诗风。《四库全书总目提要》把《梅村诗集》列为"国朝别集之冠"。
⑧ 王韬:《弢园文录外编》卷十一《弢园老民自传》,清光绪九年香港排印本。

宾,字兰卿。当王韬来到这个世界上的时候,吴中大地上的画卷虽然还是那样恬美,甫里虽然依旧是人间天堂的升平景象,但是远方已经隐隐约约传来西方船舰的隆隆机声,英国侵略者的火炮即将打破吴中大地的安宁恬静。

这一切,王韬的父辈们毫无察觉。当他的父母亲把他包在襁褓里,满心欢喜地注视着这个可爱的小生命的时候,他们想到的是儿子金榜题名、高官厚禄和家族命运的复振。

甫里王家在明代原为"官宦之家",明末清初的社会大动荡使这个世家大族急剧地瓦解衰落。清兵南下之后,王

坐落在苏州甪直镇上的陆龟蒙墓

家惨遭兵焚之祸,几乎阖门遇难,始祖王必宪时在垂髫之年,得免于难,避居昆山。自此至晋侯、诒孙、载飏,居昆山凡四世,读书习儒业,有声庠序间,其中载飏尤为士林所推重,品行端正,学问渊博,曾开馆授徒。载飏去世过早,留下幼子科进,"戚串中有觊觎者,乃迁甫里"。①

科进即王韬祖父,字敬斋。他是一个读书兼行商的子贡式人物,在他那一辈,王家确是风光阔气了一阵,他读书知礼且富有家财,因好行善举、热心赈贫而被乡里称为"善人"。王韬父亲王昌桂,字肯堂,"著籍学官,遂于经学,九岁尽十三经,背诵如流,有神童之誉"。② 由于王韬祖父在世时的乐善好施,捐资散财,王家至王昌桂一辈家境复告衰落。为了养家活口,王昌桂不得不在家乡开设学塾,招徒授课。这分散了他的精力,使他终生在科举道路上一无所获。

自王韬始祖必宪至王韬大约经历了240余年,7代共得男子15人,其中有5代为一线单传,人丁极稀。王韬一辈虽为兄弟姐妹6人,但三

---

① 王韬:《弢园文录外编》卷十一《弢园老民自传》,清光绪九年香港排印本。
② 王韬:《弢园文录外编》卷十一《弢园老民自传》,清光绪九年香港排印本。

个哥哥都在刚刚出生十天内"以痘疾早殇"。王韬的弟弟王利贞（字叔亨，号谐卿）也因从小受家庭溺爱，缺乏体魄锻炼，更因少不懂事，好逸恶劳，吸烟成瘾，27岁便早早谢世。① 王韬的姐姐王瑛长王韬三岁，嫁于吴淞江边吴村周氏人家，亦无男儿。王家的"衰宗"情形颇使成年以后的王韬感觉到"无后不孝"的心理压力。② 他一生怜香惜玉，呷妓成瘾，也与他一心渴望王氏传人大有关系。

在成年之前对王韬影响最大的是他的母亲朱氏和父亲王昌桂。朱氏为苏州城外陈墓镇人，也是读书人家出身，能诗会赋，知书识礼，尤善幼儿教育。王韬四五岁时，朱氏即启蒙教读，为之剖析字义，讲授诗词，"夏夜纳凉，率为述古人节烈事"。王韬与母亲朝夕相处，"八九岁即通说部"。③ 王韬后来喜欢搜集和创作怪异讽世小说，即种因于此。王昌桂为旧式乡村饱学之士。他自己没中过科举功名，一心希望自己的儿子实现他梦寐以求的理想，以光宗耀祖，重振家道。因此，他除了设馆授徒外，其主要精力都放在培养教育儿子上。他期望高，耐心也大，课子严厉，日夜不辍，从诸子百家到汉赋唐诗、历代史册，再到八股帖括，无所不教。无论王昌桂走到哪里设塾授课，他都把王韬带在身边随时教诲。加上王韬本人"少时好学，资赋颖敏"，"读书数行俱下，一展卷即终生不忘"，少年时代王韬就已经满腹诗书，"迥异凡儿"。④ 王韬后来的诗词、小说、政论、函牍写得典雅而质朴，用典恰到好处，与他父亲此一时期对他的家教甚有关系。王韬在自传中回忆说："少承庭训，自九岁以迄成童，毕读群经，旁涉诸史，一生学业悉基于此。"⑤

从13岁开始，王韬来到长洲青萝山馆，就学于明经顾惺。顾惺，字涤庵，学问博杂，不宗一家。王韬从他那里读到传统学问中许多流派的著作，包括经学、小学音韵、二十二史、资治通鉴、诸子文集、唐宋诗词和野史稗抄等，学术视野大为拓展。顾惺尤善诗词，在乡里颇负诗名，他

---

① 王韬：《蘅华馆诗录》卷三《哭舍弟谐卿》，清光绪六年《弢园丛书》本。
② 王韬：《弢园文录外编》卷十一《弢园老民自传》，清光绪九年香港排印本。
③ 王韬：《弢园文录外编》卷十一《弢园老民自传》，清光绪九年香港排印本。
④ 王韬：《遁窟谰言》卷一《天南遯叟》，民国十二年上海大同书局版。
⑤ 王韬：《弢园文录外编》卷十一《弢园老民自传》，清光绪九年香港排印本。

的诗集《涤庵诗钞》清新朴实,贴近生活,得到王韬推崇。在教学过程中,顾惺亦把研讨作诗技巧列为一大课目。遇有喜怒哀乐之事也总喜欢出题作诗要学生作和。蒙师对诗歌的偏好影响了学生的兴趣,少年时代的王韬写下了大量的诗篇。1880年,王韬将他所写的诗编辑成册,题名为《蘅华馆诗录》印刻问世。正是从这一诗集中,我们才得以知道不少王韬在青萝山馆的读书生活和精神状况。

顾惺是一位具有两重性格的旧式读书人。一方面,他看重德行,强调积极的入世精神,曾作"反游仙诗"以言志,认为与其追踪山人隐士,不如"积硕学为世用"。在他的严格督教下,王韬接受三纲五常伦理道德的模塑和修齐治平经世思想的灌输。这些正是日后王韬在主张学以致用和提倡变革的同时又小心翼翼地害怕伦理道德崩塌的历史文化基因;另一方面,他洒脱不羁,笑骂儒林,从不为所谓师道和俗见所左右。他喜欢游览山水,喝酒成癖,时常召集生徒对酒唱和。在长期的耳濡目染之下,王韬也养成了放荡不羁的名士性格。王韬后来喜好谈古论今,臧否人物,酷爱饮酒斗诗和看花逐妓,刨根溯源都可追踪到这位顾老先生。

由于顾惺教学不拘形式和态度和蔼可亲,王韬非常喜欢青萝山馆的读书生活。他与顾惺虽为师生,相处却犹如学友。教学之余,两人常常把盏对酌,谈论道德,切磋学问。王韬诗文中有不少这方面的记载,如《小饮青萝山馆呈顾涤庵明经师》一诗,记叙了一次两人围着火炉放量饮酒尽情谈论的情景:

> 欲雪不雪天酿寒,啾啾冻雀愁檐端。
> 地炉活火聊取暖,一尊入口僵颜欢。
> 新坼瓮泥出饷客,香浮色淡味独完。
> 王郎本耻作小户,深杯不厌一吸干。
> 酒阑每易生感慨,敢抒愚论披心肝。①

王韬终身都与他的这位蒙师维持着师生和朋友之谊。两人经常有

---

① 王韬:《蘅华馆诗录》卷一《小饮青萝山馆呈顾涤庵明经师》,光绪庚寅弢园丛书本。

书信往来和唱答之作。顾惺的诗集托王韬校刊发排。王韬的文字中也多有经顾惺之手校订之作。在遇到困难和忧虑之时,他们还互相请教对方,寻求解决办法和精神安慰。如王韬后来在上海生活时深感苦闷抑郁,时常写信向顾惺请教应对之策。一封写于1858年的信这样恳求说:

> 迩来瞻企之劳,寸阴若岁,独居异地,触绪感怀。江上梅花,谁传别意,邻家爆竹,徒怆客衷。回忆细君,团聚者不过三载有奇,琴弦乍歇,墓草垂青,遗挂空悬,堕钗犹在,黄门述哀,无此奇痛;兰成叹逝,只益伤心,幽怨填膺,抑郁谁诉,夫子何以教我也……遁迹海滨,见闻日隘,词章之学,久已弃捐,况燕巢于幕,雉雊于罗,可为惴惴,吾夫子谊切友生,情深师弟,倘能为韬画一万全之策,使自拔于泥途,幸甚幸甚。①

可以预见,像王韬这样内心矛盾重重的人,在同样是两重性格的老师那里是找不到什么满意答案的,但王韬对顾惺推重和信赖之情于字里行间殷然可见。王韬与顾惺的长久师友之谊和经常性的书信来往,是王韬离开青萝山馆而终究无法摆脱传统文化间接影响的又一注脚。

青萝山馆时期的王韬年龄虽小,雄心锐气却大得惊人。他"志锐气壮,自以为可奋讯云霄"。每天坚持读书、写诗、作八股文,期望有朝一日在科场大显身手,一举成名。然后修齐治平,成百世之功,留永久之名。家人亲友见王韬胸怀大志,才学俱佳,亦欣欣然以此相劝勉。甫里王氏家族中衰的局面就等着王韬出来重振雄风了。

江南水乡甫里

---

① 王韬:《弢园尺牍》卷二《寄顾涤庵明经师》,光绪癸巳沪北淞隐庐本。

二　科举之路

科举是中国帝制时代设科考试、选才任官的一种政治与教育制度。隋唐以降,读书人只有通过科举考试才能被社会认同为人才而参与国家治理。在官本位的封建社会里,读书人若想被社会承认有能力,有才气,有出息,或有功国家,福被桑梓,光宗耀祖,凡此等等,他就得在科举考试中博得功名。明清时期,有无数的读书人怀着"朝为田舍郎,暮登天子堂"梦想而终老于科场。

王韬出身诗礼之家,自幼就在封建文化氛围里生活,饱受传统价值观的影响。父辈重振家业的希望,出人头地"参划庙堂"的抱负,都逼着王韬不得不沿着既有的科举道路向上攀爬。

1844 年,王韬虽然只有 16 岁,可已经是一个熟读四书五经和其他传统典籍的少年有学之士了。家乡的人都称赞王韬的才气,羡慕王昌桂养了一个有出息的孩子。他们动不动就说"某家有子矣"。是年,王韬赴昆山县第一次参加童子试。此次考试虽然没捞到一个秀才,但王韬却也借此展露了头角。据王韬自己说,主试者见到他的文章后,击节叹赏,认为他虽然位在幼童之列,但"文颇不凡"。① 王韬对自己在科举道路上的第一次拼搏甚为满意。考试后,他兴致很好,与朋友大游马鞍山,登百里楼,"御风而行,衣袂飘举"。他在马鞍山之绝顶处,迎风披襟,大喊"快哉,此大王之雄风也"。②

第一次考试归来后,在父亲的催督下,他更加夜以继日地用功读书,作八股文,帖括之术猛进。1845 年,他再次应试昆山。一年的苦读功夫总算没有白下。进入号房后,一见到"见于孔子曰季氏非人所能也"的考题,便立马思如泉涌。③ 他引经据典,旁征博引,洋洋洒洒,一气呵成。不到一个时辰,便走出考场。主考官张帯非常赏识王韬的文章,

---

① 王韬:《漫游随录》卷一《登山延眺》,《走向世界丛书》,岳麓书社 1985 年版,第 50 页。
② 王韬:《漫游随录》卷一《登山延眺》,《走向世界丛书》,岳麓书社 1985 年版,第 50 页。
③ 徐家畴编:《昆新青衿录》《道光二十五年乙巳张宗师新榜》,光绪二十七年洒埽局本。

称赞"文有奇气",提笔圈为第一等,"拔冠邑庠"。①

王韬对考上秀才一事甚是得意,以为此是未来仕途步步青云的最好起点,举人、进士、翰林等等都是他在不久的将来就一一可致的囊中之物。高兴之余,他把名字利宾改为瀚,以此作为这次首战告捷的纪念。而对于拔擢他的考官张蒂,他更是从心里感激不已,表示知遇之恩,必当后报。可后来直到张蒂被农民军杀死,王韬也没能发迹报恩。为此他甚觉愧疚。他在为张蒂作传的时候不无自责地叹惜说:"知遇之感乌能忘也,记此不禁涕零。"②

王韬考中秀才的消息使王家沉浸在极大的欢乐和希冀之中,家里张灯结彩,燃鞭放炮,贺客盈门。在大喜大庆的气氛中,王韬抑制喜悦,故作镇静,持卷吟诵,"置不如意"。这愈发引来亲朋好友一片赞叹。王韬族兄向客人们夸奖他是王家的"千里驹",并征引诗句"见榜不知名士贵,登宴未识管弦欢"相调侃。王韬却释卷应对道:"区区一衿,何足为孺子重轻,他日当为天下画奇计,成不世功,安用此三寸毛锥子哉。"③客人们对王韬不受区区一衿的限制,胸怀建功立业的远大抱负,愈发惊奇,称赞他出语不凡,必有后贵。

王韬考中秀才,对王韬父亲王昌桂来说,无疑是王氏家族起废振衰的开端。王昌桂未中过科举,从王韬的牛刀小试中他看到了希望。倘若王韬能够乘初胜之威,坚持不懈地在科举这条道路上拼搏一阵,就一定能从秀才到举人,到进士状元,到高官显爵,进而买田置产,扩大家业,重现祖上风光。他耳提面命,不断督促,创造各种有利条件,让王韬静心读书。王韬在父亲的严加管教下,强压住少年人活泼好动的天性,每天徜徉于四书五经之中。他准备在下一轮的乡试中大显身手,以不辜负父亲的教诲和期望。

然而,王家的经济状况毕竟不如从前了。王韬已经无法再在他的书斋里安安心心地作他的八股文了。此时的王家,已经衰败不堪。祖上所传下的财产,几乎典当殆尽。王昌桂微薄而又不稳定的教书所得

---

① 王韬:《瓮牖馀谈》卷一《张小浦中丞师殉难》,岳麓书社1988年版。
② 王韬:《瓮牖馀谈》卷一《张小浦中丞师殉难》,岳麓书社1988年版。
③ 王韬:《遁窟谰言》卷一《天南遯叟》,上海大同书局民国十二年版。

难以养活五口之家。出身读书人家的王韬母亲朱氏,此时已不得不从早到晚纺纱织线,以补不足。王韬此时又羸弱多病,常在药罐子边度日,这更加重了家庭的负担。为扩大家庭经济来源,王昌桂于1846年前往上海设馆授徒。年仅18岁的王韬也不得不走出甫里的书斋,来到离甫里20里左右的锦溪教书,挣些束修补贴家用。

锦溪原名陈墓,相传北宋南渡时,贵妃陈氏病死后葬于此,因而得名。王韬的母亲朱氏就出生在锦溪,王韬选择在这里设馆,或与朱氏娘家的推荐不无关系。王韬前往锦溪的时间大略是在这年的开春季节。当行舟渡越范迁湖的时候,王韬触景生情,自感自叹。他作诗自嘲说:

> ……
> 此湖旧以攀清名,水色澈底玻璃清。
> 或云范蠡迁家至,湖滨卜筑名遂传。
> 当年功就知机早,一舸载得西施好。
> 屡散千金溷俗贾,上士大笑未闻道。
> 晚年想已厌网罗,乃来此地娱烟波。
> 嗟予亦为名利缚,何时归钓隐邱壑。①

范蠡是春秋时期越王勾践的重要谋臣。他帮助勾践灭吴后,改名陶朱公,悄然退出政治舞台,经商致富。后散尽千金,携美女西施隐居山水之间。王韬羡慕范蠡晚年美女在怀、消遣自在的隐士生活。但他也深知这种生活对他来讲只是一种不可企及的奢望。陶朱公曾经成不世之功,积万贯之财,其退隐是功成名就、大财大富之后的闲情逸致,而他只是一个未曾释褐的默默无闻的穷秀才。"尚未能逃俗,谋生愧负薪",为了衣食温饱不得不四处奔波,寄食他人檐下;为了挤入上层社会不得不低首吟哦于八股帖括之中。相比之下,王韬自惭形秽,嗟叹不已。

王韬是一个自尊心极强且情绪敏感之人,锦溪的设馆教徒生活并不能使他满意。他始终认为自己出来开馆授课是大材小用,形同乞食。

---

① 王韬:《蘅华馆诗录》卷一《渡范迁湖》,光绪庚寅弢园丛书本。

他在这一时期所写的诗篇几乎全都含有一种淡淡的苦涩。例如,他在一次饮酒后写道:

> 主人筑室村之麓,门前新涨一江绿……
> 仲宣乞食来此邦,忝与主人群纪行。
> 主人为具酒一石,呼与邻翁相对酌。
> 嗟我结庐淞水东,年来飘转如飞蓬。
> 人生苦为微名累,不然种秫谋日醉。
> 但力耕田闲读书,安辞长作农家居。①

王韬此时真正的用意并非想去做农人。他最焦虑的是如何结束这种有辱尊严和屈才的乞食生计。在19世纪中叶的中国,结束这种乞食生活的道路有两条:一是遁入山林,出家为道;二是用功科举,出人头地。前者意味着安贫守拙,默默无闻。王韬对此不甘心,家人师友亦不同意;选择后者,意味着埋葬青春,扼杀天性,王韬对此不乐意,但这条道路指向修齐治平,光宗耀祖。这是王韬和他的家人梦寐以求的目标。掂量之后,王韬选择了后者。

1846年夏,为了准备举人考试,王韬暂回甫里,隐于迦陵精舍,闭门苦读。此次王韬发愤读书的决心和毅力很大,大有志在必得之心,但他对自己获取成功的信心也似乎颇有怀疑。他对好友杨醒逋说:"樗栎之材安可任栋梁之重乎?泉石之性安可处庙堂之尊乎?"②他此时写成的"夏日读书迦陵精舍"组诗也写得十分灰暗消沉,其中第一首这样写道:

> 复作归欤想,扁舟至里门。蹉跎惭未补,文字向谁论。
> 岸远疑无树,云深若有村。暮鸦斜照外,帆影总昏昏。③

在落日黄昏中,乌鸦不吉利地飞来飞去,远处的一切都昏昏暗暗,似有似无。此情此景正是对前途未卜的形象揣测。

---

① 王韬:《蘅华馆诗录》卷一《饮锦溪书舍示主人》,光绪庚寅弢园丛书本。
② 王韬:《弢园尺牍》卷一《与醒逋》,光绪癸巳沪北淞隐庐本。
③ 王韬:《蘅华馆诗录》卷一《夏日读书迦陵精舍》,光绪庚寅弢园丛书本。

清代乡试三年一科,逢子、午、卯、酉年份举行。1846 年恰为丙午科举办之年,三年一次的江南乡试在南京秦淮河边的贡院举行。王韬在老师顾惺等人的陪伴下,于是年农历七月登舟前往金陵应试。出发之前,顾惺设酒壮行,期望马到成功。王韬也信心倍增,志在必得。从苏州到南京,王韬与老师一路上联诗斗酒,兴致极高。船入长江后,王韬伫立船首,遥望大江上下的帆影,追思前朝兴废,"江山代有人才出"的感慨和"舍我其谁"的自许从心底油然而生。

金陵为六朝金粉之地。十里秦淮更是商女云集之所。王韬一行正巧投宿在秦淮河钓鱼巷龚家,"左右多青楼,弦管之声嗷嘈不绝,正所谓流莺比邻"。秦淮河中画舫临流,"衣香鬓影,粉腻脂柔,犹有六朝余习"。① 这种氛围使他们一点看书的情绪都没有。不久,他们就一起走街串巷,寻找"佳趣"去了。龚氏水阁终于听不到读书声,空留下一堆翻开的书籍和没有作完的八股文。王韬所遗诗歌中有《秦淮纪事》一首,隐约透出他当时无心读书而有意风月的尴尬和无奈:

> 暮烟渐淡细波生,槛外岚光画不成。
> 双桨人来曾有约,六朝山好半无名。
> 销磨年鬓缘多病,萧瑟秋风未放晴。
> 才见湖边帘尽下,衫痕黛影自分明。②

江南乡试分三场进行。以八月初九、十二、十五日为正场,考生于每场正场前一日入场,后一日出场。考试内容第一场考《四书》,用八股文作文三篇,五言八韵诗一首;第二场考经文五篇;第三场考策问五道,策问涉及经史、时务、政治等。如此考试科目和日程安排,要求考生在考试前后必须以百分之百的精力专注于四书五经和诗文写作。王韬一行的秦淮放纵显然与此背道而驰。考试的结果,王韬一行自然是名落孙山。考试的失败彻底消除了王韬一行心理上的顾忌。他们整个儿掉进山水和风月场中去了。

王韬一行在南京乐不思蜀,几乎忘了归期。直到中秋后两日,他们

---

① 王韬:《漫游随录》卷一《白下传书》,《走向世界丛书》,岳麓书社 1985 年版,第 53 页。
② 天南遯叟:《蘅华馆诗录选》,《三六九画报》1942 年第 7 期第 14 卷。

才依依不舍地告别秦淮风月之地,买棹归家。临别之际,又是一番师徒对妓女的"情诗酬唱",连"贫士身边无别物,毛锥三寸当缠头"这样的"荤句"都咏出口了。① 所谓"文人之无形",在赶考的王韬师徒一行身上表现得淋漓尽致。

甚至在40余年后写成的《漫游随录》中,王韬还列有专章忆及他早年的江南乡试和"白门访艳"的潇洒。他记述他结识的任素琴、缪爱香两位秦淮"校书"说:"素琴固是岁花中探花也,艳帜独标,香名夙著。青萝馆主、珊瑚渔父偕余历访数家,迄无当意,惟此姊妹花含睇宜笑,颇得人怜。两情既洽,小宴遂开。爱香酒量既豪,尤工拇战,钏动花飞,出奇制胜。邻舫中有相识者,笑谓余曰:'阿兰坐拥两美,艳福真不浅哉!'盖余小字兰瀛也。"②轻松的笔调中满含着作者少年时代的快活和得意。

三 乡间教读

一到吴中,白下短暂的快乐顷刻被无尽的愁闷所取代。像吴敬梓《儒林外史》中的落第秀才下了场子后呼天抢地的情形差不多,回到家乡的王韬一时觉得浑浑噩噩,百无聊赖。他视科举如蛇蝎,见到笔墨、书籍一类东西就心惊胆战,以至好多天精神恍惚,似醉似病。他在给朋友的信中说:"悒悒不能自解者数日,迩来文字因缘忏除殆尽,旧时结习,弃若隔生。"③

有朋友劝他不必灰心,来日再搏,他立即怒不可遏。他的最好朋友、未来的妻兄杨醒逋也为此遭他抢白了一顿。杨醒逋在一封信里劝王韬以孝道为重,争取再考一次,以博取功名,光耀门庭。王韬很不客气地连回了几封信,驳斥了杨醒逋不得功名就是不孝的看法,他写道:

> 足下何教我之深,知我之浅也……足下谓科名者,士子之进

---

① 王韬:《漫游随录》卷一《白门访艳》,《走向世界丛书》,岳麓书社1985年版,第56页。
② 王韬:《漫游随录》卷一《白门访艳》,《走向世界丛书》,岳麓书社1985年版,第55页。
③ 王韬:《弢园尺牍》卷一《与朱瘿卿茂才》,光绪癸巳沪北淞隐庐本。

身,非得之不足为孝,以是为仆劝,其意不可为不厚,然仆闻有一时之孝,有百世之孝,吾人立天地间,纵不能造绝学,经纬当世,使天下钦为有用之才,亦当陶冶性灵,扬榷古今,传其名以永世,若不问其心之所安,博取功名富贵,以为父母光宠者,乌足道也……况士各有志,仆不能强足下为古,犹足下不能强仆为今也。豪杰自命不凡,岂可苟阿世俗?仆之不才,何足辱齿颊,足下之过虑甚矣……于时文中求经济,吾未见其可,足下勿挟尺寸之见,令人堕实而废时,则幸甚。①

调侃的背后藏有怨愤之情,既语气委婉,又义正词严,容不得杨氏再加反驳。

在另一封信中,王韬把科举功名视为身外之物,认为它与身内之物的"孝"风马牛不相及:"夫浮名仅文,学必根德,形弗胜心。此圣贤所以宅衷,豪杰所以自命也。"②但客观地说,此时王韬对八股取士制度的否定,主要还是一种科举考试失败后的愤激之语,是一种"一朝被蛇咬,十年怕井绳"情绪的自然宣泄。与他后来在接受西学的洗礼后,对八股取士制度理性批判和正面提倡近代务实教育不可同日而语。

对传统社会中的中国读书人来说,科举失败后有几条生活道路可走。一是继续低首下心,钻研四书五经和八股文,一生中不断地考将下去,直到头发花白而后止。《儒林外史》中的范进走的就是这条道。二是与科举决裂,也与当朝统治者决裂,以昔日攻八股文之精神,转而研究民生疾苦,从事农民起义的组织、宣传和发动工作,以彻底推倒旧王朝,改革考试制度。洪秀全、冯云山等太平天国农民领袖走的就是这条道。三是从此遁迹山林,对酒当歌,不再过问世俗事。道观佛寺中常有这样的失意读书人。四是教读乡间,诗酒自娱。王韬的父辈们在这条道路上走完了一生。

王韬没有耐心走第一条道路,这条道路太清苦、太漫长、太消磨人性;也没有勇气走第二条道路,尽管他像洪秀全一样失败后回家大病了

---

① 王韬:《弢园尺牍》卷一《与杨醒逋》,光绪癸巳沪北淞隐庐本。
② 王韬:《弢园尺牍》卷一《复杨醒逋茂才》,光绪癸巳沪北淞隐庐本。

一场,也遍历幻境,但"落第"在他大脑皮层上所留下的阴影并没有把他的梦引申到否定现实"阎罗妖"的地步。他在梦幻中悟到的只是自我忏悔,他向友人吐露道:"一昨病中,遍历幻境,顿豁悟人世一切是非,从此当一意离垢,忏种种罪孽,修种种善果,依大比丘座,即登彼岸,不昧宿因,回忆前事,如沤如泡,如影如尘,杜门养疴,凝神淡虑,祛除诸薜恼,解脱无限缘,比奉天龙偈,偈曰:人无嗜欲念,自无争竞心,慧根欲不灭,含素而葆贞,弟子与众生,无忤亦无求。"①然而他又决不甘心走第三条道路。他自幼就认为自己有经济长才,有强烈的修齐治平意识,甚至在科场失败后回来的路上,他还在作"反游仙诗"。在诗的序言里,他赞同顾涤庵师"餐霞饵玉,通人寓言,不如积硕学"的观点,表示"遁迹山林或可藏拙,亦心鄙之矣"。②王韬的确陷入了深深的矛盾和苦闷,他不知道怎样应对这突然的打击。刚刚回到甫里的头几个月,他"掩关却埽于里门,谢绝诸故欢",闭门苦索,百无聊赖。在他这一时期的书信和诗词中,充斥着落魄文人那种无法排遣的抑郁彷徨和多愁善感,有一首诗这样写道:

朱颜已非故,元发倏变白,勋业不早建,零落随萝柏。
陈箧发残书,青编展日夕,俯仰天地中,皆为寓居客。③

王韬的"掩关却埽益复无聊"精神状态大概引起了家人的紧张,他们催促王韬赶快成婚,希望以新婚的喜悦冲淡科场失意在心头留下的阴影。1847年农历正月,王韬与绅士杨隽(字采町,嘉庆丁卯科顺天举人)之女、好友杨醒逋之妹杨梦蘅结婚。然而,新婚的喜悦并不能完全驱散他心底的挫折感,蜜月里,他依然陷在愁城之中,以致他经常夜不能寐。《蘅华馆诗录》中有"不寐披衣夜深起,侧听空阶残露滴"之句,反映了他此时的精神状态。

王韬最后选择了第四条道路:教读乡间。1847年,他再次前往锦溪设塾课徒。此次锦溪之行显然是迫不得已的选择,若不是生活的负

---

① 王韬:《弢园尺牍》卷一《与觉阿上人》,光绪癸巳沪北淞隐庐本。
② 王韬:《蘅华馆诗录》卷一《反游仙诗并序》,光绪庚寅弢园丛书本。
③ 王韬:《蘅华馆诗录》卷一《不寐》,光绪庚寅弢园丛书本。

担,他是不会愿意在忧愁之上再加上新婚后的离愁的。他临别赠诗妻子道:

> 春来百感正茫然,又著离愁更断肠。
> 伴我寒灯昏似墨,照人残月冷于霜。
> 梦为离别都成泪,魂入温柔别有乡。
> 作茧红蚕多自缚,宵阑再拜炷心香。①

在锦溪,王韬的生徒只有两三个幼童。教学之余,他得暇研读经史和作文写诗。他在致内兄杨醒逋的诗中描述了这种悠哉清闲而又凄凉抑郁的生活:

> 寂寞锦溪路,萧条淞浦滨。橐笔情无限,捻书愿未真。交游长契阔,世事剧艰辛。地僻客朋少,村深风俗醇。检点诗篇富,登临景物新……宵阑搜旧帙,酒醒忆前尘。飘零今已惯,书札寄来频。却病教丸药,谋生愧负薪。芳时怜肮脏,古道叹沉沦。②

此时的王韬依然没有从科场失败的消沉情绪里解脱出来。他消极地自我解嘲,悲观地解释人生,触目皆愁。天之阴晴,花之开闭,均能引起他的一连串的叹唱。有一风雨之夜,他对着一枝凋零的芍药这样吟道:

> 前夜雨萧萧,春去苦不知。芍药开何晚,石阑红一枝。雨中色更媚,折供古军持。晓起忽相见,顿减昨日姿。因其已萎后,想其方开时。荣悴固不久,迟暮深足悲。物当保厥真,以全赋畀资。人生变若是,感慨以系之。③

从王韬的物我相吊中,可以看出他的精神负担何其沉重。

1847年秋天,王韬因妻子杨保艾已怀有身孕,且正在病中,家中无人照顾,急匆匆地辞却教职,由锦溪返回甫里。

从1847年秋到1849年9月,王韬除了中间去过上海"省亲"过一

---

① 王韬:《蘅华馆诗录》卷一《一舸》,光绪庚寅弢园丛书本。
② 王韬:《蘅华馆诗录》卷一《自花朝后至锦溪春杪未归寄醒逋三十韵》,光绪庚寅弢园丛书本。
③ 王韬:《蘅华馆诗录》卷一《初夏斋居即事》,光绪庚寅弢园丛书本。

次以外，几乎是足不出甫里。他此时的主要活动是读书和写作。在这段时间里，王韬决意广泛阅览古代典籍，"上挟圣贤之精微，下悉古今之繁变，期以读书十年，出而世用"。① 在读书中，他特别"留意古诗文词"。"日积月累"的结果，自然是"见闻稍扩"，进而逐渐形成了自己的学术观点。他对有清一代的正统学术汉学与宋学均提出了质疑。在《呈严驭涛中翰师》一信中他分析道："夫考据祖孔郑，理学宗程朱，两家自分门户，而学汉者，伤胶固，师宋者，病空疏，则又失之一偏。"②他认为汉学、宋学各持一端，均不足以为当代学者效法，正确的方法是博采众长，以冀经世致用。王韬"治学为用"的思想在这里已初露端倪。

基于"求博"的认识，王韬对所谓正史与稗史的关系问题予以重新解释。他指出，正史与稗史的关系是相对的。名称虽有高雅与粗俗之分，但包含和保存历史真实却是一致的，"稗史虽与正史背，而间有相合，足以扩人见闻记览，又何必名高哉？故野乘亦可怡情，艺谱亦为秘帙，山经典记，各专一家，唐宋文人，类以此自传，韬心窃慕之"。③ 在以后的治学过程中，王韬的确不为所谓的正宗所限。他读书不拘守于经典之作，野史小说以至神仙怪异均不排斥，在他的书信中，《洞天清录》《格古要论》《考盘余事》《域外丛书》《搜神记》《关汉卿杂剧》等驳杂书名屡有出现；作文喜欢旁征博引，兼采众长，"取资于稗史，折衷于正史"。他的《普法战纪》《法国志略》《漫游随录》等有关中外史地的著作都有这种特点。

王韬在甫里乡居期间的又一主要活动是写作。他向朋友说："韬屏弃帖括，一志读书，阅先贤典籍，未得万中之一，迩年妄怀述作，而凤毛麟角，剖校非易，然或自此得稍益学问。"④只读不作，乃为书虫之举，王韬自认为读书已经是"学富五车"，现在自然应该"出而著述"。此一时期他主要写了三个作品：一是《琐窗笔记》，二是《蒿目论》，三是《丁未诗集》。

---

① 王韬：《弢园尺牍》卷六《与英国理雅各学士》，光绪癸巳沪北淞隐庐本。
② 王韬：《弢园尺牍》卷一《呈严驭涛中翰师》，光绪癸巳沪北淞隐庐本。
③ 王韬：《弢园尺牍》卷一《呈严驭涛中翰师》，光绪癸巳沪北淞隐庐本。
④ 王韬：《弢园尺牍》卷一《与王紫诠茂才》，光绪癸巳沪北淞隐庐本。

《琐窗笔记》未曾公开印行,所写内容因而不为今人所详知。据王韬与朋友的书信推测,《琐窗笔记》可能是笔记小说一类,他说:"蒙著有《琐窗笔记》,蹊径未甚新异,惟意所托,覆瓿之物,无足当一笑。"①这与他后来写作《淞滨琐话》《遁窟谰言》一类讽世小说的命意是一致的。

《蒿目论》也未公开发表,估计为时事议论。王韬曾在《与省补茂才》一信中这样提到它:"迩来留心当世,酒酣耳热,援古证今,著有《蒿目论》,中有十不可治、七必当去之说,倘为政者采而录之,或亦可作杜牧郁模之痛哭也。"②显然,这是王韬有心"挟策以干当道"和针砭现实的作品。

《丁未诗集》则是王韬以诗的形式对自己青年时代日常生活和精神世界的真实写照,是他平时或以诗赠友,或以诗当信,或借诗言志等等日积月累的自然成果。王韬以后将它重新定名为《蘅华馆诗录》,并增收他以后各个时期的感时之作,于1880年正式刊印行世。③《丁未诗集》中以王韬早年所写作品最有价值,真切反映了他青年时代的生活情形和感情世界。试举《问梦蘅病二首》为例,以见一斑:

> 无端薄病更添愁,肮脏情怀不自由。
> 帘外有声频侧耳,窗前小坐自梳头。
> 即看鬓影萧疏甚,还耐秋风料峭不?
> 劝汝装绵需极早,新寒昨夜袭妆楼。
>
> 已是愁中复病中,起还无力卧偏慵。
> 怕临镜槛眉痕淡,教下帘钩树影浓。
> 薄被初熏时有梦,长宵微倦忽闻钟。
> 请看罗袖寒如此,懊恼年来带更松。④

显然,这是王韬设馆授徒在外思念病中新婚之妻,情不能抑而写下

---

① 王韬:《弢园尺牍》卷一《与王紫诠茂才》,光绪癸巳沪北淞隐庐本。
② 王韬:《弢园尺牍》卷一《与省补茂才》,光绪癸巳沪北淞隐庐本。
③ 为纪念过早去世的爱妻杨梦蘅,王韬把自己的书斋命名为"蘅华馆",自称"蘅华馆主人",并给其第二任妻子林氏起一新名"怀蘅"。
④ 王韬:《蘅华馆诗录选》,《三六九画报》1942年第7期第14卷。

的问候爱人的诗歌。诗句情真意切,哀痛有加,反映了青年夫妇为生活所迫不得不分居两地而又苦恋不已的生活和情感状态。

王韬是一位具有强烈入世精神的人。在乡居读书写作的日子里,他常把三国时代耕读田亩的诸葛孔明当作安慰自己的先贤大哲,希望也有那么一天,在朝的达官贵人会三顾甫里茅庐,请他出来指陈大计。然而,他又更清楚地知道诸葛孔明这种"天将降大任于斯人"的幸运机会是永远不会落到他的头上的。他在作完《蒿目论》之后就曾说过:"然而庙堂之上,不乏皋夔,其讦谟硕画,必远轶儒生,如用草莽而见效,不几显朝廷之无人耶?以是知吾说之必遭诋斥也。"①

一举得第早已如泡如影,挟策以进亦如镜花水月,才长志大的王韬未免对自己的境遇黯然神伤。生活的贫困更强化了他的这种悲凉的心境。他向一位与他一样"丰于才而啬于遇"的秀才徐仲宝说:"君既深秋士之悲,蒙亦为物情所感。叹萧梁之任昉,门户衰迟,愧唐李之孟郊,诗词寒瘦,贫剩长卿四壁,偷存子敬一毡,所以引杜甫之杯,时深慷慨,弹冯驩之铗,不尽低回也。"②中国历史上怀才不遇者的悲哀似乎全集中在他身上了。

于是,雄心壮志的王韬又变得心灰意冷,觉得世界上万事皆空。仕途功名、道德文章、青史英名均如枯木秋草,既无价值,又增烦恼。"人生蹋地后,颠倒名利,曾无一刻闲,魂魄一去,皆如秋草浮云耳。复有著书立说,博身后之誉,亦思数百年后空名,岂泽枯骨哉,而况未必传也。"③他甚至开始钻研佛经,忏悔自己不悟生活真谛。又在书斋前"艺菊数本",学东晋陶渊明"采菊东篱下"的神情,有事无事地品味吟咏。

然而,王韬真的像释迦牟尼那样看破红尘、像陶渊明那样超脱喜怒之界了吗? 没有。王韬既无释氏的大彻大悟,也无陶氏的平常心态。王韬表面上的看破红尘是他内心愁绪郁结的表现形式,是强烈的功名欲遭到挫折后的愤世嫉俗。

愁城与酒国往往同处一个空间。王韬在这一时期深深陷入了刘伶

---

① 王韬:《弢园尺牍》卷一《与省补茂才》,光绪癸巳沪北淞隐庐本。
② 王韬:《弢园尺牍》卷一《与徐仲宝茂才》,光绪癸巳沪北淞隐庐本。
③ 王韬:《弢园尺牍》卷一《再与梦蘅》,光绪癸巳沪北淞隐庐本。

之癖,王韬周围一大堆失意的乡村秀才们与王韬同病相怜,进而从旁推波助澜,或设会相邀,或索酒请诗,引得王韬愈发不可自拔。请看他在一封给妻子的信里所作的自画像:"朝来彤云如幕,山容不开,殆天工欲飞六出梅花矣。亟宜端整诗牌,涤除茗碗,以待滕六之至,余已折短简以招同志,约于桥南酒家,冲寒毕集,夜深薄醉归来,烦卿剪冰芹烹雪水,于清寒中作冷淡生活,亦嘉话也。"①自己与一群朋友放量大饮不说,还把自己的"山妻"也卷进去,叫她半夜三更起来为自己"剪冰芹烹雪水",王韬饮酒已到了"文人无状"的地步了。

王韬《蘅华馆诗录》扉页

从王韬此时的诗文看,"酒"字出现频率之高,令人叹为观止。春风,冬雪,菊、梅、荷、牡丹诸花或开或闭,友朋相会,贺生吊死,他几乎无事不酒,无时不酒。而且想出花招来喝,他在《漫游随录》中回忆他在家乡"鸭沼清风亭"三五成群狂饮大嚼时的情形说:

> 陆天随在时喜斗鸭,有斗鸭栏,中央筑一亭,曰"清风亭"……

---

① 王韬:《弢园尺牍》卷一《与梦蘅内史》,光绪癸巳沪北淞隐庐本。

里中诗人夏日设社于此亭,集裙屐之雅流,开壶觞之胜会,余亦获从诸君子后,每至独早。时余年少,嗜酒,量颇宏,辄仿"碧筒杯"佳制,择莲梗之鲜巨者,密刺针孔,反复贯注,自觉酒味香冽异常,一饮可尽数斗。又取鲜莲瓣糁以薄粉,灸以香膏,清脆可食,亦能疗饥。社友群顾余而笑曰:"子真可谓吞花卧酒者矣!"①

纵饮给王韬的身体带来极大的伤害。他经常"形疲神倦""连日病酒",可怜一个只有20岁左右的青年,三天两头地在药罐边讨生活。连他自己也觉得不是滋味,曾作诗自嘲说:"无计著书且闭户,药炉经卷度朝昏","闭户且倾卮,多病惟缘酒。"②

不宁如此,放荡不羁的纵饮还使王韬遭到许多乡里物议。他的内兄杨醒逋就曾以娘家代言人的资格教训过他,要求他与那些酒食秀才绝交,认认真真在家读书作文。王韬对这些物议不以为然,他在给杨醒逋的回信中申辩说:"辱来书教以忏除绮语,杜绝面朋,意良厚也,然仆则有说。仆年二十,而于尘世周旋之故,已厌弃之矣,惟以二亲冀望之深,不敢自弃,思得一通籍,博庭内欢,他非所知耳,至于绮靡障碍,未能屏弃,亦是文人罪孽,然浓艳风华,乃其本色,儿女之情,古贤不免,此亦只与瓯茗炉香供消遣而已,不足为学业累也。若夫取友之道,仆闻君子弗遗其旧,苟可节取者,未尝概摈之门外。自问生平,何者优于人,何者绌于人,而素所交接之士,尽有一善可师,片字足录,可以匡我未逮者。如必尽范张嵇吕而友之,毋论盛气难亲,抑亦所见不广矣。子宁以他规我,勿徒屑屑于其末也。"③

在王韬看来,这些物议之所以产生,不是因为他本人有什么不对的地方,而是由于他才大遭忌和凡夫俗子根本不了解他的苦闷。他以比喻的手法写道:

> 空谷有幽兰,其品轶芳杜,非无高尚心,徒与众草伍。从未知媚人,亦非生当户,竟以见嫉锄,奇冤报千古。鸾凤翔天末,不与鸡

---

① 王韬:《漫游随录》卷一《鸭沼观荷》,《走向世界丛书》,岳麓书社1985年版,第46页。
② 王韬:《蘅华馆诗录》卷一《无题》《怀吴江徐仲宝》,光绪庚寅弢园丛书本。
③ 王韬:《弢园尺牍》卷一《与杨醒逋内兄》,光绪癸巳沪北淞隐庐本。

鸷争，梓楠生山中，不共桃李荣。操守良独异，识见殊群情……惟以妒者众，谣诼始丛生，材大乃被弃，品高终见轻。①

　　任何人都无力改变王韬那种放荡不羁，他的父亲、他的内兄、他的妻子都做不到这一点。因为，王韬的放浪形骸并非是由于王韬天生喜欢如此，它是王韬怀才不遇之后内心苦闷和抑郁的发泄，是他积极入世精神遭到严重挫折之后的变态。只要社会环境没有变化，产生心灵苦闷的根源没有铲除，王韬以及千千万万个乡村落第秀才便不会停止在这条道路上沉沦。可以断言，如果不是鸦片战争后西方资本主义的侵入把中国强行推入世界万国相通的大潮，从而打破甫里乡村青山秀水的宁静，阻断旧日文人学士的生活惯性，王韬准会像甫里的前辈读书人一样，于放浪形骸和牢骚满腹之中潦倒一生而一事无成。

---

① 王韬：《蘅华馆诗录》卷一《感遇》，光绪庚寅弢园丛书本。

第二章　闯荡上海

鸦片战争是中国历史的转折点。由于中国在战争中被"夷狄"完败，"普天之下，莫非王土；率土之滨，莫非王臣"的古老大一统局面风光不再。西方国家凭借坚船利炮和经济实力侵入中国，硬是在中国东南沿海楔进了几块资本主义的"飞地"。上海正是其中最典型的一块。

西方资本主义在中国的"飞地"对中国而言具有双重作用。一方面，它为中国资本主义经济的发展注入了新内容和新型催化剂，刺激并助长了中国通商口岸工商业的繁荣；另一方面，"飞地"周围地区原有的自然经济纽带被无情切断，自给自足的自然经济加速解体。都市繁华与乡村凋敝的两极发展，使失去生活来源的农民和一些穷愁潦倒的封建文化人开始抛弃传统的谋生手段，离开农村，前往上海一类通商大都市去"撞运气"。日趋衰落的王家亦加入此一潮流。由此，青年王韬也在"情非得已"中被卷入东西方文化冲撞、交流与融合的漩涡。在经历了人格矛盾和精神苦痛之后，他开始了世界观的最初转变。

一　橐笔沪上

王家与上海结缘始于1847年。是年，王韬父亲王昌桂因家乡招不到生徒，"饥驱作客"，被迫赴上海设馆授徒。从王韬遗存文献看，王韬对他父亲来往沪上的情况记载不多，看不出其父王昌桂设馆上海并在介绍西方文明方面对他有何影响。可以确定的只是王韬此时并未随父同行。他还留在苏州老家做他的"穷秀才",对酒当歌,教读自娱。

1848年,王韬首次赴沪,并被繁华景象所震惊。该年农历正月,王昌桂滞留沪北,无法旋里。王韬思念家人,赴沪"省亲"。行船一入黄浦,王韬就觉得"气象顿异",钦羡之情油然而生:

> 从舟中遥望,烟水苍茫,帆樯历乱。浦滨一带,率皆西人舍宇,楼阁峥嵘,飘渺云外,飞甍画栋,碧槛珠帘。此中有人,呼之欲出;然几如海外三神山,可望而不可即也。①

陌生的事物、崭新的世界诱发了青年王韬的好奇心和求知欲。他听说英国传教士麦都思(Walter Henry Medhurst)②所主持的墨海书馆(London Missionary Society Press)③颇多新奇事物,在沪上口碑颇佳,便特地前往拜访。经此一见,王秀才的情感无意中便被"西士"和"西物"拉拽过去一截。他记载当时的情形说:

> 时西士麦都思主持"墨海书馆",以活字板机器印书,竟谓创见。余特往访之,竹篱花架,菊圃兰畦,颇有野外风趣。入其室中,缥缃插架,满目琳琅……坐甫定,即以晶杯注葡萄酒殷勤相劝,味甘色红,不啻公瑾醇醪也……后导观印书,车床以牛曳之,车轴旋转如飞,云一日可印数千番,诚巧而捷矣。书楼俱以玻璃作窗牖,光明无纤翳,洵属琉璃世界。④

至1848年,上海虽已开放七八年之久,但是一般内地乡里还未曾强烈感受到西方文明的辐射。传统封建文人依旧固步自封,沉睡于天朝美梦而未醒。他们对西方事物既知之甚少,也鄙夷不屑。他们宁愿死守"华尊夷卑"的古老信条,也不愿承认"夷狄"文明的存在与优势地位,更不愿意向"非我族类"的"夷狄"学习请教。作为一位自坠地即浸透在传统文化中的乡村文人,王韬此时虽然还没有摆脱封建文化人的

---

① 王韬:《漫游随录》卷一《黄浦帆樯》,《走向世界丛书》,岳麓书社1985年版。
② 瓦尔特·亨利·麦都思(Walter Henry Medhurst, 1796-1857年),英国伦敦布道会传教士,号墨海老人,汉学家。曾主持新旧《圣经》翻译活动。
③ 1843—1863年,上海外国传教士所办出版机构,主要人员有英国伦敦布道会传教士麦都思、慕维廉、艾约瑟等,主要工作是翻译西方书籍,偏重宗教、政治、医学、数学等类别。
④ 王韬:《漫游随录》卷一《黄浦帆樯》,《走向世界丛书》,岳麓书社1985年版。

价值观和心态,但他能主动拜访"夷人"麦都思所主持的墨海书馆,与"夷狄之人"饮酒谈话、交流思想,却也透出了王韬日后与顽固封建文人分道扬镳的端倪。王韬好奇爱动、崇尚自然的个性和他所信奉的变易哲学,是他能够跳出传统藩篱的主观内在因素。

1848年的上海之行,特别是首次与西方人士友好接触,打开了初出乡间的王韬的眼界,使他对西方文化和科学技术有了最初的好感。这为王韬日后世界观的转变和生活道路的选择提供了一个契机。

此次沪上之行,王韬不仅看到西方资本主义文明的蓬勃生机,也深感上海繁华背后所隐藏的中国生存危机。后者给王韬留下了更深的印象,引发了他忧国忧民的愁绪。当他放眼黄浦江,注视着一艘艘外国商船与军舰在中国的江河里自由自在往来游弋的时候,他无法平抑自己的愤怒情绪,一口气写下了四首"感事诗"以志其意:

其一:
海上潮声日夜流,浮云废垒古今愁。
重洋门户关全局,万顷风涛接上游。
浩荡东南开互市,转输西北共征求。
朝廷自为苍生计,竟出和戎第一筹。

其二:
苍茫水国殢春寒,鲸鳄消余宴海澜。
闾里共欣兵气静,江山始叹霸才难。
殷忧漆室何时已,恸哭伊川此见端。
远近帆樯贾胡集,一城斗大枕奔湍。

其三:
烽火当年话劫灰,金银气溢便为灾。
中朝魏绛纡谟画,穷海楼兰积忌猜。
但出羁縻原下策,能肩忧患始真才。
于今筹国讵容误,烂额焦头总可哀。

其四:
海疆患气未全舒,此后岂能防守疏。
应有重臣膺管钥,早来绝域会舟车。

土风谁补蛮彝志,波毕今登货殖书。
千万漏卮何日塞,空谈国计急边储。①

诗句之间,对国运的担忧和对"西夷"的愤恨在强度上超过了他对西方资本主义文明的欣赏。这一点正是王韬拒绝麦都思邀请而毅然返回甫里乡村的内在原因。长期封建文化的学习养成了他比较固定的文化价值观和情感,这使他一时还不能接受西方人士在中国自由居住和四处活动的现实,更不能容许自己与之"同流合污"。

然而,命运似乎故意与王韬开玩笑。家庭生活的波折迭变使王韬别无选择,只能"囊笔佣书于沪上"。1849 年 6 月,王韬父亲王昌桂因病离世,全家生活的经济来源顿时断绝。年仅 20 岁的王韬责无旁贷地挑起了养家活口的重担。但是,靠一介书生的王韬"设馆授徒"所得的微薄收入无论如何已经不能维持一家老少三代的日常生活开销。而且,屋漏偏逢连夜雨,1849 年又恰是一个大灾之年,江南地区暴雨连绵,"三旬稀见日,五月要披裘","江村成巨浸,远近起哀音",②米价暴涨,家家生活不易,哪里去招收生徒?无奈之下,王韬只能外走他乡,另寻生存之道。恰巧麦都思此时翻译受困,急需一个中文助手,再次遣使来书相邀,王韬遂于 1849 年 9 月接受邀请,来到上海墨海书馆"佐译"。此后,他以中文助手的身份与麦都思一同工作,朝夕相伴八年有余。王韬在书信中记录此一人生变故说:"己酉六月,先君子见背,其时江南大水,众庶流离,研田亦荒,居大不易,承麦都思先生遣使再至,贻书劝行,因有沪上之游。缪厕讲席,雅称契合,如石投水,八年间若一日。"③一个中国乡间落第秀才的人生轨迹在国运不昌和家庭不幸的双重挤压下就这样发生了突然转向,甫里的私塾先生被推到"十里洋场",落入中西方文化对抗与交流的漩涡之中。此时的王韬怎么也不会想到自己日后能成为中国思想史上的一位巨人。而作为传教士的麦都思也不会想到他的这次邀请会成为一位改革思想家产生的"催化媒"。外来的麦都思不

---

① 王韬:《漫游随录》卷一《黄浦帆樯》,《走向世界丛书》,岳麓书社 1985 年版。
② 王韬:《蘅华馆诗录》卷二《雨中感事》,光绪庚寅弢园丛书本。
③ 王韬:《弢园尺牍》卷六《与英国理雅各学士》,光绪癸巳沪北淞隐庐本。

自觉地做了中国历史的推进人。

王韬离乡赴沪本是生活逼迫的"违心而行",其内心的苦涩是不难想象的。他离开甫里时心情十分复杂,既依依不舍,又无可奈何。有一首长诗反映了他当时的矛盾心境:

瘁叶悲陨树,病鸟怆离巢,岂余非人情,甘作秋蓬飘。少小惯为客,里居多无聊,今兹远乡县,独处耐寂寥。顾念白头母,忧子心慆慆,更怜小弱弟,久已诗书抛。吾躬事丛集,此举敢惮劳,日卜一廛宅,涂茨为诛茅。昊天胡不吊,鞠凶丁我躬,葛帔走风雪,忍饥敢言穷。一朝落海上,夫岂由余衷,根本讵弗重,饘粥何由充。嗟予事大舛,磨蝎在命宫,动如金跃冶,嘲诮丛吴蒙。岂有伯通庑,令我安赁舂,因之决行计,仰视寥天鸿。我家居里中,及今阅三世,即我住此庐,亦已逾十岁。先人立门户,辛苦心力敝,前年遭大水,研田绌生计。含凄急出门,仓卒麻鞋系,门祚感衰微,骨肉惊飘逝。庭树色依依,对之屡挥涕,再拜从此去,衔哀告家祭。①

此一最初矛盾心态一直蛰伏在上海时期王韬的深层意识中。每遇不顺心的事情或场合,它就会不自觉地崩泄出来,使王韬寝食难安,心力交瘁。

初至墨海书馆,王韬住在上海北门外的一间破陋的小屋里。小屋与一片坟地毗邻,前后荒凉不堪,里面开间亦只可容身,王韬描写为"小屋三椽,聊以容膝,老屋多隙,时来黄沙,小窗不明,罕睹白日"②,冬季北风怒吼,窗栏欲飞,夏日来临,枕簟皆湿。艰苦的栖居环境使王韬觉得生活了无情趣,如同楚囚。在此一时期的诗文中,他经常抱怨时运不济,自叹佣书西舍,贱如犬马,咏怀往日甫里乡间且耕且读的悠然自得和无拘无束的诗友唱和。

然而,王韬并没有因此而退回到甫里乡间去,墨海书馆的薪金毕竟比教授生徒的束脩来得丰厚。肩有全家生活重担的王韬不能不从这一角度来看待问题而忍受暂时的困厄。经过一年的咬牙坚持,他积蓄了

---

① 王韬:《蘅华馆诗录》卷二《移家沪上作》,光绪庚寅弢园丛书本。
② 王韬:《弢园尺牍》卷二《与杨三醒逋》,光绪癸巳沪北淞隐庐本。

一些钱,终于在墨海书馆的后面租下了两间稍好一些的房子。1850年夏天,他把妻子和女儿一起接到上海合住。家庭的团聚多少冲淡了一些郁积在他心里的怨愤。

王韬及其家人的离乡赴沪,特别是王韬"卖身事夷"的举动引来了家乡亲戚朋友的诸多指责,纷纷以"儒家大义"声讨王韬悖逆之举,一时"物议沸腾","姗笑者蜂起"。① 连王韬妻兄杨醒逋也加入谴责王韬的行列。杨醒逋希望妹婿不要为了"果腹"而"附腥慕膻",托足"夷狄"之间,而应见歧路而返,回头是岸,继续在科举的道路上奋斗前行,以求腾达。王韬对来自乡间的责备"姗笑"并非无动于衷,如王韬得知好友管嗣复(字小异)拒绝襄助外人翻译《圣经》,顿觉自惭形秽。但是,他思来想去,总觉得他唯一的选择只能是继续"颔首悴面,倒行逆施"。他从理智上仔细权衡儒家大义和生活现实孰轻孰重。最终,他选择了现实生活。他在日记中自我安慰说:"教授西馆,已非自守之道。譬如赁舂负贩,只为衣食计,但求心之所安,勿问其所操何业。译书者彼主其意,我徒涂饰词句耳,其悖与否,固于我无涉也。且文士之为彼用者,何尝肯尽其心力,不过信手涂抹,其理之顺逆,词之鄙晦,皆不任咎也。"②

在给妻兄杨醒逋的信中他直接陈述其沪上谋生之"苦哀",请求后者宽容他的选择:

> 韬不才,无所表见以光于闾党,邂迹海上,是用殷忧,鸿雁西来,手书远责,十读三复,莫所适从。然有不能无言者。昔年先君子见背,韬固不欲行,眷顾家庭,又难中止。使有一大力者提挈其间,俾成素志,决不敢自甘湮没。乃经秋卧病,闻问阒如,虫声满庭,鼠迹盈案。历此况味,只自伤矣。然后戢翼长征,浩然不顾,知韬者当为韬痛哭流涕而不置也……天地生才不数,处世亦不苟,韬常以为然,及至今日,有不敢尽信者。韬年十九,已事博涉,才虽不逮古人,而风雨一编,靡间晨夕,不可谓非勤书媚学者,不料时命之不偶,而沦落于无知之俗也。事至于此,诚为已矣,岂复能嘐嘐然

---

① 方行、汤志钧整理:《王韬日记》,中华书局1987年版,第67页。
② 方行、汤志钧整理:《王韬日记》,中华书局1987年版,第92页。

诩名尚品炫智矜奇哉?①

杨醒逋是一位古典唯理主义者,也是儒家大义的忠实卫道者。传统儒家知识分子的生活态度和处世哲学在他身上表现得十分典型。"饿死事小,失节事大"的儒家道义是杨醒逋的生活准则和行为规范。他认为儒家道义是人之根本,相比"大义","物欲"层次的衣食住行则是次要的,非根本的。因此,不愿"安贫乐道",更不愿为守道而"饿死"的王韬自然成为他责备的对象。但颇具讽刺意味的是,就是这样一位儒家大义的卫道者,当王韬生活无以为继,需要他资助时,他又是那样看重物质财富,以致吝啬得对王韬一家不闻不问。王韬这一封回信无疑是对妻兄杨醒逋及其同类"腐儒"的冷嘲热讽。

人类生存法则的历史逻辑原来就是先物质后精神的。王韬为了养活自己,养活全家,只能选择这条被封建文人们所不齿的道路,尽管他是那样的不情愿。

王韬在上海墨海书馆所做的主要工作是帮助麦都思牧士修改、润色他的译著。麦都思牧士是英国伦敦布道会最早派遣来华的传教士。早在鸦片战争前就在马六甲和广东一带进行传教活动。最早的中文月报《察世俗每月统计传》就是由麦都思与马礼逊两人在马六甲合作创办的。鸦片战争后,麦都思来到上海北门外设点布道。墨海书馆是他创办的宗教印刷机构。麦都思来华时有一个宏大的计划,即准备把圣经的《新约全书》和《旧约全书》翻译成通俗易懂、平实流畅的中文,使中国人都能乐于接受基督的启示。1847年,他把上海的传教士组成一个编译委员会,开始从事翻译工作。但是,尽管麦都思的气魄很大,其中文能力却明显不足。他以及在他周围工作的传教士们虽然懂得中文,口语水平甚至不低于中国人,可翻译出来的文字总是免不了"拘文牵义","诘牙聱口",王韬讥之为"即使仲尼复生,亦不能加以笔削"。②

中国民众尤其是文人墨客对麦都思等传教士所译的"诘牙聱口"之作十分反感,这在一定程度上削弱了上帝福音的传播能力。麦都思邀

---

① 王韬:《弢园尺牍》卷二《与所亲杨茂才》,光绪癸巳沪北淞隐庐本。
② 王韬:《弢园尺牍》卷二《与所亲杨茂才》,光绪癸巳沪北淞隐庐本。

请王韬,目的就是期望借助王韬深厚的中文功底对他们所译书籍加以疏通、润色,使之更适合中国人口味。王韬居沪初期,这种译经工作占据了他的大部分时间。

延续了六年之久的新旧圣经汉译工作是单调而乏味的。一位自始至终参加这一工作的伦敦布道会传教士米怜(W. C. Milne)回忆当时的工作情形说:"我们每天集中讨论,先读一段圣经和祈祷文,然后逐字逐句地翻译。每位传教士都有发言和修改译文的机会,以使译文更尽人意。这样的工作从上午十点一直延续到下午两点半。有几位传教士带着有用的土著汉文导师或工作助手。"①

作为一个有着良好儒学基础、生性又好动的青年才子,王韬每天跟在传教士后面修饰他认为"诘屈聱牙"的译文,的确叫他生厌万分。他愤愤不平地向友人抱怨他的境况说:

> 佣书西舍,贱等赁舂,闭置终日,动遇桎梏,学蒙庄之牛呼,为史迁之马走,因此营营自甘,惘惘不乐,每一念及,行坐都忘。②

王韬厌恶宗教著作的翻译工作,可对西方科学技术书籍的翻译工作却怀有极大兴趣。此一兴趣是他讨厌西方宗教而又与传教士周旋让的又一原因。他在《弢园老民自传》中说:"老民欲窥其象纬舆图诸学,遂往适馆授书焉。"③此话当属由衷之言。19世纪中叶的王韬不曾受到希腊神话普罗米修斯为人类窃取天火故事的启发,但他为师夷长技而甘受折磨的坚忍精神却如出一辙。中国近代第一代进步思想家大多具有与普罗米修斯一样的品格与精神。

王韬在上海时期参与翻译的科学性著作主要有五种,即《格致新学提纲》《光学图说》《重学浅说》《华英通商事略》和《西国天学源流》。王韬后来将它们与《泰西著述考》一道编辑成册,名之为《弢园西学辑存六种》。

---

① Alexander Wylie, *The Bible in China*, pp. 103-104. 转见于 Paul A. Cohen, *Between Tradition and Modernity: Wang Tao and Reform in Late Ching China*, Massachusetts, Harvard University Press, 1974, p. 22.
② 王韬:《弢园尺牍》卷三《与贾云阶明经》,光绪癸巳沪北淞隐庐本。
③ 王韬:《弢园文录外编》卷十一《弢园老民自传》,清光绪九年香港排印本。

《格致新学提纲》是王韬在1853年与艾约瑟(Joseph Edkins)合作翻译的,其后王韬又"屡加补辑,多所增入"。① 因此,王韬对于《格致新学提纲》兼具翻译者和编纂者的双重身份。此书涉及的科学技术范围十分广泛,包括"算学、化学、重学、光学、电学、气学、声学、地学、矿学、医学、机器、动植物,无所不具"。在19世纪中叶的中国,封建传统文化一家独大,盛行朝野,在此情形下,国人能通过王韬的努力读到如此内容丰富的指南性著作,实乃历史大幸。王韬的筚路蓝缕之功不可谓不大。《光学图说》也是王韬与艾约瑟合译的,是一本介绍光学知识的入门书,配有图绘,浅俗易懂,所论望远镜制造原理及工序尤其实用。《重学浅说》《华英通商事略》和《西国天学源流》是王韬与伟烈亚力(Alexander Wylie)合作译成的,翻译程序是伟氏"口译",王韬"笔授""润色"。《重学浅说》为物理学著作,王韬曾在《弢园著述总目》中概括该书的要旨说:"西人于器数之学,殚精竭思;其最奥者曰重学。以轻重为学术,行止升降,必藉乎力;高下疾徐,必因乎理;而所以制器测象者,非此不可。凡助力之器有六:杠杆、轮轴、滑车、斜面、螺丝、尖劈。赖此可以举重若轻,其中各有算学比例在。"②《华英通商事略》是一部叙述英国东印度公司在东方发展商业贸易的历史著作。在当时,国人对西方资本主义国家"以商业为本"的情况还相当陌生,甚至有所排斥,谈不上在内政上予商业以应有之地位。王韬选择此书翻译有针砭时事、警醒国人之动机。《西国天学源流》是一部介绍西方天文学发展史的著作,"读之可以讨源溯流"。王韬试图通过此书的传播使国人认识西历的精确性和它的科学测量方法。

由于王韬中文造诣的深厚,他参与编译的作品,不论是宗教作品还是科学著作,均获得相当的成功。③ 前者如《新约全书》和《旧约全书》代表本"文辞雅达,音节铿锵",水平远在前辈传教士马礼逊(Robert

---

① 王韬:《弢园文录外编·附录》,《弢园著述总目》,清光绪九年香港排印本。
② 王韬:《弢园文录外编·附录》,《弢园著述总目》,清光绪九年香港排印本。
③ 参见 Paul A. Cohen, *Between Tradition and Modernity: Wang Tao and Reform in Late Ching China*, Massachusetts, Harvard University Press, 1974。

Morrison)和郭实腊(Charles Gutzlaff)所译圣经之上。①《新约全书》并被英国圣经会正式采纳为规范精译本而加以推广。至1859年它已被再版11次。直到20世纪的20年代,此一译本仍在中国流传。② 后者如《格致新学提纲》《光学图说》等也都不胫而走,被文人学子们视为至宝。

王韬对宗教译著和科学译著两种"成功"的态度是不一样的。对前者,他除了不时表示只配"糊窗覆瓿"外,从无一点"成就感";相反,对后者却总有一股压抑不住的自豪感,每当朋友向他索要这些书籍时,他总要在自谦之词中流露出得意之色。他也常常把这些书籍作为贵重礼物赠给朋友。晚年他还把这些译著汇编成集,铅印再版。对两种类型书籍翻译的不同态度表明了王韬在宗教与科学之间的好恶取舍,也说明王韬滞留沪上除了经济上的客观原因以外,的确还有试图"窥破西学堂奥"的主观动机。

二 口岸畸零人

"五口通商"后的上海是中西两大文明板块撞击的热点,也是大清王朝行政权力失落的特殊空间。这里聚集着许多中国落魄文人。这些落魄文人或为科举考试的失败者,或为官场角逐的失意人。与封建社会权力的掌控者与拥有者不同,这些落魄文人在传统封建社会的文化与政治结构里本来就是处在最外沿的"离子"。当中西方两大文明板块相遭遇的时候,他们更易在外力的撞击下脱离原来的结构而成为游弋于两大文明板块之间的"中间人"或"孤独的陌生人"。美国中国近代史专家柯文(Paul A. Cohen)在他的著作《传统与现代之间》中对这一群"中间人"有过精辟描述,他说:"他们大多都是儒家经典训练出来的文

---

① 罗香林:《香港与中西文化交流》,香港中文大学出版社1961年版,第78页。
② R. Wardlaw Thompson. Griffith John, *The Story of Fifty Years in China*, New York, 1906, p. 431. 转见于 Paul A. Cohen, *Between Tradition and Modernity: Wang Tao and Reform in Late Ching China*, Massachusetts, Harvard University Press, 1974, p. 22。

人,且往往具有秀才一类的头衔。西方人提供的新的就业机会把他们吸引到上海。不落俗套,行为怪癖而又不乏才华是他们的个性特征。他们的诞生象征着近代中国一种新的社会文化现象——口岸知识分子(Treaty Port Intellectual)的出现,他们在中国人世界的边缘地带生存,其工作在初期似乎与中国历史的主流相脱离,但在未来的中国历史上,他们日益显示其重要性。"①

"逃儒逃墨难逃世"。飞离出去的"离子"并没有就此找到一个无忧无虑的世外桃源和可以安身立命的文化哲学,个人的不幸、民族国家的耻辱、东西文化认同的困惑,使他们饱受精神与心灵的折磨。抑郁孤独而又牢骚满腹,愤世嫉俗而又放荡不羁,"蔑夷"而又"慑于夷"成了他们的群体性格。这是一群离开传统堤岸跳入陌生海洋而又一时没有找到彼岸依归的"畸零人"。

在这些"畸零人"中,王韬是不幸最多、忧愁最深的一位。其经历之惨,精神负担之重,几乎使上海时期的王韬"无复有生人之乐"。

(一) 家庭多变故

相较甫里乡间设垫课徒收入,王韬从麦都思那里得到的薪酬还算丰厚,可以"岁得二百金"。② 王韬打算以此所得,从此使全家摆脱生活困厄。孰料事与愿违,1850年妻子杨梦蘅到沪未及半载,便"久劳患病","遽遭惨变",不治去世。王韬与杨氏结婚仅仅三年,且离别多于相聚,迁沪后伉俪之情犹如新婚,突遇此变,顿感天昏地暗,痛不欲生。他写诗自咏道:

> 偕隐难期白首归,长离早把青鸾跨。
> 院落天风响佩环,人海茫茫永不还。
> 银烛窗前明昔昔,旧衣架上黯斑斑。
> 残灯孤馆真凄怆,回廊独立悄无语。

---

① Paul A. Cohen, *Between Tradition and Modernity: Wang Tao and Reform in Late Ching China*, Massachusetts, Harvard University Press, 1974, p. 16.
② 王韬:《弢园尺牍》卷四《奉朱雪泉舅氏》,光绪癸巳沪北淞隐庐本。

最怜孤鸟不成鸣,底事宵长未肯曙。

凄凉无计作悲歌,零落天涯怨更多。①

妻子病故后,王韬为稍减失妻之痛,复因"顾思白头母,忧子心慆慆,更怜小弱弟,久已诗书抛",便将家中老母与小弟一起接到上海同住。王韬每日辛苦劳作,"奉高堂,教弱弟",指望家庭从此太平过活,小弟早日成人。可接下来的打击让王韬更加失望。弟弟王谔卿来沪后不思进取,常与游手好闲之徒混在一块,并且染上了抽鸦片的恶习,整日醉生梦死,不事读书。王韬被他弄得钱囊拮据,伤透脑筋。在一封致杨醒逋的信里王韬无可奈何地表示:"舍弟谔卿,供养烟云,已成痼癖,迩来为之赁屋一椽,聚徒三五,聊以收其放心,然犹且典研鬻书,以供片芥,劝之不可,徒唤奈何。"②后来,王韬花尽积蓄,"心力耗瘁"地为他娶了夏氏作媳妇,以期能对他有所匡正。不料王谔卿的烟瘾愈发不可收拾,"呼吸烟霞","迷津难返",未三载也溘然逝去。

如果说家人一连串的去世所带来的悲哀使王韬长年累月"如坐愁城";那么"无后"的忧虑便在这座愁城之上又加上了一层沉重的精神黑网。王韬本来有兄弟五人,但三个哥哥均于幼年夭折,只剩他与吸烟成瘾的弟弟谔卿活至成年。王韬生有二女,次女且"生不能言";王谔卿虽生有三子,但无一成活。从传统意义上讲,王家血脉香火自此而断。一位思想开放的现代知识分子或许对此"衰宗"局面不以为意,但对还未走出传统,传宗接代和重男轻女观念仍然十分强烈的王韬来讲,则仿佛是人生最大的磨难,是命运对他最大的惩罚,毕竟"百善孝为先""不孝有三,无后为大"。他经常用传统的儒家伦理来谴责自己,闭门枯坐思过,同时抱怨命运的不公,凄凄惨惨,哀哀怨怨。在《哭舍弟谔卿》一诗中他这样叹息道:

痛杀北堂母,同谁奉甘旨。三兄殇可嗟,一个弱如此。

衰宗安得振,时陨滂沱涕。只鸿迷所向,此痛何时止。③

---

① 王韬:《蘅华馆诗录》卷二《悲秋曲》,光绪庚寅弢园丛书本。
② 王韬:《弢园尺牍》卷三《与醒逋》,光绪癸巳沪北淞隐庐本。
③ 王韬:《蘅华馆诗录》卷三《哭舍弟谔卿》,光绪庚寅弢园丛书本。

"无后"与"不孝"的刻骨之痛一直折磨着王韬,直到后来亡命香港,他还在为亲人接二连三的谢世和王氏家庭的断后状况耿耿于怀。一封写于逃亡香港一年之后的信这样写道:

> 懒叟所虑者,尤在嗣续,已逾潘岳之年,将逼商瞿之岁,膝下萧然,顾对谁供。我家七叶相传,二百三十七年,仅存三男子。从侄二人,长者清狂不慧,次者荡越绳检,不可教训,世乱家贫,年壮无室,我之所遇则又如此。呜呼,天之所废,谁能兴之,弗可冀也已。①

甚至在他实现了思想的转变,成为一位资产阶级思想家和新闻人之后,他还不能以平静的心态来看待"无后"一事。一封写于1881年前后的信函这样说:

> 言念吾宗,伤心欲绝,悠悠苍天,曷此其极。王氏一支,自明崇祯至此,七叶单传,今殆绝矣。岂刑官之后,遂至不祀,而若敖之鬼,长此终馁矣。宁不痛哉!宁不哀哉!②

不到椎心泣血,哀痛至极,没有人会怀疑自己的祖上是"刑官"!王韬被王家"衰宗"一事纠结得几乎崩溃。

(二)正统华夷观与现实选择的矛盾

封建时代中国的知识界被包裹在"严夷夏之大防"的封闭甲壳里,其成员几乎拥有共同的"华尊夷卑"价值观和世界观。未出甫里时的王韬也是一位十足的"华尊夷卑论"的维护者。

有一件小事典型地反映了王韬的这种文化价值观。大略在1848年前后,王韬的一位朋友因家庭陷入困境被迫前往上海洋人处做事。王韬获知此事后,立即写了一封义正词严的长信给这位朋友,劝他不要因为一时"身处涸辙"而失去儒者之节,卖身事夷。他写道:

> 儒者立节,不必鸣高,君子持躬,务期绝俗,经权常变,惟所用焉,而独至处身则断不可不谨……夷人自议款通商以来,包藏祸

---

① 王韬:《弢园尺牍》卷六《寄吴中杨醒逋》,光绪癸巳沪北淞隐庐本。
② 王韬:《弢园尺牍续钞》卷一《与杨醒逋明经》,光绪己丑铅字排印本。

心,非伊朝夕,足下其巢幕之燕乎?……春秋责备贤者于失身尤为重。仆于酒酣耳热之后,能不为足下击碎唾壶,感愤泣下哉!然裹足不入者,保身之哲也,决心舍去者,果断之士也;事机犹可转圜,昔非何必今不是,翩然辞去,鼓棹而西,弹长铗以归来,谢知音与海上,尚不失为佳士耳。若复羁栖异地,沦落青衿,以垂暮之年,蹈不测之域,不独知者为之兴叹,即己之心何以安?①

骂得大义凛然,痛快淋漓,字里行间饱蘸着对西方"夷人"及与之共事的"士林败类"的鄙夷不屑之情,清晰地透显出王韬此时的文化价值观。

19世纪中叶时代的变化和家庭的变故也把王韬本人抛到了上海这个所谓的"腥膻之地"。在与西方人士的接触之中,他逐渐体察到西方文明和西方人士的优异之处,思想开始悄然发生变化。他在日记中就曾多次赞赏合信、麦都思、伟烈亚力等西人聪明好学以及对他的生活关照。

但是,王韬仍没有与旧时代和旧意识决裂。封建传统文化早年所赋予他的文化价值观依然牢固地存留下来。尽管后来王韬成名后曾说他在上海时与外人"雅称契合,如石投水,八年间若一日",上海时期,特别是1859年以前的王韬仍然是一个"华尊夷卑论"的笃信者。他的思想变化远远落在他的生活变化之后。与西方人士朝夕相处被他看成是"日与异类为伍",是"耻莫大焉""害莫大焉"。一封写于1858年的致舅舅朱雪泉的信这样写道:

> 自来海上,绵历岁序……托迹侏㒲,薰莸殊臭。传曰:"非我族类,其心必异"。饮食耆欲,固不相通,动作语言,尤所当慎……名为秉笔,实供指挥,支离曲学,非特覆瓿糊窗,直可投之溷厕……此邦氛浊之场,肩毂摩击,腥膻萃附,鸦雀之声,喧阗通衢,金银之气,熏灼白日。聆于耳者,异方之乐,接于目者,犹杂之形。②

---

① 王韬:《弢园尺牍》卷一《与友人》,光绪癸巳沪北淞隐庐本。
② 王韬:《弢园尺牍》卷四《奉朱雪泉舅氏》,光绪癸巳沪北淞隐庐本。

这里没有一丝"雅称契合"之意,而传统士人那种"华尊夷卑"的潜意识却暴露无遗。在另一封致密友的信中,他以更直接明了的语言谈论"夷性乖张"和"夷夏大防"。此信在引述了《左传》的"非我族类,其心必异"的陈词滥调后指出,西人"隆准深目,思深而虑远,其性外刚狠而内阴鸷",因此,宜严加防范。即使不能将其驱逐,至少也得"格绝中外"。王韬断言,"中国英俊士子"不顾"中外异治",尊西人为"西儒","乐与之游",将会"溃夷夏之大防,为民心之蟊贼,其害有不可胜言",长此以往,"华风势将浸成夷俗,名教大坏"。①

在王韬心目中,夷人夷俗是如此的可鄙可恶且可惧,而作为"华人"的他又不得不为了向其学习和谋求生计与其周旋,王韬确实陷入了痛苦的精神炼狱。在他与传教士一块工作了一天之后,他常常独伴孤灯,以负罪的心情审视自己的行为,谴责自己"逐臭海滨"、"败坏名教",后悔自己饥不择食,"误陷腥坛"。②从赴沪之初直到1859年左右,他的这种惜也痛哉的对自我丢失的忏悔,充满了他的书信和日记。1850年秋,他在给弟弟王谂卿的信中自责并责人地写道:

> 我自去岁杪秋至此,今已又及秋矣,时物一周,不禁触目生感。呜呼,人生如白驹过隙,诚不知老之将至。贫贱何足耻,富贵不可求,但当安吾贞守吾素而已,今人得温饱便不识名节为何物,可嗤可惜,我今亦蹈此辙,能不令人訾我短耶?③

此后,在给舅舅的信中又不无后悔地表示:"使当日者却三聘之金,以为污我,严一介之意,不妄干人,鸡林之使,摈诸门外,乌泾之行,绝诸意中,决然辞谢,舍之他图……上可以博功名,下可以垂著述,计不出此,悔焉已晚。"④

1859年3月的一天,王韬的朋友管小异来拜访王韬,言及他拒绝美国传教士裨治文(E. C. Bridgman)聘修《旧约》一事。管小异在向王韬

---

① 《弢园尺牍》与《王韬日记》均收此信,略有异处,此据方行、汤志钧整理《王韬日记》,中华书局1987年版,第81页。
② 王韬:《弢园尺牍》卷二《再寄孙惕庵》,光绪癸巳沪北淞隐庐本。
③ 王韬:《弢园尺牍》卷二《与谂卿舍弟》,光绪癸巳沪北淞隐庐本。
④ 王韬:《弢园尺牍》卷四《奉朱雪泉舅氏》,光绪癸巳沪北淞隐庐本。

表白拒绝助译的理由时说:"吾人既入孔门,既不能希圣希贤,造于绝学,又不能攘斥异端,辅翼名教,而岂可亲执笔墨,作不根之论,著悖理之书,随其流,扬其波哉?"①王韬听后汗颜涔涔,自愧弗如。他在当日的日记里写道:

> 噫!闻小异言,窃自叹矣。当余初至时,曾无一人剖析义利,以决去留,徒以全家衣食为忧,此足一失,后悔莫追。苟能辨其大闲,虽饿死牖下,亦不往矣。虽然,已往者不可挽,未来者犹可致,以后余将作归计矣。②

正统的华夷观与现实生活选择的矛盾所造成的精神痛苦复因亲朋好友的不理解而加剧。王韬赴沪后,许多朋友"以此为获罪名教,有玷清操,或则肆其妄谈,甚者加以丑诋",还有的与他割席绝交。③ 这种外在的压力使王韬内心时时为自己的行为感到惶恐不安。他无数次地苦苦挣扎,试图找到一条能够"洁身自好"的生活道路,但最后都没能实现。他曾以沉痛而又无可奈何的语气写道:"呜呼,留则百喙莫辩,归则半顷未置。名誉不立,谁停侯芭之车,汲引无闻,孰赁伯通之庑。左右都非,进退维谷,坐是忽忽若忘,惛惛不乐。"④

(三)事业的困顿

王韬每年"卖文所入"约有二百金,这在甫里乡间或可足够一家人温饱,但在奢侈成风的上海,以此作为整个家庭的生活之资则难免捉襟见肘。王韬居沪初期要担负六口之家的生活费用。1857年以后,因续娶继室林氏和弟弟王利贞娶妻生子,他一人竟有"八口之累"。⑤ 于是"以布衾质钱、金钗贯酒"一类等米下锅的事屡有发生。王韬此一时期留下的书信及日记中有大量这方面的记载,略举数例,以见其贫困之一斑:

---

① 方行、汤志钧整理:《王韬日记》,中华书局1987年版,第92页。
② 方行、汤志钧整理:《王韬日记》,中华书局1987年版,第92页。
③ 王韬:《弢园尺牍》卷三《呈涤庵明经师》,光绪癸巳沪北淞隐庐本。
④ 王韬:《弢园尺牍》卷四《奉朱雪泉舅氏》,光绪癸巳沪北淞隐庐本。
⑤ 王韬:《弢园尺牍》卷三《寄应雨耕》,光绪癸巳沪北淞隐庐本。

> 岁暮囊空，百费猬集，徒张空拳，辄唤奈何，以诸窘迫状，真阎浮提中苦恼众生也。①

> 授书西舍，绝无善状，局促如辕下驹；笔耕所入，未敷所出，平仲之书，渐以易米，蔡泽之釜，时复生尘，倘非知我者，必以此言为河汉也。②

> 度岁之资，尚无所措，乃作札致恂如假得数金，粗能过去，拥挡店逋，为之一清，从此安稳清眠。即有剥啄双扉，亦不疑为索债来者。③

为了全家生存，竟然把以前视若珍宝的典籍当了换米，还觍着脸向戚友们告贷，即便如此，还时常无米为继，锅碗生尘，更有讨债者不时堵门索债，弄得全家草木皆兵，不敢迎客，鸟啄户门，便以为讨债者复来。这样的日子让王韬心绪不宁，昼夜难安。

面对如此窘境，埋藏在王韬心底的功名心又悄然复苏。他在"寄周丈侣梅"的信中承认说："遁迹海滨，真如鲍系驽骀下才，无志腾骧，只增伏枥之悲耳。桐叶已落，槐花正黄，见人家泥金遍贴，功名之念未尝不稍动于中。酒酣耳热时，复潸焉自讪。同学少年，亦多不贱，彼此相形，益觉泪下。羁縻于此，势非得已……安能郁郁久居此哉？"④1856年，他竟然在丢弃八股帖括十年之后重操阿婆生计，到昆山参加科举岁考。如此仓促上阵的结果，自然是一入号房便不知所云，枯坐了几个时辰，败兴而去。

王韬还未死心。1858年11月9日，他在30岁生日这一天的日记中还在念叨"壮志未酬"的苦衷。他自我解嘲地说："堕地以来，寒暑三十易。精神渐耗，志气渐颓，而学问无所成，事业无所就。徒跼天踏地于西人之舍，仰其鼻息，真堪愧死。思之可为一大哭。"⑤由于思之过多，虑之过切，连做梦他都想着金榜题名的事发生。就在30岁生日前几天

---

① 王韬：《弢园尺牍》卷三《呈涤庵明经师》，光绪癸巳沪北淞隐庐本。
② 王韬：《弢园尺牍》卷三《与许壬釜》，光绪癸巳沪北淞隐庐本。
③ 方行、汤志钧整理：《王韬日记》，中华书局1987年版，第74页。
④ 王韬：《弢园尺牍》卷二《寄周丈侣梅》，光绪癸巳沪北淞隐庐本。
⑤ 方行、汤志钧整理：《王韬日记》，中华书局1987年版，第34页。

的日记中,他这样写道:

> 三更得一梦,甚奇。梦予生前系姓贾,亦士人,筑屋西泠桥畔。娶妻美而慧,能歌咏,伉俪甚相得。后妻卒再娶,容亦丽而才不逮,因此郁郁寡欢,诣云栖大师处祈梦,以卜终身。梦云栖授以一钱,上镌"云阶万里"四字。贾受钱而寤,旋应省试获第,予醒后,历历不忘,心甚异之,不知何解也。①

强烈的功名欲促使他于1859年又参加了一次考试。王韬这次考试的结果更加糟糕。从他考试期间的日记可以明显看到这一点:

> 十有八日己未(3月22日)是日,考生员经古第一场,寅初即起,至辕门祗候,顾点名甚晚,已东方日出矣。辰正,有题《五经庶几才赋》,以"讲论五经庶几之才"为韵;诗题《君子养源》,得"源"字七排一首……予在场中,未知底细,迅笔直书,午后始出。②

> 二十三日甲子(3月27日)晴。是日,考昆、新、太属七学,点名殊早。卯刻有题。昆新题《见不善如探汤,吾见其人矣》。太属题《行义以达其道,吾闻其语矣》。经题《戴仁而行,抱义而处》。诗题《岭上晴云披絮帽》,得"云"字,系苏东坡诗。予草草毕事而出。③

> 醒逋、恂如、康甫约作登山之游,予欣然重往,连袂出行。……茶寮四壁,疥诗几满,而可诵者略有数首,雒诵久之,吟思忽发,乃与庙祝借笔题一诗其上云:"头颅三十不成名,竿木逢场悔此行。"④

失败后自悔自嘲,并不意味着王韬从此不再期冀通过科举摆脱困境。实际上,他的功名心依然有"嘘而复燃"的可能性,如果他对帖括之术稍有把握,他一定还会再参加这样的考试。就在他岁考失败后两个月,他的一个朋友来书劝他参加江苏省借浙江省考场举行的秋闱,他不

---

① 方行、汤志钧整理:《王韬日记》,中华书局1987年版,第29页。
② 方行、汤志钧整理:《王韬日记》,中华书局1987年版,第96页。
③ 方行、汤志钧整理:《王韬日记》,中华书局1987年版,第97页。另王韬《蘅华馆诗录》卷二亦收录该诗,诗题为《应试鹿城过马鞍山下题壁》,全诗为:"头颅三十不成名,竿木逢场悔此行。重见故山余涕泪,喜从老友话平生。文章忧患兵戈感,身世悲凉儿女情。何日买田容小隐,好寻溪畔结鸥盟。"
④ 方行、汤志钧整理:《王韬日记》,中华书局1987年版,第98页。

无遗憾地说:"邱伯深寄书至,劝予秋闱必去,以酬先人未竟之志。其意良厚。奈予于帖括一道,束诸高阁已十余年矣,今复欲执笔为此,断不能如时世妆之争妍取怜也,因此功名之心益灰。虽有名师益友,亦不能鞭策,念及辄自悔自憾也。"①依依不舍而又无可奈何的心态跃然纸上。②

家庭变故,正统华夷观与现实生活选择的矛盾以及事业的困顿,使王韬陷入了精神的苦闷。他在书信中叹息说:

> 阮籍不名一钱,仍嗟垂囊,刘备空绕三匝,犹欲觅枝。所谓耕三于一,损益积赢,为他日退步者,仅成虚愿耳。兼之舍弟读书未就,学贾不能,呼吸烟霞,已成痼癖,迷津难返,凡百堪忧。埙篪乏迭唱之欢,手足无交推之雅,三十之年又艰举子,无以遂老亲含饴之弄,退处闺闼,左顾鲜愉。命也何如,要难相强,境遇之厄塞既如彼,家门之所值又如此,人生乐趣,泯然尽矣。③

> 坐此贫困,已累岁年,少囿一里,未邀乡曲之知,长游四方,罕识诸侯之面,加以文章憎命,科第无名,今兹秋赋,欲往未果,将为仕耶,则不能随行逐队,学南郭之滥吹,将欲隐耶,则又为问舍求田,被北上所腾笑,穷通皆失,左右都非,吁其悲矣,心滋戚矣。④

悲之大,愁之深,心理失衡之严重,都到了无以复加的地步。王韬需要找到一条排解愁郁的渠道。他找到了"醇酒妇人"。上海时期王韬生活之放荡,行为之怪异,几乎到了半疯狂的程度。他在居沪期间的日记里留下了大量"酒垆豪饮"和"勾栏访艳"的记录,如 1855 年 8 月 29 日他在日记里记述:"汤鸿山来舍,同至茗楼小啜,话刺刺不休。薄暮往潘氏小筑,与研耕剧谈,一榻一灯,淡然相对,亦有静中趣。继留饭,所煮菽乳一瓯,觉别有风味。酒亦清圣,非复前日之劣品。饭后,吸片芥

---

① 方行、汤志钧整理:《王韬日记》,中华书局 1987 年版,第 113 页。
② 《弢园尺牍续钞》卷五有《呈胡云楣观察》一函,内云:"甲子夏间,规复金陵,仲冬之月,举行宾兴盛典,韬以秘迹炎荒,未遑预试,闻阁下告人云,是年平阁学上榜无韬名,致搜落卷,仍不可得,阁下入谒,犹蒙垂询,此韬生平文字知己也。"可见,王韬在流亡之前可能一直有再次赴试的打算。
③ 王韬:《弢园尺牍》卷四《奉朱雪泉舅氏》,光绪癸巳沪北淞隐庐本。
④ 王韬:《弢园尺牍》卷三《奉顾涤庵师》,光绪癸巳沪北淞隐庐本。

一管,则肺腑通灵。"①1858年3月7日至10日的日记里有:"午后会祝翁斋招饮,同席邵子馨名珪,吴门人,唤歌者侑酒。明珠、素云两校书,颇艳丽。翠怀殷勤,捧杯相劝,为之罄三大醉……酒后亦乞诗相赠,为作七律五章,并撰楹联云:'明眸皓齿清如玉,珠箔银屏望若仙'。是夕,下榻祝翁斋中,剪灯剧话,殊有友朋之乐。梁阆斋来,同遄勾栏访艳。见有小憨校书,颇可人意。顾年才十四,尚未梳拢,而一种娇憨之态,真觉我见犹怜也。"②1859年5月8日,即上述拒绝好友邱伯深劝他参加当年秋闱的次日,他在日记里写道:"得遇梁阆斋,拉至酒垆小饮……酒罢,往小室中吸片芥,得见楼头丽人,静观久之,可以消烦释闷。天涯芳草何处无?"醇酒、妇人,加上鸦片麻醉品,相关的类似记录几乎无日无之。③

放浪的生活损坏了王韬的健康。王韬在上海的13年正当他生命中的20岁到30多岁的黄金年华,但从其身体状况看,他显然已经未老先衰,百病缠身。王韬患有"酸齿""咯血症""肝气不畅""烂脚"等多种疾病,外表"虽二毛未见,而引镜自照,精不泽肤,气不充骨,销铄之验,殆已见端",④体态过早发福,被上海滩上的朋友戏称为"吴门王胖"。至35岁时,便已经"目盹齿腐,面皱发稀"。⑤这哪里像是一位三十多岁的青年人,分明是一位老态龙钟的病叟。

王韬狂放不羁的间接后果是"开罪士林"。在第二次鸦片战争与太平天国战争同时并发的国难当头之际,王韬每每衣衫不整,"佯狂乎市廛之上,溷辱于沽屠之间",或聚友于酒楼妓寮轰饮达旦,抵掌雄谈,声惊四座。这些难免引起士林的谴责,指其为狂生。王韬对此虽不介意,但这的确是后来他不被某些当权者所重用的原因之一。

王韬曾在一首诗中咏叹:"遭乱离忧百事灰,生平怀抱几时开,万言羞学纵横术,四海谁知经济才?兄弟朋友皆至性,妇人醇酒有奇哀。"⑥

---

① 王韬:《蘅华馆日记》,转见《新声杂志》1921年1月第1期,第13页。
② 方行、汤志钧整理:《王韬日记》,中华书局1987年版,第4页。
③ 方行、汤志钧整理:《王韬日记》,中华书局1987年版,第114页。
④ 方行、汤志钧整理:《王韬日记》,中华书局1987年版,第44页。
⑤ 陈振国:《长毛状元王韬》,《逸经》第33期,第42页。
⑥ 王韬:《瀛壖杂志》卷五,岳麓书社1988年版,第149页。

社会制造了他的不幸,酿成了他的苦恼、忧愁和悲哀,可又没有为他提供任何合情合理的可资寄托的支点或可供宣泄的渠道。他只能以他特有的自我放纵的方式来平衡心灵的倾斜。从王韬的非理性的近于自虐的"放浪形骸",我们看到的是一个荒唐的病态社会。

三 渐变中的思想

美国著名社会学家 E.戈夫曼在分析人类社会活动时曾提出"框架效应"理论,认为人们认识和阐释外在客观世界的认知结构是一个"框架",人们对于现实生活经验的归纳与阐释都依赖一定的框架,框架制约着行为主体的思想和行为。① 王韬自幼接受传统儒家教育,认识问题的"框架"已内化到青年王韬的思想意识之中。所以直到1859年迁沪十年之后,他在看待西方的问题上还在受到传统"华尊夷卑"框架的束缚。这一年,他写给他的朋友、时任曾国藩幕僚的周弢甫的一封5000多字的长信集中反映了他的保守落后思想。从这封信分析,王韬此时的保守落后思想有四个方面。

(一) 将西学东渐、中外贸易等与西方侵略相提并论,反对中外相通

像其他古典爱国论者一样,王韬被仇恨的情绪挡住了视线,"一叶障目,不见泰山",不能客观地分析西学东渐、中外通商的进步价值与意义,而是将西学东渐、中外通商与西方侵略视为同物,不能清楚地辨别它们之间的差异所在。王韬在信中以大量笔墨谴责了自葡萄牙占据澳门至鸦片战争期间西方侵略者在中国的侵略罪行,并以狭隘的观点同时反对中外相通。他在信中这样写道:

> 天下大利之所在,即大害之所在,有目前以为甚便而后蒙其祸者,当时以为无伤而久承其弊者,如今西人之互市于中国是也。西

---

① E. Goffman, *Framing Analysis: An Essay on the Organization of Experience*, New York, Herper and Row, 1974, P. 21.

人工于贸易,素称殷富。五口输纳之货税,每岁所入不下数百万,江南军饷转输,藉以接济。此海禁大开,国用以裕,一利也。西人船坚炮利,制度精良,所造火轮舟车,便于行远,织器田具,事半功倍。说者谓苟能仿此而行,则富强可致,西情既悉,秘钥可探,亦一利也。西人学有实际,天文历算,愈出愈精,利氏几何之学,不足数也。且察地理,辨动植,治水利,讲医学,皆务析毫芒,穷其渊际。是以有识之士乐与之游,或则尊之曰西儒。中国英俊士子,诚能屏弃帖括,从事于此,未必无实用可裨,则又一利也。然识者以为中外异治,民俗异宜,强弱异势,刚柔异性,溃夷夏之大防,为民心之蟊贼,其害有不可胜言者矣。西人素工心计,最为桀黠。其窥伺海滨诸处,虽非利吾土地,而揣其意,几欲尽天下之利而有之……今者滨海岛壤,江汉腹地,尽设埠头,险隘之区,已于我共,猝有变故,不能控制,此诚心腹之大患也。有豪杰起,必当有以驱除之矣。①

王韬甚至利用清朝对民间聚众起义的恐惧和仇恨,以"嫁祸于人"的手法,把西人与中国内乱中的"贼"联系在一起,从而加强他的"夷心叵测"的观点。他说,洪杨之乱,以左道惑众,其毒源就是"粤东教会",而"粤东教会"的始作俑者是西方传教士"洪逆之师罗孝全"。更有甚者,西方外交官和商人还与占据南京的"粤匪"暗自联络,买卖枪炮,这些都是"西人有害于中国大势之明验也",说明他们都是"好异酿乱"之徒。② 说来道去,旁征博引,王韬在这里力图要告诉人们的是:西方一切都是包藏祸心的,一切接近西方的活动,特别是通商活动是害大利小得不偿失的。最好的治国之方是唤起豪杰将西方之人尽数驱逐。王韬的这种观点显然是十分保守的,它与近代历史的发展潮流完全背道而驰。

(二) 过分强调中国的特殊性,反对大规模学习西学

王韬在这封信里指出,中国与西方具有不同的特点,"中外异治,民俗异宜,强弱异势,刚柔异性",因此西方之学根本不适应中国,倘中国

---

① 王韬:《弢园尺牍》卷四《与周弢甫徵君》,光绪癸巳沪北淞隐庐本。
② 王韬:《弢园尺牍》卷四《与周弢甫徵君》,光绪癸巳沪北淞隐庐本。

学习模仿,必然是"不蒙其利,反受其害"。他辨析道:

> 至其器械造作之精,格致推测之妙,非无裨于日用者,而我中国决不能行。请言其故。西国地小民聚,政事简易,凡有所闻易于邮递,水则有轮船,陆则有火车,万里遥隔,则有电气通标。而中国则地大民散,政事繁剧,若仿西国月报,必至日不暇给。水之大者,海而外虽有江、淮、河、汉,而内地支流,其港甚狭,即轮船之小者犹不能驶。九州之区,半系涂泥,土松气薄,久雨则泥泞陷足,车过则倏洞窟穴。而轮车之道,必熔铁为衢,取径贵直,高者平,卑者增,遇河则填,遇山则凿,不独工费浩繁,即地利有所未能。农家播获之具,皆以机捩运转,能以一人代百十人之用,宜其有利于民。不知中国贫乏者甚多,皆藉富户以养身家。一行此法,数千万贫民必至无所得食,保不生意外之变?如令其改徙他业,或为工贾,自不为游惰之民。而天地生材,数有可限,民家所用之物,亦必有时而足,其器必至壅滞不通。况中国所行水碓风篷,甚易而巧,而用者尚以为贪天之功,省己之力,或致惰而生疾。钟表测时,固精于铜壶沙漏诸法,然一器之精者,几费至百余金,贫者力不能购,玩物丧志,安事此为?其他奇技淫巧,概为无用之物,曾何足重。故韬谓此数者,即中国不行,亦不足为病。①

每个民族、每个国家都有其自身历史的和现实的特点。虽说王韬的出发点和落脚点是正确的,无可厚非,但他误将相对性的观点放大到极端却是错误的,而以之作为反对中国学习西方走向世界的理由,这就错上加错。它与近代中国的历史发展方向背道而驰,是中国封建顽固派常常操演的思想逻辑。

(三) 讥笑西学,美化中学

至19世纪中叶,两次鸦片战争的教训和通商口岸的实践已证实"西学"在近代条件下往往优于"中学",王韬此时对此虽有体认,但依然

---

① 王韬:《弢园尺牍》卷四《与周弢甫徵君》,光绪癸巳沪北淞隐庐本。

不愿放弃传统文人"尊己卑人"的心态,"西"字号的技艺和学说总是被他视为不够完善、不太可信或不能长久的一类事物,如他在信中写道:

> 天算推步之学,中法固远不逮西法,今法固大胜于古法,以疏密之不同也。顾韬以为古法有用而今法无用。今法易时必变,而古法可以历久无弊。何则?愈新奇故也。新益求新,奇益求奇,必有以别法驾乎其上者,故今法不逾二百年必悉废矣。其间得之实测者,如日月之食,皆有一定不易之时刻。而其言彗星所行之轨道为椭圆,至有定岁,究未全验。无他,依一法以推之,言人人同,各依一法以推之,则千万人之言皆不同。而习一家之言者,遂谓此学可以泄天地之秘,探造化之原,穷阴阳之奥,吾弗信也。数者六艺之一耳,于学问中聊备一格。即使天地间尽学此法,亦何裨于身心性命之事、治国平天下之道;而使天地间竟无此法,亦非大缺陷事也。若夫鸟兽草木之学,其精者谓能得一骨,可知全体,得一叶可辨全株,徒闻其语,未见其人。察地理者,能于地壳中细分层累,得一物即知其时代之远近……第怪其于诸石皆可悉其等次,而独于中国研石、印石、宝石等品,瞠目不识为何物。此非天地间生成之物耶?何以通于此而不通于彼也,是其格致之学有时而穷矣。①

与此相反,王韬对"中"字号的技艺学说却极尽推崇以致美化之能事,他指责有些人以为"西人"来中国后"出其新法秘制,开我聪明不少"是一种不懂历史的糊涂观点。他以中国历史上的"墨子之筹守具""公输子之刻木鸢""诸葛武侯之木牛流马""祖冲之之千里船""戚继光之兵舡"等为例,反问说,中国技艺"讵不如西国之迅捷"?嘲笑西学,美化中学,表明了王韬的文化取舍态度依然在传统的窠臼内徘徊。

(四)主张尊道贬器,以柔克刚

在这封信里,王韬并非对于西方、西人、西学等诸多事务一概否定,也承认在"火器用于战""轮船用于海"和"语言文字以通彼此之情"等三

---

① 王韬:《弢园尺牍》卷四《与周弢甫徵君》,光绪癸巳沪北淞隐庐本。

个方面西方略优东土,中国有"取法"西方之必要,但指出这是"用之亦出于甚不得已耳",是为了"用其法以制其人,壮我兵威,锄彼骄气,明其定律,破彼饰词";"苟非西人远至中国,又何需此,岂非所益者小,而所损者大耶"。① 从价值观上说,此时的王韬依然是"重道轻器论"者,他这样写道:

> 形而上者中国也,以道胜,形而下者西人也,以器胜。如徒颂美西人而贬己所守,未窥为治之本原者也。中国立治之极者,必推三代,文质得中,风醇民朴,人皆耻机心而贱机事。而西国所行者,皆凿破其天,近于杂霸之术,非纯王之政。其立法之大谬者有三:曰政教一体也,男女并嗣也,君民同治也。商贾之富皆归于上,而国债动以千万计。讼则有律师,互教两造,上下其手,曲直皆其所主。男女相悦而昏,女则见金夫不有躬,而无财之女终身无娶之者。尚势而慕利,贵壮而贱老。籍口于只一天主而君臣之分疏,只一大父而父子之情薄。陋俗如此,何足为美。夫所贵乎中国者,能以至柔克至刚,至弱克至强也。说者谓如是则西国不难驱而远之矣。则请一言以决之曰:在德不在力。②

以德胜人,以柔克刚,这是儒家道德主义与老庄相对主义诡辩术的混合物。在近代民族竞争激烈的国际背景下,它显然是一种"阿Q理论",除了安慰不思进取、害怕竞争的弱者灵魂外,不能带给中国任何益处。王韬此时相信此一学说,表明他这时还不理解历史进步的真正含义。

但是,十里洋场毕竟不是一如既往寂静无澜的甫里乡村。西方之学、西方之物和西方之人触目皆是的新环境对他的旧观念形成了强烈的冲击和震荡。前文提到,王韬曾参与不少科学书籍的翻译。他既然逐字逐句地把这些西方科学书籍翻译过来,就不可避免地要接受其中部分的科学知识以及隐含在知识中的科学精神,而这种"接受"无疑是与对旧思想、旧观念的"放弃"互为因果和同步进行的。

---

① 王韬:《弢园尺牍》卷四《与周弢甫徵君》,光绪癸巳沪北淞隐庐本。
② 王韬:《弢园尺牍》卷四《与周弢甫徵君》,光绪癸巳沪北淞隐庐本。

麦都思主持的墨海书馆是在华西方宗教人士的汇聚之所，在翻译西书的过程中，王韬结识了一批西方传教士。在开放后的上海，这些传教士一方面以传播福音为宗旨，竭力进行所谓拯救东方灵魂的工作，有些甚至直接涉足西方国家侵略中国的世俗活动，像麦都思就曾担任过英国侵略军的翻译；另一方面，他们在不违背宗教旨意的条件下也从事一些对西方文化与科学技术的介绍工作。由于传教士们大多都是经过近代西方文明洗礼过的"学问之士"，其文化与科学著述无疑具有开启中国民智的作用。

王韬所熟知的伟烈亚力、艾约瑟、韦廉臣（Alexander Williamson）、合信（Benjamin Hobson）、慕维廉（William Muirhead）、林乐知（Young John Allen）等在这方面都留下了值得肯定的活动记录。伟烈亚力精通数理与天文，除了与王韬合译过《重学浅说》《西国天学源流》《华英通商事略》等书籍以外，还与中国数学家、王韬的好友李善兰合译过《几何原本》，并有《满蒙语文典》（Manchou-Tartar Grammar）、《中国文献记略》（Notes on Chinese Literature）等著作问世；艾约瑟除了与王韬合译的著作以外，还自译出版了《希腊罗马史》《重学》《光学》等书。韦廉臣是广学会的创立者之一，1855年到1857年在上海传教译书，推广西学，颇有建树。合信是马礼逊的女婿，既是传教士，又是医生，曾为王韬治愈多年不治的足疾，著译有《西医略论》《内科新说》《妇婴新说》《英汉医学词汇》等，对近代医学知识在中国传播推广和中国近代医院的产生贡献巨大。慕维廉与王韬关系亲密，常对王韬讲述世界地理，著有《地理全志》。林乐知为美国传教士，是上海《教会新报》（《万国公报》前身）和苏州东吴大学的创办者，曾随王韬学习中文经典和历史，并为王韬讲述西洋历史。著有《中东战纪本末》一书，王韬曾为之作序。王韬在上海与具有一定科学知识的西方传教士"周旋揖让"13年之久，大大拓展了他的眼界，丰富了他的知识结构，日后他能写出《泰西著述考》《美利坚志》《法兰西志》《俄罗斯志》《普法战纪》《法国志略》《火器图说》《四溟补乘》《西古史》《西事凡》等著作及大量有关西学的文章，追根溯源，在很大程度上要归之于这一段因缘。而更重要的是，上海时期的这些社会生活必然要引发王韬对华与夷、中学与西学关系的重新认识：前者与后者到底何者为优?

有一件小事颇能反映西人与西学对王韬思想的潜移默化作用。王韬来自地气潮湿的苏南水乡,患有多年不愈的"老烂脚"。1857年左右此病骤然加剧,四处溃烂使得王韬无法行走。王韬没有办法,只好回乡治病。但是,"遍谒吴门名医"的结果却是"皆穷于技"。① 弄得王韬为此不但"阮囊钱尽",而且郁郁寡欢,疑心"是中有鬼","几无复有生人之乐"。② 有人建议王韬去看西医,但王韬从来不信西医,置之未理。一个偶然的机会,主持上海仁济医院(坐落在墨海书馆的隔壁)的西医合信发现了王韬的脚病,主动提出为他根治。王韬半信半疑地接受了治疗。未出数月,顽疾"霍然若失","健步远行可二十里许"。③ 耳听为虚,眼见为实,此一亲身体验,使王韬对西人西学的态度大为改变。此后他在对西医介绍时已不无推崇之意,如他在介绍西方医学时曾这样写道:

> 西人于医学最严,必先于其国中考证无讹,然后出试其技,惧以疏庸杀人也……合氏前时行医于粤东,著有《全体新编》,讲论脉络脏腑,殊为精详。其目击多由于剖割,虽逊于仁者之用心,而审治较切,或鲜至误……合氏自信其书必得享盛名于百年之后,洵非虚也。④

在《外国牙科》一文中,王韬对比中西医对牙病成因的不同解释,更明确地表示了自己对西医的推重。他说,中国民间称"牙有虫者,以芍敷之,顷刻可出"的说法是不明事理的胡编乱说;而西医"牙疳""牙痍""烂牙"的病理解释却"实能洞究其原"。因此,求助中医治牙几无善法,唯有西医才能求其疗治,无不获痊。⑤

在19世纪中期的上海,西方人士周围往往聚集着一群新兴的"口岸知识分子"。王韬居沪期间常与"口岸知识分子"交流思想。这些"口岸知识分子"亦在无形之中影响了王韬的思想,促使王韬思想转变。王

---

① 王韬:《弢园尺牍》卷三《与朱雘卿茂才》,光绪癸巳沪北淞隐庐本。
② 王韬:《弢园尺牍》卷三《呈涤庵师》,光绪癸巳沪北淞隐庐本。
③ 方行、汤志钧整理:《王韬日记》,中华书局1987年版,第16页。
④ 王韬:《瀛壖杂志》卷六,岳麓书社1988年版,第198页。
⑤ 王韬:《瓮牖余谈》卷五,岳麓书社1988年版,第121页。

韬在上海时期时相过从的"口岸知识分子"有李善兰、龚孝拱、应雨耕、蒋剑人、管小异等。他们大多是精于西学的一时之秀。海宁诸生李善兰为数学家,"在沪十年,著有《续几何原本》《谈天》《代数学》《代微积拾级》《重学》《植物学》等书,皆与西士从泰西算术中绎而出之者也。其所自著者,为《则古昔斋算学各种》。"①据伟烈亚力说,这些著译,即使是在近代早期的英美,也足以使李善兰成为名人。② 王韬自记其1858年1月某日初读李善兰译《几何原本》之亢奋情形是:"得之如获拱璧","夜挑灯将此书展阅一过"。③ 龚孝拱是龚自珍的儿子,时在英国领事馆工作。应雨耕为浙江人,随父做官至广东,入英国领事馆当通事。龚与应都曾去过英国,懂得不少西方自然科学知识。王韬日记中有多处向他俩请教的记载,如咸丰三年七月十一日(1853年8月15日)日记这样记道:"应雨耕来,告知英国之行及海外见闻,秉笔记之,名之曰《瀛海笔记》。"④咸丰十年三月二十六日(1860年4月16日)日记这样记道:"顺道访孝拱……欲留心于数学,因乞《数学启蒙》一书,为入门阶梯。"⑤蒋剑人为上海宝山诸生,时在慕维廉处教中文,佐译过《大英国志》等西学书籍。与上述这些朋友唱和交接,甚至同室工作,要想完全维持住原来的对西学西艺的鄙夷和排拒态度显然已是不可能的了。

上海滩上随处可见的物质形态的西方科学技术也对王韬世界观、价值观之转变产生了正面的催化作用,逼迫他放弃夜郎自大的排外心态。因为,在蒸蒸日上的西方物质文明面前,谁都无法再继续坚持"天生贵胄"的优越感而大骂"奇技淫巧"。请看王韬自己对他第一次见到西洋"奇技"时的感受所作的描述:

> 阛阓间所陈西洋奇器,俱因天地自然之理创立新法,巧不可

---

① 王韬:《瀛壖杂志》卷四,岳麓书社1988年版,第127页。
② 转见于 Paul A. Cohen, *Between Tradition and Modernity*: *Wang Tao and Reform in Late Ching China*, Massachusetts, Harvard University Press, 1974, p. 17.
③ 方行、汤志钧整理:《王韬日记》,中华书局1987年版,第69页。
④ 王韬:《瀛壖记事》,抄本藏于台湾历史语言研究所,美国哈佛大学燕京学社图书馆藏有复制件。此据 Paul A. Cohen, *Between Tradition and Modernity*: *Wang Tao and Reform in Late Ching China*, Massachusetts, Harvard University Press, 1974, p. 15 英文转译。
⑤ 方行、汤志钧整理:《王韬日记》,中华书局1987年版,第157页。

阶。如观星镜、显微镜、寒暑针、风雨针、电器秘机、火轮机器、自鸣虫鸟，能行天地球之类，下至灯瓶盂碟，一切玩具，制甚精巧，亦他地所无。①

余寓之南邻，美国妇秦娘者，国色也。家有西国缝衣奇器一具，运针之妙，巧捷罕伦。上有铜盘一，衔双翅，针下置铁轮，以足蹴木板，轮自转旋。手持绢盈丈，细针密缕，顷刻而成。余偕孙次公往观，次公口占二十八字贻之，云："鹊口衔缕双翅开，铜盘乍展铁轮回。掺掺容易缝裳好，亲见针神手制来。"近时此器盛行，缝人每购一具，可抵女红十人。②

这一类的记载在王韬于上海期间的文字中屡见不鲜，诸如煤气路灯、自来水、照相机、挖泥船等等他都有记载。这些记载的共同特征是：字里行间已抑制不住对西方器物与技艺的倾慕赞美之情。

人是社会的产物。西器、西学、西人充斥的商埠文化环境以及与之密切相关的社会生活在王韬世界观和价值观的转变过程中起了巨大的作用。特别是王韬参与的科学活动在洗刷他的旧观念方面功效卓著。人一旦接触科学，接受了以实验、实证为前提的科学精神，就不可避免地要以理性主义的态度来看待生活中的事物，而建立在儒家教义基础上的旧观念也就不可能再四平八稳地保持它旧日的姿态。陈学旧说抵挡不住新兴西学的强劲进攻。王韬正处在一个从传统封建文人向近代改良思想家转进的中转站上。

上海时期后一阶段王韬的思想变化主要表现在下述两个方面：

第一，承认西人与中国人一样，同属文明种族。在某些方面，西人且略胜中国人一筹。

初到上海时，王韬常以《左传》上的"非我族类，其心必异"一类的语言来形容西方人，认为"西人"都是"不若我甚"的野蛮人种。但到了居沪后半阶段，他已经能以比较平静和理性的心态来客观地看待西方人。他开始坦承"西人"也有人类共有的"颇喜为善"的天性，认为耶稣亦能

---

① 王韬：《瀛壖杂志》卷二，岳麓书社1988年版，第36页。
② 王韬：《瀛壖杂志》卷五，岳麓书社1988年版，第166页。

使人迁善改过,"道垂于千百年,教讫于数万里,亦足以证明彼土有杰出之士"。① 至于"智"的方面,"西人于学,有实证可据","皆精思苦诣,穷极毫芒";"天算之学,西人精于中土十倍";②西人注意体育,身体壮实,西方女子,"姿质明莹,肌发光细,中国江南佳丽亦难于比美"。③ 因此,西方人不论是在体质、智力还是人格上均不在中国人之下。他甚至开始质疑和批判封建顽固者的论说和观点。在1860年的一封致江苏巡抚徐有壬的信中,他对封建顽固派"拘牵义例罔识变通""执春秋内中国外四夷之说"的言行提出了批判,喊出了中国"甲兵不如彼、财赋不如彼、机械不如彼"的令人震惊的口号。④

第二,承认科学的价值,强调中国有学习和引进的需要。

王韬在给周弢甫的信中关于数学曾说过这样的话:"即使天地间毫无此法,亦非憾事",但时隔两年,他就在日记中表示要"留心数学"了,⑤他的思想在不断地变化之中。

事实上,1860年前后的王韬已经非常看重西方之学,如在他的另一则日记中,他这样记道:"清晨,吴子登来,同访艾君约瑟,将壬叔所译《照影法》略询疑义。艾君颇肯指授。"⑥在他这一时期的书信中还多次出现赠西书给地方官或朋友的记载。这些都表明此时王韬不仅重视西学的价值,而且已经把学习西学作为日常生活的一项重要内容。王韬还进一步呼吁中国统治阶级应尽快放弃尊己贬人的心态,主动向西方学习,引进西方科学技术。他曾这样写道:

> 予以为国家当于西人通商各口设立译馆数处,凡有士子,愿肄习英文者,听入馆中,以备他日之用。其果精深英文,则令译西国有用之书……今君青⑦先生开府吴中,其算学为海内宗师,可于各县书院中别设历算一科,悉心指授,则西学不难大明……此亦千载

---

① 王韬:《瀛壖杂志》卷六,岳麓书社1988年版,第197页。
② 王韬:《弢园尺牍》卷三《与韩绿卿孝廉》,光绪癸巳沪北淞隐庐本。
③ 王韬:《瀛壖杂志》卷六,岳麓书社1988年版,第205页。
④ 王韬:《弢园尺牍》卷四《上徐君青中丞第二书》,光绪癸巳沪北淞隐庐本。
⑤ 方行、汤志钧整理:《王韬日记》,中华书局1987年版,第156页。
⑥ 方行、汤志钧整理:《王韬日记》,中华书局1987年版,第156页。
⑦ 徐有壬,字君青,道光九年进士,1858年任江苏巡抚。

一时不少失之机也。①

　　王韬思想的变化在上海时期虽然才刚刚开始,但它却具有划时代的历史意义。尽管这种变化还略显表面,主要表现在对先进科学技术的态度方面,没有涉及更广泛、更深层的政治和经济领域,其中甚至不乏对传统的怀念之情,以至新旧杂陈。可它的历史指向性、进步性则是毫无疑问的。它预示着中国历史将出现一个新的转机。

---

① 方行、汤志钧整理:《王韬日记》,中华书局1987年版,第86页。

第三章 "多角之恋"

就像李白《行路难》描写的那样："欲渡黄河冰塞川,将登太行雪满山","行路难,行路难!多歧路,今安在",上海时期的王韬面临着对未来生活道路的艰难选择。他此时的处境就如同他站在一个四周布满门洞的迷宫中央。他看不清门洞后面的东西,也不知道它们到底是通向幸运还是灾难。他心里十分明白的只是:照着前辈秀才们的老道走,无论如何也走不出一个光明的天地,而放胆闯开"旁门左道",幸许能得到实现夙愿的机会。

王韬"走着瞧"的"行动哲学"是"冒险的多角恋哲学"。他不是一个一个地闯开门洞,而是向几个门洞同时行进——在西方教会、清朝政府、太平天国三者之间进行"多头试探"。不幸的是,这一次他彻底失败了,因为这是三条方向完全不同的道路,同时选择的结果只能是进退相抵,欲速不达。

一 投身基督教

通览王韬的人生履历,他与西方基督教的关系最令人困惑和耐人寻味。饱读四书五经的王韬原本是一位怀揣"华尊夷卑"思想的传统文化人,对西方宗教更是厌恶至极,曾指斥"西教"是圣道衰落、华风日下的罪恶之源。但是,同一个他,未几何时就变成了一个列名在案的基督徒。英国伦敦海外布道会(London Missionary Society,简称 L. M. S.)

档案曾正式记载，王韬（原文为 Wang-lan-king，即王韬当时所用名王兰卿）在1854年8月26日已经受洗入教。① 另据美国哈佛大学韩南（Patrick Hanan）教授2003年所发《作为中国文学的圣经：麦都思、王韬与圣经委办本》一文透露，王韬当年请求加入基督教的"入教申请书"英文译件及麦都思1854年10月11日写给伦敦布道会的《麦都思中文教师之"受洗"申明》均被发现，两者都明白无误地指出了王韬此时已经是一位登记在册的基督徒。②

问题的复杂性还不仅在于此。还是同一个王韬，从来就没有承认过自己曾经受洗入教，在他公开发表的文字中甚至找不到相关方面的只言片语。他把自己的宗教身份和色彩包裹得严严实实。不过，后人根据他在上海时期的社会活动和一些他生前未曾发表的日记分析，伦敦布道会和麦都思有关他受洗加入基督教的记录并非是无中生有。

王韬所留下的《蘅华馆日记》在记录他于1854到1855年的社会活动时有如下几段文字：

  八月二十四日，庚申（1854年10月15日）。是日赋闲，至医院听英人说法，受主餐。

  八月二十六日，壬辰（1854年10月17日）。是日麦、慕二牧师将至云间洞庭，令予从之往游。

  八月二十七日（1854年10月18日）。中午，抵达闵行镇，缆舟登岸，散发圣经。

  八月二十八日（1854年10月19日）。午后，抵东村，与麦都思及慕维廉牧士一块登岸，散发圣书。当地百姓群集围观听道，所携圣书顷刻散尽。③

  九月朔日（1854年10月22日）。是日礼拜，麦、慕二牧师登岸

---

① *The Report of the Directors to the Sixty-First General Meeting of the Missionary Society*. on Thursday May l0th, 1855. 转见于 Paul A. Cohen, *Between Tradition and Modernity：Wang Tao and Reform in Late Ching China*，Massachusetts，Harvard University Press，1974，p. 20。

② Patrick Hanan, *The Bible as Chinese Literature：Medhurst, Wang Tao and the Delegates' Version*, Harvard Journal of Asiatic Studies, Vol. 63, No. 1(Jun, 2003), P. 197 - 239。

③ 王韬：《蘅华馆日记》，转见于 Paul A. Cohen, *Between Tradition and Modernity：Wang Tao and Reform in Late Ching China*，Massachusetts，Harvard University Press，1974，p. 20。

讲书。

二日,戊辰(1854年10月23日)……午后至吴江,城外人家观者不少……申刻至平望,分送书籍。

二十九日,乙未(1854年11月19日)。是日礼拜,至会堂听英人说法。①

十有四日,乙亥(1855年8月26日)。晨往会堂,祗受晚餐,酒味清冽,香流齿颊,真如醍醐灌顶。午后听麦牧师说法。

二十一日,壬午(1855年9月2日)。是日礼拜,诣会堂,祗受圣餐。入城讲解圣书,听者甚众,为言真葡萄树之譬,反复开导,颇有信者。②

值得注意的是,在这之前的王韬日记,从1853年夏天到1854年秋天这段时间几乎完全中断。而在此之前的最后一篇日记内容则是关于他的好友应雨耕及另一好友孙次秋向麦都思表示愿意受洗入教,并在麦都思指导下每天在墨海书馆学习圣经的事。③ 与应、孙二人同属"口岸落魄文人"的王韬极可能随后便参与其中,这段不翼而飞的日记也极有可能充满了有关他参加宗教活动的记载。他害怕这种记载落入他人之手会对他的仕途和社交活动产生严重不利,故意销毁了这段日期的相关日记。"卖身事夷"的骂名够让他苦恼的了。

王韬身为基督徒却又竭力掩饰的情形可从下面一事窥其一斑。王韬逃亡香港后于1873年曾给传教士理雅各写过一封信,这封信后来被王韬整理发表在《弢园尺牍》一书中。该信的"手稿"与"印刷稿"比对有几处明显差异:第一,手稿中称理雅各为"牧师",而印刷稿中改称"君";第二,手稿中称颂"阁下的主要事业就是传播福音,拯救整个世界和引导人类走向永生以使基督教义的光芒照耀到地球上的每个角落",印刷稿中这句话被另一句无关乎基督教的话所取代;第三,手稿中有"香港

---

① 王韬:《蘅华馆日记》,上海图书馆藏,档号052509。
② 王韬:《蘅华馆日记》,转见《新声杂志》1921年1月第1期,第12—14页。
③ 王韬:《沪城闻见录》,转见于 Paul A. Cohen, *Between Tradition and Modernity: Wang Tao and Reform in Late Ching China*, Massachusetts, Harvard University Press, 1974, p. 19。

教会成员"的自称,而印刷稿中却只字未提。①

还有两项不被人们注意的事实能够佐证王韬加入过基督教。一是王韬对基督教与天主教态度不同。终其一生,王韬一直与基督教传教士保持良好关系,并且认为基督教传教士多为"劝人为善之人",而基督教本身也有其存在的历史价值。② 王韬曾说:"西域远处海隅,敦庞初变,悍厉成风,而耶稣一人独能使之迁善改过,以范围而约束之。道垂于千百年,教讫于数万里。呜呼!谓非彼土之杰出者哉?"③而对同为西方宗教的天主教则冷眼相对,嗤之以鼻。他说,基督教"惟尚清修,而无一切拘挛陋习,尚近于儒",其教徒"守己奉公,绳趋尺步",而天主教却"盛事科仪","教旨反昧",其教徒"嚣然不靖,不独在中国为然,即在欧洲诸国何莫不然"。④ 态度的好恶反映了他与两者关系的亲疏有别。二是王韬对西方传教士与西方商人态度不同。王韬本具有浓烈的传统民族主义情结,他曾主张将所有外国人驱赶尽净,但后来他的态度有所改变,主张应以不同的态度对待外国传教士和商人。他在为封锁太平天国而呈给苏淞太道吴煦的方策之中这样写道:"密发札谕饬团练各长用心稽查,日夜勿懈,遇有外国旗号之船,即行阻截,入舱细加搜查……果有枪弹违禁物件,立即将奸商砍倒,并尽杀舟子以绝口……若遇教门讲书者,则用好言理谕劝回,教门中人为道起见,并无别心。"⑤信中对基督教传教士的恻隐之心、偏袒之情还是隐约可见的。

王韬虽然加入了基督教,却不是一个虔诚的基督徒。这一点在王韬身上有如下表征:

首先,王韬在表面上与一些基督教传教士私交甚好,但在情感上却并不喜欢基督徒。他在给朋友的信中曾写道:"……(夷人)播煽异端,灭裂正教,尤足以簧鼓世俗,渐渍于无形。愚夫愚妇,为所蛊惑无论矣。

---

① 参见 Paul A. Cohen, *Between Tradition and Modernity*: *Wang Tao and Reform in Late Ching China*, Massachusetts, Harvard University Press, 1974, p. 21.
② 参阅拙论《王韬教案观探析》,《徐州师范学院学报(哲学社会科学版)》1995 年第 4 期,第 112 页。
③ 王韬:《瀛壖杂志》卷六,岳麓书社 1988 年版,第 196 页。
④ 王韬:《瀛壖杂志》卷六,岳麓书社 1988 年版,第 196 页;王韬:《弢园文录外编》卷三《传教上》,清光绪九年香港排印本。
⑤ 王韬:《弢园尺牍》卷五《与某当事书》,光绪癸巳沪北淞隐庐本。

而一二身列庠序者,亦靡然从风,恬无知耻。逢兹浊世,生是乱民,有心人蒿目怆怀,屡为长太息者也。瀚观西人教中之书其理诞妄,其说支离,其词鄙晦,直可投于溷厕,而欲以是训我华民,亦不量之甚矣。顾瀚窥其意,必欲务行其说而后止,行之则人心受其害矣……吾恐日复一日,华风将浸成夷俗,此实明教之大坏也。"①当他听说有英国传教士准备前往苏州布道时忧心忡忡地在日记中写下这样几句:"近英人杨雅涵至吴门赁屋讲书,言后将择地建礼拜寺矣。侏僪日迫,为祸日深,将奈之何?"②

其次,他对基督教义的理解总脱不了儒家思想的范围,基督教义常被他曲解为儒学教义。以他加工润色过的圣经代表本为例。与其说它是一个基督教作品,还不如说它是一个基督教和儒家学说的混合物,一位传教士在1890年曾对王韬佐译的圣经代表本下过如此评断:"作为一部文学作品,它有一种全新的风韵。它相当地自由,摆脱了呆板生硬的结构。它是一个翻译者渊博学问的纪念碑。但对它最经常、最广泛的批评不是针对它的文学光彩,而是它与原作意义的偏离。它使人更多地联想到圣人的教诲而非天堂的神秘,一个缺乏经验和精神的读者很容易错把基督当成孔子。"③

再次,王韬从不理会基督教教义的规范,他的个人生活的放荡恰恰是对基督教的讽刺。1855年3月18日的王韬日记这样写道:"是日礼拜,赴五老峰听英人布道。下午,往访蒋剑人,一同赴虹桥左边勾栏访妓。接客者为沪上名花,来自扬州。稍可人意。"④上午唱赞美诗,下午逛妓寮,人格分裂一至于此,毫无基督徒精神可言。

毫无教徒意识的王韬缘何投身基督教事业,使自己饱受折磨?王韬自己的回答是:"教授西馆,已非自守之道,譬如赁舂负贩,只为衣食

---

① 王韬:《弢园尺牍》卷四《与周弢甫徵君》,光绪癸巳沪北淞隐庐本。
② 方行、汤志钧整理:《王韬日记》,中华书局1987年版,第91页。
③ *Records of the General Conference of the Protestant Missionaries of China Held at Shanghai*, May 7-20, 1890. 转见于 Paul A. Cohen, *Between Tradition and Modernity: Wang Tao and Reform in Late Ching China*, Massachusetts, Harvard University Press, 1974, p. 22.
④ 王韬:《蘅华馆日记》,转见于 Paul A. Cohen, *Between Tradition and Modernity: Wang Tao and Reform in Late Ching China*, Massachusetts, Harvard University Press, 1974, p. 20.

计,但求心之所安,勿问其所操何业。"①此话道出了王韬在事业选择上的实际功利取向。对此时的王韬来说,生存原则是最大、最优先的,而理想主义的意识形态则只能占据从属位置。王韬在一文莫名、走投无路之际,面对麦都思牧师的邀请,他只能选择离开甫里到上海墨海书馆就职。作为受恩之人,王韬对此铭刻不忘,他曾为此作诗说:"知己平生首数公,海邦物望最为崇。学从天授推无敌,道自西来证大同。有愧粗才怜阮籍,不将奇字诧杨雄。八年聚首情如昨,岁月因循感慨中。"②为了感恩回报,也是为了保持继续工作的机会,王韬自认为有加入基督教的必要。因为,所有的传教士,包括麦都思在内,虽然并不强迫所有的与其一块工作的中国助手都受洗入教,但他们希望助手成为基督教徒的情感倾向则是毫无疑问的。一个皈依了基督教的中国人容易博得他们的好感,因而也易于得到工作和较高薪金。③

王韬对基督教机会主义式的认同态度不是孤零零的历史个案,而是五口开放以后沿海都市地区普遍存在的社会文化现象。王韬在沪上的朋友大多具有与他一样的人生经历。他的日记中出现的多数文化人都是"入教而谋食者"。如1855年阴历七月日记中出现的吴式如和潘惺如两人,先后都借助于王韬介绍加入基督教教会谋得工作。王韬在记述原委时还颇带自嘲自责:"是日,玉峰吴式如衹受洗礼。式如绝志进取,俯首皈依,或非无见。噫,中国贫困极矣,安得广厦千万间,大庇此寒士也!"④再如与他和李善兰合称为"海天三友"的蒋敦复生前也是一个基督教事业的热心人,但同样不欣赏基督教教义。他甚至留下遗文在死后发表,以儒家学说大批基督教教义,弄得曾经赞颂过他的艾约瑟等传教士大为尴尬,不得不在《北华捷报》上著文予以解释。⑤

"蒋敦复现象"或"王韬现象"印证了这样一种文化结论,即中国传统文化本质上是一种以人生功利为目的的世俗伦理文化,宗教意义上

---

① 方行、汤志钧整理:《王韬日记》,中华书局1987年版,第92页。
② 王韬:《蘅华馆诗录》卷二《送麦西士回国》,光绪庚寅弢园丛书本。
③ 参见 Paul A. Cohen, *Between Tradition and Modernity*:*Wang Tao and Reform in Late Ching China*,Massachusetts,Harvard University Press,1974, p. 23。
④ 王韬:《蘅华馆日记》,转见《新声杂志》1921年1月第1期,第12页。
⑤ North China Herald, September 18. 1891,南京大学图书馆藏缩微胶卷。

的精神信仰和追求历来就相当缺乏。王韬和他的沪上友人都很难逃脱这种世俗文化伦理的框限。

缺乏宗教信仰和追求并不等于缺乏文化归属感。王韬在现实利益的考虑下投身于基督教事业,却不能因此而一刀斩断他与固有传统文化的精神联系。只要这种精神联系或文化归属感存在一天,王韬对基督教的"认同"就只能是物质层次的勉勉强强的"屈从",而"屈从"必然带来精神世界的人格分裂。可以毫不夸张地说,王韬是一个典型的两面人。一方面,他为生活和工作环境所迫,不得不表示相信基督教,愿意为传播福音四处奔走;另一方面,他又竭力掩盖自己与基督教的关系,甚至对基督教出言不恭,大加讥讽调侃。王韬所写的书信、日记之所以时而出现赞赏西方宗教的文字,时而又恶言相向,其根因正在于此。

二 挟策以干当道

王韬居沪期间,中国发生了两件惊天动地的历史事变。中国官场士林令人窒息的一潭死水犹如被投入了一块巨石,再也不能维持旧日的平静。

《南京条约》签字后,清朝贵族并未痛定思痛,亟思强国御敌之策。为了支付战争赔款和平衡鸦片进口所引起的白银外流,清廷加重了对各族人民的敲诈勒索。道光皇帝公开发布上谕说:"所有各省着赔、分赔、摊赔、代赔各款,着各省督抚河督于所属实缺司道府厅州县各员……勒限催追完交。"①人民为了反抗清廷的横征暴敛,掀起了一连串的武装暴动。1851 年 1 月,洪秀全领导的太平天国农民起义以其雷霆万钧的气势在广西金田村拉开序幕,随后,北进东下,一路势如破竹,攻无不克。同年 3 月 19 日占领南京,改名为天京,正式建立了与清王朝分庭抗礼的农民政权。在太平天国起义的影响下,1853 年秋,王韬居

---

① 王先谦辑:《东华录》(道光朝)卷五十八。

住的上海也爆发了刘丽川领导的小刀会起义。起义军发布文告，表示要扫除贪官污吏，全行蠲免赋税钱粮。① 接着连续攻克宝山、南汇、川沙等县。上海和东南地区是清朝"钱粮"的主要来源。上海海关的税收更是清军江南大营的命脉所在。太平天国和小刀会起义军在这一地区不停翻搅，使清廷阵脚大乱，惶惶不可终日。

一波未平，一波又起。正当清王朝被农民起义弄得精疲力竭之际，1856年又爆发了第二次鸦片战争。英法联军自南北上，攻占了大沽。清王朝于1858年被迫签订了丧权辱国的《天津条约》。此后，清廷一度打算重振军威，改写条约，但结果更糟。英法联军攻占北京，咸丰皇帝仓皇出逃，具有皇权神圣符号意义的圆明园被焚毁殆尽。清廷留守王公大臣向侵略者屈服，签订了更加屈辱的《北京条约》。第二次鸦片战争的彻底失败，暴露了中国国力的积弱不堪和清政府的腐败无能。

内忧外患诱发了王韬对国家命运的担忧，也再次激活了王韬"学而优则仕""大丈夫生当成功立业"的早年志向。他在这一时期的诗歌里写道：

> 鼓角如雷动地来，氛缠三楚肆奇灾。
> 襄樊险堑成孤注，褒鄂威名非将才。
> 坐使拥兵全局坏，安辞疏寇暮营开。
> 似闻早下贤良诏，应有征书到草莱。
> ……
> 投笔终军思报国，上书卜式助输边。
> 将帅即今天下选，要凭庙略计安全。②

> 江南乍见经烽火，直北俄闻动甲兵。
> 拱极星辰愁失位，环城将士忽空营。
> 中持和战原非计，不在恩威始乞盟。

---

① 中国科学院上海历史研究所筹备委员会编：《上海小刀会起义史料汇编》，上海人民出版社1958年版，第28页。
② 王韬：《蘅华馆诗录》卷二《拟杜诸将》，光绪庚寅弢园丛书本。

> 我正艰难渠跋扈,海疆从此后患生。①

> 国家升平二百年,废弛武备疏防边。
> 可怜万众苦锋镝,何时四海无烽烟。
> 一身飘泊长天地,敢以粗才轻一试。
> 萧娘吕姥彼何人,若辈徒坏天下事。②

其中既有对清朝文恬武嬉、主政失策的责难,也有对国家危亡命运的担忧,更有匡世救民"舍我其谁"的自勉。王韬此时似乎已体悟到个人命运与国家命运的关系。

但是,一介落魄书生凭什么来影响国政、干预现实,进而一展个人抱负?王韬选择了上书言事这一封建社会读书人常加利用的干政形式或进身之路。从1858年起,至1862年逃离上海止,他接连上书清朝大吏,系统阐释他对时局的看法和挽救方策。

综观王韬这一时期的上书,其主要内容可分为下述几个方面。

(一) 批评清朝各级政府举政失当

王韬认为清王朝之所以落到"内乱"与"外患"俱来的局面,不是因为"匪"和"夷"有什么制胜法器,而是由于清王朝本身政策失当。他写道:

> 今东南之祸烈矣,贼至一城则一城创残,至一邑则一邑荡溃。是岂贼之能兵哉?皆我备御无方耳。③

> 方今边事之坏,我谓在朝廷御之之失策。当粤东之启衅也,朝廷必别简星使,专与筹议,不妨面见酌商,两得尽其情意,事有不可行者,则为婉言开导。即委之于叶督,亦必明示意旨,俾知趋向,有所遵奉。奈何庙算弗及,一人是信,任其刚愎浅躁,以致偾事。逮乎粤省被据,叶督见房,中国之辱,未有如是之甚者,而乃置不一

---

① 王韬:《蘅华馆诗录》卷三《沪渎杂感》,光绪庚寅弢园丛书本。
② 王韬:《蘅华馆诗录》卷二《闻客谭近事有感》,光绪庚寅弢园丛书本。
③ 王韬:《弢园尺牍》卷六《拟上曾制军书》,光绪癸巳沪北淞隐庐本。

问，若无是事。期年之间，声问寂然，西人于是径驶津门，叩阍请命。至欲遣使驻京，增埠易约，即滨海各省督抚，亦未闻有出一议，建一说，以是事若何处置入告者……其意视粤东一省之得失，无与朝廷之轻重，朝廷御戎之当否，无与于外省之休戚。以至西兵之调集，番舶之出入，何时启行，何时往北，外省侦缉之不告，京师之斥堠不明。突见其至，官民惶骇，城下之盟，大可寒心。①

为了挽救已成之局，王韬建议清廷应即刻调整国策，痛革官场相互推诿的风气，裁汰昏庸无能和贪生怕死之辈，不次拔擢才能之士，并"专其任而重其权"，使之权责相符，无可逃于事外。然后推诿者必罚之，失地者必诛之，立功者必赏之。王韬非常自信地认为，一旦清王朝接受他的意见，真正做到奖勤罚懒，征才去庸，"内乱"即可指日肃清，"外患"亦可消解于无形。

（二）提议"和戎平贼"

王韬原来对"夷"猜忌极深，视其为洪水猛兽。在前述致周弢甫的信中还在惊呼开埠失策，"溃夷夏之大防，为民心之蟊贼，其害有不可胜言者矣"，希望"有豪杰起必当有以驱除之"。② 在这种排拒意识的作用下，他坚决反对"借兵平贼"之说。在同一封信中，他写道：

> 说者又谓此迂论也，赭寇之罪，上通于天，假手西人以剪灭之，正可同泄普天之愤耳。此言实未深观大势，而熟察全局者也。烛之武告秦穆公曰："邻之厚，君之薄也。"西人于我之损也则喜，于我之益也则忧，方欲逆焰之张，坐收渔翁之获，谓其视我如秦越之肥瘠者，犹浅言之也。即使果肯借师，愿辅王室如突厥故事，而需索酬饷，动以数百万计，或迁延时日，未必成功，或只剿一隅，未能全数肃清，即使果能迅扫妖氛……而中原全土，皆侏儒之足迹矣，通盘筹算，朝廷又何必有此举也。③

---

① 王韬：《弢园尺牍》卷四《上徐君青中丞第一书》，光绪癸巳沪北淞隐庐本。
② 王韬：《弢园尺牍》卷四《与周弢甫徵君》，光绪癸巳沪北淞隐庐本。
③ 王韬：《弢园尺牍》卷四《与周弢甫徵君》，光绪癸巳沪北淞隐庐本。

王韬甚至将封建政权与农民起义的对立比作"家事纠纷",视作父子失和。他曾反问主张借夷助剿者:"父挞子而嗾瘈狗噬之,有是理乎?"①

但他的这种观点很快就在内忧外患的时局中有所改变。在1859年给江苏巡抚徐有壬的信中,他分析了中国"贼乱"和"戎祸"并存之时局,并提出了自己的见解主张。他认为祸乱之解决应"先其所急,后其所缓",尽管"戎祸"是大患,是"乱之所生"之根因,但从摆脱危险的可行性思考,"贼乱"却应最先解决。"事固有缓急,有先后,今日之事,要惟先其所急后其所缓而已。彼虽为心腹之患,而在今犹未大决裂,可先以和弭之,而后徐为之图。"②《天津条约》签订后,清廷保守派仍然盲目言战,准备撕毁已订条约与英法联军在大沽口再决胜负。王韬对盲目自大的保守派言论与做法不以为然,认为"言战"是一种既不知彼又不知己的颠顸之气,是"抱薪救火""缘木求鱼"的糊涂偾事之举。他说:"我必先有预备之兵,以应其非常之变。而自揣我气足以震慑乎彼方可,否则,毋宁出于和。盖我今日兵率屡弱,财用空竭,外之国威未振,内之强寇未锄……吾诚有不敢知者矣。"③他认为:"西人之所请于我者,最大者增埠驻京两事而已。以愚度之,朝廷意见,增埠犹可许也,遣使驻京断不可行……吾谓此二事其患实均。江汉腹地,据上游之势,南控皖豫,北连关陕,一旦有变,长江非复我有,黄河以南非我国家所能争……顾吾谓朝廷既可许其增埠,何不可许其驻京……今朝廷之上,所以待远人者,漫无成见,来则与之和,去则旋背之。受绐愈大,结怨愈深。衅隙之开,将不可终弭……况乎驻京一节,在我国为骇闻,在彼邦乃为常事。欧洲以行商为国本,凡通商之国互遣公使,驻居其都,所以总制其事,权归于一,原非有窥伺之心,其志在利不在土地。"④王韬对国际条约、对公使驻京的理解显然比盲目言战的保守派人物的理解要更符合历史潮流,这是他高于后者的地方。但他把对外主和与专意镇压农民起义绑

---

① 王韬:《弢园尺牍》卷四《与周弢甫徵君》,光绪癸巳沪北淞隐庐本。
② 王韬:《弢园尺牍》卷四《上徐君青中丞第一书》,光绪癸巳沪北淞隐庐本。
③ 王韬:《弢园尺牍》卷四《上徐君青中丞第一书》,光绪癸巳沪北淞隐庐本。
④ 王韬:《弢园尺牍》卷四《上徐君青中丞第一书》,光绪癸巳沪北淞隐庐本。

在一起考虑,强调"除寇"重于"攘夷",则暴露了他的地主阶级的顽固立场。

(三) 为"平贼"出谋划策

王韬祖籍甫里,19岁后离苏入沪,往来两地之间已有多年。他与戚友间喝酒谈天与书信来往也大多为苏沪地方之事,因而对苏沪两地社会与地理情况了如指掌。加之他在太平天国运动爆发后又曾多次陪同传教士到太平天国占领区去活动,对"贼情"多有见闻,①便自然而然地以平贼"内行"自居。他多次向清朝地方官献计献策。

王韬的计策可分战略与战术两部分:

战略上,王韬声称太平天国已"失其天时,失其地利,失其人事"。他说,咸丰二三年间,天下嚣然,民气不静,贼略得天时,但咸丰六年后,人心厌乱,民运渐转,"此时虽有煽之为乱者,彼不动也。故言乎时,贼已不足恃矣";江宁虽城垣广固,池堞崇深,而非可守之地。"盖有江南者,远必兼蜀,近必兼淮,而后势据上游,足与天下相抗。今贼所争者苏、杭耳,苏、杭地势洼下,民情惰弱,实不可用,虽得之不足以有为……故曰贼无地利之可据也";"贼所破城邑,不留一民于内,比屋错处,无非贼巢,衢市荒秽,有同鬼境,此亦流寇中之创局。所行如是,尚得谓之能收拾人心也乎"。面对此一局面,王韬提出了"反其道而行之"的"平贼"战略,即:"修省恐惧,振励奋发,以合天时;力争上游,顺流进取,以得地利;抚集流亡,解散协从,以尽人事。而尤要者,则在简立大员,分兵三道:一由上海以收复嘉、青、太、昆而进攻苏州;一由宁波以联络湖郡,保障杭垣,而进扼嘉兴,坚守广德,俾毋得过浙东西一步;一由安庆以克芜湖诸要害,直抵金陵,捣其巢穴,必当同时并进,合攻夹击,使贼首尾不能相顾,而后贼势孤矣。"②从维护地主阶

---

① 如王韬早就知道太平天国是否进军上海的情报,1860年7月《吴煦档案》中有王韬呈书:"江苏攻陷皆其(指太平天国忠王李秀成)主谋,闻其于破苏之后,志在上海,即欲直驱而前。有逢天安刘姓贼目上言,天下未定,不可多增一敌,乃止。"见太平天国历史博物馆编:《吴煦档案选编》,第一辑,江苏人民出版社1983年版,第306页。
② 王韬:《弢园尺牍》卷六《拟上曾制军书》,光绪癸巳沪北淞隐庐本。

级统治的角度而言，王韬所提出的总体战略确有独具慧眼之处，不失为"挽狂澜于既倒"之良策，因而得到了清朝当权人物的赞许和采纳。后来曾国藩攻打太平天国的套路，基本上与王韬所呈谋略相吻合。而曾国藩最后成功攻克天京、收复江浙的历史实践，也说明王韬的聪明才智绝非一般旧式文人可以企及。才华横溢，见多识广，是终其一生的"身份识别符号"。

战术上，王韬提出一系列的具体方策。这些方策大都是直接呈给苏淞太道吴煦的。据已经公开出版的《吴煦档案选编》和《弢园尺牍》统计，王韬在1860年太平天国东下苏常后连续上书吴煦10余次，其内容几乎全是关于保卫上海和剿杀太平军的"管见"。"管见"思考周详，具体细致，不厌其烦，切中要害，单条目就有30多项。略举几项，以窥一斑：

一、两广逃勇必宜设法招回也；

二、江宁难民宜安置妥密也；

三、民团与官军宜分用以责其成效也；

四、领兵员弁须用外国武官，藉以钳制也；

五、假冒贼之旗帜衣饰混杀并战以乘其不备也；

六、设空房以焚贼也；

七、杜截接济以断贼来路也；

八、伴做村民投贼、诱之使来而杀贼以坚民志也；

九、城宜设立巡防总局，与西官相为联络，派委干敏员弁专事稽察，以靖地方而缉奸宄也；

十、水路之通苏、昆者，宜设卡要道，以清其源也；

十一、各处妓家烟馆茶坊酒肆宜派干役日夜逻查也……

相比高明的战略"管见"，王韬的战术"管见"则略显粗糙，大多为纸上论道的"文人论兵"之观，但也不乏置太平天国于死地的撒手锏，如"领兵员弁须用外国武官"一项，就是"洋枪队"的滥觞。王韬自己在这一项下解释其具体内容说："兹以外国武官一员，领兵或数十人或数百人，其上则领数千人数万人，而配以中国官一员，通事一名。

每战则外国官首先冲锋,而我军随后奋进,有退缩不前者,立置军法,中国官亦临阵弹压,计其功过,以定赏罚。如是则借兵少而收功广矣。"①吴煦采纳了王韬"借兵少而收功广"的这一建议,组建了中外混编的洋枪队。混编的洋枪队各取中洋所能,在保卫上海和镇压苏浙太平军过程中作用非凡。洋枪队的成功也令王韬洋洋自得,自信满满。他在晚年写就的《弢园老民自传》中写道:"十年,金陵大营溃,贼串吾吴,常、镇、太同时俱陷,东南半壁至此糜烂,四郡村乡亦蹂躏无完土。老民于是志愈孤,心弥苦。方奉上官檄督办诸乡团练,老民知其贪诈畏怯,万不可恃,屡上书当事,代画方略,言过切直,当事外优异而内忌嫉之,顾所言颇见施行,能多见效,其最要者以西人为领队官教授火器,名曰洋枪队。后行之益广,卒以此收复江南。"②又如"假冒贼之旗帜衣饰混杀并战"一项,对太平天国亦损害甚大。太平天国军装简单,加之后期官制混乱,旗号不一,极易被清军伪装假冒。这被王韬发现并上书清朝大吏。清军后来在剿杀苏浙太平军的过程中也确实多次用此毒计,颇为奏效。

　　王韬"屡上书当事,代画方略"的动机之一就是期望清朝地方大吏能"因言贵人",拔擢他于布衣之中,以便他踏上青云之路,进一步伸展其抱负。他在上书中曾多次旁敲侧击而又急不可耐地向清朝地方大员"邀官"。如他在"上徐君青中丞"一信中写道:"纳顽矿于洪炉,或有跃冶之效,处钝锥于囊底,非无脱颖之期……若其荣戟门高,容书生之长揖,蓬莱山近,许浊客之同登,即当舍此卑楼,以图远志,是则羁鸟脱笼,尚可期于振翼,驾驸负轭,不终困于摧轮,祷望孔殷,衔戢何极。"③但是,王韬欲凭借"上书言事"一展鸿鹄之志犹如镜中之花、水中之月,几乎所有清朝大吏对他都是"用其言而弃其人",最多也只给他一些"润笔费"酬劳而已。有心建功立业的王韬只能在自己的感怀诗里自我叹息:"欲叩营门献奇策,书生命不合封侯"。④

---

① 王韬:《弢园尺牍》卷五《与某当事书》,光绪癸巳沪北淞隐庐本。
② 王韬:《弢园文录外编》卷十一《弢园老民自传》,清光绪九年香港排印本。
③ 王韬:《弢园尺牍》卷五《上徐君青中丞》,光绪癸巳沪北淞隐庐本。
④ 王韬:《蘅华馆诗录》卷三《沪渎杂感》,光绪庚寅弢园丛书本。

新阳秀才王韬依然是一介穷困潦倒的口岸落魄文人。1860年,当他的朋友和墨海书馆同事李善兰被清吏作为专才招用之时,王韬内心一时五味杂陈,欷歔不已。他在给李善兰的送别诗中写道:

> 近日台官用西士,长调玉烛称咸熙。
> 惜君姓名未上达,当途拂拭今非迟。
> 茗南宿学世推重,三吴开府盛文词。
> 拟设专科尚天算,挽回士习君所期。
> 羡君此行酬夙志,明廷大用有其机。
> 临歧珍重赠君语,欲别未别空欷歔。①

诗中有对李善兰的推重和羡慕,有对自己怀才不遇的愤懑和惜叹,更有对未来自己被明主"拂拭"的殷殷期待,惟妙惟肖地反映了王韬当时的复杂心态。

王韬不甘心就此默默无闻。他试图以建立"实功"来换取清朝大吏对他价值的承认。上海时期的王韬至少参与了两项对抗太平天国的实际行动。

1. 为"借夷助剿"奔走活动

王韬在上海居住多年,与西方人士关系甚密。清朝地方官员深知此点,不断敦促王韬出来为"借夷助剿"穿针引线。王韬积极响应,毅然自任。1860年6月太平军围攻苏州,清军惊恐万状,毫无应对之策。当此之际,他和好友李善兰应清朝大吏之请在上海加紧联络英法两国人士,以图共同对抗太平天国。王韬在6月3日日记中记载了此事缘起:

> 清晨,壬叔乘舆款关至。晶顶貂尾,焕然改观。急蹴予起曰:"吾与足下且成此大功。"余矍然曰:"瀚甚矣惫,万不能起,所谓大功者何?"壬叔曰:"苏城现将被围,徐巡抚欲向西人乞师,以拯救百万生灵于贼手。事若成,真莫大功德。"余曰:"此事宜与吴观察偕见英公使,弟人微言轻,万不能助一臂。足下怀中可有抚军文移致英、法二公使者乎?"壬叔曰:"无之。"余曰:"若然,则事不得谐。盖

---

① 王韬:《蘅华馆诗录》卷三《赠李壬叔即送其之吴门》,光绪庚寅弢园丛书本。

访孝拱,与之谋言?"①

李善兰依计而行,前往龚孝拱处游说。龚孝拱为道光名臣龚自珍之子,当时为英国公使额尔金(Earl of Elgin)帮办文案。李、龚相见之后,龚孝拱表示如欲英国公使帮助,必须要有正式的徐有壬官书文移,否则,"事恐不得当"。李善兰随即再函徐有壬,索取文移。但是,他太迟了。太平军在他发信当天,就已经打下苏州。

王韬还没死心。几天之后,他接到他的一个朋友,当时正居住在云间(松江华亭县之别名)的郭福衡(字友松)的一封手札。它实际上是一封"乞师书"。其中有这样一段文字:

> 衡所以不避迂愚之名,冒昧之罪,而敢与吾兄商之者:一则,同为上帝所生之人,何忍使苏、松十三郡之生灵尽遭涂炭。二则,国家养士,首重胶庠,报我君者,正在此日。三则,苏城为吾兄桑梓,若得安全,尸祝不替。而徐抚军又有书于吾兄,亦一知己,今日聊以分忧……伏望吾兄以此函达之于西士艾君,俾知云间郭福衡者,非贪生恶死、不学无术之流,则艾君枉顾之意,亦不可谓无知人之明矣……衡虽三尺微命,窃愿学申胥之哭、霁云之涕,以为艾君之本国,一时虽不能得师,而数百之众,直达苏城,器械之精,兵卒之用命,久为我军称羡,及贼所畏慑。②

王韬对好友郭福衡"忠臣烈士"之举极为叹赏,立即将此信送呈艾约瑟,期望以郭氏之忠勇打动艾氏去劝说额尔金答应出师代剿。由于英法两国公使此时打算乘机勒索清王朝,追求在华利益最大化,故意阻滞、搁置民间渠道的"借师"请求,王韬穿针引线的"乞师"活动进展缓慢。清朝大吏后来等得不耐烦,亲自出马与英法当局直接交涉,王韬在这方面的作用被当局忽略,王韬本人也因此而受到冷遇。

尽管如此,王韬似乎依然我行我素,乐此不疲。他的日记中多处都有赴道署打听"借师助剿"进展情况的记载,如咸丰十年五月二十一日

---

① 方行、汤志钧整理:《王韬日记》,中华书局1987年版,第173页。
② 方行、汤志钧整理:《王韬日记》,中华书局1987年版,第176页。

（1860年6月10日）日记中有这样一段："午后，偕吴沐庵、屠新之、蒋萃钦往道署访袁伯襄，则无锡何菊邨、湖州谈厚甫皆在伯襄斋中，因共纵谈。余曰：'何宫保至此已数日矣，乞师有成议否？恐受西人辱耳。'伯襄曰：'闻法已允，而英尚未报命也。'"①《吴煦档案》中有一份《袁熙赞禀》，更能反映王韬这时不甘寂寞的活动情况，它这样写道："昨诸翟团董来城，以贼氛密迩，随在可虞。具请大人筹拨西兵会剿，并请三四十人驻乡教练火器，其实欲借夷势以资防守。赞当即拦阻，谓西兵不肯出剿，无从议请，驻守一节，大为难行……晚间，王兰卿、吴锄非、武生庄仰之等复来，俱言已见法国教头梅神父，具说贼踪飘忽，乡民将届收割，势难安堵。乡团现议办剿，须在藩宪处具禀请拨西兵出助，并往公使处递呈，未谂允否。渠一力担承，言法兵近日已到六千余，来正无既，尽堪做事。藩台商拨，便要筹费，恐无银可筹，不如汝辈邀集各乡董事联名具呈，地愈广，人愈多愈好，我送公使，待公使转请英国，非惟不须筹费，包可出兵，或剿或守，为近地先行肃清，徐及苏州云云。"②此禀写得十分具体，生动地反映了王韬并未因"乞师"进展缓慢而气馁，而是更加执着地联络地方士绅向清朝官员游说和施加压力，一心要拔取"借师助剿"活动的头筹以为进身之资。

2. 组织团练镇压太平军

王韬在苏南乡间和沪上文人之间颇负才名，他又喜好喝酒交友，自述其宅是"四方冠盖往来无虚，名流硕彦接迹来游，老民俱与之修士相见礼，投缟赠纻，无不以国士目之。"③清朝当局一直想利用王韬的身份和社会关系让他出头组织地主团练。王韬刚好有心投笔从戎，杀贼立功。双方各取所需，一拍即合。1860年7月，苏松太道吴煦任命王韬为诸翟团练局董事，王韬欣然领命，冒危捧檄。④

在出发赴任之前，王韬与逃亡在沪的诸翟地主严缟园谋划，打算通过游说吴煦，将一位被上海县令刘郇膏收押在狱的讼棍陈少逸保出来

---

① 方行、汤志钧整理：《王韬日记》，中华书局1987年版，第178页。
② 太平天国历史博物馆编：《吴煦档案选编》，第一辑，江苏人民出版社1983年版，第427页。
③ 王韬：《弢园文录外编》卷十一《弢园老民自传》，清光绪九年香港排印本。
④ 王韬：《弢园文录外编》卷十一《弢园老民自传》，清光绪九年香港排印本。

做团总。他的日记连续几天记载了他为此事所进行的活动。如8月2日日记写道：

> 严缟园来,同往道署进公禀,保陈少逸也。少逸前后与余数书,谓:罪苟可赦,即当荷戈前驱,杀贼报国,以为士卒先。情词凄烈,不殊邹衍狱中上书。余即以是书呈观察,冀其少垂怜也。①

8月3日日记又记道：

> 闻贼东窜,势甚炽,各团皆能用命。诸翟董事沈、李诸君等屡为请命,欲陈少逸出狱办团,观察已允矣。而尚未提释也。②

清廷大吏吴煦思考再三,接纳了王韬所求,将陈少逸释放。1860年8月15日王韬毅然赴任,抵达诸翟镇。

诸翟镇属松江府,处于上海县与嘉定县的交界点上,是当时太平天国与清朝双方军事力量拉锯争夺的前线。奉母至孝的王韬不顾白发老母在堂,冒险以赴,表明他建立事功的愿望十分迫切。

下车伊始,他立即召集团练局各董事开会,颁布"团练十二条"。旋募勇三百人筹议抵抗太平军事。王韬出面动员"各村镇团董","剀切劝谕","以是人人踊跃,皆思自奋"。③ 此时,太平军已攻占嘉定,不时到诸翟一带活动,与诸翟团练局有所交火。对抗中王韬所领团练还一度占据上风。王韬给吴煦的呈禀中有对具体情况的描述。如1860年8月22日王瀚上吴煦禀：

> 初一日,贼至七宝,民不能敌,下午已窜蟠溪,离诸翟仅四里,瀚偕同武生庄兆麟等带自募勇百余人防堵腹里诸村。日色昏暮,贼声渐逼,乃多设灯火,遍缚草人为疑兵,是夕贼仍退回塘桥。④

1860年8月27日王瀚上吴煦禀：

> 初九日,陈常密约各处义民同时举事,所有土匪四散奔逸。西

---

① 方行、汤志钧整理:《王韬日记》,中华书局1987年版,第192页。
② 方行、汤志钧整理:《王韬日记》,中华书局1987年版,第192页。
③ 太平天国历史博物馆编:《吴煦档案选编》,第一辑,江苏人民出版社1983年版,第395—415页。
④ 太平天国历史博物馆编:《吴煦档案选编》,第一辑,江苏人民出版社1983年版,第401页。

刻,攻入南翔南市梢,贼匪余党搜杀净尽,生擒十三名。经陈常身先率队,奋勇先进,故各民勇皆肯齐心并力。现探闻嘉定城中贼已稀少,集众齐进,无难立时克复。①

此类呈禀可能多有王韬邀功之语,未免言过其实,实际战况极有可能并不像王韬所描述的那样光鲜。否则,他不会在赴诸翟数天之后就以"经费难筹"为由"飞舟"转回沪上的。他显然是在躲避太平天国的扫荡。

王韬纸上谈兵头头是道,一遇实战便逃之夭夭的做法引起了苏松太道吴煦的严重不满,加之他先前在上书中多有"言过切直"之处,"指陈所及,动触忌讳",②吴煦难免怨恨有加。因此,王韬自觉无颜在上海立足,决定返回甫里进行一项新的冒险。

三　上书太平天国

王韬本是一位饱学儒家典籍之士,三纲五常刻骨铭心。所以,他起初对农民起义有一种天生的仇恨。太平天国起义爆发后,他曾作诗言志说:

> 男儿生不必封万户侯,死不必崇千尺丘。
> 但愿杀贼誓报国,上纾当宁南顾忧。③
> 丈夫拔剑誓杀贼,迳持寸铁奔狼群。
> 手枭贼头掷帐上,功成却赏名甘沦。④

在王韬的早期日记中甚至出现了"生刮""手枭"太平军一类的歹毒字眼,如1860年3月30日日记写道:"一片佳山水,蹂躏至是,可为扼腕。愿从大侠,出箧中匕首挽其腹也。"⑤

---

① 太平天国历史博物馆编:《吴煦档案选编》,第一辑,江苏人民出版社1983年版,第401页。
② 王韬:《弢园尺牍》卷十二《拟上合肥相国》,光绪癸巳沪北淞隐庐本。
③ 王韬:《蘅华馆诗录》卷二《闻客谭近事有感》,光绪庚寅弢园丛书本。
④ 王韬:《蘅华馆诗录》卷三《我生》,光绪庚寅弢园丛书本。
⑤ 方行、汤志钧整理:《王韬日记》,中华书局1987年版,第151页。

但是，值得注意的是，王韬对太平天国农民起义军的仇恨，只不过是一种地主阶级文化人对敌对阶级武装抗争的一种阶级本能反应。他在为清廷收集情报期间广泛接触到太平天国的基层政权，并仔细研究了太平天国的官书文件，结果发现太平天国并非他原来想象的那么十恶不赦。王韬本是清朝士绅群体的"边沿人"，从利益分配角度讲，他的祖上和他自己不仅均未食过清朝俸禄，相反却是因为清朝的建立而使昔日的王家大族"阖门遇难"，一蹶不振。他自身怀才不遇、被迫谋食西舍、"贱等舂赁"的经历更使他对既得利益者怨恨不已。随着他对"建言献策以期当道拔擢"的彻底失望，他心底原先的出自阶级本能的对农民起义的仇恨，逐渐让位于一种权衡局势、权衡得失的自觉利益选择。

太平天国攻占苏浙大片土地之后，势力出现衰而复振的局面。1860年8月19日，太平天国忠王李秀成指挥蔡元隆、郜永宽等部三面围攻上海，焚毁江海关，兵锋直逼英法租界。王韬从诸翟逃回上海正是由于此次太平天国东征军攻打上海、外围团练纷纷解体所致。此后，太平天国虽然因上游告急没有打下上海，但上海再也不能保持昔日之安静。区区一隅，已在太平天国的包围之中。灭顶之灾的威胁无日无之。处在这样的"危如累卵"的形势之下，王韬大有"末日来临"的感觉，他在诗歌中忧心忡忡地写道：

　　忧时只觉鬓毛非，厌听频年说乱离。
　　带甲几疑天地满，运筹谁答庙廊知。
　　堪嗟吴越无完卵，尚望淮徐速济师。
　　只是目前已难料，况能远虑计安危。①

既然自己及其祖上并未受清朝任何恩泽，既然清朝当局已是"只是目前已难料"，王韬认为他没有理由继续留在上海做大清王朝的陪葬品。于是在1861年冬天，他携其家眷逃离上海。

与一般地主、商人所不同的是，王韬没有向北逃难，而是向仍在太平天国控制之下的苏州甫里进发。对此时的王韬来说，太平天国已不

---

① 王韬：《蘅华馆诗录》卷三《频年》，光绪庚寅弢园丛书本。

像地主分子想象的或风传的那样可怕。他去过太平天国占领区,目睹过太平天国治下商业繁兴、"百货云屯"的实情,也略知太平天国尊称基督教徒为"洋兄弟"、尊称文化人为"先生"的基本政策。而与他经历相仿、1854 年和他在墨海书馆一同研读过圣经的洪仁玕,此时跃升为太平天国总理朝政一事更使他产生了太平天国用人不拘一格和"需才孔亟"的印象。①

对多次深入太平天国了解情况一事,王韬一直讳莫如深。但综合各种记载,可以确定地说,王韬不仅数次陪同外国传教士前往苏州地区考察,而且访问过太平天国首都南京。② 藏于北京图书馆的《蘅华馆日记》手稿中有如下记载:

> 十一年二月朔日,作金陵之游,英国牧师艾君迪谨(即艾约瑟,Joseph Edkins)招余作金陵之游,不获辞。金陵久为贼窟,丙午秋试一至,今屈指十六年矣。③

王韬的换帖好友、当时居住在上海的赵烈文在咸丰十一年三月初二日(1861 年 4 月 11 日)的日记中也记载了此次王韬访问天京的情况。日记写道:

> 王兰卿来。兰卿自汉口返,言绕城外有官兵,而黄州已失,武昌方面纷纷移徙。伊去时过江宁,曾进城。城中街市繁盛,绝不盘诘。贼渠伪干王之子出见夷酋,意甚畏之云。④

英国在华海军司令何伯和参赞巴夏礼即为日记中所提"夷酋"。他俩奉英国特使额尔金之命于 1861 年 3 月初访问天京,与太平天国讨论太平军是否进攻上海问题。英国传教士、王韬的雇主艾约瑟和慕维廉

---

① 中国"留学生之父"容闳也是在洪仁玕担任太平天国总理期间投奔太平天国并上书献策的,其心理情结一如王韬。王韬此后也一直与容闳时相问候,民国时陈振国所著《"长毛状元"王韬》一文说王韬居港期间遍交名流,与容纯甫"时相唱酬,过从甚密",见《逸经》,1937 年第 33 期。
② 有关王韬陪同外国传教士访问苏州等地的情况可参阅艾约瑟和杨笃信苏州访问报告,见于 The Missionary Magazine and Chronicle 24(1860)。
③ 王韬:《蘅华馆日记》,转见于胡适:《跋〈馆藏王韬手稿七册〉》,《国立北平图书馆馆刊》,1934 年 5—6 月。
④ 赵烈文:《能静居士日记》,咸丰十一年三月初二日。

等也搭乘何伯的军舰随访太平天国首都。王韬作为传教士的雇员自然也一道上岸活动。①

在王韬自己印行发表的文字中,虽然没有随同传教士访问天京的记载,但我们亦能从中品读出这方面的一丝痕迹。他的《蘅华馆诗录》中有一首《从舟中望金陵诸山》这样写道:

击楫中流素志违,片帆迅挟浪花飞。
江山满目悲残劫,云雾遥天有杀机。
六代兴亡王气尽,中原战伐霸才稀。
怆怀为洒新亭泪,风景依然时事非。②

显然,此诗是王韬在南京下关的船舰上所作。作诗讲比兴,他若没有金陵之行,何来"六代兴亡王气尽"的感叹呢?

此次金陵之行,不仅使王韬看到太平天国境内的真实情况,了解到太平军的实力,而且使他获悉太平天国攻打上海的时间。何伯、巴夏礼与太平天国领导人谈判的结果,只是得到了在本年内不进攻上海和吴淞的许诺。③ 因此,王韬在1861年冬杪将老母妻女匆忙送回苏州家乡。此事也反证了王韬确实去过太平天国首都天京。

为了改变受人蔑视的地位,地主阶级的下层或外层人物在农民革命时代往往有做开国元勋的欲望和举动。王韬此次举家离沪旋里,一方面是为了躲避太平天国攻打上海的兵锋,另一方面显然也有"坐山观虎斗"和"择木而栖"的考虑。他曾经为清朝当局出谋划策,甚至不惜冒险直接对抗太平军,但结果却是"忌恨猬集"。这不能不促使他考虑另辟成功之路。建立功业的欲望使他改变了忠诚的方向。兵威正盛的太

---

① 关于英国传教士在天京的活动详情,艾约瑟有《南京访问记》一篇,收在他妻子 Jane R. Edkins 所著的 Chinese Scenes and People, with Notices of Christian Missions and Missionary Life in a Series of Letters from Various Parts of China with a Narrative of a Visit to Nanking by Her Husband, The Rev. Joseph Edkins, (London 1863)中。笔者未见到原著,茅家琦先生《太平天国对外关系史》引述了部分有关外国传教士在天京活动的内容,从中可见艾约瑟一行的主要活动是宗教活动。另夏良才先生在《王韬与中西文化交流》(《近代中国人物》第三辑)里提到西方传教士曾向太平天国首领递交说帖、信件,其目的除宣传基督教教义以外,也包括劝阻太平天国进攻上海。
② 王韬:《蘅华馆诗录》卷三《从舟中望金陵诸山》,光绪庚寅弢园丛书本。
③ Correspondence Respecting the Opening of the Yangtze Kiang River to Foreign Trade p. 32,转见于茅家琦:《太平天国对外关系史》,人民出版社1984年版,第203页。

平军、太平天国的基督教色彩以及王韬本人与太平天国第二号人物干王洪仁玕的相似经历和特殊关系都不断地向他昭示:"如果他投身叛乱者行列,他赢得权位和影响的机会将比他站在清王朝一边更大。"① 在"忠诚"与"前途"必须二者取其一的时候,他最后选择了后者。

王韬回里居住,自然引起清朝官员的怀疑。为了遮蔽清吏耳目,他假装奉令回籍"侦贼""杀贼先结贼"。可是后来的事实是,"侦贼""杀贼"未见其行,"结贼"却水到渠成。他与太平天国乡官周旋揖让,过从甚密。随后又通过他们结识太平天国苏福省民政长官刘肇钧。1862年2月2日,王韬再也按抑不住对新政权上策图功的冲动,以"黄畹"名、"兰卿"字向刘肇钧上书一封,并请刘肇钧看后将其转呈忠王李秀成以资决策。

王韬在这封信里开宗便说,他恭呈此信是为了报答太平天国领导人的"知遇"之恩,他写道:"窃以畹承大人推毂以来,无日不以兢惕持躬,以期尚副厚望,下济穷黎为念。伏枕筹思,急于报效……今畹之老母山妻,弱息稚胤,尽已迁徙至里。从兹托庇宇下,实望栽培而嘘噢之。"② 接着,王韬从战略高度为太平天国领导人剖析了太平军攻打上海的利弊。他指出,虽然洋人自通商中土以来"欺凌我民人,藐视我儒士","桀骜难驯,隔阂不仁",但它却不是太平天国的主要敌人,"与我争天下者,清也,而非英法也"。所以,太平天国应该把主要力量放在打击上游和北方的清军上面。他引经据典地说:"事固有先其所急而后其所缓者,昔曹操先并袁绍而后取刘表,以成鼎足之势;明太祖先攻陈友谅而后张士诚,遂以混一宇内。方其时,表与操势固相远。而士诚地处逼近,似宜先除,而明祖以为士诚自守庸才,不足为虑,友谅雄姿跋扈,诚恐伐张而陈蹑其后也。今洋人特知自守,决不远出一步。曾郭藩(亦曾国藩)之踞安庆,乃真心腹大患耳。夷人之性尚势而重利,趋盛而避衰。我苟姑置不问,用兵上游,一二年间荡涤腥秽,奠安区宇,削平僭伪,则

---

① 参见 Paul A. Cohen, *Between Tradition and Modernity: Wang Tao and Reform in Late Ching China*, Massachusetts, Harvard University Press, 1974, p55.
② 太平天国博物馆编:《太平天国文书汇编》,《苏福省儒士黄畹上逢天义刘肇钧禀》,中华书局1979年版,第466—471页。

洋人必稽首称臣,愿世为屏藩而罔敢二心。夫王政隆而四夷宾,大道昌而异学息。"①

王韬主张太平天国先用兵上游,待时机成熟再取上海。他以为如果太平天国一定要攻打上海,也得遵循"舍坚而攻瑕,避锋而挫弊"的用兵之道。为此,他提出一套攻取上海的方略,即所谓:"明告而严讨之,阳舍而阴攻之,徐以图之,缓以困之。"②

他进一步解释说,"明告之而严讨之"就是要太平天国忠王先移文于英法二邦领事,明告"两国相争例不相助",谴责英法"前者何以袒清"。然后视洋人反应而采取行动。如果洋人果肯将清朝军队"驱而远之",上海"全为通商境界",则太平天国可以不烦一兵,不折一矢,"但遣一介行人通问好足矣";如果洋人固执谬见,一味袒清护清,则"彼气已衰,我怒甚烈",自然不难攻克。③

何谓"阳舍之而阴攻之"? 王韬指出,英法二国刚从各地调兵遣将来沪,其气正壮,其志正盛,当此之际,太平天国应该"勿复骤犯",而转用兵于他城他地,缓以时日,"有若舍而去之之意",以使敌人以为太平天国慑其威而退,逐渐松懈戒备。"然后令我兵克期大集",上海自可一战而下。④

王韬主张"徐以图之,缓以困之",意即太平军用兵要统筹考虑,按部就班,步步为营:"然则尚(上)海必不可取乎? 曰,非也……至于围攻尚(上)海,当先为筹及者亦有三:一曰'结援',二曰'散众',三曰'储货'。"⑤总之,王韬力主先将上游之地控制在手,设关征税培养元气,然后再进占上海外围之地如奉贤、南汇、淞江、川沙、金山等城,筑垒设卡,

---

① 太平天国博物馆编:《太平天国文书汇编》,《苏福省儒士黄畹上逢天义刘肇钧禀》,中华书局1979年版,第466—471页。
② 太平天国博物馆编:《太平天国文书汇编》,《苏福省儒士黄畹上逢天义刘肇钧禀》,中华书局1979年版,第466—471页。
③ 太平天国博物馆编:《太平天国文书汇编》,《苏福省儒士黄畹上逢天义刘肇钧禀》,中华书局1979年版,第466—471页。
④ 太平天国博物馆编:《太平天国文书汇编》,《苏福省儒士黄畹上逢天义刘肇钧禀》,中华书局1979年版,第466—471页。
⑤ 太平天国博物馆编:《太平天国文书汇编》,《苏福省儒士黄畹上逢天义刘肇钧禀》,中华书局1979年版,第466—471页。

断绝交通,以使上海"百物立匮","民食不支",如此"但相持数月之久,内奸必生,闽粤之民必乘机起事。强者乱而弱者死,洋人必不能禁……必舍之去矣"。①

　　研究过天下相争大势和用兵之道的王韬原为清朝营垒中关键人物,常游走于清朝重臣之间,曾先后上书徐有壬、吴煦、曾国藩等清朝大吏讨论对付太平天国的战略战术。因此,相比太平天国之人,他熟知清朝官吏和清军的弱点。又因久居淞沪,与沪上中外人士周旋揖让十余年,他对上海及其周围的民情、地理和"夷情"特点了如指掌。因此,他的反戈一击的上书能够准确地击中清朝的要害。江苏巡抚薛焕在该上书曝光后"阅之大惊失色",后怕不已。② 李鸿章在接获报告后也认为其书"颇得贼与西人交接之情,其畏慑威棱形诸意,言之表"。③ 可惜太平天国进攻上海的国策已定,苏福省民政长官刘肇钧也因戎马倥偬,未来得及将此书进呈忠王和转报太平天国中央。忠王李秀成在1862年上半年依照太平天国既定战略进攻上海,结果无功而返。翌年,英法侵略军公开丢弃"武装中立"原则,与上游调派而来的清军联合进扑苏常。太平军被迫与上游清军和下游中外混合军两线同时作战,腹背受敌,终于不支。1864年6月4日,轰轰烈烈的太平天国农民起义在血泊中落幕。倘若当初忠王接到王韬上书并以他的"和戎策"代替太平天国进攻上海的既定政策,专意对付上游清军,太平天国的历史结局以至整个中国近代的历史结局也许大为不同。

　　王韬的上书一直被压在刘肇钧的军营之中。1862年4月4日(同治元年三月六日),清朝副将熊兆周督率清军、华尔洋枪队及部分英法军队会攻上海外围七宝王家寺太平军营垒。刘部不支,仓促撤退,文书等物品未及带走。清军攻占后在搜查中发现了王韬的上书,清朝副将立即将其上呈江苏巡抚薛焕。薛焕阅后觉得事关重大,不敢延迟,星夜呈报清廷。4月25日(同治元年三月二十七日),清廷降下谕旨:"逆党

---

① 太平天国博物馆编:《太平天国文书汇编》,《苏福省儒士黄畹上逢天义刘肇钧禀》,中华书局1979年版,第466—471页。
② 陈其元:《庸闲斋笔记》,清同治十三年刊本,第37页。
③ 李鸿章:《朋僚函稿》卷一《上曾相》,同治元年三月十五日。

黄畹为贼策划,欲与洋人通好,与军务殊有关系……至该逆所称派乱党与赴洋泾浜潜住,并勾结游民作内应,计殊凶狡,并著李鸿章、薛焕严密防范。黄畹是否见匿上海,或窜赴他处?著曾国藩等迅速查拿,毋任漏网。"①清朝地方官接到谕旨后,即刻四处张网,着手捕拿王韬。

  "上书案"案发之时,王韬正在甫里家中。获知遭到通缉的消息,立即潜赴昆山乡间,密而不出。昆山乡间久为太平军占领,清吏一时无从拘拿。王韬的雇主、墨海书馆主持人慕维廉得知消息后,一面通知王韬不要急于赴沪,一面与清朝苏松太道吴煦进行交涉,"查探黄畹所犯何事",并请求吴煦保其无事。吴煦口蜜腹剑,玩弄两面手法,要慕维廉尽可放心。慕维廉害怕吴煦出尔反尔,坚持要求吴煦立一字据。吴煦亦不推托,"书给字片",并表示"兰卿如肯仍来我处,定当妥为安置,毋恤人言"。②但慕维廉和英国领事麦华佗(Sir Walter Henry Medhurst)均不相信吴煦的保证,王韬亦不敢冒险一试。商量的结果,决定王韬暂时潜回上海墨海书馆避风,视事情发展而决定行止。不料王韬行踪不密,被吴煦侦知。吴煦准备前来墨海书馆捕人。此举激怒英国领事麦华佗,认为吴煦不但欺骗了王韬,还欺骗了英国传教士,是一个反复无常、"失信无耻"的小人,遂把王韬从墨海书馆接到更加安全的英国领事馆避难。王韬从此"闭置一室,经一百三十五日"。③

  清吏迟迟捕不到王韬,引起清廷不满。6月10日(同治元年五月十四日)清廷再次发出上谕,责令李鸿章和薛焕"务即设法购拿,必将疏纵逃官各罪,一并惩处"。在清廷一再催促下,李鸿章和薛焕督促吴煦加紧与英国领事麦华佗交涉,要求交出王韬。麦华佗是王韬前雇主麦都思的儿子,与慕维廉、王韬均相熟识,不答应清吏的要求,他对吴煦"假出保片,巧用英国力量"诱捕王韬的手法憎恶至极,回复吴煦说:"吴道出保片时已知有伪禀之件,是欲将王瀚究审,因鞭长不及,设法出其保

---

① 《东华续录》卷七《同治元年三月己酉上谕》,光绪十三年上海图书集成印书局版,第179页。
② 中国第一历史档案馆藏:外务部,中英关系类,第0622号《逆党黄畹案》,《吴煦给宪台的复禀》。另《同治元年八月二十日英钦差卜鲁斯为沪英领未肯交出黄畹缘由照会》亦抄录"吴道名片底",内有相同内容。见国立北平故宫博物院文献编:《文献丛编》,1934年第20辑。
③ 方行,汤志钧整理:《王韬日记》,中华书局1987年版,第195页。

片,假言妥为位置,诱其回沪,以为拿办之地。似此阳利阴害,诡谲为谋,殊为失信无耻。"麦华佗进而强硬声称如按吴煦之意交出王韬"未免有玷本国名声"。①

上海清吏一时无法可施,复通过清朝总理衙门直接与英国公使卜鲁斯(Frederick William Bruce)交涉。卜鲁斯以英国钦差大臣的名义照会清朝总理衙门说:

> 前于六月初五日接准贵亲王来文,内开王瀚即黄畹号兰卿,据该地方官指称为贼画策,现有通贼信据,经请上海领事官麦交出讯办,该领事未肯解送,希即照复等情……查此案上海道吴禀呈总理各国事务衙门虽已阅悉,惟以事中尤有要处,该道未经详细申报,贵衙门不及尽知。盖我墨海书馆除传教外仍备天文、药方各等部类之书。王瀚向在馆帮办笔墨,已照多年。近离上海回籍,本村已为贼踞之地,王瀚家眷自亦落网。……王瀚有无通贼之事,本大臣毋庸置议。惟就其伪禀一件,所谋之策,有殊觉可笑者。本大臣之见,果是王瀚亲撰之文,显系恐贼疑有异心,本人及家眷难免被害,故假为此贼同心之论,令贼改图不进攻沪,此良民在贼踞之地不肯协同,必致于死,两全之难也。②

卜鲁斯在照会中没有直接回答王韬是否给太平军写信,只是表示对吴煦"佯言妥为安置,诱其回沪"严重不满,是一种"用其欺诈"而让英国传教士和领事官上当的丑恶之举,而王韬即使写了"通贼"信函,也有其不得已之苦衷,用不着清朝政府严加惩处。③

隔了十天,同治元年闰八月初一日,卜鲁斯再向清朝总理衙门加发外交照会,直接对总理衙门强硬表态:"此案本大臣不便随同助办,只缘吴道此举无非暗谋陷害,未昭公正。甚至碍于本国忠信之称。"照会甚

---

① 国立北平故宫博物院文献馆编:《文献丛编》,《同治元年八月二十日英钦差卜鲁斯为沪英领未肯交出黄畹缘由照会》,1934 年第 20 辑。
② 国立北平故宫博物院文献馆编:《文献丛编》,《同治元年八月二十日英钦差卜鲁斯为沪英领未肯交出黄畹缘由照会》,1934 年第 20 辑。
③ 国立北平故宫博物院文献馆编:《文献丛编》,《同治元年八月二十日英钦差卜鲁斯为沪英领未肯交出黄畹缘由照会》,1934 年第 20 辑。

至提醒清朝外交主管机构"英国军兵保卫上海,县城宁波及各等处亦已克服交与官兵"。① 总之,英国在华最高当局彻底而强硬地拒绝了清朝中央政府"协拿王瀚"的要求。

清朝新败不久,慑于英国公使和领事的强硬态度,未敢强行入馆捕人,但在英国领事馆外面和港口布置探哨,伺机行动。因此整整四个多月王韬未敢离开英国领事馆半步。他的老母亲在此期间连惊带吓,含悲而逝。王韬也不能亲自为她含殓送终,以致终生抱憾。②

至1862年10月4日(同治元年闰八月十一日),王韬在麦华佗的庇护下化装潜出,躲过了上海清吏的侦缉视线。随后乘坐怡和洋行邮船"鲁纳"号南下香港,从而最终结束了他在上海的三角之恋。急于成功而又情系三方的王韬终于未能叩开他的幸运之门。他的不幸遭遇正好应验了他的一句诗:"乱世文章空贾祸"。③

问题至此并没有结束。自王韬逃离上海之前一天起,终其一生,他始终对上书太平天国一事矢口否认,并声称这是当道对他的政治陷害,他在临行前给其妻兄杨醒逋写信说:

> 闭置一室中,一百三十五日矣,坐卧饮食之外,了无所事,俨然独居,惟与厮养相亲,即欲凭几把卷,而愁痛垒集,每不能竟数叶。此生已矣,分与世辞矣。昔中散养生,终撄祸网,平原违里,遂被逸言……天特厄之,致斯奇困,此寝寐中未及料者也。疑生投杼,冤至覆盆,不思从中之或有嫁名,反以局外者居为奇货。当路势位烜赫,固无难指龟而成鳖,涫素以讹缁,欲戮一细民,亦何求而不得。兹虽西官力为周旋,为之请于彼国驻京公使,而当事者转益其疑……呜呼!即使韬衔冤斧锧,饮恨刀锯,于正典明刑,攻城杀贼,

---

① 国立北平故宫博物院文献馆编:《文献丛编》,《同治元年八月二十日英钦差卜鲁斯为沪英领未肯交出黄畹缘由照会》,1934年第20辑。
② 王韬:《蘅华馆诗录》卷三《述哀》诗中有"呜呼!我母之没时,同治纪元七月廿四日,其日骄阳暴如炙,我心但觉气阴惨,汗尽化为血泪滴。我时事正急,避匿一斗室。不能出见母,但以头抢壁。生弗能养死弗视,吁嗟此身用为人子!呼母母不应,哭母母不闻。空怀一片思母心,但于梦里分明。男儿立身在忠孝,生我之恩未一报。平生万恨填胸膺,呼天敢向皇穹告。"可见王韬当时哀痛之深。
③ 王韬:《蘅华馆诗录》卷二《同竹庵松轩买舟至海上夕泊新兴镇》,光绪庚寅弢园丛书本。

亦何所裨,徒成杀士之名,自取忌才之实,此堪愤而又堪笑者也。①

赴港以后,在与友人的书信中,他也不时地说及他的"冤情",如在"与田理荃大令"一信中他写道:"不佞三吴之鄙人耳,读书有志,学剑未成。少亦尝愿投笔从戎,请缨系房,跃马塞上,荷戈行间;徒以有老母在,未敢以身许国也。不意庚辛之间,戎马俅张,风尘颃洞,江浙尽陷于贼,几无一片干净土,逃身海上,志图杀贼以自效。奇计未就,谤书已来,不得已避地粤中。"②

上海《申报》曾公开发表王韬的长诗《题许壬瓠小象》,诗中有这样几句:

> 高阳酒徒不饮酒,谈兵说剑无不有。
> 有时白眼观人天,戴笠箕坐称诗叟。
> 我昔与君共读书,妄欲传名期不朽。
> 迄今一别二十年,面目各自惊老丑。
> 从前浩劫感沧桑,献策归来岁辛酉。
> 同仇妄拟挥天戈,志切澄清扫腥垢。
> 谁知一蹶困谣诼,适罹厄运遘阳九。
> 眼看群公衮衮多,斗大金印悬肘后。
> 君独萧然耽咏吟,湛卢不试空袖手。
> 我亦鲁连蹈海行,抗歌金石出瓮牖。
> 枭夔巢许自分途,钟镛已弃鸣瓦缶。
> 英雄失路本寻常,吾舌犹存笑指口。
> 庄周任人呼马牛,仲容斯世何鸡狗。③

在晚年写成的《弢园老民自传》中,他甚至说出具体细节来:

> 惟时贼于苏乡遍设伪官,立董事,皆土著人,暴敛横征,伪卡林立。老民固素识诸董事,密相结纳,说以反正,言曾帅善用兵,只以

---

① 王韬:《弢园尺牍》卷六《与醒逋》,光绪癸巳沪北淞隐庐本。
② 王韬:《弢园尺牍》卷十《与田理荃大令》,光绪癸巳沪北淞隐庐本。
③《申报》1882年6月12日,第3版。

方剿上游,未遑兼顾。今安庆已复,援军旦夕必至,不可不自为计。因激以忠义,勉以功名,令诸董事入贼中说头目结内应,皆有成说,其黠者亦从而徘徊观望。老民密纵反间,使贼党互相猜贰,自翦羽翼,诸内应者多急欲见功,势颇可乘。而当事者遽以通贼疑老民,祸且不测,闻者气沮。①

王韬的书信集《弢园尺牍》刊行于1876年,在上海《申报》上公开叫屈的诗歌发表在1882年,《弢园老民自传》更属晚年息影之作。其间对昔日不被人们嘉许的事实难免会进行一番修饰遮掩。对王韬来说,这是避祸消灾之举,自有其可解可谅之处。但这一否认却引发了后人对王韬到底有无上书太平天国的"马拉松争论"。

最初使这一问题浮出水面的是陈其元。他当过李鸿章的幕僚,对晚清政事多有了解。在光绪初年所著的《庸闲斋笔记》一书里,他声称曾于薛焕幕中亲见"苏州诸生王畹"上太平天国之书,"洋洋数千言","具陈攻取上海之策",并说当时幸亏"贼不从其计,卒以无事",倘若"畹献策之时,贼稍听其谋,上海一有失事,则后来爵相(指李鸿章)无驻节之所,饷源断绝,不知又多若干经营矣"。他还表示"王畹"已死于上海墨海书馆,不婴显戮,至今"三吴人有遗恨焉"。②随后晚清及民国年间的《近世中国秘闻》(扪虱谈虎客著)、《太平天国诗文抄》(罗邕、沈祖其编)、《太平天国野史》(凌善清著)、《珊瑚集笔记》(范烟桥著)等均沿用《庸闲斋笔记》的说法,并以更加肯定的注释认定"王畹"就是王韬。

1934年北京大学教授谢兴尧将刚影印公布的故宫档案《苏福省儒士黄畹上奉天义刘肇钧禀》与《庸闲斋笔记》所记"王畹上李秀成陈攻上海策"对比考证,写出《王韬上书太平天国考》一文,肯定"黄畹"、"王畹"、王韬实为一人。谢兴尧从六个方面,即:"黄畹即王韬"、"文章相同"、"事实相合"、"文句相同"、"策计相同"、"畹得罪后之自悔"等论证了王韬的确给太平天国上过书。③ 谢兴尧断言道:

---

① 王韬:《弢园文录外编》卷十一《弢园老民自传》,清光绪九年香港排印本。
② 陈其元:《庸闲斋笔记》《王畹上李秀成陈攻上海策》,中华书局1997年版,第296—298页。
③ 谢兴尧:《王韬上书太平天国事考》,《国学季刊》1934年第4卷第1期。

按畹所上忠王书,被当时江南所传诵。及太平天国亡后,沪人尚多能言之。实则在该时太平天国之大计,殆无逾于是书所言者。尝窃怪以忠王之贤,而不能用其人从其谋。迨清军获得此函后,畹恐得"通贼"罪名,深自洗辩,遁迹天南,更名为韬,并藉著述以文饰。世人不察其先后历史,遂疑畹无上书太平天国事,以为或为后之好事者所作。因畹之自传及文集,均极力诟詈太平军之行为,又焉能为之筹谋献策?苟详考之,正为其辩护之太甚,更足征信其事之甚真。①

差不多同时,北京大学校长和著名学者胡适在国立北平图书馆发现了王韬笔记七册,内中夹有数页王韬《蘅华馆日记》手稿。经过细心比较,胡适认为其字迹与故宫所藏《黄畹上太平天国书》极为相近。他进而考证文字内容说:"此残存日记首行写'蘅华馆日记甫邨里民,王瀚',此又证原有'王畹,字兰君'之名与字。'畹'与'兰君'同出于'余既滋兰九畹'之句。他在自传中说他原名利宾,后改名瀚,字懒今。但他自讳曾名畹,又讳改兰君为懒今。今发现'兰君'之字,更可证他名'畹'之故了(故宫所藏'黄畹'书尾有'苏福省黄畹兰卿印信'钤印)。"②

胡适私淑弟子青年学者罗尔纲也在胡氏指导下发表了《上太平军书的黄畹考》一文(解放后亦写过一篇新的《黄畹考》),也认为黄畹就是王韬。罗尔纲的根据是:一,王韬在考取新阳秀才时的注册名为王利宾,字兰卿,而黄畹上书时所用的表字正是兰卿;二,黄畹的"和洋论"与王韬一生对外主和不主战观点相同;

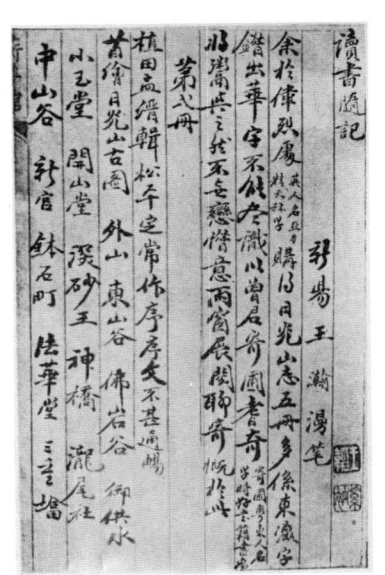

国立北平图书馆藏王韬手稿读书随记

① 谢兴尧:《王韬上书太平天国事考》,《国学季刊》1934年第4卷第1期。
② 胡适:《跋〈馆藏王韬手稿七册〉》,《国立北平图书馆馆刊》1934年第8卷第3期。

三,黄畹上书中的攻清方策与王韬呈给清吏的平贼策相同;四,黄畹自述的身世和经历与王韬的身世和经历相合;五,黄畹的文笔与王韬的文笔相同,甚至有几处辞句完全一样;六,王韬自己对"投贼"一事有所忏悔。① 罗尔纲特别强调"文笔相同"是"一条判决悬案的铁证",他从王韬后来公开发表的文字中具体勾出七处与黄畹上书中的文笔一致,甚至所用词句也一样。罗尔纲这样写道:

> 如果时代相同,处境相同,一个人的思想主张以及身世行动与他人偶有相同,不能说是绝对没有;可是一个人的思想主张无论与他人相同到怎样地步,他的文笔总不会与人一样的……同治元年以后的文句,又竟然有这样的相同,那么即使有模仿或伪造王韬的文章的人,也决不会料得到他后来的文句是个什么样子而先为铸造。我们根据这种种情形,如果这封署名为"黄畹"的文章与王韬的文章不是同出自一人的手笔,古今无此例;只有出自一人之手。所以无论在什么时候,只要是说相同的事或类似的事,才会在无意之间写出相同的文句来。据此,我们可以得到一条不移的铁证,来证实这篇署名"黄畹"的上太平军书乃是出自王韬之手是一点疑问都没有的。②

但是,以王韬本人文字为主要根据看待此一问题的学者不同意"王韬上书说"。30年代的吴静山在《上海研究资料》中说,"王韬未必敢冒天下的大险"去上书太平天国。③ 今人吴元申和杨其民分别发表《王韬非黄畹考》与《王韬上书太平军考辨》两篇考证文章,对谢兴尧、罗尔纲的观点提出了异议,认为王韬上书一说仍然很难成立。④ 然而,吴、杨两文一出,立即就有新的文章与之商榷。1988年第三期《近代史研究》和1989年第四期《社会科学辑刊》分别发表王开玺的《关于王韬上书太平天国之我见》和李景光的《关于王韬上书太平天国的几个问题》两文,对

---

① 罗尔纲:《上太平军书的黄畹考》,《国学季刊》1934年第4卷第2期。
② 罗尔纲:《上太平军书的黄畹考》,《国学季刊》1934年第4卷第2期。
③ 《上海研究资料》,《王韬事迹考略》,上海书店1984年版。
④ 分别见于1982年第2期《内蒙古大学学报》(社科版)和1985年第4期《近代史研究》。

吴、杨的否定性观点予以再否定,重申谢、罗两人的"王韬上书说"。目前,还未看到对王开玺和李景光观点的挑战文章。

笔者认为,在没有发现更加具有说服力的否定性史料之前,王韬上书一事应成为定论。笔者所依据的最有力证据是王韬上书太平天国事发当年英国驻华公使卜鲁斯与清朝外交主管机构总理各国事务衙门的来往公文照会。卜鲁斯在接到清朝方面要求"协拿通贼要犯"照会后,如果有一丝证据证明王韬没有给太平天国上书的话,他在照会中是不会不说的,因为这样说可以釜底抽薪地彻底反驳上海清吏的"通贼说"。卜鲁斯在照会中只是说"王瀚有无通贼之事,本大臣毋庸置议",换言之,他没有正面否认王韬上书的事实。他严重不满从而拒绝清方要求的三个理由是:第一,王韬上书是因为他的家庭处于"贼控地区",为求自保,上书乃为不得已而为;第二,上海道台吴煦在掌握王韬上书事实后还向英方书给担保字条,玩弄欺骗手法,有辱英国名声;第三,清朝更换新主,大赦罪犯,谕旨和公文中原有"只将罪魁重惩,其从者皆因势迫相随,可以从宽不问""凡有甘心投诚皆可赦罪""各省督抚不必过事苛求,无不予以自新"的话,为什么地方官还要"好杀残虐",使难民灰心,反坚其助贼之志?为什么英国公民的书佣王韬不可以援例获得宽恕?①显然,这三个理由的前提也是承认了王韬上书太平天国的事实。同治元年最有希望、最有可能获得证据否认王韬上书的当事交涉者,且是占据强势地位的英国公使和领事都不敢否认的事情恐怕是最接近历史原样的真实。

---

① 参见《同治元年八月二十日英钦差卜鲁斯为沪英领未肯交出黄畹缘由照会》《同治元年闰八月初一日英钦差卜鲁斯为查拿黄畹不便助办照会》,均见于国立北平故宫博物院文献馆编:《文献丛编》,1934年第20辑。

第四章 天南求索

在清朝与太平天国之间的冒险活动没给王韬带来"柳暗花明又一村"的人生奇迹,却把他推上了更为困顿不堪的命运之途。从1862年到1884年,他以"圣朝之弃物、盛世之罪人"的身份,在香港和欧洲度过了23年的流亡生活。此一时间正当王韬34岁至56岁的人生最宝贵年华,其间背井离乡的愁闷、渴望报效的焦虑、不被理解的哀痛几乎让王韬"不复有生人之乐"。他自号"天南遯叟",有意从此遁迹化外。但具有吊诡意义的是:当命运之神把他推上流亡之途的时候,也就是把王韬推向了世界,从而为中国现代化造就了一位不可或缺的引航员和吹鼓手。他的流亡生涯、他的挣扎呐喊也就成了中国思想启蒙史的一部分。

一 杜门埋首治经

1862年10月5日,王韬乘坐英国怡和洋行"鲁纳"号邮轮驶离黄浦江,南下香港。一路上,虽有随船同行的江南范春泉兄弟、萧山鲁获洲以及麦华佗委派的"密司恳开"等说话作陪,但王韬总觉得心情沉重。大清王朝没给王韬带来任何好处,甚至要以大辟重刑来惩治他,可如今一旦要离开它,逃入在西洋人统治之下的"化外之地",王韬又感到若有所失。对父母之邦的依恋之情与对清朝政府的怨恨矛盾地混合在一起,牵拽着他的心绪,让他忧愤不已,每每"为之鼻酸"。他以十分伤感

的笔调在甲板上写下了这样的诗句:

> 东去鲁连成蹈海,北来庾信已无家。
> 从今便作天南叟,忍住饥寒阅岁华。①

茫茫的大海,茫茫的前途,漂泊的生活,漂泊的灵魂,一种找不到人生依归的愁绪弥漫全诗。

"鲁纳"号航行两昼夜后抵福州。越日,抵厦门。10月11日午后抵香港。从此王韬变成了所谓的"化外之民"。在这块大清王朝管辖不及的"化外之地"上,王韬实现了思想观念由传统到现代的转变。

19世纪60年代的香港,在英国人的治理和经营下,工商业已有一定程度的发展和繁荣。王韬在《漫游随录》中对此曾有所记载:

> 香港本一荒岛,山下平地距海只寻丈。西人擘画经营,不遗余力,几于学精卫之填海,效愚公之移山。尺地寸金,价昂无垺。沿海一带多开设行铺,就山曲折之势分为三环:曰上环、中环、下环,后又增为四环,俗亦呼曰"裙带路",皆取其形似也。粤人本以行贾居奇为尚,锥刀之徒,逐利而至,故贸易殊广……上、中环市廛稠密,阛阓宏深;行道者趾错肩摩,甚嚣尘上。下环则树木阴翳,绿荫缤纷,远近零星数家,有村落间意。"博胡林"一带,多西人避暑屋,景物幽邃,殊有萧寂之致。②

不过这是王韬后来游历欧洲之后的倒叙文字。王韬下船伊始,情绪极坏,满眼尽是心酸处。他更没有闲情雅致来欣赏英人如此功绩,反而觉得任何事物都难以忍耐。"人民椎鲁,语言侏偽";环境恶劣,"炎方景物种种伤吾意,气候不常迥非中土侔,视天常低视日近若炙,冬或着绨盛夏或披裘,鱼龙怒腾欲雨气腥臊,一黑千里飓起摇陵丘,飞虫细蚋经冬犹不死,炎飚毒雾白昼鸣鸺鹠";③衣食住行更是样样窘迫,登岸初期,居无定所,只能在"博罗圣会"会友家中同食共宿,连"购袜屐"的钱

---

① 王韬:《蘅华馆诗录》卷三《别上海作》,光绪庚寅弢园丛书本。
② 王韬:《漫游随录》卷一,《走向世界丛书》,岳麓书社1985年版,第65页。
③ 王韬:《蘅华馆诗录》卷三《寄黄六上舍潘大杨三两茂才》,光绪庚寅弢园丛书本。

都是会友借给他的。① "所供饮食,尤难下箸,饭皆成颗,坚粒哽喉,鱼尚留鳞,锐芒螫舌,肉初沸以出汤,腥闻扑鼻,蔬旋洒而入馔,生色刺眸,既臭味之差池,亦酸咸之异嗜";②"瘦妻娇女啼哭思旧土,一家四人卧床无一瘆,半椽矮屋月费钱半万,风逼炊烟入户难开眸,木中蚘虱嚼人若锥利,爬搔肌肤往往至血流"。③ 苦不堪言,王韬似乎掉进了地狱之门。

最使王韬烦恼的是"落叶他乡树,寒灯独夜人"的孤寂。生性好动且已经习惯了"谈笑有鸿儒"生活的他,如今只能面临着既无新朋又失老友的寂寥之境。他认为香港是"其俗素以操赢居奇为尚,而放于礼法,锥刀之徒逐利而至"的地方,因此,绝少"雅流在其间","地不足游,人不足语",新朋友实在难得;④而老朋友大多因王韬为清朝"通缉要犯",害怕连累,不敢与之继续来往。他给朋友的书信有不少都落得"旧朋无一字之来"的有去无回的结果,他为此作诗自嘲亦嘲人说:

  谁惜寥天囚独鹤,翻嫌多事遣双鱼。
  论交四海轻刘备,乞食穷途泣伍胥。
  元修契顺从来少,赵德符林亦未逢。
  一字惧为他日累,此才转赖异邦容。
  文章岂必关科第,风义原难望俗庸。⑤

实际上,王韬此时自己也不愿以戴罪之身与他人交游,他的诗中有"逢人怕问名""无求终岁闭门居"一类的句子。他将自己的名字"瀚"改为"韬",表字"兰卿"改为"懒今""子潜""仲弢"等,将所居之处命名为"天南遯窟""弢园"等,似乎打算从此躲开多灾多难的尘世,韬光养晦、隐姓埋名地度过他的后半生。⑥

---

① 方行、汤志钧整理:《王韬日记》,中华书局1987年版,第196页。
② 王韬:《弢园尺牍》卷六《寄杨醒逋》,光绪癸巳沪北淞隐庐本。
③ 王韬:《蘅华馆诗录》卷三《寄黄六上舍潘大杨三两茂才》,光绪庚寅弢园丛书本。
④ 王韬:《弢园尺牍》卷六《寄穗垣寓公》,光绪癸巳沪北淞隐庐本。
⑤ 王韬:《蘅华馆诗录》卷三《与人书不答》,光绪庚寅弢园丛书本。
⑥ 据洪深《申报总编纂"长毛状元"王韬考证》(载于《文学》1934年第二卷第六号)一文,王韬共有别字五、别号十,即:无晦、仲弢、子久、子潜、紫诠、甫里逸民、瀛洲钓客、淞滨通客、沪北病萌、华鬘居士、遯窟废民、申主玉觥生、天南遯叟、泰东诗渔、欧西词客、淞北逸民、逸史氏、弢园老民等。近代中国学人,其别字别号之多,殆以王韬为最。

英国领事为王韬提供了政治庇护，却没有为他提供相应的生活资助。所以初到香港的王韬生活拮据，入不敷出，还没有条件专做闭门修身养性的寓公。他必须走出寓所去寻找机会挣钱糊口。英国传教士理雅各(James Legge)向他提供了这样的机会。

理雅各为英国的苏格兰人，1815年出生于一个信奉新教的农民家庭。大学毕业后加入英国伦敦布道会，1839年被该会派往马六甲(Malacca)担任英华书院(Anglo-Chinese College)院长。1843年，英华书院迁入香港，理雅各也一并随往。① 此后，他在香港工作和生活了近三十年。理雅各是伦敦布道会派遣来华的正宗传教士，受过专门的中文训练，有很高的汉语造诣，但他并没有把主要精力放在传教方面，而是放在了研究和翻译中国古代经典方面。他著有多本关于中国文化的著作，其中《中国人关于神鬼的概念》(The Notions of the Chinese Concerning God and Spirits)、《孔子的生平和学说》(The Life and Teaching of Confucius)、《孟子的生平和学说》(The Life and Teaching of Mencius)、《中国的宗教：儒教和道教评述及其同基督教的比较》(The Religions of China: Confucianism and Taoism)等在欧洲汉学界有广泛的影响。1858年，理雅各在英国在港大商人查顿(William Jardine)和颠地(Lancelot Dent)资助下计划将中国儒家经典四书五经译成英文，取名为《中国经典》(The Chinese Classics)。这是一个宏大的文化建设计划，需要多方面的合作。在王韬未赴香港之前，理雅各的合作者有英国传教士湛约翰(John Chalmers)、留美学生黄胜等，完成了四书即《论语》《孟子》《大学》《中庸》的翻译，名之为《中国经典》第一卷和第二卷。

王韬的到港使正在苦于"助译乏人"的理雅各异常高兴。理雅各曾到过上海墨海书馆，对王韬的学问和助译圣经一事有所了解。所以，早在王韬藏匿于上海英国领事馆时，理雅各就曾与麦华佗联系，邀请王韬来英华书院助译中国经典。王韬一到香港，他就派人前来联络，"特为

---

① 19世纪中叶，香港共有三大书院，即保罗书院、大英书院、英华书院。其中以英华书院办得最为出色，主要教授西国语言文字和普通科学知识。清季洋务派人士唐廷枢等亦毕业于此。太平天国干王洪仁玕在香港时也与该院院长理雅各关系甚密。

位置","优礼有加"。王韬在诗文中多次谈及理雅各在他走投无路之际对他的"知遇之恩",如《南行》一诗写道:

> 鲁连成蹈海,仓卒登邮舶……
> 夜深篷背雨,并作眼泪滴……
> 绝岛岣海中,新是西人辟。
> 问舍有逢迎,甫集惊魂魄。
> 主人意良厚,怜我在屈厄。
> 译馆汇群书,乌焉命仇核。①

在后来的一封致理雅各的信中他更是情绪激动地写道:"(韬)逃死南陲,得逢执事,授餐适馆,礼意优崇,俾羁旅之人弗至失所。感激之私,沦肌浃髓。"②

王韬经学功底深厚,一般的传教士汉学家远不能望其项背。而且,他在上海墨海书馆有十多年的与传教士合作译书的经验,工作起来也比一般的内地文人驾轻就熟,得心应手。这两点加上王韬对理雅各的感恩意识,使《中国经典》的翻译进度大大加快。经过两人近三年的努力工作,至1865年7月,《尚书》译述宣告完竣,定名为《中国经典》第三卷刊刻行世。随后,《诗经》译本《中国经典》第四卷于1871年、《春秋》和《左传》译本《中国经典》第五卷于1872年相继发行。

将中国上古经典翻译成现代英文是一项十分困难艰巨的工作。这些经典成书时间早,文词古奥晦涩,所述历史事实既简略不详,又真伪参半,加上后人注疏汗牛充栋,观点千变万化,莫衷一是。非学贯中西、大才大识者几乎无从下手。理雅各和王韬翻译的成功,充分表现了他们的学术功力和治学才华。王韬的工作尤其艰苦。他负责所有译著的"前期基础工程",每译一经,他必须事先广搜博集,详加考订。然后集历代各家注疏之长,并犀入自己的研究心得,写成笔记,以供翻译之用。他的治学原则是不宗一派,兼采诸家,融会贯通,尽可能全面。对理雅各弄不懂或有疑问的地方,王韬还需为之讲解辨析。在整个翻译过程

---

① 王韬:《蘅华馆诗录》卷三《南行》,光绪庚寅弢园丛书本。
② 王韬:《弢园尺牍》卷六《与英国理雅各学士》,光绪癸巳沪北淞隐庐本。

中，王韬单研究性的笔记就有《皇清经解校刊记》24卷、《国朝经籍志》8卷、《毛诗集释》30卷、《春秋左氏传集释》60卷、《春秋朔闰日至考》3卷、《春秋日食辨正》1卷、《春秋朔至表》1卷、《礼记集释》和《周易注释》等。① 每一部笔记都花费了王韬大量的精力，如《毛诗集释》"采择先哲之成言，纂集近儒之绪语，折衷诸家，务求其是"，其工作起始于1862年5月，成于1863年3月，前后花去将近一年时间。在这段时间里，王韬每日都是"凌晨辨色以兴，入夜尽漏而息"。② 王韬在《弢园老民自传》中回忆说："航海至粤，旅居香海，自此杜门削迹，一意治经。著有《毛诗集释》。"③起早摸黑，屏绝一切交际，王韬全身心地投入了译经工作。

将中国古代典籍译成西方文字是一项意义深远的文化工程。19世纪以前就有不少不畏艰难的西方传教士在此方面辛勤尝试。然而，他们所译的至多是中国经典的只鳞片爪。而且，由于文字障碍，他们大多对中国古代经典的精义理解不深。译文也多半鄙俚不通，谬见百出。像理雅各和王韬这样功力深厚、学贯中西的学者鼎力合作，积二十年之功，将中国古代经典系统、准确而又通俗地译成西文，不能不说是史无前例。理雅各与王韬合作的译本在一百多年后的今天仍被视作中国经典的标准译本。

洋洋大观的多卷本《中国经典》于19世纪下半叶在西方陆续出版，引起了西方学术思想界的轰动。理氏也因此而获得一片赞誉。英国著名汉学家小翟理斯（Lionel Giles）称赞道："五十余年来，使得英国读者皆能博览孔子经典者，吾人不能不感激理雅各氏不朽之作也。"④英国爱丁堡大学特颁予理雅各汉学奖和荣誉博士学位。1876年，英国牛津大学开设汉学讲座，理雅各又被特聘为第一任汉学讲座教授。随后第一次国际"儒莲汉学奖"也因此被授予了理雅各。

---

① 王韬：《弢园尺牍》卷六《与英国理雅各学士》，光绪癸巳沪北淞隐庐本。
② 王韬：《弢园文录外编》卷十一《弢园老民自传》，清光绪九年香港排印本。
③ 此类笔记大多没有刊刻，《弢园著述总目》中有部分目录。手稿有一些已不知下落。其中《毛诗集释》《礼记集释》《周易集释》三部现藏于美国纽约公共图书馆（New York Public Library）。
④ 转见于朴庵：《王韬与理雅各》，《国风》创刊号，1934年。

身着学术正装的牛津大学汉学教授理雅各

应该看到的是，理雅各的不巧贡献和殊荣有一半应归之于王韬的助译。从《中国经典》的内容看，有的就是王韬所作笔记的直译。如王韬对古代历学很有造诣，著有《春秋朔闰日至考》三卷。① 赴英助译时又特作历学论文五篇，其中两篇被理雅各直接收入《中国经典》第五卷书首之序言中。② 另据《中国经典》第五卷序言内所载之参考书目（Book used in preparing the work），内有多种著作直接得自王韬原作。在原文注释和观点综述方面也几乎全部得自王韬。《礼记》和《诗经》译本中多次提到这一点。③ 理雅各受到各方推赞还有一个原因是他具有不同凡响的文化观。与19世纪维多利亚时代大部分英国东方学学人不同，理雅各跳出了西方殖民主义者的优势心理，完全用一种赞赏推崇的态度来研读翻译中国的经典，希望从中找到基督教的圣经教义。他不顾西方宗教界和学界对他的诘难，始终都保持着对中国古代圣贤的恭敬虔诚。这一点恰恰是理雅各与王韬多年共事而受其影响的结果。理雅各本人对王韬在译书过程中给予他的帮助和影响心存感激，也曾不止一次地予以极高评价。如在《中国经典》第三卷的前言里，他特别提到王韬对译书的杰出贡献，并对此表示感激不已，他写道：

---

① 日本汉学家、京都大学理学部教授新城新藏在其所著《春秋长历》一文中，对王韬的历学成果给予很高评价，并认为与他自己的研究结论基本相同。该文见于新城新藏著，沈璇译：《东洋天文学的研究》，上海中华书局民国版。
② 罗香林：《香港与中西文化之交流》，香港中国学社1961年版，第71页。
③ Paul A. Cohen, *Between Tradition and Modernity：Wang Tao and Reform in late Ching China*, Massachusetts, Harvard University Press, 1974, p. 60

译者亦不能不感激而承认苏州学者王韬之贡献。余所遇之中国学者,殆以彼为最博通中国典籍矣。彼于1863年(此处时间不确,但原处英文如此。应为1862年)岁暮抵港,于精心所集之巨量藏书,特加赞赏,不时取用。并以满怀热忱,进行工作,随处

王韬与理雅各一家在苏格兰杜拉

为余解释或论辩。彼不特助余工作,且于工作辛劳之际,并为余带来乐趣也。①

王韬不懂英语和粤语,只会说吴语,而理雅各只懂英语和粤语,听不懂吴语,在一般情况下两人并不是最佳工作搭档。理雅各之所以依然选择王韬合作翻译是因为他在中国找不到更好的第二人选。他觉得他的译经工作根本离不开王韬。在一封写于1871年致友人的信中他写道:

> 我们已经印就380页(指《中国经典》第四卷《诗经》),然而开支太大。每月开支,包括我的中国助手王博士(Dr. Wang,即王韬)20元薪金,略有105元之数。出于经济考虑,有时我想不再继续雇用王。因为或许一个星期里没有他我也能对付过去,但一旦困难来临,他对我又是那样的重要而不可或缺。现正在译述诗序,他的作用尤其重要。对我来说,只有第一流的中国学者才有价值。我

---

① 原文见于 The Chinese Classics, Ⅲ, Ⅷ。此处译文采自罗香林:《香港与中西文化之交流》,香港中国学社1961年版,第48页。

还没有遇到过一个能够与他匹敌的本地学者。①

从理雅各的推重赞誉中,我们可以看到王韬在中国近代第一波"中学西被"中所立下的汗马功劳。此功与他后来在西学东渐过程中的伟大贡献交相辉映,奠定了王韬在近代中国历史上的不朽地位。

二 漫游欧洲

王韬常常自称少年时"性情旷逸",虽勉为帖括,亦"豪放不中绳墨",青年时代又喜读"域外书",常作"汗漫游"之想。他自述道:"余年未壮,即喜读域外诸书,而兴宗愿乘风破浪之想,每遇言山水清嘉、风俗奇异,辄为神往;惟以老母在堂,不敢作汗漫游。"②1867年,他终于获得了一次"泰西汗漫游"的机会。

1867年初,英华书院院长理雅各因事回国,临行前约王韬"往游泰西,佐辑群书"。年底复来信正式相邀。王韬此时慈母已故,没有后顾之忧,遂欣然接受邀请,于同年12月15日搭乘普鲁士轮船离开香港,前往欧洲。

王韬此行横越数万里,"历行数十国",压抑多年的游兴大为满足。其路线是:自香港南下,经新加坡、槟榔屿、锡兰,入红海亚丁湾,至苏伊士运河。然后改乘火车至开罗。再由开罗换车至亚历山大港,易船过地中海,经意大利港口墨西拿,到法国马

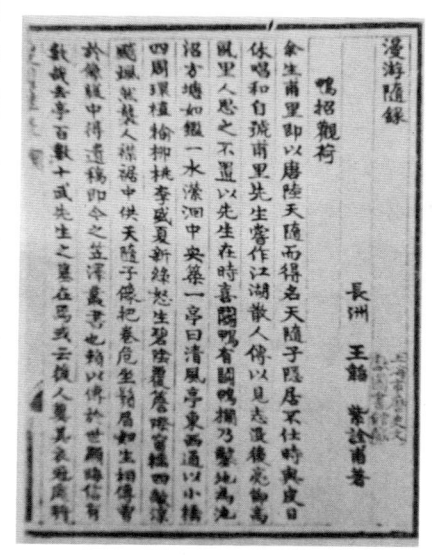

王韬《漫游随录》稿本

---

① Helen H. Legge, *James Legge: Missionary and Scholar*, London, 1905, p. 43.
② 王韬:《漫游随录》卷一,《走向世界丛书》,岳麓书社1985年版,第64—65页。

赛港上岸。陆行经巴黎至戛雷海口，换乘轮船过英吉利海峡至伦敦。再由伦敦乘火车到理雅各家乡苏格兰克拉克曼南郡（Clackmannanshire）的杜拉镇（Dollar）。路途中，王韬在略通华言的"法国医生备德"和"普国船主坚吴"陪同下，每至一地总喜欢上岸"览其山川之诡异，察其民俗之醇漓，识其国势之盛衰，观其兵力之强弱"。并将所见所闻及其观感笔录下来，以备开启国人眼界之用。后来他把这些笔记编辑成《漫游随录》刊行于世。正是从这部游记中，我们才得以知道王韬旅行欧洲的情况以及他的思想变化。

王韬此次海外之行的第一个踏足之地是新加坡。因有当地上海籍华侨友人宋佛俭的招待和导游，王韬得以环游一周，并深入市区考察华侨在新加坡生活与工作情形。王韬对清朝政府视海外华人为异邦之民而不闻不问的政策提出了异议。他写道：

> 新加坡古名"息力"，华人之贸易往来者，不下十余万。多有自明代来此购田园、长子孙者。虽居处已二百余年，而仍服我衣冠，守我正朔，岁时祭祀，仍用汉腊，亦足见我中朝帝德之长涵、皇威之远播矣。闻前时斌京卿椿持节过此，曾有顶帽补服前来谒见者，其念念不忘名器之尊、故土之乐，有可知矣。使我朝能以一介之使式临其地，宣扬恩惠，凭藉声灵，俾其心悦诚服，归而向我，乐为我用，岂非于海外树一屏藩哉！①

在19世纪60年代就注意到海外华侨问题，承认大清王朝的"弃民"仍有爱国爱乡之情，建议设立外交代表予以联络保护，足见王韬考虑问题之敏锐与深刻，也说明他不愧是中国走向世界的先行者。他后来在办《循环日报》时，多次发表相关文章，要求清政府"选公使、派领事"，其思想主张产生的最早触点大概亦在于此。

作为弱国之民，王韬对西方资本主义列强对沿途亚非弱小国家的蚕食鲸吞十分敏感，旅行日记中颇多这方面的文字。如舟过苏门答腊和锡兰时他分别记道：

---

① 王韬：《漫游随录》卷一，《走向世界丛书》，岳麓书社1985年版，第71—72页。

> 东南洋诸小国,列于职方,岁时朝贡,以备共球。自明中叶至今,尽为欧洲列国所分踞,视为东来之要道,蚕食鲸吞,几无寸土,而海外之屏藩撤矣。予偶与备德言之,亦为欷嘘不置。为言此间如新加坡等处亦有藩王,即古之君于其国者,为英官所节制,仅拥虚位、食廪禄而已。①

> 锡兰在南印度东,南洋中一大岛也……为我佛如来降生之地,遗迹尚存……有城堡,有炮台,设兵居守。有一总督驻扎其地,有议会以治理政事,向为强国,民户甚繁。葡萄牙、荷兰迭据其地,英人逐而有之。向来各部设立一主,为民间所公举,后废。②

目睹世界性的自西而东的弱肉强食景象,王韬不能不感到不寒而栗。他的贫弱的祖国也同样面临着被列强蚕食鲸吞的威胁,而他的同胞国人却还在做着天朝上国的美梦!

1868年2月初,王韬到达法国马赛,随后前往法国首都巴黎,他在法国盘桓十日有余。法国风物名胜和文明成就使他觉得事事新鲜,"眼界顿开"。他的笔记里充满了对新奇事物的生动描述。此处略举数例,以见王韬当时初临欧洲时的兴奋情形及其关注所在:

> 越两日,抵马塞里,法国海口大市集也。至此始知海外阛阓之盛,屋宇之华。格局堂皇,楼台金碧,皆七八层。画槛雕阑,疑在霄汉;齐云落星,无足炫耀。街衢宽广,车流水,马游龙,往来如织。灯火密于星辰,无异焰摩天上……环游市廛一周,觉货物殷阗,人民众庶,商贾骈蕃。③

> 法京巴黎,为欧洲一大都会,其人物之殷阗,宫室之壮丽,居处之繁华,园林之美胜,甲于一时,殆无与俪……道路坦洁,凡遇石块煤漆稍有不平,石匠随时修补。车声辚辚,彻夜不绝……大商巨铺,格局堂皇。酒楼食肆,亦复栉比。客至呼肴,咄嗟立办。市廛之中,大道广衢,四通八达。每相距若干里,必有隙地间之,围以铁

---

① 王韬:《漫游随录》卷一,《走向世界丛书》,岳麓书社1985年版,第74页。
② 王韬:《漫游随录》卷一,《走向世界丛书》,岳麓书社1985年版,第74—76页。
③ 王韬:《漫游随录》卷二,《走向世界丛书》,岳麓书社1985年版,第82页。

栏,广约百亩,尽栽树木,樾荫扶疏……盖藉以疏通清淑之气,俾居人少疾病焉。①

　　余观影戏,时不期而集者千数百人,余座颇近,观最明晰。所有山水人物、楼台屋宇,弹指即现,生新灵动,不可思议。其中有各国京城,园亭绮丽,花木娟妍,以及沿海景象,苍茫毕肖……见之者,真不啻环行欧洲一周矣。②

有心经邦济国的王韬特别留心考察法国的文化与科学状况。他先后参观了拿破仑用"历战所得大炮"熔铸的铁炮展览馆、卢浮宫博物馆、自然博物馆、兵器博物馆、1867年巴黎万国博览会会场和巴黎女子学校。这些不曾遇见过的文教与科学设施给王韬留下了十分深刻的印象,引得他不断地在游记中发出赞叹。如他在参观了卢浮宫博物馆后这样写道:"法京博物院非止一所,其尤著者曰'鲁哇',栋宇巍峨,崇饰精丽,他院均未能及。其中无物不备,分门区种,各以类从,汇置一屋,不相肴杂,广搜博采,务求其全,精粗毕贯,巨细靡遗。凡所胪陈,均非凡近耳目所逮,洵可谓天下之大观矣……一曰生物……一曰植物……一曰宝玩……一曰名画……一曰制造……其他各物,更仆难悉,往游者无不兴观止之叹。余以海角羁人而得睹其盛,不可谓非幸已。"③

游观法国后,王韬乘火车由巴黎至戛雷(亦加莱)海口,换乘轮船至英国多佛尔,再换车至伦敦。在伦敦,王韬因等待理雅各来接,小有盘桓,"由是每日出游,遍历各处。尝观典于太学,品瑰奇于名院,审察火机之妙用,推求格致之精微。各处督理主者,无不一一指授。间有所问,导者辄译余意以对,应答如响,随有辩论,主者叹为明慧渊博。"④直至理雅各到达,王韬才随他一同前往其家乡——苏格兰中部的克拉克曼南郡杜拉镇。

人口寥寥的小镇杜拉绿树葱葱,"其地万山环合,苍翠万状,冈阜蜿蜒,树木丛茂",是潜心做学问的理想之地。历史上杜拉也确以风景优

---

① 王韬:《漫游随录》卷二,《走向世界丛书》,岳麓书社1985年版,第84页。
② 王韬:《漫游随录》卷二,《走向世界丛书》,岳麓书社1985年版,第85页。
③ 王韬:《漫游随录》卷二,《走向世界丛书》,岳麓书社1985年版,第89—91页。
④ 王韬:《漫游随录》卷二,《走向世界丛书》,岳麓书社1985年版,第97页。

美和时出学术闻人而遐迩闻名。在两年多的时间里,王韬在此的主要工作仍是帮助理雅各翻译《中国经典》。经过他与理雅各两人的合作努力,《春秋左氏传》《易经》《礼记》等书的翻译工作相继完竣。

与在香港时期"闭门译述""遁迹韬晦"不同,在杜拉佐译《中国经典》期间王韬不时"偕二三朋侪",到各地去旅游,扩充见闻,"车辙所至,辄穷其胜"。在英国两年多时间里,他先后游历了伦敦、爱丁堡(Edinburgh)、利思(Leith)、阿贝丁(Aberdeen)、敦提(Dundee)、格拉斯哥(Glasgow)等处,接触到许许多多的新鲜事物,眼界为之大开。

首先,英国的市政建设和公共服务设施给王韬留下了极深的印象。王韬在各地旅行时发现,英国城市虽然楼房林立,商号鳞次栉比,"车马往来,络绎如织,肩摩毂击,镇日不停",但绝无脏乱之象。宽广的街道中间走车,两旁行人,间有木柱标志,井井有条。"每日清晨,有水车洒扫沙尘,纤垢不留,杂污务尽。地中亦设长渠,以消污水。"①市民的日常生活也极为方便,"自来水火"胜过中土担水燃烛千百倍,"各街地中皆范铅铁为筒,长短曲折,远近流通,互相接引。各家壁中咸有泉管,有塞以司启闭,用时喷流如注,不患不足;无穿凿绠汲之劳,亦无泛滥缺乏之虑。每夕灯火,不专假膏烛;亦以铁筒贯于各家壁内,收取煤气,由筒而管,吐达于室。以火引之即燃,朗耀光明,彻霄达曙,较灯烛之光十倍"。② 通讯设施则有密布全国的公共电信网络。王韬曾入观伦敦电信总局,"是局楼阁崇宏,栋宇高敞,左为邮部,右为电房,室各数百椽……堂中字盘纵横排列,电线千条,头绪纷错。司收发者千余人……其利甚溥,其效甚捷。凡属商民荟萃之区,书柬纷驰,即路遥时逼,顷刻可达,济急传音,人咸称便"。③

其次,英国的"机器制造之妙"和"格致之精"使王韬大为惊叹。王韬在埃及和法国乘坐火车时就已经对西方机器妙用叹赏不已,认为远非中土之人力或畜力所能比拟。在英国各地旅行,他更多地感受到机器之妙。旅行离不开舟车,因而他有对机车的赞叹:"泰西利捷之制,莫

---

① 王韬:《漫游随录》卷二,《走向世界丛书》,岳麓书社1985年版,第101页。
② 王韬:《漫游随录》卷二,《走向世界丛书》,岳麓书社1985年版,第101页。
③ 王韬:《漫游随录》卷二,《走向世界丛书》,岳麓书社1985年版,第109页。

如舟车,虽都中往来,无不赖轮车之迅便。其制略如巨柜,左右启门以通出入,中可安坐数十人,下置四轮或六轮不等。行时数车联络,连以铁钩,前车置火箱。火发机动,轮转如飞,数车互相牵率以行";①入住旅馆,他发现了电梯起降,惊喜万分:"寓在敖司佛街(Oxford Street,亦牛津大街),楼宇七层,华敞异常,客之行李皆置小屋中,用机器旋转而上";②走访印刷厂,他观察到现代大批量机器印刷:"男女作工者约一千五百余人,各有所司","浇字、铸板、印刷、装订,无不纯以机器行事。其浇字盖用化学新法,事半功倍,一日中可成数千百字";③考察造船厂,则有"力几万钧"的汽锤和轧钢机,"击物无所不糜,所碾铁皮均齐划一,出之甚速";④参观纺织厂,则发现"自缉丝、编线、濯染、排比、舒架、经纬成匹之后平熨、量卷,无一非机器为助,人但在旁收纵转易而已。力不费而功倍捷,诚巧夺天工矣"。⑤ 其余足之所履、目之所接,无一处没有机器,"水火二气之用,至此几神妙不可思议矣"。

机器制造之妙植根于格致诸学之精,王韬看出了两者之间密不可分的关系,并体悟到英国文化具有崇尚实用的特点。他写道:

> 英国以天文、地理、电学、火学、气学、光学、化学、重学为实学,弗尚诗赋词章。其用可由小而至大。如由天文知日月五星距地之远近,行动之迟速,日月合璧,日月交食,彗星、行星何时伏见,以及风云雷雨何所由来。由地理知万物之所由生,山水起伏,邦国大小。由电学知天地间何物生电,何物可以防电。由火学知金木之类何以生火,何以无火,何以防火。由气学知各气之轻重,因而创气球,造气钟,上可凌空,下可入海,以之察物、救人、观山、探海。由光学知日月五星本有光耀,及他杂光之力,因而创灯戏,变光彩,辨何物之光最明。由化学、重学辨五金之气,识珍宝之苗,分析各物体质。又知水火之力,因而创火机,制轮船火车,以省人力,日行

---

① 王韬:《漫游随录》卷二,《走向世界丛书》,岳麓书社1985年版,第108页。
② 王韬:《漫游随录》卷二,《走向世界丛书》,岳麓书社1985年版,第90页。
③ 王韬:《漫游随录》卷三,《走向世界丛书》,岳麓书社1985年版,第127页。
④ 王韬:《漫游随录》卷三,《走向世界丛书》,岳麓书社1985年版,第147页。
⑤ 王韬:《漫游随录》卷三,《走向世界丛书》,岳麓书社1985年版,第133页。

千里,工比万人。①

再次,王韬在居住和旅行英国期间深感英国的典章制度"迥异中土",时时流露出对资本主义社会的艳羡之情。他自海道进入英国时,行李由英国海关"遣人送来",因而觉得不像中国海关那样令人"殊觉不便"。进一步考察之下,他发现英国海关不是中国海关那样的"病商"机构,而是一个"惠商"机构,"盖税馆自有运物公司经理其事,不烦客虑也。所携茶叶、烟卷以馈遗友朋者,概不征税,箱箧亦不启视,其待远人也可谓宽矣。英例,缉查严于入口,而宽于出口,且出口并无税饷,其加惠于商贾也如此。故纳税虽繁重,而人无怨焉。"②在探索英国人善于制造和喜欢格致之学的原因时,他注意到并十分欣赏英国鼓励和保护发明创造的专利制度:"英人心思慧巧,于制造一切器物,务探奥窍,穷极精微,多有因此而致奇富者。此固见其用心之精,亦由国家有以鼓舞而裁成之,而官隐为之助也。按英俗,凡人创造一物不欲他人摹仿,即至保制公司,言明某物,纳金令保,年限由五六年至二十年。他人如有摹仿者,例所弗许。违例,准其控官而罚锾焉。……故一物既成,其利几以亿兆计。否则几经研求,以发其秘,他人坐享其成,无所控诉,谁甘虚费财力以创造一物乎?未卒业而有惴心者,亦可报闻。如器有实用,而官不以为然,及禁人私摹,而官反用之者,皆可讼诸刑司。人有一得之技,虽朝廷不能以势相抑,故人勇于从事也。"③在这里王韬已经从经济活动深及到官与民、个人与国家的关系问题,而且,可贵的是,他居然毫不掩饰地表示对英国那种个人知识产权重于官权、官亦可被民"讼诸刑司"的社会的向往。

英国的政治制度和司法制度尤其让王韬不胜羡慕,旅行伦敦时他专门前往英国国会参观:"有集议院,垣墙高峻,栋宇宽宏……国中遇有大政重务,宰辅公侯、荐绅士庶,群集而建议于斯,参酌可否,剖析是非,实重地也。"④至爱丁堡,他走访当地法院,"入而观其审事鞫狱",叹服其

---

① 王韬:《漫游随录》卷二,《走向世界丛书》,岳麓书社1985年版,第116页。
② 王韬:《漫游随录》卷二,《走向世界丛书》,岳麓书社1985年版,第108页。
③ 王韬:《漫游随录》卷二,《走向世界丛书》,岳麓书社1985年版,第115页
④ 王韬:《漫游随录》卷二,《走向世界丛书》,岳麓书社1985年版,第111页。

审判公平、公正和公开,认为有"与众咸同"的中国古风。① 至贝德福(Bedford),他往观监狱,观察到"居舍既洁净,食物亦精美","狱囚按时操作,无有懈容,织成毯,彩色陆离,异常华焕,且有牧师宣讲,悉心化导,绝无鞭挞之苦"。②

　　游历英国不仅是王韬"汗漫游"理想的实现之旅、"借他山之石"的发现之旅,也是王韬有心让"东学西被"的开拓之旅。王韬在英国不仅目睹、接触和学习到许多西方新奇之物,而且以其东方文化人的身份,在西方积极地传播了中国文化。王韬生性倜傥,雄才好辩,每至一地,辄喜演讲。他曾在理雅各的陪同下应邀前往英国最高学府牛津大学做学术演讲。在这次演讲中,他向该校师生介绍了中国孔子的仁爱之道,叙述了中英两国文化交流和贸易往来的历史,呼吁英国有识之士丢弃敌对中国的态度,从今以后"益敦辑睦,共乐邕熙"。王韬的这次讲演异常成功,获得了牛津大学师生的喝彩,"是时,一堂听者,无不鼓掌蹈足,同声称赞,墙壁为震"。③ 在爱丁堡大学,他也曾就中国儒家文化问题"宣讲凡两夕","来听者男女毕集"。宣讲过程中,王韬为使英国听众能具体感悟中国文化,特意为他们高声吟诵白居易《琵琶行》和李华《吊古战场文》,"音调抑扬宛转,高抗激昂,听者无不击节叹赏,谓几如金石和声,风云变色。此一役也,苏京士女无不知有孔孟之道者。"④

　　作为一位有正义感、有爱国心的中国人,王韬在赴各地的演讲过程中特别提到,中国虽然以仁义为本,愿意与西方各国往来贸易,但绝不是无原则地向外一切都开放。在一次商人公会活动上,他把中英关系中正常贸易与非正常贸易区别开来,呼吁加强正常贸易而反对不正常贸易。他说,丝茶贸易既有利于中土,也有利于外邦,因此应该设法扩大;而鸦片贸易则对中国有百害而无一利,对英国正当商人亦有所损害,所以应坚决"予以除之"。王韬义正辞严、见解深刻的演讲当即得到与会商人的强烈回应,"中有劳爱先生者,独侃侃而言曰:'嗣后,当纠二

---

① 王韬:《漫游随录》卷三,《走向世界丛书》,岳麓书社1985年版,第128页。
② 王韬:《漫游随录》卷三,《走向世界丛书》,岳麓书社1985年版,第128页。
③ 王韬:《漫游随录》卷二,《走向世界丛书》,岳麓书社1985年版,第97页。
④ 王韬:《漫游随录》卷三,《走向世界丛书》,岳麓书社1985年版,第145页。

三同志设一公会,必先禁印度栽种罂粟而后可。'"①劳爱是英国下议院议员,后来在英国国会和民间发起废止鸦片贸易的社会活动。

王韬还注意向英国人民介绍中国朝野的最新动态,消除他们对东方古国的偏见。一次,爱丁堡某报纸煞有介事披露"曾国藩与某当轴书",内有"一论轮车铁路之断不能开;二论西人不能擅入内地;三论西商购买丝茶不能自入内地成交;四论西人船舶不能在内河行驶;五论西国驻京公使面圣须俟今上圣龄二十岁以外……西人如有不从,则必出于战"。这些论点与中国洋务派掌门人曾国藩的平日言行不合,显然是一些别有用心的英国侵略狂编造出来的蛊惑人心之辞,旨在煽动英国民间反华情绪。王韬其时适在爱丁堡,出面予以澄清。他对当地民众说:"此非曾中堂所致贵国之书,不过或有人曾见此书,因而传录之耳。其是否真伪,要不可知。但以事理揆之,曾中堂必不有此言。今星使东来,方讲修睦,传闻之语,置之勿论可也。"于是,"浮议始息"。②

在中西文化交流史上,王韬的欧洲之行是一件极富历史意义的大事。一方面,在此之前中国虽有一二沿海商人去过欧洲,但他们大多属于不知诗书的"落魄商贾",因而对中国思想文化界产生的影响微乎其微。中国的文化人,包括林则徐、魏源等思想精英,对"域外"的西方事物的了解还都处在隔雾看花的状态,他们几乎都是通过西方在华传教士媒介间接认知西方的;另一方面,大多数西方人从未踏足中国,只是通过传教士、商人、外交官只鳞半爪的带有东方主义或殖民意识的报告来认识中国的,因此对他们而言,遥远的东方依然是一片不可捉摸的神秘之地和野蛮大陆。许多莫名的厌恶和仇恨正是在互不了解的误会之中产生的。王韬的欧洲之行为结束东西方这种相互隔膜、相互仇恨的可悲局面,为中国人了解世界并使世界了解中国开启了先河。

从中国走向世界这一角度说,王韬的欧洲之行是中国文化知识精英第一次以自由身份对欧洲的实地考察,因而在中西文化交流史上具有里程碑式的价值和意义。王韬是1867年出发前往欧洲的,在此前一

---

① 王韬:《漫游随录》卷三,《走向世界丛书》,岳麓书社1985年版,第148页。
② 王韬:《漫游随录》卷三,《走向世界丛书》,岳麓书社1985年版,第129页。

年,中国有总理衙门的满人斌椿父子随同英人赫德(Sir Robert Hart)前往欧洲游历考察。但斌椿为官派,且在英国官方色彩相当浓厚的赫德督率之下,活动不自由,所言所行极其谨慎。又由于游历国家太多,且前后只有五个多月的时间,斌椿一行对所经之国也只能作走马观花式的浮泛了解,所见所闻和所言所记都缺乏广度和深度。王韬则不然,他是通过民间渠道赴欧洲的,不仅无所谓"官纪"束缚,而且在英国居住游历达两年半之久,其见闻自然比斌椿一行要广泛而深入,斌椿的游历笔记《乘槎笔记》大多是对西洋事物的表面现象的勾勒,而王韬的笔记《漫游随录》则能透过现象触及事物的根本。前文曾述及,王韬在描述西方制造之精时笔锋进而触及西方的文化科学教育以及经济与政治制度。斌椿是不可能达到这一深度的。再如,对西方民情风俗的考察,也是斌椿一行力不能及的。《漫游随录》中有不少对英国婚姻恋爱、乡村民风的记载:

> 遇一男一女,晨去暮返,亦必同车。彼此相谐,疑其必系夫妇,询之,则曰:非也,乃相悦而未成婚者,约同游一月后,始告诸亲而合卺焉。①

> 每茌访友人之舍,悉皆倒屐相迓,逢迎恐后。名媛幼妇,即于初见之顷,亦不相避。食则并席,出则同车,觥筹相酬,履舄交错,不以为嫌也。然皆花妍其貌而玉洁其心,秉德怀贞,知书守礼,其谨严自好,固又毫不可以犯干也。②

> 有金亚尔乡,民秀而良,秋冬农事之暇,多喜读书讲理。近日众人各醵资创建书院,庋藏典籍,有志之士均可入院借观。所藏分内、外二室。外室者准其携取出外,书名于册,按期缴纳。③

> 偕德臣观团丁于海滨演炮。其法以废舶置海中,上张旗帜……而后击之,观其中否。其炮度之高下,铅丸之大小,药料之重轻,皆有一定准则。月凡四举,伊梨绅士董其事,而兵官来教之

---

① 王韬:《漫游随录》卷二,《走向世界丛书》,岳麓书社1985年版,第100页。
② 王韬:《漫游随录》卷三,《走向世界丛书》,岳麓书社1985年版,第126—127页。
③ 王韬:《漫游随录》卷三,《走向世界丛书》,岳麓书社1985年版,第135页。

习演。此民间于晏安之际,武备不弛,先事讲求之一道也。伊梨虽弹丸黑子,而海防之谨严犹如此,他可知矣。①

斌椿的《乘槎笔记》对此就只能付之阙如了。

在王韬赴欧之后,清朝还派遣过一个蒲安臣(Anson Burlingame)使团前往欧美诸国游历,其考察效果与斌椿、赫德一行大同小异。清政府直到1875年才正式委派郭嵩焘为中国驻欧公使,陈兰彬为中国驻美国兼驻西班牙、秘鲁公使,其时离王韬赴欧已有8年之久,中国风气已经大为开通,王韬自欧返港后所创的《循环日报》已将许多欧洲列邦情形介绍给国人。即便如此,郭、陈二人仍尊称王韬为中国的"欧洲通",临行前特赴香港拜见王韬,了解海外情况。

从世界了解中国这一角度说,王韬的欧洲之行更是一项历史壮举。中国秀才旅居欧洲翻译中国经典,并在欧洲大学讲坛上宣讲儒家文化,这是中外文化交流史上开天辟地的事情。更富意义的是,作为中国文化的一个活的载体,王韬本人也以其可见可感的形象和举止向西方社会传递了中国文化的信息。在王韬旅行欧洲的那个年代,西方世界对中国的了解是极其有限的。许多西方人从没见过中国人是什么模样。王韬在英国乡间行走时,居然会出现"男妇聚观者塞途,随其后者辄数百人,啧啧叹异,巡丁恐其惊远客也,辄随地弹压"的情形。甚至有一次在阿贝丁的街道上,王韬被人误认为是"Chinese Lady",是另一位同行人华侨商人詹五的"Wife"②。这种状况是无法让西方人正确看待中国人和理解中国文化的。王韬在欧洲各处的长期居住和旅行为民间了解中国提供了一个实实在在的样本。比如,他在马赛时,有一次"偶入一馆沽饮",馆内女侍未见过中国人,"咸来围观问讯"。当她们获知是从中国来的文人时,极感兴奋,对王韬"衣服丽都"也"啧啧称羡,几欲解而观之"。③ 在伦敦,有一位照相师第一次见到中国人,坚邀王韬摄影留念,王韬慨然允诺,"既成,悬之阁中"。④ 伦敦还有一位叫华禄的"牧师

---

① 王韬:《漫游随录》卷三,《走向世界丛书》,岳麓书社1985年版,第130—131页。
② 王韬:《漫游随录》卷二,《走向世界丛书》,岳麓书社1985年版,第133页。
③ 王韬:《漫游随录》卷二,《走向世界丛书》,岳麓书社1985年版,第82页。
④ 王韬:《漫游随录》卷三,《走向世界丛书》,岳麓书社1985年版,第98页。

之巨擘"欲询中华之近事,"以扩见闻而增识力"。王韬在理雅各和刚巧在英国度假的慕维廉陪同下"往宴其家",为他全面介绍中国文化和民情风俗。① 王韬曾多次到伦敦附近的"玻璃巨室"(Crystal Palace)去参观,与沿途某小站上的卖酒女郎相熟悉,该女郎每逢王韬到来,"必琐琐问华事",王韬总是不厌其烦地为之解答。王韬也从女郎父亲那里了解到火车在英国诞生和发展的曲折历史。②

在旅英的后半段时间里,王韬在英国已经是颇有知名度的人物了。社会团体、民间集会不时邀请他莅临演讲。平时英人索题中国字、请吟中国诗之事更是常有发生。甚至当地报纸也将其事迹行踪列入新闻刊出。所有这些显然都大大有助于西方人士对中国人及中国文化的认知。王韬对此曾不无自豪地说:"黄霁亭太史于余将作欧洲之游,特书'吾道其西'四字为赠,虽不敢当,抑庶几焉"。③

王韬在英国共度过两年零四个月,长时间地孤身在外作客,不免产生一些"殊方花月离人泪,异国衣冠独客身"的愁绪。他思家心切,无法安心再在英国居住下去。刚好此时理雅各接到香港英华书院来信,"促其言旋重主讲席"。于是王韬便与理雅各联袂在1870年1月5日起程离开杜拉,转道伦敦、巴黎回返香港。在伦敦,他为进一步促进中英文化交流,将所携一万一千卷中国书籍赠给大英博物馆。伦敦文化界对王韬此举"无不同声嘉叹"。④ 在巴黎,他拜访了法国汉学家、法

王韬像

---

① 王韬:《漫游随录》卷二,《走向世界丛书》,岳麓书社1985年版,第15页。
② 王韬:《漫游随录》卷三,《走向世界丛书》,岳麓书社1985年版,第11页。
③ 王韬:《漫游随录》卷二,《走向世界丛书》,岳麓书社1985年版,第146页。
④ 王韬《弢园尺牍》卷八《代上丁中丞书》内有"曾观书于英京太学,及其归也,以所携书万一千卷置之博物院中,太学诸儒无不同声嘉叹"之记。但据 Between Tradition and Modernity 一书作者 Paul A. Cohen 教授说,他曾去信大英博物馆查询,结果证实大英博物馆的捐赠档案里只记有"从王韬处得到203本共712卷中国书,价值65.10镑。"

兰西学院院士儒莲博士（Stanislas Lulien），与他讨论中国文化问题，切磋翻译技巧。① 王韬对儒莲的印象极深，后来在他准备撰写有关西北史地和法国历史著作时，还特地致信儒莲，邀请合作，可惜其时儒莲已经离世。王韬对此甚觉遗憾，特作《法国儒莲传》一篇以为纪念。

三 重构"天下观"

在论及鸦片战争以前中国人对世界的总体认识时，美国汉学大师费正清（John K. Fairbank）曾这样表述："在对外关系方面，19世纪初期的中国国家和社会仍然认为自己是东亚文明的中心。它和周围非中国人的关系是假定以中国为中心的优越感这一神话为前提的……中国这个国家已经逐渐形成了自己在世界秩序中的形象，即雄踞于中国舞台之巅的天子是光被四表的。早期的历史学家就提出了同心圆式的等级理论，据认为，地理距离越大的外围蛮夷与皇帝的关系也就越淡，但不管怎样，他们仍得臣属于皇帝，和中国皇帝只能保持藩属关系。这种观点虽然不时受到重创，但一直延续了下来。"②验之中国士大夫有关中外关系的言论，这位洋汉学家的结论是符合历史实际的。

宋代文人石介在《中国论》中曾说："居天地之中者曰中国，居天地之偏者曰四夷。四夷外也，中国内也。天地为之乎内外，所以限也。"③差不多与王韬同时的清代士大夫王炳燮在《毋自欺室文集》中也说道："夫大地以中原为正中，阴阳之和会，最得五行之全，自古神圣皆成此地，此外四裔皆荒昧……大地自古及今皆以中夏数千里为正位，试观天

---

① 王韬《漫游随录》卷二第87页说他与儒莲见面于他赴英途中，但据王韬《弢园尺牍》卷七《与法国儒莲学士》及《弢园文录外编》卷十一《法国儒莲传》等考证，两人见面时间应是1870年王韬返程之时。Paul A. Cohen教授注意到这一问题。国内学者忻平教授根据《漫游随录》所记，在其著作《王韬评传》中仍认为两人见面于王韬赴英途中，似有不确。
② 费正清主编，中国社会科学院历史研究所编译室译：《剑桥中国晚清史》上卷，中国社会科学出版社1983年版，第35页。
③ 石介著，陈植锷点校：《徂徕石先生文集》卷十，中华书局1984年版。

星分野独应中国,即其明验矣。"①王韬早年继承的正是这种同心圆式的"天下观"。

自"佣书西舍"起,在西方传教士多年持续不断的影响下,王韬唯我独尊的天下观逐渐得到修正,不再把西方各国看作是中国历史上的"夷狄之邦",认为它们亦有可学之处。但他还没有认识到世界是由许多民族国家组成的多元结构。欧洲之行让王韬目睹了世界格局的真实面貌,促使他彻底抛弃孤陋不堪的一元天下观,而重新构筑符合实际的多元世界观。

中国中心主义的"天下观"是建立在中国文化优于一切其他文化、中国文化是一切其他文化源泉的文化中心主义的假设之上的。可王韬在旅行欧洲期间的所见所闻不仅没有证明这种假设,反而说明西方文化同样有其卓越的成就,其诗书礼乐、道德人心自有其不依附于中国文化的"别一世宙"。他在《漫游随录》中记录道:

> 英国风俗醇厚,物产蕃庶。豪富之家,费广用奢;而贫寒之户,勤工力作。日竞新奇巧异之艺,地少惰息游惰之民。尤可羡者,人知逊让,心多悫诚。国中士庶往来,常少斗争欺侮之事。异域客民旅居其地者,从无受欺被诈,恒见亲爱,绝少猜嫌。无论中土,外邦之风俗尚有如此者,吾见亦罕矣。②

> 都中(指伦敦)藏书之库林立,咸许人入而览观。有典籍院,中贮四海各邦之书,卷帙浩繁,简编新洁,异册名篇,分储于架阁。玉轴牙签,绨函锦帙,望之如城……都中人士,无论贫富,入而披览诵读者,日有数百人。③

> 埃丁濮(即爱丁堡)为北方一大都会,居民二十余万……远人之至其地者,无不竞相延接,雅意殷勤。关无讥察之烦,吏无诘词之扰,从无以异服异言而疑其为宄为慝者。入其境,市不二价,路

---

① 王炳燮:《毋自欺室文集》卷三,沈云龙主编:《近代中国史料丛刊》第24辑,文海出版社1973年版,第127—128页。
② 王韬:《漫游随录》卷二,《走向世界丛书》,岳麓书社1985年版,第107页。
③ 王韬:《漫游随录》卷二,《走向世界丛书》,岳麓书社1985年版,第113页。

不拾遗,是足以见其宽大之政、升平之治矣。①

在这样的西国实情面前,那种视西方各国为"化外之邦",认为西方人"犬羊成性"、只知"图利""尚力""尚机诈"的观念不攻自破。

王韬甚至注意到西方文化在某些方面已经超越中国文化,他说,泰西文教学用结合,远非中国空疏之学所能比拟。如英国大学考试:"所考非止一材一艺已也,历算、兵法、天文、地理、书画、音乐,又有专习各国之语言文字者。如此,庶非囿于一隅者可比。故英国学问之士,俱有实际;其所习武备、文艺,均可实见诸措施;坐而言者,可以起而行也。"②

事实是促使思想转化的最有力的杠杆。王韬头脑中残余的文化优越感以及在此之上的中国中心主义天下观在现实对照下急速崩解。一个新的世界观在它的废墟上被构筑起来。

王韬重新构筑的世界观是一个多元结构的认识世界的体系。它承认西方各国是超越中国皇权之外的独立的政治实体,承认西方文化是不依附于儒家文化的文明存在。东方与西方,虽然有"以政统教"和"以教统政"的区别,但两者都"必归本于人";东方文化与西方文化都具有同样的历史价值,在人类社会走向大同的过程中,两者都是不可或缺的构成因素。"东方有圣人焉,此心同,此理同也;西方有圣人焉,此心同,此理同也"。③

承认西方也有圣人,承认世界为多元结构,这是中国人认识世界的一种"观念革命"。在一元的世界观念下,中国与世界上其他国家的关系只能被理解为一种上下之间的等级关系(Interclass Relation),中国对外关系被圈限在上对下的家长式的模式里,不是大张挞伐,就是册封赐恩。多元的世界观带来了真正意义上的国与国之间的国际关系(Interstate Relations),中国与世界上其他国家的关系不再是上对下惩罚与赐恩或下对上的反叛与归顺的关系,而是对手之间的竞争关系。王韬喜欢把19世纪的国际格局比作春秋战国时期的诸侯争霸,其潜台

---

① 王韬:《漫游随录》卷三,《走向世界丛书》,岳麓书社1985年版,第124页。
② 王韬:《漫游随录》卷三,《走向世界丛书》,岳麓书社1985年版,第125页。
③ 王韬:《漫游随录》卷二,《走向世界丛书》,岳麓书社1985年版,第98页。

词显然是：在名分上，如今的世界各国也像春秋战国时代的诸侯一样已没有内外高下、正统与非正统之分，大家都是平等的竞争对手；国际间不存在超国家、超物质的义礼束缚，谁能率先富强，谁就有资格立足于世界。

承认国际多元竞争、把世界格局比作春秋战国之局，还意味着对传统"尚德不尚力"和"尊王贬霸"学说的修正。历史上的儒家思想家尽管在许多实际做法上并不排斥"力"的运用，但价值观上总觉得"德"与"力"是不能相提并论的。"德"是高一级的根本的东西，"力"则是低一级的非根本的东西；柔性的"德"可以克刚性的"力"，刚性的"力"则不能克柔性的"德"。孟子曾把"力"分为有德之力的"王道"和无德之力的"霸道"，认为只有"王道"才能战胜"霸道"，行之久远。孟子的观点抑制了后代思想家对物质性的"力"的推崇与追求。王韬以春秋战国比喻现实世界，而春秋战国的最终结局是并没有什么"德"的秦消灭了群雄，一统宇内，这自然隐含着对"力"的承认。

王韬从没公开否定过孟子"尊王贬霸"的观点，在谴责和警告西方侵略中国之时，他甚至以孟子的学说为武器，声称无德之暴力必然不能长久。但是，在更多场合，特别是在谈及中国自强御侮主题时，王韬最为强调的是"力"。他宣称国家之间的竞争就是"力"的竞争。义理不过"徒为具文"。1874年，在中日为琉球归属问题争持不下之际，王韬直言不讳地指出所谓国际公理的不可靠性。他写道：

> 呜呼！海外万国，星罗棋布，各谋其私，大制小，强凌弱，夺人之国，戕人之君，无处无之，虽有公法，徒为具文。①
>
> 今日之事，非可以口舌争，亦岂能以笔墨战。我中国亦惟有内求诸己而已矣。夫中国非小弱也，乃至今日，狡焉逞者，何国蔑有，时挟其所长以凌侮我，而恫喝我，跋扈飞扬，已非一日……志者于此，蒿目时艰，眷怀大局，未尝不痛哭流涕长太息，而卧薪尝胆之不暇；是惟有奋发有为，亟图自强计。②

---

① 王韬：《弢园文录外编》卷六《驳日人言取琉球有十证》，清光绪九年香港排印本。
② 王韬：《弢园文录外编》卷六《琉事不足辨》，清光绪九年香港排印本。

1875年,他主笔的香港《循环日报》也发表长篇政论,进一步阐述世界多元竞争观念:

夫治国者,与其侈谈王道,不如近尚霸功……(春秋之际)吾夫子欲以尧舜禹汤文武之道,与之改政更法,立纲陈纪,而其说终不行。周游数十余国,身历七十二廷,车殆马烦,卒不见信。降至战国,已变车战而为骑射,七雄相

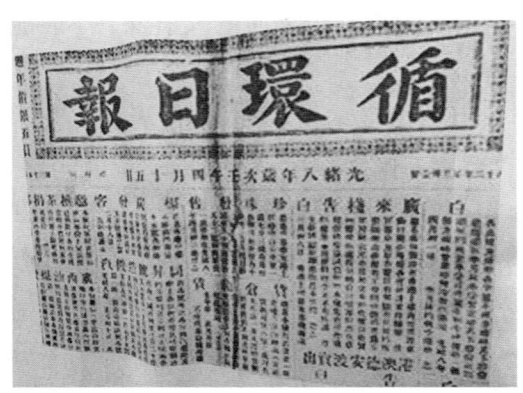

循环日报报头

长各尚诡谋,孟子之说益以为迂,岂孔孟之道不可行哉,亦以其时非也。嗣是而后,随代递变,以至于今,诚古今以来未有之创局也,窃以为开辟以来,至尧舜而一变,以荒陋之天下而为文明之天下,至秦汉而一变,以封建之天下而为郡县之天下,至今日而又一变,以中国独治之天下而为四洲相通之天下。我中国本为大一统之国,四荒八极,无不来从来同,重译朝贡……今则无不立约通商,叩关互市,地球中四大洲之人无不萃于我中国,其所尚之舟车则以火轮,其所重之火器则以枪炮,其所操之工作则以机掞,其所以为日用行习者,无不以技巧,奇思新法,层出不穷,各西国虽有强弱大小之异,而于此数者皆无不能。独我中国茫然不知其所由也。彼常挟以傲侮我,凌踏我,轻藐我,皆由我不能逮之之故也。故在今日而与西国结好言欢,则莫如以此为先。由此观之,西学不得不重,西法不得不行……势之不得不然者也。①

峰回路转,水到渠成,从承认西方各国同为平等的独立国家实体、西方文化同为有价值的文明存在,到推崇多元竞争中的"力",王韬新型

---

① 《论中国尚西法》,《申报》1875年10月29日第4版。此文原载《循环日报》,此处据《申报》。

的世界观进而自然而然地归结到学习西方和变法自强思想上来。

那么中国富强之后,世界格局将如何演进呢?王韬跳出了洋务派思想家"师夷长技以制夷"的路径,提出了世界必将"大同"的思想。他在《循环日报》上发表长篇政论文章,详细论证他的这一观点:

> 上下四方谓之六合,是统地球言之,虽同在覆载之中,而地则有山河之险,人则有良顽之异,言语不通,嗜欲不同,各安其政悦其俗,固不能混而同之者也。然道有盈亏,势有分合,所谓物穷则变,变则通,通则久者此也……盖天下之不能不分者,地限之也,而天下之不能不合者,势为之也。道无平而不陂,世无衰而不盛,屈久必伸,否极必泰,此理之自然也。凡今日之挟其所长以凌制我中国者,皆中国之所取法而资以混一土宇也……若夫拘于目前之见,狃于已然之迹,成败利钝,谓可逆睹,智取术驭,谓可长守,不审倚伏之机,不明顺逆之故,是犹酰鸡处瓮,别有一天,夏虫语冰,莫知其候也。故谓六合将混而为一者,乃其机已形,其兆已著,惟见微知著之士,上稽天道,下悉民情,按诸中外古今之事,乃足以语之,而非徒可以口舌争也。①

有西方人士对王韬世界必将大同观点提出异议,王韬再作长文予以回答。他说西人不相信"天下各国将来必齐强弱,无大小,归于大同",那是由于他们的胸襟狭隘,其认识世界的路径与中国的"愚妄之士"如出一辙。王韬断言华夷观念与西方至上观念最后都会随着东西方界限的消失而消亡于无形。他这样强调说:

> 紫诠子曰,虽然,此言也亦非无因,苟以目前观之,则强弱之势似已形见,然强即弱之机,弱即强之渐,普国昔尝受制于法而勃焉以兴,不过十数年间耳,是岂英法之所及料哉?……今日者,西人之轻我中国也甚矣,每挟其所长以凌我,呜呼,是但知目前而已,未能默察天心,静观人事,由后以验前,由古以征今也,盖今日西人之

---

① 王韬:《论六合将混为一》,《申报》1877年1月18日第3版。此文原载《循环日报》,《申报》旧稿新刊、全文转载。《弢园文录外编》卷五亦收录该文。

恃以挟制我中国者,正后世圣王所以混同万国之法物也。道无平而不陂,世无衰而不盛,屈久必伸,困极必亨,此理之自然者也。……为今之世,全地球之众,彼此往来,声教之讫,无远弗届,机械变诈之巧,至此而极,是则前之天下由合而分,后之天下由分而合。①

四　治史以喻今

像同时代的大多数中国知识分子一样,王韬对历史研究具有特别浓厚的兴趣。但王韬与前者所不同的是:前者往往把注意力放在中国古代历史方面,且具有强烈的地域中心主义倾向和华尊夷卑心态,其研究历史的动机往往在于宣扬中国昔日的圣治武功,从而在"夷势陡涨"的近代形势下平衡一点心理上的偏歪;王韬则把研究的目光投向西方历史,特别是当代西方历史之上,有意识地割断了文化中心主义和地域中心主义与研究对象的连接韧带,其研究历史的目的是期望用西方历史比出中国的差距,借西方社会的突飞猛进来刺激中国人发奋振作,变法图强。

王韬对西方历史的关注由来已久。早在上海时期,他就留心西方历史的发展情形。后来的欧洲之行又大大开拓了他的眼界。泰西各国的"飙车电驭,逐日而驰,火舰风轮,冲波直上,奇技异巧,格致气机,殆不可以偻指数"的生气勃勃景象令他惊叹不已。可反观中国,则依然是封闭保守的落后现状。因此,他深感有必要把外国的政治、历史、疆域、科学技术、文化教育、民风民俗等介绍到中国来,以开阔国人的认识天地。

据王韬所留下的文字材料统计,王韬以西方历史为研究对象的著作不下九种,有《美利坚志》《俄志》《法兰西志》《西古史》《西事凡》《西学

---

① 《答西人论〈循环日报〉说》,《申报》1874 年 12 月 23 日第 4 版。此文原载《循环日报》,《申报》予以全文转载,此处据《申报》。

原始考》《四溟补乘》《法国志略》《普法战纪》等。《弢园著述总目》收录了后五种的目录与内容提要,从《弢园著述总目》的简单介绍中,我们可以知道这些著作有一个共同特征,即充满强烈的经世致用精神,历史的"发功点"在于现实。王韬在《四溟补乘》内容简介中写道:

> 近日泰西通商,各处谈海外掌故者,如慕维廉之《地理全志》,玛吉士之《地理备考》,徐松龛中丞之《瀛环志略》,魏默深司马之《海国图志》;最后出者为日本冈本监辅之《万国史记》。丰顺丁雨生尚书亦有《地球图说》之作,乃从美国本译出,惜译者未得其人,尚俟采辑,始得成书。是书搜罗宏备,详于近而略于远,于近四十年来所有国政民情、朝聘盟会、和战更革诸大端,无不一一备载;凡有关于中外交涉者,尤再三致意焉。①

王韬的《弢园尺牍》中也有反映《四溟补乘》内容和王韬写作动机的文字,《复盛杏荪观察》一函说:"凡欲稔知洋务者,一展卷间即可了如指掌,此韬生平精力所萃,或谓为投时之利器,谈今之要帙。"②

在上述历史著作中,王韬最为看重,认为必传于后世,而也确实传下来的是《普法战纪》和《法国志略》两书。

《普法战纪》是王韬为回应时事而撰述的当代国际战争史。1870年普法战争爆发后,作为强国的法国几乎是在数月之间彻底崩溃,一蹶不振;而原先在国际舞台上默默无闻的普鲁士却所向披靡,直入法国都城之下。此一战争结果震动世界,也使刚刚返回香港的王韬且惊且惑。不久前,他还在法国都城巴黎观光,惊叹法国"宫室之雄丽,廛市之殷阗,人民之富庶,兵甲之强盛",转眼之间便山河破碎,面目全非。为了探讨此一强弱变化的内在原因,他把所有在香港所能收集到的相关资料集中起来进行研究。《普法战纪》正是他的这一研究成果。

王韬倾注大量精力在《普法战纪》的撰写上。在精通外语的好友张芝轩、陈霭廷两人鼎力相助下,他每日"午夜一灯,迅笔瞑写"。写成一

---

① 王韬:《弢园文录外编·附录》,《弢园著述总目》,清光绪九年香港排印本。
② 王韬:《弢园尺牍续钞》卷六,光绪己丑铅字排印本。

篇,辄先送往香港《华字日报》连载。① 战争未及结束,他的文稿已经"箧箱为满"。战争结束后,他将这些文稿汇集补充,编纂成十四卷本的《普法战纪》著作。1886年,他又在十四卷本的基础上,补入初编时遗漏的《英国邮报》和不曾注意到的普法军队随营记录、各国撰述和评论以及他自己的见闻与述评,扩为二十卷本。②

《普法战纪》不仅仅是对战争进程的描述。它涉及普法两国政治、经济、文化和风俗民情各个方面,内容广博,视角开阔,"于两国情形了如指掌",③其中有许多是中国人闻所未闻的新鲜事。如巴黎公社、马赛曲、议会君主制、气球侦察、360度转炮、行军地图等,无所不有。更为重要的是,王韬在著作中以夹叙夹议的笔法对许多历史事件进行了画龙点睛的评点,使人读后深受启迪,获益良多。比如,他在讲及法国拿破仑第三"师丹之败"时分析说,法国的失败和普鲁士的胜利是两国制度优劣、民心向背的反映;普鲁士由于实行"议会君主制",人民可以通过议院获得"进言问政"机会,君民无"上下之隔",有"同仇敌忾之心",所以能够所向皆捷。而法国此时废除共和制而采帝制,法国人民不满拿破仑第三的专制统治,人心涣散,所以落得兵败被掳的结果毫不奇怪。

《普法战纪》的知识性、思想性和可读性在当时就被评论界所认可,《申报》在1873年连续转载时就发表评论说:

> 《普法战纪》一篇不下数十万言,经本馆已陆续刊布矣,其书系香港《华字日报》所翻译,而为王紫诠所撰成者也。是书也,用笔之精深,叙事之简当,其足以悦人耳目启人聪明固不待言,而所论器械之精、甲兵之壮、粮饷之富、谋略之神,皆千古所罕见,而为近时

---

① 笔者未见到连载《普法战纪》的《华字日报》,但查阅上海《申报》,知《申报》也逐日转载《普法战纪》,并注明转录《华字日报》,转载日期为1872年10月2日至1873年8月4日。1874年1月13日,《申报》已经刊有《〈奇书出售〉告白》,内云:"今有香港新刊《普法战纪》八本,计洋三元,在城内醉六堂书坊、城外麦家圈礼拜堂内均有发售。"

② 《普法战纪》初版于1873年,为14卷本。第二版刊于1886年,以后复有第三版和第四版,均为20卷本,内容基本上无出入,1895年12月30日《申报》第6版上有《重印〈普法战纪〉出售》广告,申明"是书现经第四次重印,较前更加精整,纸洁字清,校对详准,诚为通晓外洋情形者不可少之书"。另日本军部1878年曾予以翻印;1887年日本大阪又曾再版。

③ 《〈普法战纪〉告白》,《申报》1874年9月5日,第5版。

所仅闻。有心世道者,诚能于是篇细译其旨,且足为行阵之助,不徒取其辞之富有也。夫普于法,其众寡不相敌,强弱不相敌,贫富又不相敌,而普卒能取胜于法者何哉?盖由于群臣用命,将士同心,而实未始非由于普君之能潜心战法、兵法、阵法也。若夫法之为国也,富强甲于欧洲由来久矣,故欧洲诸国孰不仰望焉,而惟命是从者也,而在法国自视为所向无敌,足以称雄于天下,区区普国何足惧哉……讵料劳师无益,竟全覆军,是岂法之不足以敌普哉,良由自恃富强,以骄悍为奇谋,自夸甲兵,以战斗为儿戏,不量敌人之虚实,不计当前之胜负耳……纪中备述,取而观之,人有裨益,此皆王紫诠之美举也。按西国各书籍记战,中皆有益于治法,且可以广见闻,惜中人研心史学者皆囿于中土,而如王紫诠之深于西文,不惮翻译之勤劳者甚少也。盖西国史记中颇多可采择之处,还望诸名士于读史之暇,采访他国史事,翻译成文,流传各省则幸甚矣。①

1874年1月16日,即成书寄到上海后又刊发评论说:

> 香港王紫诠先生新译《普法战纪》一书寄沪发售。此书虽未见其全文,已先于香港新报中得阅其书内数则,不胜钦服其文墨之精,意见之高,实有特出之妙,为向来诸书不易得见者,阅之令人识见为之大扩,心志为之舒畅。外国之事未尝有如是书可以译供众览者,王君于此事必已大费数年之苦心矣。此书于西国战阵之法可作训鉴,于列国相交之事已见一班,为武官者皆宜购阅,为文官者亦有裨益。至士庶工商凡欲探知泰西大事者亦足见其梗概。故予谓此书可以为世人赏心悦目之一助,实为翻译书中之创举也。②

数日后再加评论说:"昔闵子马曰:祸福无门,惟人自召,又宋欧阳文忠公有言,盛衰之理,虽曰天命,岂非人事哉?观今时普法战争之事是也……细观今时普法之战,有国家者亦可藉以自警矣。至于用笔之

---

① 《读〈普法战纪〉书后》,《申报》1873年4月21日,第1版。
② 《论〈普法战纪〉》,《申报》1874年1月16日,第2版。

简古,叙事之变化,几可与左氏龙门比烈,实属翻译西书中之特出者,真可为西史增光,定能传世于无穷也。"①

《法国志略》是王韬积多年之功而完成的。它最初为十四卷本,书名为《法国图说》,是在江苏巡抚丁日昌所编译的《地球图说》基础上"增辑史事,裒益近闻"之后而成的。王韬在《法国图说》初本序言中叙述了他从事编纂该书的经过,同治九年(1870年)春天,江苏巡抚丁日昌将《地球图说》邮寄香港,请王韬审订。王韬觉得"其书自米利亚人(即美国人)原本译出,识小略大,多所遗漏,遣词命句未极雅驯",因而花了整整六个月的时间为之"甄削繁要,区分体例,增损改置,条系件分"。经过王韬手订过的著作面目顿新,"其间改析原书者六卷,首为法兰西总志三卷,次为法京巴黎斯志一卷,又次为法兰西郡邑志二卷。此外就见闻所及,或采自他书,或录诸邮报,益以广述八卷:首为法英婚盟和战记二卷,次为拿破仑第三用兵记二卷,次为普法战纪三卷,又次为琐载一卷。"②《法国图说》正式定名为《法国志略》的确切年代已不可考,大略在王韬访问过日本以后,即70年代末到80年代初这段时间。因为,《法国志略》所增补的内容有不少得自日本史家冈本监辅的《万国史记》和冈千仞的《法兰西志》。这些书是他在访日活动中才接触到的。到1890年,法国的情况已有了很大的变化,王韬收集到的相关资料也更加丰富,除了日本学者的最新翻译著作,江南制造局编刊的《西国近事汇编》、英美传教士的私人著述、在华中外文报纸均有不少关于法国历史与现实的叙述。于是他又将《法国志略》扩增为二十四卷本的《重订法国志略》。③ 这是目前国内最常见到的一种版本。

《法国志略》所涉及的西方事物比《普法战纪》更广泛,所作考察更系统全面。王韬在原序中勾勒该书的内容是:

> 区划疆域,指述山川,民风物产,具陈粲然,为总志上;政分今古,纲举目张,规模渐备,首在富强,为总志中;旧三十三部,新八十

---

① 《读〈普法战纪〉书后》,《申报》1874 年 1 月 23 日,第 1 版。
② 王韬:《弢园文录外编》卷八《法国图说·序》,清光绪九年香港排印本。
③ 据《申报》1890 年 12 月 30 日所刊书籍广告,《法国志略》书价已从原来一元升为三元,说明体量更大的重订本此时已经印行。

九府,缕析条分,属藩后附,为总志下;宅中建都,纲维全土,负海阻山,为其门户,为法京志;瓜畴芋区,经理宜详,居民度地,此界彼疆,为郡邑志上下;昔攻今合,比附相安,一或不竞,唇亡齿寒,为法英婚盟和战纪上下;因势窃据,遂逞枭雄,外强中槁,卒召伏戎,为拿破仑第三用兵纪上下;盈覆骄亡,祸机倚伏,弗戢自焚,身禽国蹙,为普法战纪上中下;学术不同,器艺足述,旁诹敌情,无遗纤悉,为琐载。①

显然,这是一部包罗万象的法国通史。

《法国志略》对所述内容的分析和议论也更深入透彻,如王韬在这部著作中将西方各国的政体分为"君主之国""民主之国""君民共主之国"三种,然后仔细比较它们的优劣,他认为"归立法之权于国会、统行政之权于君相"的君民共主政体是最理想的政体,可使国家"上下权限划一",人民"得以人尽其分";而一人独专于上的君主专制政体则是天下最恶之政体,其必然造成君民相隔,国力涣散。再如王韬在该著中对比出西方"立法异于中国者有三",即"政教一体""君民共治""男女并嗣",也看出欧洲国家"近日主教之权亦渐替,民间皆持自主之说,一切得以自由","以天子之尊,亦在法下,故君也者无异政,与民同欲,师也者无异教,为民立命。政与教不相统而适相成,此世之所以治也",指出了"泰西诸邦虽分有民主之国,君民共治之国,而亦不能废法以自立",揭示了"自由"限度是"不过脱于苦轭而已,谓以后虐政不得而加之也,非谓事事必与上相背而驰,务行吾意而后快也"。② 没有对欧洲各国历史的广泛研究和深入思考,这样的比较和最后论断是做不出来的。

旧学功力深厚而又不懂外语的王韬之所以不惜花费那样多的时间和精力去编撰外国史志著作,完全出自于他的"经世致用"的社会动机。从16世纪明代中叶中西初次相遇算起,至19世纪70年代,中国已经与西方打了近三百年的交道;若从1807年第一位新教传教士马礼逊(Robert Morrison)来华布道算起,中国与西方已经有六七十年的交往;

---

① 王韬:《弢园文录外编》,《法国图说·序》,清光绪九年香港排印本。
② 天南遯叟:《法国志略·原序》,《申报》1890年4月13日第1版。

即便是从五口正式通商算起,中国与西方的交往亦有三十多年的历史。但是,尽管如此,中国对西方各国的真实情况却知之甚少。就法国而言,中国虽然与它在第二次鸦片战争中打过四年仗,但直到1870年"天津教案"案发之时,中国的封建大吏们甚至还弄不清法国到底处在地球的哪一块地方。开明如丁日昌者,这时也才开始从美国传教士的著作中翻阅有关法国的"图说"。至于一般的士农工商,对法国就更觉隔膜了。因为他们几乎完全没有与外部世界的实际接触,其对外部世界的了解只能凭借间接的书本知识,而自明代以来中国有关西方的文字材料又是那样的稀少和支离破碎。王韬曾经描述这种状况说:

> 海外舆图,详者实罕。汉、唐以来,声教渐讫,然自葱岭之北,身毒而西,珥笔所及,即多茫昧。有明中叶,欧境始通,于是《职方外纪》《坤舆全图》相继并兴,颇称征实。此外非无纂辑,而非琐屑小言,即荒诞不可致诘耳。逮夫近代,光气大开,琛赆远来,梯航毕集,名硕留心于掌故,西儒喜述其见闻;因是徐君松龛辑《瀛环志略》,魏君默深著《海国图志》,而西洋玛吉士则有《地理备考》,英国慕维廉则有《地理全志》、《英志》,合众裨治文则有《联邦志略》……然间尝得其书而遍读之矣,大抵玛氏三子所作,则失之俚,去华存实,质而不文,其甚者述今稽古,俱乏新知,隶事分门,如出一辙,记一国而半篇可了,阅千载而数事仅传,国都之外,莫著名城,邦君以降,罔闻人物;表政治则不系废兴,志疆域则不详沿革,系谱牒则不溯渊源;疏略如斯,不无缺憾。①

在《重订法国志略》序言中,他又借用日本学者的话描述道:

> 日人木原元礼曰:"古正史立外国传叙事率多孟浪,详内而略外,殊方异族不屑悉心为之考核。"方今泰西诸国智术日开,穷理尽性,务以富强其国,而我民人固陋自安,曾不知天壤间有瑰玮绝特之事,则又何以自奋?国何以自立哉?余(王韬自称)谓木原节夫斥昔日史官之陋,其说诚是也。欧罗巴列邦于明万历年间已来中

---

① 王韬:《弢园尺牍》卷八《代上丁中丞书》,光绪癸巳沪北淞隐庐本。

国,立埠通商,聚居濠镜,逮明史作传犹不能明法兰西之所在,几视与东南洋诸岛国等,是其于艾儒略所著之《职方外纪》尚未寓目,况其他哉?宜其为远人所诮也。①

所以王韬希望以编纂刊行西方历史著作来增进中国人对西方世界的了解,从而打破中国官民"甘坐因循,罔知远大,溺心章句,迂视经猷,第拘守于一隅而不屑驰观乎域外"的封闭状态。② 这是王韬矢志于撰述外国历史的第一个社会动机。

其次,王韬期望通过对外国史志的介绍,以针砭中国现实,刺激国人发奋进取,改革图强。这一点从《法国志略》和《普法战纪》的内容选择可以看得非常清楚。两书都具有"略古而详今、舍远而志近"的特点,主要笔墨被放在欧洲资产阶级革命以后的历史上,涉及欧洲各国的内阁、国会、刑律、邮政、商务、税务、国债、专利、银行、学校、文化、学术、宗教、兵制、路政、水利等各个方面。这些方面正是当时中国的"空白点"或"薄弱环节"。更耐人寻味的是,王韬在行文之中还常常有意将西方之事与中国之事进行比较,借西方之史,言中国之弊,褒贬抑扬,直抒己见,尽情发挥。比如,在述及法国大革命时他指出,在大革命中法国人民敢于明目张胆地"弑君",其祸之由来在于法王"不能和众而得民心,自恃居民之上,而好恶不与民同,怨之所积,足以亡身。"③此一现象实际上也是中国君主专制制度的病症,因而王韬提醒"世之论政体得失者宜鉴于此"。④ 而对中国统治者最不愿闻见的法国大革命中"诸大儒"民主学说也毫无遮掩地予以介绍:"孟德士求(即孟德斯鸠)、屋尔体(即伏尔泰)、卢骚(即卢梭)等大儒各立说著书,排击政法,主张自立之说,欲以抑君威伸民权。读其书者,无不激昂奋励,以生一变旧政之心。"⑤再如,他在述及资产阶级刑律制度时写道:"西律之最善者,在于设立证人。两造是非必待证人以决之;又必众议咸同,案情至于万无可疑,然后定

---

① 王韬:《重订法国志略·序》,光绪十五年己丑弢园老民校刊本。
② 王韬:《弢园尺牍》卷八《代上丁中丞书》,光绪癸巳沪北淞隐庐本。
③ 王韬:《重订法国志略》卷五《波旁氏纪》,光绪十五年己丑弢园老民校刊本。
④ 王韬:《重订法国志略》卷三《前加颁的氏纪》,光绪十五年己丑弢园老民校刊本。
⑤ 王韬:《重订法国志略》卷五,光绪十五年己丑弢园老民校刊本。

谳。中国上古所云：刑人于市，与众弃之；爵人于朝，与众共之。西国颇有此风，故从无仇家诬陷，以至冤不能明。徒流而外，无劓、墨、贯耳、刖足诸刑。但有监禁而已，罪止及身，父子兄弟从不相及，即至叛逆大恶，其人但加显戮而已，妻孥不问也。亲戚邻里绝无株连波及之累，犯罪者没则已焉，无所谓身后之刑，故于中国之夷三族及开棺戮尸，皆相戒以为残忍。此则犹有古昔之遗风、圣王之盛德欤！"①王韬冒天下之大不韪，在公开发表的著作中直言西方在与统治者密切相关的政治和文化领域优于中国，标志着对保守主义传统的大胆挑战。它下面的逻辑结论是：西方不仅在器物方面优于中国，而且在制度文化方面也优于中国；器物的进步必须与制度文化的进步同步发展，中国要想学习西方，就不能仅学其器物，而是要同时学习借鉴器物与制度文化多个层面。保守主义的"体用观"在这里遭到否定。

　　王韬还试图通过对西方国家强弱盛衰变化原因的探讨，鼓舞国人追赶强国，最终战胜强国的信心。王韬认为，法国是欧洲的至强之邦；而普鲁士与法国相比则是"大小强弱迥不相侔"。但后者一旦发奋图强，政治上改行"议会君主制"，消除上下之隔阂；经济上注重发展生产，增强国力；军事上革新战略，改良武器，便迅速由弱转强，"其所至辄捷，几于战无不胜，攻无不克"。中国也属弱国，可比当年的普鲁士要地广材众。至弱之普鲁士尚能打败至强之法国，条件远比普鲁士有利的中国自然也有战胜西方强国的可能性。王韬断言，只要中国变法进取，用人得当，就一定能像普鲁士那样，脱离贫弱，跻入世界强盛民族之林。他在《普法战纪》代序的最后一段写道："中国之兴，沛然天下莫之能御。普之强，云乎哉！因序《普法战纪》，纵论之如此。有心人当不河汉斯言。"②

　　第三，王韬期望通过对欧洲历史的编撰，创造一种新的糅合中西史学风格的史学体例。王韬认为，中西史学都有自己的缺陷，"欧西各国，素无史职，记载阙如，近代始有私史，其搜罗佚事，网举旧闻，大半出自

---

① 王韬：《重订法国志略》卷七《志刑律》，光绪十五年己丑弢园老民校刊本。
② 王韬：《弢园文录外编》卷八《普法战纪·代序》，清光绪九年香港排印本。

教士之手,其书又不谙体例,详略失当",往往"惟记国俗、舆地、物产而又事实未备";中国史书则"原以专叙历代治乱沿革,天地变异,而国势民情略焉不讲",不若"西史则间及民间琐事,如发明一事,创造一器,必追其原始,以觇人才之进步,制作之源流焉,此亦记载之所不可废也"。①因此,他力图以史学领域的实际编撰活动,来改变东西方史学各"失之一偏"的现状。他的《普法战纪》和《法国志略》的确在这个方面进行了有益的尝试。它糅合了中西史学的体例和风格,既避开中国传统的"皇家史学"的旧辙,也纠正了西方教士所编史学著作纲目不清、杂乱零碎的弊病。在中国资产阶级主张写"民史"的理论产生前,王韬的史学实践具有重要的意义,它将"君史"朝"民史"的方向拉近了一大步。

《普法战纪》和《法国志略》标志着中国史学的新纪元。《普法战纪》是近代中国人所写的第一部以当代欧洲历史事件为具体研究对象的著作。它第一次以普遍联系的观点把某一历史事件放到世界范围中去考察,找到了国际战争胜败所致的内外之源;它第一次指出不但欧洲是一个相互影响、相互牵动的整体,而且欧洲局势的变化也会影响到中国历史的进程。《法国志略》是中国人编写的第一部有关西方国家的国别史著作。它第一次将西方大国的名号、统系、职官、国用、税务、国债、银行、商务、国会、人口、礼俗、学校、学术、教会、兵制、路政、邮政、刑律、水利等全面系统地介绍到中国;第一次在欧洲各国政体之间进行横向对比研究,比较出"君主""民主""君民共主"的优劣;第一次把正统历史的触角下及到民间发明创造和闾巷琐事……所有这些"第一"加起来,意味着王韬已经开始与中国传统史学分道扬镳。一种新型史学正在形成之中。

《普法战纪》与《法国志略》在文字风格上也别具风韵。它一反古代文坛追求骈俪和华美词藻的陈腐之风,行文用字带有朴实、清新、明快的特点。这反映了王韬一以贯之的文艺思想,他曾说:"著书在通时适用而已,文词其末也。晚近文人,动矜奥博,而宣尼辞达之旨亡。著书

---

① 王韬:《重订法国志略》,《凡例》,光绪十五年己丑弢园老民校刊本。

之意亦晦。"①

王韬的《普法战纪》和《法国志略》在19世纪七八十年代的中国引起了极大反响,特别是《普法战纪》一书,使王韬名声轰动遐迩,"其书虽未付手民,而钞本流传,南北殆遍"。②沪港媒体一致推赞,如《申报》在出售《普法战纪》的告白中说:"吴门王紫诠先生,经济文章,名驰中外,前年目睹普法交战,译成战纪一书,记载精详,议论宏富,行之宇内,谈洋务者皆取资焉。"③不看此书,连"谈洋务"都没有资格。可见王韬及其史著的名声。文人学士因此争欲一览,趋之若鹜。文武大员更是对作者赞不绝口,曾国藩称王韬为"未易之才";李鸿章"许以识议闳远,目之为佳士";丁日昌"则谓具有史笔,能兼才、识、学三者"。④

直到19世纪90年代,《普法战纪》以及《法国志略》对中国社会的轰动效应仍然经久不衰。梁启超在《西学书目表》和《史学书目提要》中对王韬的史学著作加以大力推荐。唐才常在《湘学报》史学专栏中,更将《法国志略》与黄遵宪的优秀史著《日本国志》一起作为必读之书介绍给广大读者。戊戌改良运动的发起者们,试图以王氏史书对国势、政体、民情、科学技术等时代焦点问题的强烈关怀,来引发广大国人对现实社会的思考,从而促进中国改革运动的早日到来。

笔者曾以《普法战纪》为关键词对电子版《申报》进行搜索,发现共有410条记录,记录内容有转载、序跋、评论、告白、改编、再版说明、盗版追究声明等等,时间跨度从1872年9月到1947年9月,历时75年,可见该书对中国影响之久远。《普法战纪》在王韬生前定价已达"白纸每部洋四元,竹纸每部洋三元"⑤,这是当时的顶级书价,用"洋阳纸贵"来形容一点也不为过。但还是供不应求,以致出现了各种各样的翻印盗印,1890年王韬不得不在报纸上发表声明,表示《普法战纪》再印二

---

① 王韬:《弢园尺牍续钞》卷二《与郑陶斋观察》,光绪己丑铅字排印本。
② 王韬:《弢园文录外编》卷八《法国图说·序》,清光绪九年香港排印本。
③ 《申报馆账房〈普法战纪〉出售》,《申报》1887年9月6日第1版。
④ 王韬:《弢园文录外编》卷八《法国图说·序》,清光绪九年香港排印本。
⑤ 《〈普法战纪〉告白》,《申报》1874年9月5日第5版。另据1881年6月20日《申报》第7版和1883年7月12日《申报》第5版所刊书籍广告,知王韬其他著作之定价为《弢园尺牍》四角、《弢园文录外编》三角、《瓮牖馀谈》五角、《衡华馆诗录》三角、《艳史丛钞》十种九角、《火器说略》四角、《日本杂事诗》四角、《法兰西国志》一元、《米利坚志》七角。

千部不日竣工,各书坊及格致书室诸君可前往购买,"风闻有人拟将翻板石印此书,鄙人大费心力,若欲翻印,定必禀官追究。勿以小事致伤情面而谓言之不预也。"①王韬去世后,其后代也还顶着王韬的光环继续印行《普法战纪》,1900 年 7 月 18 日《申报》就刊有王韬之孙(王韬改女儿之子为孙)王幼铨的告白,内云"先祖紫诠公手著《普法战纪》《法国志略》《西学辑存》《尺牍》《火器略说文录》《淞滨闲话》《尺牍续钞》《瀛壖杂志》,今寄广学会格致书室出售。"②学界甚至还有人借王韬大名出版《普法战纪》的改编本或图文本,1902 年 3 月 26 日《申报》就刊有番禺李光廷"重订普法战纪辑要"的告白,申明原书为吴郡王紫诠先生所作《普法战纪》,其书"久已脍炙人口","儒林争购",现"就原本删去重复参错,增以注释舆图,名曰《普法战纪辑要》",并指出此书"实为亚洲近日之一大宝鉴","我中国志士当此国运艰危之际,苟取其书而读之,有不发愤为雄者乎?"③一本著作在长达 70 多年三代人的时间里不断被重印、盗印、改编、评论,表明该书在中国社会中的影响力既久且深,一般文人学士的著作难出其右。

王韬的史著在海外也引起极大回响,其中以《普法战纪》在日本引起的轰动最为明显。当时,日本正值开放之初,日本知识分子们急于了解西方世界的真实情况,可国内一时又缺乏这方面的著作。于是,王韬的《普法战纪》便被日本学界视为瑰宝而加以推崇介绍。④明治政府军部也认为所述欧事条理分明,识见宏远,有必要让日本朝野研读了解,便在 1878 年全文翻印了《普法战纪》颁行全国。此后,加上从香港和上海流入的中国版《普法战纪》及日本军部的第二次翻版,日本社会形成一个不小的"《普法战纪》热"。王韬或王紫诠在日本军学两界几乎变为无人不晓的名字。日本学者冈千仞叙述道:"《普法战纪》传于我邦,读之者始知有紫诠王先生,以卓识伟伦,鼓舞一世风痹。实为当世伟人

---

① 《天南遯叟王韬〈普法战纪〉告成》,《申报》1890 年 10 月 21 日第 6 版。
② 王幼铨:《重印弢园书籍告白》,《申报》1900 年 7 月 18 日第 8 版。
③ 《重订〈普法战纪〉辑要》,《申报》1902 年 3 月 26 日第 11 版。
④ 栗本锄云:《匏庵遗稿》,东京大学出版会 1975 年版。

矣。"①其他许多与冈千仞同时代的日本学者也都曾在其著作中提及王韬或他的著作《普法战纪》。如果说近代中国对日本文化有过什么积极的正面贡献的话，那么最大的恐怕非王韬的《普法战纪》莫属。它在引导日本学界研究西方、启迪日本民智方面发挥了重要作用。

五　旧瓶新酒的循环史观

农业社会认识世界往往偏重于自然直观。中国古代思想家在观察寒来暑往、云腾致雨、露结为霜等自然现象的基础上，反思出"天道循环，往复不息；大道无言，其行且坚"的历史演变规律，即循环历史观。他们视历史的演变和走向是一个周而复始、循环不已的圆环，认为天下万事万物都是盛衰相依的处于圆环某一变化着的位置上，都是"月满则亏，水满则溢"的。纵观中国五千年文明史，其间关于变化的思想异常丰富、层出不穷，但历史进化和历史进步的概念实属少见。实际上，古代思想家既然把遥远的人类之初或"三代"确定为理想社会的起点，那么人类社会的"变"也就只能是"越变越坏"。

古代循环史观的奠基之作是《易经》，《易经》中有"物极必反""否极泰来""盛衰相继""刚柔相克"等天道循环概念。宋儒邵雍对《易经》循环观念加以发挥，他依据有秩序的时间变化概念，以一年里年、月、日、时四种数字为基数创立了"运会说"。这种"运会说"假定三十年为一世，十二世为一运，三十运为一会，十二会为一元，世、运、会、元之间推衍运作，交替循环，从而构成人类社会变化发展的规律。②

王韬自幼熟读四书五经和其他传统经典，受传统思想影响极深，其中就包括古代循环历史观。即使曾经"佣书西舍"和"游历欧洲"，他也不可能和这种思想彻底分离。在他的文章中有大量的这一方面的内容。略举数例如下：

---

① 王韬：《扶桑游记》，《冈千仞·跋》，湖南人民出版社1982年版。
② 全祖望：《宋元学案》卷九，《百源学案》上，中华书局1986年版。

闲尝笑邵康节（即邵雍）元会运数之说为诬诞，今而知地球之永，大抵不过一万二千年而已。始辟之一千年，为天地人自无而有之天下；将坏之一千年，为天地人自有而无之天下；其所谓世界者，约略不过万年，前五千年为诸国分建之天下，后五千年为诸国联合之天下。盖不如此，则世变不极，地球不毁，人类不亡。我故曰：善变者，天心也。①

　　未有物极而不反者也。呜呼！不以大德宰之，元气安能久长也哉。曩者欧洲诸邦，两国用兵，仅以万计，国中兵额亦仅数万，后则出师渐至数万，额兵渐至数十万，然拿破仑之战称为古今所仅见者，诸国之兵亦只有十五六万而已，以视今日，殆不及十之一也。故以今日大势揆之，人但见其事事讲求，物物精审，似若雄视一切，不可限量，而不知智巧愈极，机诈愈深，情伪相感，利害相攻，祸患之来，气机已召，人皆谓其强之至者，吾正谓其衰始；即彼自以为远胜于古者，而残杀之惨，吾正谓其远不古若，盖徒讲武备，尚兵力，刻鸷奋厉，以相倾轧而慑制，则必有一蹶者矣……天道循环断不或爽。②

然而，细心研究王韬的"循环说"或"运会说"便可发现，它已经不是传统意义上的那种带有强烈的宿命论色彩的历史哲学了。王韬扬弃了传统循环说保守的宿命论内核，而赋予其崭新的时代内容。

首先，王韬循环说的重点是"变"，而非注定的未来结果。他宣称"天道循环、运会迭乘"的目的是为了强调"变"是人类历史发展的根本属性，是一种永恒的存在，"一变之道盖有不得不然者焉"，任何人都无法阻挡它的发生。因此，所谓"循环"一词，不过是被王韬借来强调顺应历史潮流而变法图强的古老哲学语言而已。他曾经这样写道：

　　然而强弱之势已形见者，何哉？则时为之也，有心人旷观往古，静验来今，而知天道与时消息，人事与时变通……由是观之，方张之机不可遏，始厉之锋不可撄，明者、智者知其然矣。然则何以

---

① 王韬：《弢园文录外编》卷七《答强弱论》，清光绪九年香港排印本。
② 王韬：《弢园文录外编》卷八《普法战纪·后序》，清光绪九年香港排印本。

待之？曰：莫如师其所长。盖天道变于上，则人事不得不变于下。易曰：穷则变，变则通。此君子所以自强不息也。①

值得注意的是，他还特别对封建顽固派利用古老的"循环说"主张静守天道，反对变革的一孔之见进行了批判。他指出，这些人机械地理解强弱变化之道，盲目地根据中国古代夷狄一入中国就"渐至萎靡不振"的历史"故事"，大喊大嚷"至弱驭至强，至柔服至刚，道之至也，何必用彼以变我"，是"未明天道之所当然，人事之所以然也"。他说，柔克刚、弱克强是通过主体的"善变"实现的，而不是静坐等来的，"善为用者，可以转祸而为福，变弱而为强……无他，在一变而已"。② 从王韬的这些言论可以明显地看出，王韬的思考中心，他的真正命意所在，不是"天道"本身，而是变法图强。

其次，王韬的循环说尤其注重"人"的作用。传统的循环观把世界格局或历史发展看成是上天注定的和不可更改的；它把天道、天命放在十分崇高而又神秘莫测的地位，不相信人可以把握它、利用它、改变它，以为人在天道推移的过程中不过是听天由命的陪衬物而已。这无疑等于取消了社会主体影响历史进程的活动空间。王韬的循环说与此不同，它高扬人的力量和精神，宣称人在历史发展变化过程中可以把握"运会"、左右历史的发展样态。他曾在牛津大学演讲说："泰西人士论道必溯原于天，然传之者，必归本于人，非先尽乎人事，亦不能求天降福，是则仍系乎人而已。"③

在王韬的循环观中，"天"或"天命"是对应着"人"或"人事"而言的，在论及"天"与"人"关系时，他认为"盖人心之所向即天理之所示"，"惟智者能以人事度天心"④，"天道"即"人道"，"天心"为"人心"。换句话说，天道最终如何推演，关键在人如何体悟、如何响应、如何作用。他曾这样写道：

---

① 王韬：《弢园文录外编》卷七《答强弱论》，清光绪九年香港排印本。
② 王韬：《弢园文录外编》卷七《答强弱论》，清光绪九年香港排印本。
③ 王韬：《漫游随录》卷二《伦敦小憩》，《走向世界丛书》，岳麓书社1985年版，第98页。
④ 王韬：《弢园文录外编》卷一《原道》，清光绪九年香港排印本。

>国家之兴,虽曰天命,岂非人事哉!是不徒在土宇之广,甲兵之强,士民之众也,在乎得人而已。昔者汤以七十里,文王以百里,夏少康以一成一旅之师,朝诸侯而有天下;秦始则以关中一隅之地而灭六国……普之于法,其始大小迥不相侔。普中欧洲而立国,西有法而东有俄,皆强邻也;曩者为法所制,几于一步不可复西。一旦发奋为雄,摧陷剔攘,飚驰电扫,鸿功骏烈,前无往古,后无来今。呜呼!岂不伟哉……而揆其所以致此者,则由乎有俾思麦以为之相,世子郡王以为之将,毛奇以为之谋主,乐尚书以为之转运,士颠密士、福坚士、田蛮雕、飞窝得以为之折冲行阵……臣民勠力,士卒效命,以兴此小邦普。呜呼!谓非得人之效哉?是故,有国家者得人则兴,失人则亡,得人则弱可以为强,小可以为大。①

王韬对普法战争胜负原因的分析典型地反映了他的循环说所强调的重点。他认为"人事"决定了普法战争的结果,法国的失败不是由于天命注定,而是由于人谋不臧,"未可遂以天命而自诿也"②,而普鲁士的胜利则在于"左右辅弼落心膂,前后驱使如指臂,臣民勠力,士卒效命"的人谋。他甚至在有关评论中说出人事亦天道的话,他说:"人才关于国运岂偶然哉,普王励精图治,奋发有为,用能激发义愤,恢复旧业,斯亦天道循环、理无或爽也"。③ 显然,在王韬的循环观里,天命、天道都变成了人事可以左右的"从动者";天道循环变成了人事的循环;人的努力变成了决定历史发展进程的关键力量。邵雍的命定运会说已经被王韬改造成具有进化论因素的新循环说。

第三,王韬从来不受"循环"一词本身的束缚,而是以实用主义的态度,因时制宜,因地制宜,随机"活用"。当他站在被欺侮的弱国立场上谴责强国暴力侵略的时候,他这样写道:

>盛极而衰,此其变也。日中则昃,月盈则魄,此理之常,法奈何不悟哉!……法通中国已三百余年,于泰西诸国为独先,名流硕彦

---

① 王韬:《弢园文录外编》卷八《普法战纪·代序》,清光绪九年香港排印本。
② 王韬:《普法战纪》卷八,光绪丙戌弢园王氏刊印本,第18页。
③ 王韬:《普法战纪》卷二,光绪丙戌弢园王氏刊印本,第27页。

接踵东来,无非借天算格致以阴行其主教……流弊至今,亦缓通商而急传教,中外龃龉之端率由此起……法不自知而尚欲强行之于人国,不亦慎乎!①

恃强以凌弱,虽事有不同,时有久暂,而其卒底于灭亡者固亘古如一辙也。②

当他面对国人自强信心不足的问题时,他的循环说似乎稍有调整。他写道:

中国有时而弱,然弱亦足久存,中国未常无衰,然衰要有终极……一旦圣君应运而兴,贤臣相辅为理,励精图治,上邀天眷,下顺舆情,刚强者亦将失其强,而尊卑以明矣。势无陂而不平,道无往而不复,观诸上古之迹,验诸近今之事,当不河汉乎斯言。③

而当他批判保守分子冥顽不灵、呼吁实行改革的时候,他又改变强调重点,写出下面这样的话:

天心变则人事不得不变,读《明夷待访录》一书,古人若先有以见及之者。穷则变,变则通,自强之道在是,非胥中国而夷狄之也。统地球之南朔东西将合而为一,然后世变至此乃极。吾恐不待百年,轮车铁路将遍中国,枪炮舟车互相制造,轮机器物视为常技,而后吾言乃验。呜呼,此虽非中国之福,而中国必自此而强,足与诸西国抗……所望豪杰之士及早而自握此一变之道也。④

如果说第一段文字是用循环说道出了民族主义内容的话,那么第二段文字反映了乐观主义,第三段文字则引出了进化论的内核。指涉不同的三段文字共处于王韬著作之中,正说明循环说只是被王韬当作一种实用工具,用来服务于提出各种理论或主张。他是一个十分注重实际功利的思想家,从来没有被理论上的教条框限在固定的范围之内。

第四,王韬循环说的终极社会具有鲜明的近代内容。传统形态的

---

① 王韬:《弢园文录外编》卷八《法国图说·序》,清光绪九年香港排印本。
② 王韬:《弢园文录外编》卷五《中国自有常尊》,清光绪九年香港排印本。
③ 王韬:《弢园文录外编》卷五《中国自有常尊》,清光绪九年香港排印本。
④ 王韬:《弢园尺牍》卷七《答包荇洲明经》,光绪癸巳沪北淞隐庐本。

循环理论的终极理想社会不外是"三王之治"或"天下大同"。按照儒家思想家的描绘,在这种终极理想社会里,选贤兴能、道不拾遗、夜不闭户、人无私产等等都是可以实现的。但是,不论是"三王之治",还是"天下大同",其社会的基本特征却仍然是农业社会的自然主义和地域主义。王韬的循环说则不同,其终极理想虽仍借用"三代"或"大同"来概括,但它是实现了"万国相通"和"工商为本"的社会。他写道:

> 吾向者曾谓数百年之后道必大同,盖天既合地球之南朔东西而归于一天,亦必化天下诸教之异同而归于一源。我中国既尽用泰西之所长,以至取士授官,亦必不泥成法,盖至此时不得不变古以通今者,势也……天开泰西诸国之人心,而畀之以聪明智慧,器艺技巧百出不穷,航海东来,聚之于一中国之中,此固古今之创事,天地之变局。诸国既恃其长,自远而至,挟其所有以傲我之所无……是则导我以不容不变者,天心也;迫我以不得不变者,人事也。今者我国已自设局厂,制造枪炮,建置舟舶,一切悉以西法从事。招商局既建,轮船遍及各处,而洋务人员辄加优擢,台湾、福州已小试电气通标之法,北方拟开煤铁诸矿……此皆一变之机也。①
>
> 中国自三代以还,其间不无陵替之端,其治不无舛谬之迹,然未及百余年,必有圣君贤相出而整顿之,以挽回气运而旋转乾坤,其所不足者,武备之精,机变之巧,如泰西各国以势力相雄长,以情伪相攻夺而已。今者托为和好之说,渐无畛域之分,彼之所能我亦效之,我之所短彼则授之,如战舰之足资守御,火炮之足资摧陷,机器之足资成物,而利用开矿之足资富国而阜民,与及火车轮船通标电线一切可以无远弗届,无微不通者,莫不纷纷则效以速其成,若中国之人聪明有所不逮,材力有所不及,斯亦无能窥其奥而擅其长耳,若犹是匠心可以独运也,机警可相俟也,则金银财货彼此同其宝也,物产材料彼此同其用也,而谓军营器械果能独擅其利乎?战阵争斗果能独操其胜乎?推之权子母,操奇赢,莫不皆然,则又安得谓人拙而我巧乎?故凡今之由分而强为合,与合而仍若分者,乃

---

① 王韬:《弢园文录外编》卷一《变法上》,清光绪九年香港排印本。

上天之默牖其衷,使之悉其情伪,尽其机变,齐其强弱,极其智能,俾一旦圣人出而四海一也。①

从社会形态上看,王韬的终极社会已不是传统循环说视域下的小国寡民的原始农业社会,而是全球范围的资本主义全面发展的社会。王韬已经把循环说的旧内容掏空,塞进了新鲜的近代内容。这种被赋予了崭新内容的循环说对推动当时中国社会的进步无疑会产生积极影响。

在人类社会的发展过程中,历史规律与人的创造一直是一对令人困惑的矛盾。马克思在《路易·波拿巴的雾月十八日》一文中曾经写道:"人们创造自己的历史,但是他们并不是随心所欲地创造,并不是在他们自己选定的条件下创造,而是在直接碰到的、既定的、从过去承继下来的条件下创造。"②王韬对人类历史的理解虽然还没有达到马克思那种历史哲学的高度,但也确实包含着对历史条件与社会主体、历史必然性与偶然性等相互关系的辩证思考。王韬的运会、世运、循环等概念实际上就是社会发展趋势或历史进程概念。③王韬的基本思想倾向是确定无疑的,这就是:在19世纪"万国相通"的历史条件下,中国人遇到了来自外部的强有力的挑战,这是"运会"对中国人的挑战。在此"运会"面前,人是可以有所作为的,中华民族的苦难命运是可以通过人的奋斗予以改变的。中国人只要抓住机会,自强更新,励精图治,就一定能变弱为强,巍然屹立于世界民族之林。

对于王韬的循环说,夏良才先生说过这样的话:"王韬的循环论是有特定含义的,这就是指世道盛衰的交织更迭,其终局不是周而复始,而是'齐强弱、无大小,归于大同'。王韬的循环论的核心思想是一个'变'字,并且强调在世道盛衰的变化中,'事在人为'的巨大作用……由

---

① 王韬:《论六合将混为一》,《申报》1877年1月18日第3版。原文载《循环日报》,《弢园文录外编》卷五亦收录该文,此依据《申报》。
② 《马克思恩格斯选集》,第一卷,人民出版社1975年版,第603页。
③ 后来的资产阶级思想家严复在翻译斯宾塞等人著作时,就常常将原文中的"社会发展"或"文化进程"译为"世运""教化世运"或"运会"。参见张荣华:《严复的"运会"说与文化观》,《复旦大学学报》(社会科学版)1991年第5期,第33—37页。

此可知,王韬的循环论实际上是一种隐晦的变法论。"①此话去雾破障,极有见地,只是还要补充一句:"事在人为"的"变法论"又实实在在地是进化论,它是以承认"物竞天择,优胜劣败"的自然原则为基本前提的。

六 扶桑之游

日本是中国一衣带水的近邻。在传统中国文化人的天下观里,日本人是秦人"徐福"的后裔,所以日本人和日本文化都是中国大陆漂洋过海流传过去的,其地位自然在中国之下。这种尊己卑人的文化心态阻碍了中国人对日本的了解。国人往往大而化之地认为日本是"倭寇"之国,日本人只是岁时来献而又不甚知礼的"岛夷"。以至于跨入近代门槛之后,开明如徐继畬、魏源者,都弄不清日本的地域概况。《瀛环志略》和《海国图志》对日本地理的介绍不仅模糊不清,而且错误极多。早期中国驻日外交官、后来的维新派主将之一黄遵宪对此批评道:

> 中国士大夫好谈古事,足已自封,于外事不屑措意,无论泰西,即日本与我仅隔一衣带水,击柝相闻,朝发可以夕至,亦视之若海上三神山,可望而不可即。若邹衍之谈九州,一似六合之外,荒诞不足论议也者,可不谓狭隘欤?②

然而,正当大清王朝在对外战争中被西方国家重创之际,日本却走上了脱亚入欧的强国兴邦之路。自1868年"明治维新"推翻盲目排外的封建幕府统治以后,日本迅速地步向现代化国家。在"殖产兴业""文明开化"和"富国强兵"三大政策引导下,日本政府推行了政治、经济、军事、文化教育等全方位的改革,使日本从一个封闭落后的饱受西方欺侮的弱国一跃而为亚洲唯一的富强之邦。

一个"不若我甚"的弹丸岛国竟然能在如此之短的时间里迅速崛起,令西方大国刮目相看、尊之以礼,这不能不引起有心救世的中国知

---

① 夏良才:《王韬的近代舆论意识和〈循环日报〉的创办》,《历史研究》1992年第2期,第162页。
② 黄遵宪:《日本国志》,羊城富文斋光绪十六年本,第121页。

识分子的震惊和关注。19世纪五六十年代活动于苏、沪之间的大学者冯桂芬在《校邠庐抗议》中写道："西夷突入日本国都求通市，许之。未几，日本亦驾火轮船十数，遍历西洋，报聘各国，多所要约，诸国知其意，亦许之。日本蕞尔国耳，尚知发愤为雄，独我大国将纳污含垢以终哉？"①

王韬身处香港，相对于"闭关锁国"的内陆自然更直接、更全面地感受到日本的"勃兴"。他说：

> 日本，海东之一小国耳，一旦勃然有志振兴，顿革平昔因循之弊。其国中一切制度，概法乎泰西，仿效取则，惟恐其入之不深。数年之间，竟能自造船舶，自制枪炮；练兵，训士，开矿，铸钱，并其冠裳文字屋宇之制，无不改而从之。民间如有不愿从者，亦听焉。彼以为此非独厚于泰西也，师其所长而掩其所短，亦欲求立乎泰西诸大国之间，而与之较长絜短而无所馁也。②

在这种惊奇加羡慕的复杂心情驱使下，王韬一直渴望能得到一次机会前往日本进行实地考察，以探索其由弱变强的根源。这样的机会终于被他盼到了。1879年日本学界多人联名邀请他访问日本。

70年代末，王韬已经"颇负中外时名"。在日本，由于《普法战纪》和《循环日报》的流传，王韬或王紫诠之名已传遍日本朝野。急于想了解西方世界的日本学界，更是把曾经漫游欧洲的王韬奉为学贯中西的"西学泰斗"或"巨儒"，必欲一睹风采而后快。日本近代文学大师、天皇府宫内侍读重野安绎记述他在明治初年对王韬的敬重之情形时写道："余尝观先生所著书，美其文藻，爱慕其襟度通侻，不规规乎绳墨，欲一相见请教。"③重野之言反映了日本学界对王韬倾慕和敬重有加的普遍情形。

酝酿邀请王韬赴日游历的发起人是王韬的同行、日本《报知新闻》的主编栗本锄云。栗本锄云原为"纵览岐黄书"的中医郎中，初仕于幕

---

① 冯桂芬：《校邠庐抗议》，《制洋器议》，上海书店出版社2002年版，第50页。
② 王韬：《弢园文录外编》卷二《变法自强下》，清光绪九年香港排印本。
③ 王韬：《扶桑游记》，《重野安绎·序》，湖南人民出版社1982年版。

府时期。后因倾心西学西术而"获罪被废"。明治维新后,被派往法国考察政治,归国后创办《报知新闻》,鼓吹西学。栗本锄云的儿子贞次郎为日本外交官,曾陪同岩仓具视大使出使欧洲,返程时于上海"购得数部新刊之书,内有《普法战纪》"。栗本锄云因而得以先睹为快,并将其推荐给日本军部印行。栗本对《普法战纪》,特别是对其中王韬所作的有关变法图强的议论十分佩服,认为"此书不独行阵之事、交战之迹写活了,其中所杂议论也不陈腐,能脱汉人常见之俗套,实为无与伦比之珍籍。"①更有进者,栗本锄云非常同情王韬怀才不遇的个人经历,以为与他本人在幕末时代因提倡西学而遭忌的经历相仿。这一点更增加了他邀请王韬赴日的热情。

关于栗本锄云出面倡议联络、众多日本学者响应附和以邀王韬的情形,《扶桑游记》序、跋中有生动的叙述。日本学者中村正直在序中写道:

> 余于重野成斋几上始见《普法战纪》,时成斋语余曰:"闻此人有东游之意;果然,则吾侪之幸也。"察其意,若缱绻不能已者。其后栗本鲍庵过余而论文,酒半,睨余曰:"吾既与佐田白茅诸子游梅园,盟于暗香疏影之下,约其招王弢园,子亦不得不与此盟矣!"盖成斋与鲍庵之景慕先生,出于诚意如此。其他如冈天爵、龟谷省轩、寺田士弧等,皆先于先生之未东游而感召牵引,亦与有力焉。②

另一日本学者龟谷省轩也记述说:

> 戊寅之春,余与栗本鲍庵、佐田白茅探梅于龟井户,归途饮于柳岛。鲍庵曰:"吾闻有弢园王先生者,今寓粤东,学博而材伟,足迹殆遍海外。曾读其《普法战纪》,行文雄奇,其人可想。若得飘然来游,愿为东道主。"白茅曰:"善矣!"余友寺田士弧曾至南海,与先生善,乃有东游之约。士弧与重野成斋、冈鹿门诸人,谋欲邀之。余告以鲍庵言,于是成斋始于鲍庵交。鲍庵每置酒会友,未尝不津

---

① 栗本锄云:《鲍庵遗稿》,东京大学出版会 1975 年版。
② 王韬:《扶桑游记》,《中村正直·序》,湖南人民出版社 1982 年版。

津乎王先生也。己卯之夏,先生遂航海而至。①

在众多日本学人的联名坚邀之下,1879年春,王韬顺利成行。船过上海,王韬旋里稍作安排。"闰三月初八日(4月28日),自吴门归,摒挡行李作东瀛之游"。船发之日,日本驻上海总领事品川忠道、文士竹添渐卿②以及正在上海的中国道台徐润、盛宣怀、《申报》主笔钱征均来饯行,行色颇壮。③

十一日(5月1日),船抵长崎。此后凡128日,王韬先后游历了长崎、神户、大阪、西京、横滨、东京等地,其中以在东京所居之时间为最长,略有百日之多。游观途中,王韬每至一地,都受到热烈欢迎。王韬叙述当时的情景说:"抵江都之首日,即大会于长酡亭上,集者廿二人……由此壶觞之会,文字之饮,殆无虚日。"④有时王韬还未起床便有日人叩门拜访,如"初九日凌晨,忽有叩门求见者,则一不识之童子桂米太郎也。操笔纵谈,久之不去,几令人无盥栉暇。"⑤中村正直也记载了王韬之行在日本引起的轰动:"都下名士,争与先生交。文酒谈宴,殆无虚日;山游水嬉,追从如云,极一时之盛……夫清国之人游吾邦者,自古多矣,然率皆估客,而又限于长崎一方,近来韦布之士来东京,间有之;然其身未至而大名先闻,既至而倾动都邑如先生之盛者,未之有也。抑先生博学宏才,通当世之务,足迹遍海外,能知宇宙大局,游囊所挂,宜其人人影附而响从也。"⑥

王韬访日也在中国驻日官员和旅日华人圈内引起轰动。华人侨界获悉王韬来日的消息后争先恐后地拜访王韬,并给予热情招待。中国驻日公使何如璋、副公使及王韬昔日沪上好友张斯桂、维新派参赞黄遵

---

① 王韬:《扶桑游记》,《龟谷行·跋》,湖南人民出版社1982年版。
② 即竹添进一郎(1842年—1917年),日本近代外交官、汉学家。名光鸿,字渐卿,进一郎是其通称,曾任日本驻天津领事、驻华使馆书记、驻朝鲜公使等职。驻华期间游览中国大江南北,曾深入四川,撰写游记《栈云峡雨日记》,还曾参与琉球问题的交涉。驻朝期间与朝鲜开化党人共谋"甲申政变",事后被迫引咎辞职,改任东京帝国大学教授,专心从事学术研究。主要著作有《栈云峡雨日记》《纪韩京之变》《左氏会笺》《毛诗会笺》《论语会笺》,其研究领域与王韬所学颇多交合。
③ 王韬:《扶桑游记》,湖南人民出版社1982年版,第128页。
④ 王韬:《扶桑游记·自序》,湖南人民出版社1982年版。
⑤ 王韬:《扶桑游记》,湖南人民出版社1982年版,第216页。
⑥ 王韬:《扶桑游记》,《中村正直·序》,湖南人民出版社1982年版。

宪、驻长崎领事余瓗新、驻神户领事阮锡恩、驻横滨领事范锡朋、《清史稿》编撰者吴瀚涛、《普法战纪》助译者张宗良、书法家卫铸生、商人朱季方等从各方面为王韬在日本的起居旅行提供方便。在与这些海外同胞的接触中，王韬觉得他们中间有不少人"识见宏远"。如张斯桂对西学颇有研究，"锐意西学，欲刻海宁李壬叔天算诸书。其作《万国公法序》指陈欧洲形势，了然如掌上螺纹"。① 黄遵宪曾读书同文馆，熟悉国际事务，写有《日本国史》，主张学习西方，王韬在东京时几乎与他无日不见。王韬后来在为黄遵宪《日本杂事诗》作序时回忆说：

> 旅居江户，遂得识君于节署。嗣后联诗别墅，画壁旗亭，停车探忍冈之花，泛舟捉墨川之月，游宴追陪，殆无虚日。君与余相交虽新，而相知有素，三日不见，则折简来招。每酒酣耳热，谈天下事，长沙太息，无此精详，同甫激昂，逊兹沈痛。②

两位中国近代改革思想家在异国他乡每日相见，"谈天下事"如遇故人，且以有心报国而又怀才不遇的屈原和贾谊互比，可见两人情感的惺惺相惜和思想的灵犀相通。

王韬在日本的主要活动可从两方面来叙述。

（一）考察明治维新后的日本社会

日本明治维新后社会变化巨大，中外报章对此多有报道。作为报人的王韬当然早有所闻，但毕竟耳听为虚，眼见为实，所以王韬赴日游历的最基本动因和目的就是察看日本社会维新前后的变化。在王韬旅日的128天里，他广泛接触了日本各界人士，对日本政治、经济和文化教育等各方面情况进行了全面考察。他曾走访日本文部省，了解日本政府文教方针和日本教育的概况；至大藏省和工部省咨询日本发展经济与奖掖科技发明的政策措施；访问日本国会议员，探讨学习西方实行君主立宪制度以后的利弊得失。广泛的考察加深了王韬对日本社会的了解和对西学的认识，也丰富了他的思想，拓宽了他的改革思路。

---

① 王韬：《扶桑游记》，湖南人民出版社1982年版，第197页。
② 王韬：《弢园文录外编》卷九《日本杂事诗·序》，清光绪九年香港排印本。

日本明治政府分别于明治二年（1869年）和明治四年（1871年）强制推行"版籍奉还"和"置县废藩"两项国策，并将全国重新划分为三府七十二县。这两项国策的实施不仅使日本封建割据终结，中央集权得以确立，更为资本主义经济发展奠定了政治基础。王韬特别留心观察这一制度和社会层面的变化，他记载说，"日本昔仿周制，藩侯三百，棋布星罗，类皆各擅一方，以治其民，生杀由己，惟岁时贡献于幕府而已。"①而幕府首脑将军本身亦为最大封建主，霸占着许多名山大川和领地。②但维新之后，"诸侯皆纳土地，归政柄于王朝。乃改藩城为郡县，辖以镇台，城垣亦概从废撤。"③面对如此急剧的社会变化，王韬不禁感慨万千："呜呼！仅十许年耳，而沧桑更易，人事变迁，可胜叹哉！"④

日本原有的等级制度在明治维新以后分崩离析，资本主义机会均等和能力竞争原则代替了原来的血缘世袭原则而溶入日本社会生活。明治政府将日本社会等级主要划分为"皇族""华族""士族""平民"四族，四族均有平等的社会地位，不再有高低贵贱之分。王韬观察到这一阶级结构的变化。他指出：

> 华族者，列于藩侯，世代有爵位于朝，似春秋时世禄之家。日本凡分三等：曰华族，曰士族，曰民族，以此别贵贱，区门第。维新以来废封建，三百藩侯各归土地于王朝；官人之法亦一变，草野怀才之士，皆得自奋于朝廷，向之世家多闲退矣。⑤

有一前来向王韬求教的日本青年浅野代原为"旧封四十一万石，地亘山海；寻常出门，舆马拥前后，骈从千百人，旌旗如云"的华族，维新后，气象顿减，"萧散不异寒士"。⑥从日本华族世家的衰落，王韬似乎也体悟到一点"运会"或历史规律的不可抗拒性。

"殖产兴业"政策的实施使日本社会经济摆脱了单一农业模式的束

---

① 王韬：《扶桑游记》，湖南人民出版社1982年版，第282页。
② 王韬：《扶桑游记》，湖南人民出版社1982年版，第282页。
③ 王韬：《扶桑游记》，湖南人民出版社1982年版，第282页。
④ 王韬：《扶桑游记》，湖南人民出版社1982年版，第282页。
⑤ 王韬：《扶桑游记》，湖南人民出版社1982年版，第198页。
⑥ 王韬：《扶桑游记》，湖南人民出版社1982年版，第294页。

缚,出现了许多新兴行业,这些新兴行业逐渐成为社会经济的主导力量。与此同时,资本主义生产方式在社会经济中的中心地位得以确立。王韬曾经在日本友人藤田鸣鹤的陪同下,参观一个"新燧社"。王韬发现这是一家赢利极厚、被推为"日本国中巨擘"的大火柴厂,它"屋宇广深,工作八百余人";所采用的生产方式完全不同于旧方式,"一切悉用西法";生产的产品不仅可满足日本国内需要,而且参与国际竞争,"远售于香港、上海,年中不知凡几"。政府对火柴厂亦采取扶持政策,"畀以凤纹赏牌,用彰激励"。厂主也被派往法国和瑞士考察,"购新法器具而归,故事半功倍也"。① 叙述中流露出对资本主义的无限向往之情。

政治和经济的变化引起了社会风尚的变化,传统的儒学及建立其上的旧价值观在明治维新以后遭到挑战,越来越多的人开始对西学感兴趣。王韬观察到这种文化的裂变和转轨。他发现日本各地的孔庙和孔子神像越来越少,前往参拜的人也日趋稀落;以儒学为主的"中土书籍"无人问津,甚至有珍本秘籍散见于坊间街尾。与儒学不断式微的情况相反,西学在日本社会长驱直入,取得了文化统治地位。日本每个城市都设有推广西学新知的近代博物馆、"书籍馆"。它们大多都是在原来的孔庙基础上改造扩建的,收有各种各样从西方引进的或日人新近发明的"奇巧瑰异之物"以及大量的"泰西书籍"。每日来博物馆或书籍馆参观就读的人十分踊跃。如在明代遗臣朱舜水所建造的"神田圣庙"基址上改建的神田书籍馆"日至三百余人"。②

对日本社会和文化在明治维新后出现的急速变化,王韬抱有一种复杂的矛盾心态。作为一位具有世界意识的改革呼唤者,王韬对日本明治时期儒家文化的式微和西方文化的胜利进军感到兴奋,为之欢呼喝彩,以为可作为中国学习西方的借鉴。这是他每到一地总要参观博物馆、书籍馆的内因;他在东京购买日本新书"不下百数种"也是出于这一方面的原因。③ 但是,作为孔子之邦的"孔学中人",王韬又对此情此景表示无限的伤感和惋惜。变化节奏太快,令他惴惴不安,害怕社会就

---

① 王韬:《扶桑游记》,湖南人民出版社1982年版,第265页。
② 王韬:《扶桑游记》,湖南人民出版社1982年版,第250页。
③ 王韬:《弢园尺牍》卷十一《与日本寺田望南》,光绪癸巳沪北淞隐庐本。

此脱序。这种惋惜和忧虑是王韬不时给"全盘西化"泼冷水的心理机制。他在与冈本监辅讨论"西化"问题时说:"余谓仿效西法,至今日可谓极盛;然究其实,尚属皮毛。并有不必学而学之者;亦有断不可学而学之者。又其病在行之太骤,而摹之太似也"。① 另一次与西尾鹿峰的讨论中,王韬认为取舍"中西诸法"的标准不是"中"与"西",而是"善"与"不善":"法苟择其善者而去其所不可者,则合之道矣"。② 什么是"道"呢? 王韬的回答是永恒存在的"人情",而"人情"的最根本属性是讲究实用,应时变通:天有四时寒暑,人则"冬裘夏葛以应之"。王韬以东西方劳动者工资差别及其家庭负担不同为例,严肃批评了当时日本社会所流行的盲目崇洋媚外的"脱亚入欧论",指出一切模仿都应合情而合用。他写道,今日礼拜为休息日的设定,是渐渍西法之一端。西人七日安息,行此已数千年,群以为便,然贸易场中亦有不甚守者。至于贫民工作谋生,以一日之劳供一日之食,若安息日无事可为,一家子女何从糊口? 即以六日所入积为一日之用,抑或有所不能。故安息日可行于富贵者,藉以养身心,恣游览,其贫贱者不能行则听,亦王道不外人情也。若如西国教士之语,以此日为事天,而甚于禁食;夫天何日不当事,岂独此日哉? 苟一日事天,而六日违天,何益之有? 故善为治者,不必尽与西法同。③ 王韬提出的"应时应地变通论",为东方后起国家学习西方提供了正确的指导原则。这反映了他作为中国学贯中西的文化领袖所具有的远见卓识。但换个角度说,他的"道不外人情论"的确也带有一缕儒家道德主义思想的回光返照。这又反映了在他的思想深处保守主义的东西依然占据着一定的地盘。④

(二) 游观各地广交友朋

王韬素有"山水之癖",这早在1847年他第一次赴江宁乡试时就有所表现。以后在上海、香港、欧洲等地居住期间均不时出外游历。此次

---

① 王韬:《扶桑游记》,湖南人民出版社1982年版,第248页。
② 王韬:《扶桑游记》,湖南人民出版社1982年版,第231页。
③ 王韬:《扶桑游记》,湖南人民出版社1982年版,第232页。
④ 关于王韬思想中的保守成分请参阅本书第五章,第五节。

来日本，他更无具体的著译工作要做，因而把大量时日放在游历名胜、纵情山水之上。他先后访问过神户的千岛瀑，大阪的造币局，西京的天满宫、华顶山，东京及其附近的墨川、忍冈、浅草寺、飞鸟山、日光山等。每游一地，王韬总有诗文记载其胜。《扶桑游记》中有许多内容就是关于这一方面的。

日光山之游令王韬印象深刻。日光山距东京370里，"其地为故大将军德川家康庙貌所在，其子孙以霸天下之力、役众诸侯以经营之，土木丹青之盛。穷工极美，甲于天下"。① 在重野安绎、冈千仞等八位日本友人的陪同下，王韬于1879年8月1日至8月8日游观了日光山。他一方面被日光山的万壑争流、千岩竞秀的秀丽风景所陶醉，感叹该山"寺刹满山，楼台凌汉"，是"神灵窟宅"；②另一方面也为日光山的人文历史变化而唏嘘不已，他在游记中写道，"（日光山大谷川口）其泉出于中禅寺，而末流则为绢川，自上奔注于下，喷雪溅珠，澎湃之声，铿訇震耳，觉心神为之顿爽……松柏葱郁，宫殿峥嵘，即德川氏诸庙也。向者幕府盛时，四方诣山住宿者，侯伯有二十六院，幕府诸官有八十坊，连甍对宇，栉比蝉联，结构之雄，世所罕俪。大政维新一时无诣山者。因是院坊僧侣无所得食……俯仰今昔，不禁盛衰之感。"③

在游历各地的过程中，王韬结识了一大批日本人士。与他时相过从的日本人士大多数是汉学功力深厚的"日本文士"，与王韬有对话的语言与文化基础。王韬后来回忆说，他在日本是"遍交其贤士大夫。一时执贽请受业者，户外屦满。壶觞之会，坛坫之升，无日无之"。④

细分王韬与之唱和的这些"日本文士"，大约可归为三类：

第一类可称为日本民间的中国文化倾慕者，他们是身份简单的学者，与政府基本上没有关系，如增田贡精通中国古典史籍，著有《清史揽

---

① 王韬：《扶桑游记》，湖南人民出版社1982年版，第279页。
② 王韬：《漫游随录·扶桑游记·自序》，陈尚凡、任石亮校点，第30—31页。
③ 王韬：《扶桑游记》，湖南人民出版社1982年版，第286页。
④ 王韬：《弢园文录外编》卷十一《弢园老民自传》，清光绪九年香港排印本。

要》一书,常去中国驻日使馆与黄遵宪等中国官员用汉语"笔谈"切磋。①本多正纳熟悉中国稗史小说,著有《清史逸话》。② 重野安绎是明治时期日本"汉文三大家"第一人,在近代西风日炽的背景下,他力主"汉化日本",提出"支那不可辱""汉文不可废"的主张。

第二类为西学倡导同路人,如《报知新闻》主笔栗本锄云在幕末时代曾任外交官,后因主张学习西方而遭贬,明治维新后拒不出仕,继续提倡西学不遗余力。③《报知新闻》社长藤田茂吉(1852—1892)是福泽谕吉的弟子,日本众议院议员,著有《文明东渐史》,"尝读洋书能通泰西事情。平日尤留意于东西交际之事,议论所及揽领捉纲,灼然能见其大"。④ 冈千仞(1833—1914,字振衣,号鹿门)精通汉学与西学,明治维新后,曾任修史馆编修官、东京图书馆馆长等职,与中国驻日公使何如璋、黎庶昌以及其他使馆成员均有密切交往,著有《美国志》《法国志》《英国志》等书,"于泰西情形,了然若指诸掌"。⑤ 中村正直(1832—1891,别名敬宇)精通儒家经典,1862年即升为"御儒者",并通英文和西学。1866年他作为领队率12名日本少年去英国留学,眼界大开。归国后将英国斯迈尔斯 *Self-help* 一书译成日文,定名《西国立志篇》,对日本的文明开化功劳卓著,王韬称他"后通洋学,学业大进,摄理师范学校事,治校期间意欲编译西国史以行于世"。⑥ 1875年4月中村正直曾在《明六杂志》第35号发表《论支那不可侮、不该侮》文章,论述不应蔑视中国的理由。他认为,中国"发明有用器具甚多,非本邦所能及","倘若支那学欧美,其见识或将超过欧美"。他批评那些学了一点欧美皮毛便蔑视中国的日本人,其情形"恰如身穿他人之华美服饰而蔑视衣着简

---

① 参见王韬《扶桑游记》及实藤惠秀、郑子瑜编校《黄遵宪与日本友人笔谈遗稿》,早稻田大学东洋文学研究会1968年版。
② 王韬:《弢园文录外编》卷九《清史逸话·序》,清光绪九年香港排印本。
③ 王韬:《扶桑游记》,湖南人民出版社1982年版,第214页。
④ 王韬:《扶桑游记》,湖南人民出版社1982年版,第207页。
⑤ 王韬:《扶桑游记》,湖南人民出版社1982年版,第201页。冈千仞以后于1884年来华游历一年,第一站便是在上海会见老友王韬,后陆续访谈官员文士二百人,包括李鸿章、张之洞、盛宣怀、李慈铭、俞樾、袁昶、沈曾植、龚易图等,极力主张中国变法图强。他以日记体把在华旅程写成《观光纪游》。
⑥ 王韬:《扶桑游记》,湖南人民出版社1982年版,第218页。

陋之人也"。①

第三类为熟悉汉文化而又与日本政府关系密切的文化人,他们一方面精通和喜欢汉学;另一方面肩负日本政府秘密使命,出言行事以日本国家利益为重心。如佐田白茅(字直宽,号白茅、伯茅,别号闲放)为明治政府的外交官,曾被任命为"东征军务官知事",深入朝鲜调查日本侵占的可能性,1870年就提出"征韩论",建议"全皇国为一大城,则若虾夷(北海道)、吕宋、台湾、满清、朝鲜,皆皇国之屏藩也。虾夷业已从事开拓,满清可交,朝鲜可伐,吕宋、台湾可唾手而得矣。"②冈本监辅著有《万国史略》,"有志于泰西掌故",熟知西学情伪,③他既是民权运动的提倡者,也是"合纵论"鼓吹者,提出"当此欧美各国觊觎东亚之际,日清两国以合纵为急务。"他曾为樽井藤吉《大东合邦论》一书作序,推崇樽井藤吉"我日韩宜先合,而与清国合纵,以御异种人之侮"的并韩联清观点。④ 1875年,他还亲自来到中国,周游北京、东北、华中各地,以"日清合纵论"向朝野游说。⑤ 冈本监辅有日本军方背景,他的中国之行就是由陆军省参谋局嘱托和资助的。他提倡的"兴亚",其实是以"大陆经营"为根本出发点的。⑥

王韬赴日之际,正是日本"兴亚"说盛行之时。不论上述三类日本文化人与日本政府有无联系,他们都举着"同文同种""振兴亚洲"的旗号。这对来自正被欧洲列强欺侮之国的王韬极富吸引力和迷惑性。王韬似乎没有发现这些日本文化人之间有什么不同,一概以"东瀛友人"对待。这反映了王韬在情感方面的单纯,也反映了他在外交认知方面的幼稚。19世纪70年代正值日本走上对外侵略道路的"加速期",日本出兵台湾和吞并琉球事件相继发生,世界舆论为之一片哗然,作为身处香港的中国知识精英,王韬是应该能感受到来自日本的咄咄逼人的侵

---

① 信夫清三郎:《日本政治史》,第一册,上海译文出版社1988年版,第471页。
② 转见于王芸生《六十年来中国与日本》第一卷,三联书店1980年版,第117页。
③ 王韬:《扶桑游记》,湖南人民出版社1982年版,第248页。
④ 中岛真雄:《对支回顾录》(下卷),大日本教化书株式会社1941年版,第355页。戚其章:《日本大亚细亚主义探析——兼与盛邦和先生商榷》,《历史研究》2004年第3期,第140页。
⑤ 中岛真雄:《对支回顾录》(下卷),大日本教化书株式会社1941年版,第127—128页。戚其章:《日本大亚细亚主义探析——兼与盛邦和先生商榷》,《历史研究》2004年第3期,第137页。
⑥ 戚其章:《日本大亚细亚主义探析——兼与盛邦和先生商榷》,《历史研究》2004年第3期,第139页。

略锋芒的。可惜从他的《扶桑游记》中,我们看不到这方面的片言只字。①

王韬始终保持一个自然人的身份与日本友人自由交往。他出语直率,行事豪放不羁,绝无做作之态。他住在重野安绎家时,"室广数筬,矮屋打头,床蓐枕几不尽具",可他起居欣然,"若意安之者","时杂以谐谑",以至重野安绎一家不时"相共辊然大笑"。②

与日本朝野的亲密交往以及后者对他所表现出来的热情与敬重,颇使在国内遭受冷遇的王韬激动不已。有一次当重野安绎向他说:"或序先生之文,谓为今时之魏默深。默深所著《海国图志》等书,仆亦尝一再读之。其忧国之心深矣。然于海外情形,未能洞若蓍龟;于先生所言,不免大有径庭。窃谓默深未足以比先生也。"他听后无限感慨地说:"呜呼!苔岑之契、金石之交,乃得之于海外,此真意想所不到者也。"③作为报答,他对日本友人的"文字之请"也是有求必应。他曾应邀为《报知新闻》书写多幅大幅草书,为日本学者的著作作序题跋几十篇。④逢有日本文人兴社集会,他也每每到场助兴,发表演讲。更重要的是,日本朝野对他的热情接待,使王韬自觉放弃了对"同文同种"的日本的警惕,他说:"东国之贵官文士待予殷拳若是,亦可见两邦之亲睦矣。"⑤这种"自我缴械"的心理倾向在日本出兵台湾、吞并琉球和染指朝鲜的时代背景里是十分不合时宜的。

值得一提的是,王韬在日本还时常有"买醉红楼"之举。这引起一些日本人士对他"略有微言"。他为此辩解说:"信陵君醇酒妇人,夫岂

---

① 日本"兴亚"说在早期有极大的欺骗性,大部分国人因对"同文同种"的日本存有相互抱团取暖的期待,都未能看出它的"征亚"实质,甚至连负责外交和国防的官员也受其迷惑,同声附和,如黄遵宪在"兴亚会"成立后有《呈有栖川炽仁亲王》诗:"同在亚细亚,自昔邻封辑,譬若辅车依,譬若犄角立。所恃各富强,乃能相辅弼。同类争奋兴,外侮自潜匿"(黄遵宪著,钱仲联笺注:《人境庐诗草笺注》,上海古籍出版社1981年版,第247页)。北洋水师提督丁汝昌有《赠宫岛诚一郎》诗:"同舟车书防外侮,敢夸砥柱作中流"(中岛真雄:《对支回顾录》下卷,大日本教化书株式会社1941年版,第1466页)。戚其章:《日本大亚细亚主义探析——兼与盛邦和先生商榷》,《历史研究》2004年第3期,第138页)。没有任何行政经历的王韬未能看出"兴亚"背后的日本外交动机也就不足为奇了。
② 王韬:《扶桑游记》,《重野安绎·序》,湖南人民出版社1982年版。
③ 王韬:《扶桑游记》,湖南人民出版社1982年版,第202页。
④ 仅据《弢园文录外编》统计,王韬为日人所作序与跋就有17篇之多。
⑤ 王韬:《扶桑游记》,湖南人民出版社1982年版,第179页。

初心？鄙人之为人，狂而不失于正，乐而不伤于淫。具《国风》好色之心，而有《离骚》美人之感。光明磊落，慷慨激昂，视资财如土苴，以朋友为性命。生平无忤于人，无求于世。嗜酒好色，乃所以率性而行，流露天真也。如欲矫行饰节，以求悦于庸流，吾弗为也。……世但知不好色之伪君子，而不知好色之真豪杰，此真常人之见哉！"①

他的解释获得了冈千仞的认同。冈千仞写道：

盖先生慨欧人耽耽虎视，亲航欧洲，熟彼情形，将出其所得以施之当世，而未有所遇。于是遁迹海岛，俯仰感慨，举其郁郁不得于内者，托之声色豪华。信陵之于醇酒妇人，岂其所真溺爱哉？其心独苦也！余于先生，固悲其命穷矣。②

客观地说，王韬在日本"沉醉花丛"虽有其外在的社会原因，但那毕竟是王韬的"瑕疵之处"。因为它既不能使国家的现状得到丝毫改善，也不能使统治者从此之后有所警醒。它的惟一结果是，占去王韬大量的时间和精力，影响了他对日本作更深一层的考察。

王韬在日本共旅行居住了128天。到1879年8月，他倦游思归，拟返香港。归国起程之前，日本友人重野安绎、中村正直、寺田士弧、冈千仞等在东京中村海楼酒家设宴为他饯行。中国驻日公使何如璋、副使张斯桂、参赞黄遵宪等也被邀请参加。是日之会，"至者不下百人"，"冠裳跄济，可与葵邱践土之会后先争盛"，③王韬事后对盛宣怀夸耀说："东瀛之游，颇有豪气。临行，日本诸文士设祖帐于中村楼，自星使以下，至者百有余人。歌舞迭陈，管弦并奏，新柳二桥之粲者一时毕集，异方之乐亦可云盛矣。"④主客共推王韬坐首席"执牛耳"，位次在星使何如璋及张斯桂之上。蒙此推重，王韬自然又不免心潮起伏。他欣然提笔，作诗留别：

我之来兮春光非，我之去兮秋风起。

---

① 王韬：《扶桑游记》，湖南人民出版社1982年版，第246页。
② 王韬：《扶桑游记》，《冈千仞·跋》，湖南人民出版社1982年版。
③ 王韬：《扶桑游记》，湖南人民出版社1982年版，第301页。
④ 王韬：《弢园尺牍》卷七《与盛杏荪方伯》，光绪癸巳沪北淞隐庐本。

秋风起兮游子归,万重山兮千重水。
离情渺渺愁凄凄,相思不识何时已。
临行把酒劝重游,子其祝我倘无死。
子酌我兮金叵罗,我赠子兮玉版纸。
上写今日离别辞,中有泪痕流不止。
……
两国相通三千年,文士来游自我始。
敢云提唱开宗风,结社清华争倒屣。
某年月日我去来,大书特书补青史。①

日本友人亦即席唱和,或用诗称赞王韬学贯东西,或铺叙离情别意,或倡议中日两国永远唇齿相依,和睦相处。有一首本多正讷作的诗情感极其真挚。它写道:

骊歌高唱遽相离,难系佳宾万里思。
经世原因唇齿势,论心宁问旧新知。
吴山越水还家梦,春雨秋风过客诗。
临别殷勤何所语,天涯早计再逢时。②

同年8月22日,王韬正式告别起程。日本友人及中国驻日使馆官员几十人赴东京火车站送行。冈千仞、重野安绎、寺田士弧、佐田白茅等多人依依不舍,一直陪送到横滨改乘轮船方止步。临别之际,王韬"感友人之情深,叹别恨之难销",不禁泪水滂沱。

王韬为期128天的访日活动开启了近代中日两国文化界友好交往的大门。此后中日两国文人学士互访活动日趋活跃。不幸的是,后来的日本极端民族主义分子偏离了早期"兴亚"论轨道,转向了"征韩""征满"的对外扩张道路,并有意挑起了中日之间的甲午战争,这就玷污了王韬与日本民间文化人所开写的中日友谊篇章。这是力主中日世代友好的王韬所始料不及的"大不幸"。

---

① 王韬:《扶桑游记》,湖南人民出版社1982年版,第301页。
② 王韬:《扶桑游记》,湖南人民出版社1982年版,第304页。

第五章　中国新闻业先驱

至 19 世纪 70 年代初,中国社会依然处于民智未开和信息闭塞的状态。在清朝统治者"庶民不议"的愚民政策管制之下,中国文化人还没有建立起现代社会应有的"公共舆论空间"。官民之间、朝野之间、士农工商之间,意见几乎没有可资沟通的桥梁。从欧洲回到香港的王韬有意改变此一现状,于 1873 年毅然集资盘下英华书院的印刷设备,创办了中国境内华人所有的第一份华文日报《循环日报》,从而开启了中国现代新闻事业的先河。

王韬在《循环日报》筚路蓝缕的办报实践及其倡导的新闻理论是中国近代新闻事业的宝贵财富,为后来的中国新闻人在"公共舆论空间"的进一步拓展打下了基础。后代新闻史家因而对他在此一领域的贡献多有称道。林语堂称赞王韬是"中国新闻报纸之父"。[①] 洪深认为王韬的报刊编辑水平极为卓越,即使在 20 世纪的中国新闻界也很难找出比王韬更有水平的人。[②] 白瑞华则称王韬为香港早期中文报纸的领袖,其在报业的地位足与后来梁启超在杂志业的地位相颉颃。[③] 这些评价与王韬在中国近代新闻史上的功绩名实相符。

[①] Lin Yutang, *A History of the Press and Public Opinion in China*, Chicago, 1934, p. 11.
[②] 洪深:《申报总编纂"长毛状元"王韬考证》,《文学》第二卷,民国二十三年第六号。
[③] Roswell S. Britton, *The Chinese Periodical Press 1800-1912* Taipei, 1966, p. 86.

一 《循环日报》的创办及其特点

鸦片战争前后,西方传教士及商人在中国沿海口岸创办了一些报刊,其中大多为西文报纸,以西方在华人士为主要读者,如 Canton Register(《广州纪事报》)、Chinese Repository(《中国丛报》)、The China Mail(《德臣西报》)、Hong Kong Daily Press(《孖剌报》)等。

稍后,沿海口岸也出现了一些中文报刊,如《东西洋每月统纪传》、《六合丛谈》等,王韬曾有专文论述"日报渐行于中土"的情形,在谈及华文日报时他这样写道:

> 华地之行日报而出之以华字者,则自西儒马礼逊始,所刻《东西洋每月统纪传》是也。时在嘉庆末年。同时,麦君都思亦著《特选撮要》,月印一册;然皆不久即废,后继之者久已无人。咸丰三年,始有《遐迩贯珍》刻于香港,理学士雅格、麦领士华陀主其事。七年,《六合丛谈》刻于上海,伟烈亚力主其事,采搜颇广。同时,有《中外新报》刻于宁波,玛高温、应理思迭主其事。同治元年,上海刊《中西杂述》,英人麦嘉湖主其事,嗣皆告止。①

外人所办华文报刊,其读者对象虽为中国人,其目的却是为了改变中国人对西方国家及宗教的固有看法,以利西方国家对中国的殖民侵略和文化征服活动。中国近代有识之士郑观应在《盛世危言》中这样写道:"中国通商各口,如上海、天津、汉口、香港等处,开设报馆,主之者皆为西人。每遇中外交涉,间有诋毁当轴,蛊惑民心者","则外国报道颠倒是非,任意诽谤,华人竟无华报与之争辩也。"②

应该承认,王韬办报的灵感、动机都得自于西人在华报业的启发和刺激。他曾在致友人的信中写道:"近在中国内地所设西人日报,其于中国往往毁多而誉少,于是未到中土之西人,从而疑我中国。此其厉害

---

① 王韬:《弢园文录外编》卷七《论日报渐行于中土》,清光绪九年香港排印本。
② 夏东元编:《郑观应集·日报上》,上海人民出版社1982年版,第346—347页。

所系实深。"①换句话说,中国人开办中文报刊在19世纪中叶已经是救亡图存迫在眉睫的当下急务。王韬有心荷承使命,创办一份中国人自己的报纸。

王韬选择办报作为自己的职业还有其特殊的个人情由。对他来说,办报虽然是一行新鲜职业,但也不是完全陌生的事情。早在上海"佣书西舍"时期,他就接触到印刷和出版事务。他供职的墨海书馆本身就是一个印书局,是英国《字林西报》的附属机构。他的雇主麦都思还是中国境内早期中文期刊《遐迩贯珍》的创办人。王韬在墨海书馆的外国同仁伟烈亚力、慕维廉、艾约瑟等都是该刊的主要撰稿人。1857年1月,上海第一份现代意义上的中文月刊《六合丛谈》创刊,主编为伟烈亚力,主要撰稿人为慕维廉、艾约瑟等。王韬在沪期间参与了这两份报纸的编撰工作。和"佐译圣经"一样,王韬主要是负责校对和润色这两种报纸的文字。王韬曾在1859年3月1日的日记中写道:"西人凡于政事,无论巨细,皆载于新闻纸,诚能得其月报,将所载各条一一译出,岁积月累,渐知其深,则其鬼蜮脏腑无遁情矣。"②显然,他当时在日记中写下的话语是有感而发。③

赴港之后王韬更多地接触到印刷与报刊业务。他所供职的香港英华书院是一个学校兼印书局的二合一机构,新雇主理雅各本人也兼有伦敦布道会出版局监督的头衔。王韬在与理雅各共事的近十年的时间里,对报纸的出版编辑工作自然十分熟悉。他自己在1864年前后兼任《孖剌西报》的中文附录《近事编录》的编辑工作,这更直接地为他办报积累了经验。④

1867年后王韬在欧洲"作汗漫之游"两年有余,在此期间更直接认识到新闻报刊对国政和民生的重要作用,认识到西方国家制造之精、制

---

① 王韬:《弢园尺牍》卷九《代上黎召民观察》,光绪癸巳沪北淞隐庐本。
② 方行、汤志钧整理:《王韬日记》,中华书局1987年版,第85—86页。
③ 只不过此时的王韬还没有意识到自己有责任创办报纸,新闻价值观也未彻底从落后的华夷观里剥离出来。1855年,他的好友孙惜庵向他索要《遐迩贯珍》,他在回信中甚至对孙大加斥责:"承索《遐迩贯珍》,但此糊窗覆瓿之物亦复何用? 徒供喷饭而已! 此邦人士,蹞等而进,才知字义,已矜著述,秉笔者半属落魄商贾,恒钉未学,欲求其通,是亦难矣!"见王韬:《弢园尺牍》卷二,光绪癸巳沪北淞隐庐本。
④ Roswell S. Britton, *The Chinese Periodical Press 1800-1912*, Taipei, 1966, p. 42.

度之美、民风之好是与西方社会的舆论公开、信息开放、报刊传播媒体的发达互为因果。他稍后在不同场合不厌其烦地表述这一观点：

> 西国日报之设所关甚巨。主笔者得持清议，于朝纲国政颇得参以微权……（泰晤士报）总主笔虽无职位于朝，而名贵一时，王公大人皆与之交欢恐后，常人求见者罕睹其面，是以人皆愿为是馆总主笔，而不愿为英国之宰臣。宰臣之所操者，朝权也，而总主笔所持者，清议也。①

> 日报之于泰西诸国，岂泛然而已哉？所载上关政事之得失，足以验国运之兴衰；下述人心之事，亦足以察风俗之厚薄。凡山川之形胜，物产之简番，地土之腴瘠，邦国之富强，莫不一览而了然，其所以见重于朝野，良有以哉！②

泰西诸国报纸的地位在国家之上，已经实现一种报纸主导政策制定的局面令王韬眼界大开。报纸或报人乃"无冕之王"的意识已经在他脑中萌发。既然自己读书致用的抱负在现实科举仕途上"不获如志"，为什么不能通过办报来实现自己的抱负呢？

自欧回港后，王韬几乎处于半失业状态。他也不得不把主要精力放在撰写文章和编辑报纸上，从而获得"糊口"之资。③ 1872年前后，王韬担任了《华字日报》的主笔，并在该报上连日发表他的新作《普法战纪》。同一时期的《申报》有这样一段文字涉及王韬与《华字日报》的关系："其主笔为黄平甫及王君紫诠，飞毫濡墨，挥洒淋漓，据案伸笺，风流蕴藉，盖二君留心世事，博通中外之典章，肆力陈编，宏备古今之渊鉴，政刑措置，尽托闲谈，朝野见闻，总归直笔，不第供夫乾撰志夫虞初而已也。"④1873年，王韬干脆联合好友黄胜等人集股一万墨西哥银圆买下伦敦布道会印书局的印刷设备，成立了自己的中华印务总局。中华印

---

① 王韬：《西国日报之盛》，《循环日报》1874年2月12日第3版。
② 王韬：《重订法国志略》卷二十一，光绪己丑弢园老民校刊本，第29页。
③ 王韬赴港后除佐助译经而得理雅各有限"润笔费"以外，无其他正常生活经济来源。理雅各回英任教后他的"佐译"收入也顿告断停。王韬不得不为"果腹"而劳碌奔波。自欧回港后他曾一度打算加入曾国藩的幕僚队伍"糊口"，但旋因曾国藩去世而未果。
④《本馆自述》，《申报》1872年5月8日第1版。

务总局的排印能力和装帧质量在当时都独步一时，王韬的《普法战纪》、广州英国传教士湛约翰的《英粤字典》、上海出洋总局教习邝其照的《华英字典》等都曾在该总局印行。所有这些新闻与出版方面的经历与经验，为王韬创办《循环日报》提供了条件和基础。

在王韬奔走联络下，1874年2月4日《循环日报》正式创刊。王韬为"正主笔"，陈蔼廷为"总司理"，梁鹤巢、冯明珊、陈瑞南等为"值理"，"皆系同人所公举"。① 报纸的所有权归中华印务总局。同一时期的上海《申报》为此发表专文予以庆贺："香港新开日报一事，名之曰《循环日报》，除礼拜日外每日刊发一张，系属香港中华印务总局倡设。昨已寄到报纸，披阅之余，则见闻广大，笔墨精雅，正主笔仍系王紫诠先生，其余帮办，想亦皆属积学名士，故能识见高明文藻渊博如此，其式样与中外新闻、华字日报两种相仿。周年收取印费五元。夫新报一事，可以开扩见闻，通达世故，实能与读书籍古之事相为表里，故本馆希望报馆多设，于博览周知之士大有裨益。兹于循环日报初开，特书此以志庆幸云。"②

王韬在中华印务总局的合伙人黄胜于1873年5月受命带领30名幼童赴美留学，其在印务总局和报社的一切事务均交王韬打理。所以，自创办之日到1884年王韬离港回沪，十余年间《循环日报》都是由王韬主持。在王韬的主持和经营管理之下，《循环日报》成了那一时代最为成功的华人华文报纸。

《循环日报》是中国历史上第一个由中国民间文化人创办的现代报纸，其创办伊始就表现出不同一般的个性特征。第一，它是日报，除每个星期天以外，它坚持按日出版。1875年到1876年间王韬还精选日报上发表的重要记事消息、政论，汇编成每月一期的月刊，附日报发行。第二，它是由中国人完全自办自营自编自写的独立报纸，它的出资人、总主笔、总司理、撰稿人均为中国人。如中国最早留美归国学生黄胜，留英学习法律的伍廷芳、何启，王韬的女婿钱征，广东秀才洪士伟，报纸

---

① 《中华印务总局告白》，《循环日报》1874年2月5日。
② 《香港新设〈循环日报〉馆》，《申报》1874年2月13日第2版。

翻译后为香港富商的胡礼垣等都是《循环日报》的"圈内人"。《循环日报》在开张布告中也写道，本局"所有资本及局内一切事务，皆我华人操权，非别处新闻纸馆可比"。① 王韬对华人主持办报一点甚为重视，认为这是摆脱西人束缚、独立发表见解的前提。他说，自中西通商后，香港、上海相继仿行报纸，但"主笔之人虽系华人，而开设新闻馆者仍系西士，其措词命意，未免径庭，即或扬厉铺张，尊行自负，顾往往详于中而略于外，此皆由未能合中外为一手也。欲矫其弊，则莫如由我华人日报始"。② 第三，《循环日报》最根本的特征，是《循环日报》的政论色彩。报学史专家戈公振曾指出："该报有一特色，即冠首必有一篇论文，多出自王氏手笔，取西制中适合我国者，借以讽刺清朝的改革。《弢园文录外编》即为集该报论文之精华而成。其学识之渊博，眼光之远大，一时无与甚。"③ 美国中国近代史专家柯文（Paul A. Cohen）教授亦指出："在近代中国史的初期阶段，报纸一般都是作为专门赚钱的手段，几乎没有对社会各种问题表示态度，或努力影响舆论的。王韬的报纸是一例外，其显著特征，就是几乎全由王韬亲手写成的定期政论。"④ 确切地说，《循环日报》的政论刊登在第二版的"中外新闻"栏内，而且往往每期不止一篇。⑤ 如1874年7月9日（同治十三年五月二十六日）的版面上就登载了《论铁甲战舰》《论人不可恃智力》和《论吴淞口宜修筑炮台》等三篇论文。据日本学者西里喜行的研究，单根据日本国会图书馆及东京大学法学部的明治文库所藏的不完全的《循环日报》和《申报》所转载的文章统计，《循环日报》从1874年5月12日（同治十三年三月二十七日）到1885年12月10日（光绪十一年十一月五日），就发表了政论文章约

---

① 《本局布告》，《循环日报》同治十二年十二月二十六日，夏良才：《王韬的近代舆论意识和〈循环日报〉的创办》，《历史研究》1992年第2期，第165页。
② 王韬：《倡设日报小引》，《循环日报》同治十二年十二月二十六日，夏良才：《王韬的近代舆论意识和〈循环日报〉的创办》，《历史研究》1992年第2期，第165—166页。
③ 戈公振：《中国报学史》，三联书店1986年版，第154页。
④ Paul A. Cohen, *Between Tradition and Modernity*: *Wang Tao and Reform in Late Ching China*, Massachusetts, Harvard University Press, 1974, p. 78.
⑤ 《循环日报》共有四个版面，第一版为行情版，主要刊登行情消息、船舶货价，将此版置于头版，主要是因为考虑到香港乃商业社会，工商人士是其主要读者；第二版和第三版为新闻版，即时事发国内外新闻，总字数在六七千字左右，内有"千字政说"或"弢园述撰"，主要刊载王韬的政论文章；第四版为各类告白。

890篇。① 这些政论中的绝大多数都是王韬的手笔。为了撰写这些政论,王韬几乎把所有的精力和时间都花在上面了。他在致郑藻如的信里叙述当时马不停蹄地"握管连写"的情形说:"自撰日报以来,境比丝纷,事同猬集,终日握管,手为之疲,几于万言倚马……虽笔墨之间,不求刻画,而才尽之叹因之。"②

《循环日报》的政论特色是与王韬创办《循环日报》的指导原则相关联的。出自王韬之手的《本馆日报略论》曾明确地表示,《循环日报》不仅要将国内外要事消息汇于一纸,而且要毫不隐讳地表述报社的看法和主张,"借彼事端发挥胸臆,以明义理之不诬,报应之不爽"。③ 也就是说,王韬及其同仁的办报宗旨一方面是传播西学新知,沟通内外信息,打破国人"拘守于一隅而不屑驰观乎域外"的闭塞状态;另一方面是借题发挥,阐述见解,引导舆论,大力推进富强和改革活动在中国的全

王韬《弢园文录外编》扉页

面展开。从西里喜行所列《循环日报》政论目录和国内学者夏良才先生在香港所见到的《循环日报》胶片的题目看,王韬揉议论于消息之中、积极针砭现实、干预生活的办报原则是一以贯之的。如"富强要策"(1874年2月5日)、"法辟议院"(1874年2月10日)、"日本设立议院"(1874年4月17日)、"纪星使往核古巴华佣事"(1874年7月11日)、"论台湾实为中国重镇"(1874年7月16日)、"论欧洲近事"(1878年3月13日)等论文都是与社会焦点问题息息相关的"夹叙夹议"。王韬自己后来在与日本报人的交往中谈及他的办报情形说:"年来我亦持清议,眷

---

① 《东洋史研究》第43卷,第3号,昭和59年(1984年)12月,译文见于中国社会科学院近代史研究所编:《国外中国近代史研究》,第10辑,中国社会科学出版社1988年版。
② 王韬:《弢园尺牍》卷十《上郑玉轩观察》,光绪癸巳沪北淞隐庐本。
③ 《本馆日报略论》,《循环日报》月刊本,同治十二年十二月十八日,夏良才:《王韬的近代舆论意识和〈循环日报〉的创办》,《历史研究》1992年第2期,第161页。

言家国怀殷忧,论事往往撄众怒,世人欲杀狂奴囚。"①借事生议,痛击黑暗,臧否人物,倡导改革舆论,以致顽固守旧之士觉得如芒刺在背,必欲囚之、杀之而后快,于此可见《循环日报》政论鞭辟现实之深。把办报的宗旨从营利赚钱拓展到开通民智、把报纸的功能从单纯提供新闻消息拓展到议事论政,是中国近代新闻史的革命,它意味着中国近代报纸社会价值的提升,也标志着王韬近代舆论意识的发育成熟。

《循环日报》的独特风格,特别是它有一群学贯中西而又不受大清律令约束的编撰人员,能够云别人之未能云、言别人之未敢言的特点,使它获得了广泛的欢迎,其发行量处于同一时期各报发行量之首。它的发行处星罗棋布,遍及四方,"省会市镇及别府州县并外国诸埠,凡我华人所驻足者,皆有专人代理",计有:广州省城数处,沙面、河南各一处,澳门二处,国内还有佛山、东莞、虎门、厦门、福州、牛庄等处;海外的有京都、横滨、安南、星加坡、边能埠、旧金山、新金山、雪梨埠、庇鲁埠等处。此外,凡汕头、宁波、上海、镇江、九江、汉口、烟台、天津、及日本的长崎、神户,均由"招商局代理"。②

《循环日报》的文章还广泛地被《申报》《华字日报》等中文报纸所转载。以上海《申报》为例,在王韬主持《循环日报》笔政的1874至1884年十年间,其重要政论往往选录《循环日报》政论,甚至新闻也直接标注"得自香港《循环日报》"。笔者曾以"循环日报"为关键词对《申报》数据库进行搜索,得到该十年的政论篇名及相关条目达470条。这说明王韬主持下的《循环日报》在19世纪七八十年代的确执掌了中国报纸草创时期的牛耳。

从《循环日报》的特点及影响力看,我们可以肯定地说,《循环日报》实实在在是一份中国资产阶级主张变法自强的"喉舌报"。它之所以得到正在成长起来的香港华人资产阶级的大力支持,其原因亦在于此。但是,王韬却为它起了一个令人猜不透的名字:"循环",引得后代史学家为此推测不已,莫衷一是。如戈公振认为"循环"就是指"革命",意指

---

① 王韬:《扶桑游记》,湖南人民出版社1982年版,第215页。
②《本局布告》,《循环日报》同治十二年十二月二十六日。

"太平天国的革命虽然失败,但可借报纸传播其种子,以致循环不已";①方汉奇认为王韬所谓的"循环"含义不是革命,而是他心目中亘古不变的"三王之道"和西方资产阶级的学术政治思想。② 柯文则认为王韬选择"循环"一词作为报名反映了他的循环史观,同时也可能隐含着王韬的信念,即中国一定会重新变成她原初那样的伟大国家。③ 笔者认为,分析"循环"的确切含义应与考察王韬的多元世界观和"运会观"及王韬个人曲折复杂的经历结合起来,予以多角度、多方面的理解。"循环"在这里至少有三重含义:一,天运循环,盛衰相继,历史上没有长盛不衰或长衰不盛的民族,中国目前虽然处在"衰"的阶段,但"衰"即"盛"之渐,只要把握机会,应天运而尽人事,亟图改革,就一定会由"衰"致"盛";同样道理,西方各国目前虽然处于"盛"的阶段,但"盛"也能趋于"衰",所以切不可恃强而凌弱,一意孤行。否则,天必将有以报之。从这一角度讲,"循环"是变法图强的代名词,也隐含着反对和谴责西方侵略的意思。④ 二,世界发展由合到分,再由分到合,呈现一种循环状态。目前存在的诸国林立的"分"是由原初的浑然一体的"合"演变而来的,未来也必然走向天下大同的"合"。所以,王韬的"循环"有世界大同、天下一体的含义,暗示《循环日报》的内容将不局限于中国一隅,而是面向整个世界。西方人将《循环日报》译为"The Universal Circulating Herald",恐怕也是从这一角度考虑问题的。⑤ 再者,王韬自认为是中国"学贯中西

---

① 戈公振:《中国报学史》,三联书店 1986 年版,第 153 页。
② 方汉奇:《中国近代报刊史》(上册),山西人民出版社 1982 年版,第 69 页。
③ Paul A. Cohen, *Between Tradition and Modernity: Wang Tao and Reform in Late Ching China*, Massachusetts, Harvard University Press, 1974, p. 77.
④ 王韬曾在《循环日报》发表《答西人论循环日报说》一文,专门回答西人对"循环"的质询。文中也是从这一层意思阐发的:"紫诠子曰:苟以目前观之则强弱之势似已形见,然强即弱之机,弱即强之渐,普国昔尝受制于法,而勃焉以兴,不过十数年间耳,是岂英法之所及料哉? 他若意大利以盟主而中衰,俄罗斯以地广而驳盛,日本改法以自强,暹罗求新而图治,皆近今数十年中事也。英国虽能善为持盈保泰,而俄改黑海之盟则不能止也。美国索亚拉巴麻之款,则不能逆也,见法之败于普,则不能救也。似乎数十年百年以前,英可以纵横于欧洲,至今日而地大物博,仅思以自保,虽人事使然,亦天为之也。天之所兴不能废,天之所亡不能存,不观夫罗马盛于汉,荷兰盛于唐,西班牙盛于宋,葡萄牙盛于明,而今竟何如? 印度向为亚细亚洲之强国,声明文物中于一时,西土之人大抵皆宗其学,而今其人蠢然如鹿豕。今日者西人之轻我中国也甚矣,每挟其所长以凌我。呜呼,是但知目前而已,未能默察天心,静观人事。"见《申报》1874 年 12 月 23 日第 4 版,选录香港《循环日报》。
⑤ Roswell S. Britton, *The Chinese Periodical Press 1800－1912*, Taipei, 1966, p. 42.

第一人"的世界性报人,所以,以"循环"命名也预示着他要把静止封闭的中国放到全球性的世界范围去考察,汇中外于一纸。三,"循环"也是王韬对个人经历的最高概括和对未来命运的期待。王韬一生经历坎坷,命运多蹇。从科举不第、弱冠失怙、佣笔西舍,到投书太平天国遭到通缉而遁迹海外,再到漫游欧洲、鼓吹西学以致封疆大吏不时垂询,"稍副时名",这些在王韬看来或许也是一个祸福相依的循环链,"天之所以厄之者,其即所以成之者"。他似乎意识到世间事物有互补性,一个人虽然不能成为大官,却仍然可以做大事;此业无成就,彼业却未必;今生不获知于"并世之人",千载之后却可能备受景仰。因为,世间的事情本来就是正反相成变化不已的。

19世纪70年代,中国社会总体上尚处在黑暗多于光明、保守多于革新、封闭多于开放的时期,知洋务、讲变通的敏锐之士仍属凤毛麟角,不成气候。大多数中国人还囿于成见旧习,"见有谈时务者,则曰大言不惭,见有谈外事者,则曰夺于外诱"。① 在这样的社会背景下,王韬把西方社会沟通信息与政见的重要手段——报纸引入中国,并把它的宗旨放在抨击时弊、扫除传统成见和倡导改革舆论的社会价值上面,的确反映了王韬作为资产阶级先驱思想家的伟大卓越之处。王韬宣告了中国思想家倡导改革的古典方式的式微和近代方式的诞生。在他之前,中国改革思想家一般都是以著书立说或书信往来传递他们的改革要求,因而影响面狭窄,往往撞不开巨大而沉重的黑暗闸门。自王韬之后,新一代资产阶级思想家们不再囿于传统思想家著书立说和书信往来(包括上书皇帝)那种对改革的呼唤方式,而把创办报纸、诉诸公众舆论作为提出政治诉求的更有力的"施压杠杆"。晚清资产阶级思想家和革命家,从严复、康有为、梁启超,到孙中山、章炳麟,无一不把倡导变革与办报联系起来。从这个角度讲,在中国从传统社会向现代社会的转进过程中,王韬无疑也具有"革命者"的历史地位,其披荆斩棘、开拓未来之功永远彪炳史册。

---

① 《本局日报通启》,《循环日报》同治十二年十二月二十六日,夏良才:《王韬的近代舆论意识和〈循环日报〉的创办》,《历史研究》1992年第2期,第162页。

二 《循环日报》的早期新闻实践

王韬主持《循环日报》的十年,正是中国历史上的"多事之秋"。日本图谋侵占台湾、吞并琉球、染指朝鲜,俄国觊觎伊犁和东北,英、法、荷、葡等国窜据南洋和东南亚等等事件连环发生。作为华人的第一张日报,《循环日报》处在内外交集的风口浪尖之上,其一言一语左右着舆论的向背,影响着历史的走向。

王韬在《循环日报》创办之初就曾表示:"日报立言,义切尊王,纪事载笔,情殷敌忾,强中以攘外,诹远以师长,区区素志,如是而已。"① 既然要以"强中以攘外""诹远而师长"为宗旨,便无法回避对上述现实问题的揭示与议论。事实上,《循环日报》对中国边疆危机与中外相应交涉的新闻报道、事件调查、历史考证和分析评论占据了这十年的主要版面。透过这些版面的文字内容,我们可以看到主办人王韬强烈的危机意识与民族情怀。

(一)《循环日报》对日本侵略台湾和琉球的报道与评论

1871年11月,日本以琉球流民在台湾被杀为借口向中国政府提出交涉。中国政府声称"番民杀琉民"为中国内务,与日本无涉。1872年日本直接要求琉球国王接受其藩王封号。1874年2月6日,日本又通过《台湾番地处分要略》,随即于4月派陆军中将西乡从道率军侵入台湾,并于7月在龟山建立所谓"都督府"。清政府派福建船政大臣沈葆桢率军直赴台湾,积极备战。双方僵持数月,最后日本政府考虑到一时无法武力占领台湾,转以外交讹诈手段强行勒索中国"兵费"50万两。日本出兵台湾暴露了日本向外扩张的野心。1879年,日本进而正式武力吞并琉球,改设冲绳县。

《循环日报》创刊之初正值日本图谋占据台湾与琉球之时。为揭露日本阴谋伎俩,提醒当道和一般民众保持警惕,亟求振兴之道,《循环日

---

① 王韬:《日报有裨时政论》,《循环日报》同治十二年十二月二十日。

报》针对台湾、琉球问题发表了大量新闻报道和政论文章。据笔者粗略统计,自创刊之日至王韬1884年离港赴沪,《循环日报》发表的有关台湾、琉球问题的考证文章、新闻评述及政论文章多达60篇,其中1874年创刊当年发表的涉及"台琉问题"的就有30多篇。有些文章仅从篇名就可看出报纸的好恶取向,如《论日本伐台湾生番之难》《论日本侵犯台湾事》《论日本使臣之言不可信》《论台湾实为中国重镇》《论新疆台湾皆中国必不可弃之地》《论台湾防守》《琉球琐纪》《琉球朝贡考》《论中东协商琉球事》《辩琉球属于我朝》《驳日人言取琉球有十证》《琉球难民不应交日本领事》《琉球臣服中国考》《琉球向归日本辨》《论琉球欲图恢复》等文章都是强调台湾是中国固有国土和琉球是中国固有藩属,谴责日本编造口实蓄意霸占的侵略行径的。

王韬从考古、历史文献、国际法与现实国际交涉实践等多个方面驳斥了日本政府的所谓"琉球属日证据",其爱国旗帜十分鲜明,其辩论逻辑更是条分缕析,雷霆万钧,矛头直指日本侵略歪理之软肋。试以《琉球向归日本辨》一文为例,以见王韬辨锋之犀利。

王韬在该文首段首先正面叙述琉球唐宋以后渐通中土,明初入贡,明太祖赐以闽人善操舟者三十六姓,修职贡甚谨。本朝体恤其艰,许其三年一贡,并许其贩卖中土之货,免其关税。所以,琉球是"累世效职贡,受正朔,籍中朝之威灵,作东海之藩服以迄于今"。① 然后笔锋一转,亮出对方所谓琉球自古属日之理由——抽丝剥茧,逐层痛加批斥。文章写道:

> 自日本用兵台湾,意为琉球问罪生番,明目张胆,遂以琉球为内属,通国之人皆谓琉球向已臣服日本,列于屏藩,而其入贡于中国也则不过二百余年间耳。此言也,未知其所自来,如谓出自日本史册,则实有大谬不然者。彼谓唐开元二十三年,日本圣武天皇天平七年,琉球已纳税贡于日本,日人测量琉球海面浅深,建立石牌。今按此言实由杜撰。考《大日本史》:文德天皇仁寿三年秋,僧圆珍附唐商钦良晖舶赴唐,路遭飓风漂至琉球,遥见数十人执戈矛立岸

---

① 王韬:《弢园文录外编》卷五《琉球向归日本辨》,清光绪九年香港排印本。

上。良晖哀号曰:我等将为琉球所噬,若何?圆珍祈佛,忽得东南风,获免。按其时为唐宣宗大中七年,相距彼言纳贡之时一百十八年,日本人应与之久相稔熟,何以祈佛求免,一若从未相通者耶?此其可疑者一也。测量海道,志其浅深,此泰西诸国立约通商之后,航海舟师方传此法,在唐千余年前,何得有此?盖伪造之言,一时流露于不自觉。此其可疑者二也。彼谓明正统六年,日本后花园天皇嘉吉元年,萨峒摩将军统兵征讨高丽,借粮于琉球,又谓万历三十七年,日本后阳成天皇庆长十四年,以琉球国土封萨峒摩将军,征其地税,岁贡米千石,定律十有五条。此说亦属荒谬,而事非无因。考《大日本史》:萨摩人河边通纲,乖赖朝旨(日本关白),亡匿鬼界岛中(琉球别名),后鸟羽天皇文治四年,即宋淳熙十三年,遣兵击鬼界岛降之。此为琉球始通日本之证。至日本曾取琉球,亦见于史。庆长十四年,义久取琉球,然十六年即书琉球入贡,则其立即释归可知矣。若其要立条约,亦事之所有,要不能如是之苛细也。考《大日本史》云:及足利氏执兵权,琉球遣使贡方物,自后以时来贡,萨摩岛津氏世掌接伴云。此即彼所谓日本王将琉球封萨峒摩将军者也。不知世掌接伴,不过职贡之年,使臣入境中,彼为之接伴耳。日史纪载甚明,岂得妄云以国土畀之也哉?……当日本孝谦天皇天平胜宝五年,即唐元宗天宝十二年,使臣藤原自中国回,漂流琉球,候风十余日,得南风而发,是则日本之通于琉球实后于我国矣。日史又云:长宽承安间,即中国宋孝宗时,十二岛中,内属者五,不属者七,嗣有叛人逃匿岛中,乃率师讨之,以慑服岛人,掠一人而还,于是岁纳绢百匹。足利氏立,始贡方物。考足利为上将军,盖在元季明初,其时琉球久为我国贡献之邦矣。然则琉球之在日本,地虽相接,而会朝聘问反在中国之后,今据其史册稽之,斑斑具在,夫岂能与我争哉?①

王韬进而指出,日本当局提出的琉球属日理由不仅无根无据,而且大有杜撰伪造之嫌,存在八大"可笑之处":自明以后,琉球臣服中国,入

---

① 王韬:《弢园文录外编》卷五《琉球向归日本辨》,清光绪九年香港排印本。

贡有定期，立王有敕封，岂三百余年来日本如聩如聋，毫无闻知耶？其可笑一也。日本与泰西诸国通商之前，琉球已与西人往来。英国牧师波白于道光末年至彼传教，赁居数年。是时日人方深恶外教，琉球既为其内属诸侯，何不即往责问，而乃任其如是？其可笑二也。当美国军舰至日本强请通商，日人始不肯从，美国水师泊舟于琉球境上，购置食物，与之交际往来，互通使问。琉人告之曰国事一切由王自主，不归日本统辖。当时未闻日人驳诘琉球一言，其可笑三也。美国公使柏利既至日本立约，1854年复往琉球那霸立约，当时未闻日本谓其为内属诸侯，勿需立约，则琉球为自主之国明矣，其可笑四也。日本声称琉球先王与日本有亲戚之谊，姻娅之欢，即使此事为真，亦不得以为臣属也。即如英国长王子娶于丹麦，二王子娶于俄国，丹、俄两国当为英所属乎？其可笑五也。日本诸藩纳还版籍在明治元年，琉球既为内藩，何以至十二年始以兵威胁之。日本国说明治五年九月册琉球王为藩王，则知此前琉球未尝为内藩，且内藩从未闻有称王者，其可笑六也。1372年，中国征服琉球，岁时贡献，史不绝书，迄至今日，未曾有断，遐迩无不闻知。如《中山传信录》《琉球国志》《使琉球记》《琉球入学见闻录》，日本国中久已刊行，儒士引用，据为掌故，几于家喻户晓，岂有不知？此不但欲掩天下之耳目，并欲塞一国中人民之见闻，其可笑七也。至讨罪台湾，尤昧于理。其始托言劫掠小田之民，继乃及琉球漂民，中国大度包容，勉徇英国公使之请而成和议，其所订条款两端，未尝一字及琉球，载在盟府，人所共见。乃遂欲以此指琉球为日本属地，掩耳盗铃，其可笑八也。王韬最后的结论是，按之图籍，考之流传，日本人以琉球为其所属是强词夺理，毫无确据，是应需捏造，意在霸占。①

王韬在同一时期的《循环日报》上几乎每周都要发表这样的驳斥日本的考证和评论文章，而他又往往慧眼独具，言他报之未言。如在《论东瀛近闻》一文中，他不仅指出："日本之图并琉球，处心积虑为日已久矣，而特不知中国情形若何，故未敢仓促举事，自台湾一役假手于生番，藉词为琉球难民报复，早已志在鲸吞，势将蚕食，适当中国时事孔艰，不

---

① 王韬：《弢园文录外编》卷五《琉球向归日本辨》，清光绪九年香港排印本。

欲再启衅于海外，允赔兵饷相与议和罢兵，日人之计遂喜得行，因以赔款要结琉球，又患无名，特购轮船馈与，以市恩而鸣惠，此时心目中已欲举其国以为己有矣，盖谓琉球何为所属，故休戚与共苦乐同之，用以布告各国，俾众知之，而众喻之，则后此可以废置惟我，兴灭惟我"，而且揭示"琉事"之后，彼日本将"恃强蔑义"，"龙骧海国，虎视寰区"未有已也。①

王韬深知国际间交涉是以实力为后盾的，在台湾、琉球危机中他看到了中国与日本国力的进退消长，看到了中国变法自强的急迫性。他以沉重而哀痛的笔触在另一篇文章中写道：

> 呜呼！今日之事，非可以口舌争，亦岂能以笔墨战。我中国亦惟有内求诸己而已矣。夫中国非小弱也，乃至今日，狡焉思逞者，何国蔑有，时挟其所长以凌侮我，而恫喝我，跋扈飞扬，已非一日。我中朝率以豁达大度，一切包容之，此时事之所以每变而益亟也。有志者于此，蒿目时艰，瞻怀大局，未尝不痛哭流涕长太息，而卧薪尝胆之不暇；是惟有奋发有为，亟图自强计。稽古在昔，国以无难弱，亦以多难强，惟在一洗颓靡之习而已。整顿海防，制造军舰，演练水师，此治于外者也。延揽人才，简选牧令，登崇俊良，此治于内者也。外治则兵力强，内治则民心固。二者既尽其在我，何向而不济，复何国之不畏，虽使制梃可挞坚甲利兵矣。②

(二)《循环日报》与中俄伊犁之争

19世纪中叶，俄国加速了东扩的脚步，开始直接威胁到中国的西部边陲。1865年，中亚浩罕汗国（今乌兹别克斯坦境内）军事头目阿古柏在俄国及英国的支持下借中国西北边疆反叛动乱之机率兵侵入新疆，进而建立起一个所谓的"哲德沙尔"汗国。阿古柏政权是沙俄分裂中国的工具，从1866至1868年，沙俄与阿古柏约定，双方互不干涉对

---

① 《申报》1879年6月7日第3—4版，选录香港《循环日报》。
② 王韬：《琉事不足辨宜亟自强》，《申报》1880年1月20日第3版，选录香港《循环日报》；王韬《弢园文录外编》卷六也收录此文，内容相同，篇名改为《琉事不足辨》。

方行动,互给对方入境权利。1871年沙俄又直接出兵伊犁,意在永久霸占。中国西北边疆面临着被肢解的危险。

面对危机,朝野上下出现了"海防"与"塞防"之争。有些大臣和士大夫以为在东南危机急迫的情形下不妨暂时搁置西北防务,而专意于"海防"。王韬主持下的《循环日报》对这种不懂"保新疆者,所以保蒙古,保蒙古者,所以卫京师"的糊涂认识进行了驳斥,旗帜鲜明地支持湘军老将左宗棠加强"塞防"和出兵新疆的主张,并在批驳和声援中完整阐述了自己的边政思想和治边方案。

19世纪70年代《循环日报》涉及新疆边地问题的评述有多篇,其中《论新疆台湾皆中国必不可弃之地》《论宜设法以保新疆》《宜因喀乱以收回人之心》等几篇述评影响尤大,它们都被《申报》全文转载。

《论新疆台湾皆中国必不可弃之地》一文首先对那些因近年征战而訾议"劳师縻饷得不偿失"的短见进行了归纳:"近者内征之役连年未息,各省臣工仰遵庙谟胜算,深体军士艰辛,月筹饷项,源源接助,浅见之士,鲜不谓新疆之地,戈壁万里,得其地不足以耕也,回教种类,罔识纲常,得其民不为我用也。自元太祖起于沙漠,划土分疆,王其子孙以及驸马,俾树屏藩,聊资捍蔽,凡政教法度仍沿其俗,可知其义亦取于羁縻勿绝而已。我朝幅员之盛迈越前王,亘古无两,各省内地户口日繁,安辑抚绥,尚有未尽,何必舍其近而图其远,以致用于穷兵黩武之为耶?"①然后一针见血地指出这些短见在西方各国"狡然思逞以启土疆而张国势"的现实情形下均是"率臆以谈,并未统筹全局也"。因为新疆毗邻蒙古,关联辽沈,"回部棋布星罗,族种繁滋,声气联属,国家强盛则俯首帖耳,莫有二心,一旦有隙可乘,靡有不蠢然思动者",而且"与俄罗斯毗邻,保无潜通情欸",安知虎视眈眈的俄罗斯"不将以霍罕待喀什噶尔也"。② 所以中国此时退却,就是"撤藩即以致敌",惟一正确的选择只能是"正宜出其全力以注此一方,用固疆圉也",只能是举国一致支持左宗棠"援武侯南征之事,毅然力任其艰也"。③ 文章进而写道,边疆之谋,宜

---

① 《论新疆台湾皆中国必不可弃之地》,《申报》1877年9月11日第3版,选录香港《循环日报》。
② 《论新疆台湾皆中国必不可弃之地》,《申报》1877年9月11日第3版,选录香港《循环日报》。
③ 《论新疆台湾皆中国必不可弃之地》,《申报》1877年9月11日第3版,选录香港《循环日报》。

求永久相安之道，必须"乘时而谋固金瓯，因势而奠安盘石"，"患未生而预为之备，害未至而先为之防"。①

《论宜设法以保新疆》一文则以沙俄侵略阴谋揭诸篇首。文章首段写道："新疆各部……而与俄罗斯毗连，虽界判鸿沟，而实则地错犬牙，凡土风之强悍，人情之好尚，靡不相同，此固俄之所欲得而羁縻之，要结之，使之感其德泽，乐其政教，靡然从之以为不侵不叛之臣，永作藩服，广厥幅员者也。"②俄国既然二百年来一直"狡然思启，以逞其志"，新疆阿古伯之乱一定会被它视作良机而加以利用。文章以左帅部下金将军克服玛纳斯不免杀戮而遭到俄人照会抗议为例分析说，正当西征军要对叛军"犁其庭而捣其穴""喀酋以釜底之游魂，思负隅以自固"之际，与玛纳斯战役风马牛不相及的俄人"于金将军收复玛纳斯城之役，竟摭拾其事以资口实，公然移文照会，若抒其不平之鸣，从其外而观，则似甚有爱于中国，使之改弦易辙，以速救厥功，而深窥其隐，则实欲以暴中朝之短，而结回部之心，俾激怒其众，誓以死守，致西征之军暴露塞外，日久无功，而彼乃得施其牢笼割据之计，而遂其席卷囊括之谋也，故观于前者霍罕之取而知俄有全据天山之思，观于今者照会之文，而知俄有不利新疆之志，履霜坚冰，不可不防其渐也。"③

如何才能"防其渐"呢？文章提出两个举措，其一为治标之举，俄国既然打着仁爱旗号干涉疆事，中国便当就势公布其"情伪"，责成左帅"宜为先发制人之举，显暴其事，且请遵守和约，严守界口以防奔窜，则彼知我有成谋，气必内沮，而不致或生异志"；④其二为治本之举，着眼于"藩篱永固，烽燧无闻"，文章为此论证说：

> 窃思新疆一带，半属游牧之民，非尽可耕之地。戈壁万里，邈无人烟，设兵驻守徒耗饷糈。然城邑之外，崇山峻岭延亘无穷，其内原有地利可资。且荒草湖滩每于春融冰解时，引水入池，俟其微干即可耕犁播种，百谷皆宜，而小麦尤盛，粳稻次之，苗生数寸，又

---

① 《论新疆台湾皆中国必不可弃之地》，《申报》1877年9月11日第3版，选录香港《循环日报》。
② 《论宜设法以保新疆》，《申报》1877年12月27日第3版，选录香港《循环日报》。
③ 《论宜设法以保新疆》，《申报》1877年12月27日第3版，选录香港《循环日报》。
④ 《论宜设法以保新疆》，《申报》1877年12月27日第3版，选录香港《循环日报》。

放水灌溉之,则嘉禾与恶草同生,不事芸锄,自能成熟,且麻菽瓜菜无不可种。特其俗习于凶悍,其人好为剽掠,即隶中国版图,设官置戍,要皆视为苦差,徒縻饷糈,惟望早得升迁以去,并无一人倡议劝耕,教之树畜,导之开荒,因其土宜,以布其利,使其民得尽力于农亩,由是通商惠工,敬教劝学,潜移默化,浇俗日除,户口日盛,成为巨镇,隐然作西北之长城,为神州之翊卫也。夫事无所难,而时不可失,今有可为之时,宜建非常之事,苟能徙被灾之民以实其地,听其治芜秽,拓沃饶,而回部之归顺者亦准其自新,编立户口,设有官司,专以招徕,课耕为务,则边鄙不耸,民狎其野,庶足以杜强邻之窥伺,而纾朝廷之殷忧矣。①

文章反复强调治本之重要,声称即使"罪人被诛",南疆北疆所有地面"军务肃清",若无实边富民根本之策,"地大人稀"的新疆必将"荒废不治,终难免奸宄之潜滋也"。②

数日之后,《循环日报》再发《宜因喀乱以收回人之心》一文,专门讨论"疆事善后",重申"治人即治心"和综合治理新疆的重要性:

中朝宜求抚辑之法,固千载一时之会,而不可或失其机宜者也。按喀属地土膏腴,稻麦禾麻以及瓜果之类收成甚盛,人皆循谨畏法,所织荡缎荡细,最为精致,尤习于技艺制造,金玉之器,色色巧妙,若能歼其渠魁,抚其众庶,为之通商惠工以足其财贿,劝耕课植以裕其本图,则数年之后,元气可复,简派循良之吏教养兼施,有不成为巨镇足以外固边陲而内卫神州者哉?……强邻眈眈而视,欲以遂其乘间窥伺之谋,而成其囊括席卷之举,借口仁爱,冀以收拾人心……则亟宜示之以信,结之以恩,俾回部之民,咸得自新,如拨云雾而睹青天,如孤儿之依父母也。盖叛而讨之,服而赦之,威有足畏,德有可怀,乃用兵之要道,而驭远之良图也。③

当俄国坚持据伊不还、中国"崇钦使"软弱曲就的消息传来之时,

---

① 《论宜设法以保新疆》,《申报》1877年12月27日第3版,选录香港《循环日报》。
② 《论宜设法以保新疆》,《申报》1877年12月27日第3版,选录香港《循环日报》。
③ 《宜因喀乱以收回人之心》,《申报》1878年1月3日第4版,选录香港《循环日报》。

《循环日报》第一时间公布信息，并即刻发表评论，一面谴责俄国之强权无礼，一面呼吁当局据理力争，不可退让。《论索伊犁消息》一文写道："伊犁为俄人之所不舍，为中国之所必争，夫人莫不知之，而数月已来，钦使既抵俄都，见俄主，日与俄臣晤谈，而传来信息，反游移无定，倏忽变幻，几如云谲波翻，岂事情重大，实难以口舌争耶？抑钦使自以身羁外域，势孤力弱，一言不合，必致先受陵辱，故隐忍而不遽发耶？夫伊犁在当初戡定之日，则似有类于石田，而在今者中外通商之时，则为中国体统所关，内外大局所系，得失弃取之间正非细故也。"①正因为丢弃不得，所以要"据理直争，即启兵衅，废玉帛，而以兵戎相见，亦所弗恤"。文章进而分析说，综核中外之局，而知俄国虽据伊犁以为己有，而其心未尝不惴惴然，惧诸国之议乎其后，环起而伺之。"故伊犁一境，俄即欲逞其志，而从前侵占之时已有成言，俨同息壤，钦使苟慷慨激昂，持之甚力，彼即强词夺理，有所弗允，而信义已失，我无妨布告与国，以待公论，然后移西征之师与之决胜负也"。②文章对当时流行朝野的畏战情绪和"放弃论"进行了批评，以"历史证今"的方法鼓舞国人要有必胜信心：

> 或者谓中国积弱，素所共闻，决策定谋，务存宽大之体，中外之事稍有决裂，则群起论之，甚或媒蘖其短，以为擅开边衅不顾国家安危，不恤民人愁苦，今俄不允还伊犁，亦谁敢义形于色独任其难，成败利钝不暇逆睹，惟鞠躬尽瘁以徇朝廷之急者乎？且以中国之师与俄军相持，地势失其利便，粮饷艰其转输，冬则苦寒，夏则苦热，征调频仍，劳师远涉，不及交锋，而强弱已判，胜负已分矣，尚何望擐甲执兵转战于前，乘破竹之势，恢复故疆乎？不知威立则令行，此击则彼应，事会之来，亦在智者能迎机以赴之耳。以喀逆称乱，窃据回疆，其时朝廷以中原多故，未暇西顾，故得逃诛十余年，自左侯帅受命视师，曾未数载，即犁庭捣穴，所向有功。事当伊始，微论中国之人谓为劳师糜饷，即西人之善于审势明于料战者，亦窃窃议之，以为与其费至巨之军饷争无益之土壤，何若用此款项以建

---

① 《论索伊犁消息》，《申报》1879年5月31日第3—4版，选录香港《循环日报》。
② 《论索伊犁消息》，《申报》1879年5月31日第3—4版，选录香港《循环日报》。

铁路、开矿务为有裨于时事乎？窥立言之意，实虑喀逆之不能即灭，喀地之不能即复也，岂知事难臆度，效有遽收竟至是欤？且以前事观之，康熙朝俄罗斯东部直逼黑龙江，朝廷附书荷兰转达其汗，海道往还半载得报，遂扩索伦地数千里矣，准噶尔请援兵六万于俄罗斯，朝廷移书宣示利害，绝其纠约，噶尔丹卒败窜以死矣……可知识敌情、洞敌势，则运筹于廊庙之间，自可指麾于绝徼之外，伊犁之索还事在必行。①

《循环日报》有关新疆治理和收回伊犁主权的言论立场坚定，认识高远，辨析入木三分，其眼界和观点远非当时其他报纸所能比拟，因而受到广泛推崇，在朝在野人士都争相购阅，在19世纪70年代几有"洛阳纸贵"之势。清朝当局后来也不能不考虑内外舆论，废除丧失权利过多的"崇约"，改派曾纪泽赴俄谈判，挽回了一些国家主权与利益。

（三）《循环日报》的边政理念与近代海权意识之发轫

嘉道以来，随着西方侵略者的东来，古代中国与周边小国的传统宗藩关系显出疲态，宗藩之间应有的朝贡、会盟、册封、协防业已难以为继。至19世纪70年代，缅甸、越南等中国周边藩国相继沦为英、法的殖民地，琉球则被日本直接纳入其版图。古老的朝贡体系出现了全面崩塌的危机。身处英国殖民地香港的《循环日报》先于其他内地报纸感觉到了东西方殖民者的侵略触角，预见到了中国"屏藩尽失"的危险未来。为此它刊登了多篇新闻综述和时事评论，以揭示险象，并告诫中国朝野重视危机，积极预防。一篇题为《议厚屏藩以固根本》的时评写道：

古者建国，君民制治保邦，内政之修，详于外侮之御，然而治内者，攘外之谟也，驭外者，安内之要也。居今日而语固金瓯，莫磐石，则必须远抚长驭，并计兼权，夫然后内外相维，恩威广播，而万年有道之休可以豫操其券。今之好谈时务者，莫不谓俄罗斯虎视于西北，欧罗巴狙伺于东南，素惎中国安于积弱，不能锐意富强，殊

---

① 《论索伊犁消息》，《申报》1879年5月31日第3—4版，选录香港《循环日报》。

深觊觎之思,诸多恫喝之术,事有关涉,甚为棘手,不知百足之虫死而不仆,猛挚之兽困而犹斗,以中国地大物博,民物繁滋,固贫寡之不足患,特患措施未尽得其宜耳。①

如何才能挽狂澜于既倒呢?文章指出首先要懂得国家边防与藩属存废的唇齿关系,要理解边防的"握要之道"在于"守在四彝"。藩国之防是"无形之边防",它比中国境内的"有形之边防"更为关键。"凡僻处遐荒,宾服有年,为国家声灵所加,为朝廷怀柔所及,与我接壤,位分屏藩",都属中国边防,都"不宜遽弃"。文章论证道:

> 计会典所纪,盛京三省外,如蒙、回各部,皆我朝候尉所治,无异亲藩,固宜匡其不逮,俾永远相安,以为神州之扶翊。外如枕近之朝鲜,极东之琉球,与夫近粤之越南,邻滇之缅甸,滨洋之暹罗,此则东南各省之外藩也。又如西域之全藏,稍远之廓尔喀,亦皆西北边省之屏障也。数国虽僻远中夏,似与新疆一带密迩发祥之壤,其关系有轻重之殊。然无越南,则两粤失辅车之势。无暹罗、缅甸,则滇黔有唇亡之忧。无琉球、朝鲜,则辽沈边鄙岂云无虞。无廓尔喀,则全藏逼近印度,而川蜀疆吏亦将时增忧虑矣。是数国者,屹然长存,终古无恙,在中土狃于相安,似可置诸弃外,若一国为强邻所并,则势成蚕食,在在堪虞。②

文章以琉球被日本"废藩置县"而琉球遣使入京请援朝廷未作积极回应和英国吞并缅甸中国当局未发一声两事为例批评当局说:"果如此说,在中朝保卫小寡,自必有所措施,原非下士所能臆度。惟琉球既情同累卵,社稷危亡,宗嗣覆灭,祇在呼吸之间……然琉球并于日本,而中国绝不闻问,日人气焰愈张,胆志愈壮,既已东封,又将西顾,区区朝鲜,无难囊括而席卷之矣。斯时辽沈各岛,岂能高枕而无忧乎?英人经营印度,恒欲由缅以至滇,通其贸易,今缅有衅可乘,俨如天赞,岂肯委曲相就,听其倔强如故。缅既并入于英,需以时日,绥以德惠,火轮车路可

---

① 《议厚屏藩以固根本》,《申报》1879年5月28日第3—4版,选录香港《循环日报》。
② 《议厚屏藩以固根本》,《申报》1879年5月28日第3—4版,选录香港《循环日报》。

以次第添筑,利害所在,岂待智者始能了然?似此则中国之自为谋者,已不得谓塞翁之马,得失不足厪怀,蛮触之争,旁人可以勿问也。"①文章的结论是当局对周围藩属危机不闻不问,视若无睹的"鸵鸟方式"只能招致更直接更凶险的边疆危机;中国可行的"瞻言百里"的对策应该是主动出击,简派重臣前往这些传统藩属"调处联络,匡救其灾"。②

1879年中国传统藩属国廓尔喀请求"携贡入觐",清廷以道路不靖为由搪塞处之。《循环日报》获悉后特发一文再行阐述保藩的重要性:

驭远之谟,当审其时,尤贵度其势,刺虎持鹬,功在乘时,驯马豢鹰,事在得势,故古之谋国者瞻言百里,或以敌攻敌,或以蛮制蛮,发纵指使,譬如善弈者,偶一闲着而全局皆生,此固非拘守之士咫尺之见所能与语其微也。廓尔喀之在西裔,至今已有孤立无助之虞,乃介于两大,惟知内贡中国而不贡印度,且恒欲观衅而动,以期族无逼处,悔免噬脐,则其知顺逆,虑深远,不敢偷安旦夕有可知也。中朝于此藉控驭之余,尽抚绥之意,奖其忠顺,励其义勇,当国家无事则匡其不逮,俾成屏翰之形,遇边境不安,则勉其同仇,俾建域外之烈,是又抚小寡、制强敌,而宅中驭外之良图也。③

另一篇题为《议经营东南洋以固边防》的文章对主动出击联络、调处传统藩属的方策论述得更为具体,文章写道:

安内者攘外之谟也,而驭远者备边之要也,患当备于未然,功必图于已著,惟明者能果断,惟智者能兼筹,晋之谋在吴蜀,而不知祸基于五胡,宋之患在辽夏,而不如害成于女真,在当时岂无明哲之士忠尽之臣能见及此,而一误再误,竟至于不可收拾,虽曰运会使然,而实人谋之不臧也……东洋之高丽、琉球,南洋之暹罗、缅甸,皆称臣入贡,以作屏籓,为神州之翊卫,似宜于派简使臣往驻外国之处,委任大臣,慎选贤能,前往其地察度形势,与其王熟筹所以通商之处,广招徕,兴利益,倘其国贫难自给,则代为筹拨款项,俾

---

① 《议厚屏藩以固根本》,《申报》1879年5月28日第3—4版,选录香港《循环日报》。
② 《议厚屏藩以固根本》,《申报》1879年5月28日第3—4版,选录香港《循环日报》。
③ 《论中朝抚驭及远》,《申报》1879年5月8日第4版,选录香港《循环日报》。

之举办,再以余力为之修陁塞、讲武备,而按年榷收其税,藉资偿还,其曾经各国建有埠头而为华商萃聚之所,则派领事以镇抚之,并就其中选举老成以为之副,则商情熟悉,声气相联,国威可以远及,皇仁可以遥加,由是轮船往返,东道常通,即有变故,欲摇荡我边疆者,藩篱既固,安能越国以来攻商旅乎?……若曰中国地大物博,内政尚未克修,安能及远,此则安于积弱,忘于远虑,虽鳃鳃焉制军火、筑炮台,岂足以尽边防之能事欤?①

十分难得的是,《循环日报》在论述"守在屏藩"问题时触及到了二十多年后美国军事理论家马汉提出的海权理论。马汉海权理论的几大理念,如"拥有优势的海军才能控制海洋""拥有广大海外殖民地及优良海港有利于国家海防""通商线、交通线越长则海权所能赐予的利益也就愈大"等理念都被触及到了。

如《筹边近事》《海防要论》两文提到了中国建立强大海军的必要性:

> 闻福州大宪奏请朝廷,遣派四人同赴英国水师局学习驾驶铁舶之法,其学有端绪未甚精通者尚有二十六人亦遣随行,俾明其机括,得其要领,务使水师队中进退有度,壁垒一新。又福州递到信息,言现在大宪派员探察罗星塔左右海道,将择地创建船澳,以便制造铁甲战船,合二事观之,留心国政者,安不忘危,诚有当于制治保邦之要也。上古之患恒在西北,沙漠穷疆,土番不时窃发,稍疏防御,长驱直进,劫掠一空,今日之患多起东南,薄海重洋,宵小时深窥伺。若不习于水战,一旦有事虽有智者无以善其后矣。故膺封疆之寄者,又为未雨绸缪之计,修战舰育人才,务使船舶既备,驾驶有人,不至器为虚设之器,人为无用之人,于以效收臂指,道备于城,俾海氛靖戢,共乐升平,非所谓大臣谋国利赖无穷者哉?抑又闻之,天下有道,守在四彝,尤愿黼黻隆平者进而益上也。②

至于炮船,必以外洋所制为准,须出赀购有最新最大之船,驶

---
① 《议经营东南洋以固边防》,《申报》1878年11月15日第3—4版,选录香港《循环日报》。
② 《筹边近事》,《申报》1875年3月2日第4版,选录香港《循环日报》。

回中土照样仿造，乃能臻其巧妙，今者上海福州皆设有船局，陆续所造炮船已有四十余号，然试问何船可以驶出海面与别国之船一战者……若与外国铁甲相遇鲜不披靡矣，然则如之何而后可计，惟有身膺重寄者，奏知朝廷，饬知驻札各国钦使悉心查究彼国所造战船，遇有新款者出，或抄其图式，或询其制度，邮寄回华，考其同异，究其得失，如法制造，倘中国之人能独出心裁足以驾乎其上，亦准禀明为筹款项，俾得专心殚力，刻期竣工，则战船不患不能与外洋相颉颃矣。①

再如《论中朝宜加意保护东瀛各小国》一文提到保护东海小国对中国海防的意义：

东洋一水浩渺无涘，直抵阿墨利加之西，水程数万里，别无大土，其与中国相毗连者则朝鲜一国，而为神州之左翊者则琉球各岛，一则切辅车之依，一则备屏翰之列，固非得失无关轻重者也……日本洞窥中国之少懦，遂借口于台湾生番以售其伎俩，由是威胁朝鲜，抚有琉球……倘中国必驭远为心，以保小为念，则代为筹划，桑榆未晚，固不虞东隅之失也……窃思安内攘外之谟，远抚长驾之术，虽非草茅下士所能窥乎其微而探乎其要，然准理以行，酌情以处，则大体所在，正当力为维持，而不得委诸时事多艰，难以兼顾也。盖中原内地，犹之腹心，四境外藩，犹之手足，本同一体，不可使有隔阂也。……若鳃鳃然以腹心为忧，而操刀不计伤手，适屦不惜截趾，则将痛彻于心，捧持而不得，踯躅而难行，人将侮之挤之，即徐为之图以期报复，亦必有所不能矣。朝鲜与琉球虽云僻远，固俨然中国之手足也。②

《书蓝鹿洲论南洋事宜后》一文则就南中国海问题直接提出"驻兵于洋"的主张。文章论述说，南洋自汉以来世通中国，唐设结好使于广州，税其市舶，南宋以后，遂为国用所资，是中国之有南洋犹外府。自中

---

① 《海防要论》，《申报》1879年11月6日第3版，选录香港《循环日报》。
② 《论中朝宜加意保护东瀛各小国》，《申报》1879年2月17日第3版，选录香港《循环日报》。

国不取南洋,而南洋为西人所夺,而中国海疆之事日亟。清初以海孽未平,禁南洋互市,康熙十八年平定台湾,蓝鹿洲先生始倡开禁之议,谓南洋诸番不能为害,宜大开禁纲,听民贸易,以海外之有余,补内地之不足,其谋一时之利者,可谓周矣。但是,蓝鹿洲所虑,惜其犹未远大。因为他只从经济角度考虑就市于洋,而没有从政治上考虑驻兵于洋。如果当时以破台湾之势,传檄南洋,驻兵南洋,然后垦其膏腴以济军食,征其课税以佐国用,扼其险要以资控制,联其声势以振国威,那么后来的海防就不会出现今日之问题。① 文章对那些认为"驻兵于洋"是"黩武穷兵,乃秦皇汉武之所为"的说法加以批驳:

> 噫,此直书生之言不通时务者也。昔汉唐之君经营西域用师数百万,谋画十年,得其地不足以耕,得其民不足以役,朝廷无斗粟尺布之利,而征师筹饷,不惜疲中国以奉之者,岂徒以侈战功哉? 盖亦虑其为中国患而出于不得已也。且夫利之所在,人所共知,我得其利,于彼有害,不为可也,我失其利,于我无害,不为可也,至我舍其利而于我有害则不容不取矣。夫南洋沃腴之壤,百货所出,敌国之所眈眈也,自我得之,不过服我声教,隶我版图而已。然其君仍可安其位,其民仍可安其俗,于彼无害也,我既不有,而为他人有,则其君辱于台舆,其民苦于征税,害先及于彼矣。况敌国之情,不畏其渐奸,而畏其渐近,当其未得南洋,从不敢生心于中国者,越国鄙远知其难也,及乎印度既辟,而国用有资矣。南洋既夺,而接济有所矣,由是而澳门、而黄埔、而广州。我之虚实,彼尽知之,我之险要,彼尽悉之,虽欲共安无事岂可得哉? 是失南洋之利而召中国之害者,所谓借寇兵而赍盗粮,鹿洲知开海禁之有利而无害,亦知不取南洋之无利而有害乎?②

文章呼吁"当事者"在海洋问题上要"发奋自雄","思所以夺其所恃者",要"见兔而顾犬""亡羊而补牢",使中国在南洋问题上"失之东隅,收之桑榆"。显然,这些认识和观点已经跨入近代海权思想的门槛了,

---

① 《书蓝鹿洲论南洋事宜后》,《申报》1878年3月1日第4—5版,选录香港《循环日报》。
② 《书蓝鹿洲论南洋事宜后》,《申报》1878年3月1日第4—5版,选录香港《循环日报》。

反映了《循环日报》立论的思想高度。

除上述三大主题外,《循环日报》对当时朝野关注的华工出洋、救灾赈济、禁烟禁赌等社会问题也进行了广泛报道,发表了多篇时事评论。以华工出洋和救灾赈济两问题为例,就有《严禁贩人出洋》《论查办猪仔》《论载华佣出洋》《杜截贩人出洋说》《论出洋佣工》《论宜设法以杜诱拐》《论拐贩猪仔亟宜查办》《论华人不宜往旧金山说》《论华人出洋为佣》和《论直隶荒灾》《劝赈灾晋论》《论钱价日贵》《论施棉衣宜变通其法》《论弭水灾》《弭灾浅说》《论筹赈款》《议救水灾》《豫储米以备荒说》《荒灾议》等近百篇述评发表。这些述评构成了强大的舆论压力,迫使中国政府当局及澳门葡萄牙当局不得不重视相关问题的调查和解决。

值得特别指出的是,由于《循环日报》上的评论大多没有注明何人所写,而原版报样又十分难寻,我们除了根据《弢园文录外编》与《弢园尺牍》收录的相关篇章确认为王韬所撰以外,对大多数文章一时还没有办法确认其真正作者。但是,王韬作为《循环日报》的总主笔

民国时期依然在运行的《循环日报》机器印刷车间

和发行人,参与起草、口述、撰写、选题、定调、指示、派工、编辑、增删、定稿等等工作当是职内应有之事。按照传播学"把关人"(gate keeper)理论来看,《循环日报》政论作者虽有众多,"把关人"却只有一个,那就是王韬。他有权又有责任决定政论的取舍和取向。换句话说,《循环日报》的观点也反映了"看门人"王韬的价值观和好恶倾向。通过《循环日报》时事述评,王韬对那一时代的中国"公共舆论空间"施加了重大个人"意见投射",从而影响了中国历史的发展进程。王韬也因此从一介秀才变成了举国皆知的"新闻达人"和"意见领袖"。

三 中国新闻理论的奠基人

王韬不仅是一位近代报纸的创办者,还是一位近代新闻理论的奠基者。与成功的办报实践相互辉映,王韬的新闻理论也达到了相当成熟的水平。他的新闻观点和思想可以和H.拉斯韦尔、C.R.赖特、威尔伯·施拉姆拉、默顿、库尔特·勒温、怀特、保罗·拉扎斯菲尔德、马歇尔·麦克卢汉等数十年之后才出现的新闻理论大家相媲美。因此有必要在介绍他的办报实践之外,进而考察分析他的新闻理论。

王韬是中国历史上第一个发表专文讨论报刊理论的"开风气之先者"。他在《循环日报》上先后发表《西国日报之盛》《倡设日报小引》《日报有裨于时政论》《论日报渐行中土》《论各省会城宜设新报馆》《论中国自设西文日报之利》《书日本新报后》等一系列文章,对报刊的社会地位、社会职能等问题提出了比较完整的看法,从而开启了中国近代报刊新闻思想的先河。

王韬认为,报纸是民情民心的一种反映手段。一个看重民心民情的社会必然要重视报纸;反过来讲,一个不重视报纸社会地位的社会也必然是一个漠视民心民情的社会。而这样的社会既不符合传统的儒家圣人之治,也与现代西方政治理论背道而驰。他说:"西国最重日报,有时清议所主,足以维持大局。主笔之士,位至卿相。国家有大战事,橐笔从戎,随营记录,视其毁誉以为胜负。英美两国每日印至二十万纸,分布遐迩。"①他建议中国统治者要向西方统治者学习,放下身段,主动让报社及其主笔参加"朝纲国政"的制定,形成国家政治由"宰臣与主笔之士"会商而后定的机制。王韬认为只有这样才能真正做到不拂民心民情。

王韬甚至把报纸的地位放在国家之上,期望实现一种报纸主导政策制定的局面。他写道:"西国之为日报主笔者,必精其选,非绝伦超群者,不得预其列。今日云蒸霞蔚,持论蓬起,无一不为庶人之清议。其

---

① 王韬:《弢园尺牍》卷九《代上黎召民观察》,光绪癸巳沪北淞隐庐本。

立论一秉公平,其居心务期诚正。如英国之泰晤士,人仰之几如泰山北斗,国家有大事,皆视其所言以为准则,盖主笔之所持衡,人心之所趋向也。"①从这段文字我们可以看到"公众意见领袖"决定国家政治走向的意识已经在王韬思想中萌芽了。

普通民众亦应重视报纸的社会地位,把它看成是可以左右国家事务的工具。王韬批判了旧日文人轻视报纸、看重仕途、以为只有后者才叫经世致用的传统观念。当保守分子质问他:日报是泰西各国的时髦货,中国自尧舜以来从未见过,你"既读圣贤书,服周孔之礼",应该"专志于帖括,以期策名笔仕,何以志不及此","徒日操不律,东涂西抹,傅采遗闻,不知上进,既无以鲜好名之讥,而或兼蹈位卑言高之罪也"。② 王韬回答说,儒者束发受书,固然是为了"致君泽民",但既然不获如志,就没有必要在科举的道路上"悠悠忽忽以至日暮途穷",变成一个皓首无成而又难以自立自养的废物。办报则可以使平生见解得以抒发,进而可影响国家政治,实现经世致用之初衷,从而不辜负"天地生我、君师成我、父母育我"之德。③ 透过王韬辩证而又曲折的言词,其价值观的转变已殷然可见。在此时的王韬看来,报纸及其报人的社会地位决不在"科举"或"官"之下。

王韬议论最多的是报纸的社会作用。他认为,报纸至少有三重作用,即"通上下""通内外"和"辅教化之不足"。

(一)"通上下"

王韬认为治国犹治病,他说:"天下虽大,犹一人之身也。治天下之事,犹治人身之疾病也。善治病者,必先使一身之神气充足,血脉流通,然后沉疴可去,善治国者,必先使上下之情不形扞格,呼吁必闻,忧戚与共,然后弊无不革,利无不兴。"④而中西政治的根本区别就是上下之情

---

① 王韬:《弢园文录外编》卷七《论日报渐行于中土》,清光绪九年香港排印本。
② 王韬:《日报有裨于时政论》,《循环日报》同治十二年十二月二十日,夏良才:《王韬的近代舆论意识和〈循环日报〉的创办》,《历史研究》1992年第2期,第163页。
③ 王韬:《日报有裨于时政论》,《循环日报》同治十二年十二月二十日,夏良才:《王韬的近代舆论意识和〈循环日报〉的创办》,《历史研究》1992年第2期,第163页。
④ 王韬:《弢园文录外编》卷三《达民情》,清光绪九年香港排印本。

通与不通,"英国所恃者,在上下之情通,君民之分亲,本固邦宁,虽久不变";①中国却是"堂帘高深,舆论隔阂,民之视君如仰天然,九阍之远,谁得而叩之。虽疾痛惨怛,不得而知也;虽哀号呼吁,不得而闻也。灾欠频仍,赈施诏下,或蠲免租税,或拨帑抚恤,官府徒视为具文,吏胥又从而侵蚀,其得以实惠均沾者,十不逮一。天高听远,果孰得而告之?即使一二台谏,风闻其事,而各省督抚或徇情袒庇,回护模棱,卒至含糊了事而已。君既端拱于朝,尊无二上,而趋承之百执事出而苴民,亦无不尊,辄自以为朝廷命官,尔曹当奉令承教,一或不遵,即可置之死地,尔其奈我何?"②那么,通与不通之间转换的枢纽何在呢?王韬指出在于办报与不办报:"日报之设创自泰西各国,固所以广见闻,通上下,俾利弊灼然无或壅蔽,实有裨于国计民生者也";③又说:"西国政事上行而下达,朝令而夕颁,几速如影响,而捷同桴鼓。所以然者有日报为之邮传也。"④王韬强烈呼吁中国统治者开放言禁,允许民间自由办报和议论国家政事。他在《循环日报》上多次发表文章,明确主张各省省会均应设立报馆,开辟民风专栏,让人民发表对国家大事的意见。国家也应利用报纸把"大兴作、大政治先期告民",使人民能够了解国家政治的运作。

王韬断言办新报可以使统治者"知地方机宜",他说:"雨旸之不时,盗贼之多寡,政事之利弊,民不尽报之州县,州县不尽报之上司。有新报则无不知之矣。"⑤只要设立了新报馆,"上自朝廷之措置,下及闾阎之善恶,耳闻目见莫不兼收。其论欧洲各国也,凡夫风土人情,山川险要,政令之沿革,技艺之短长,纤悉言之,若烛照而数计;其论中国也,则四方之水旱,货物之盈虚,讼狱之是非,民情之苦乐,备书其事以动当局之听闻。其睹一善政也则忭舞,形诸笔墨,传布遐方;其或未尽善也,则陈古讽今,考镜得失,蔼然忠爱之诚,故言之者无罪,而闻之者足以戒。"⑥

---

① 王韬:《弢园文录外编》卷四《纪英国政治》,清光绪九年香港排印本。
② 王韬:《弢园文录外编》卷一《重民下》,清光绪九年香港排印本。
③ 王韬:《倡设日报小引》,《循环日报》同治十二年十二月二十六日,夏良才:《王韬的近代舆论意识和〈循环日报〉的创办》,《历史研究》1992年第2期,第163页。
④ 王韬:《弢园尺牍》卷八《上丁中丞》,光绪癸巳沪北淞隐庐本。
⑤ 王韬:《论各省会城宜设新报馆》,《申报》1878年2月19日第4版,选录香港《循环日报》。
⑥ 王韬:《论各省会城宜设新报馆》,《申报》1878年2月19日第4版,选录香港《循环日报》。

总之,各地设立新报馆对中国来讲是"利莫大焉"。

(二)"通内外"

中国与世界其他民族长期的"内外不通"给近代中国的发展带来了极大的负面作用。一方面,中国人由于不了解外部世界突飞猛进的发展,盲目地以天朝上国自居,自我降低了对外来新知识、新事物的研究和学习兴趣,影响了中国古老文明的更新繁荣;另一方面,长期隔绝所形成的文化隔膜也给中西关系蒙上了一层不祥的阴影,造成中西之间诸多本可避免的误会、猜忌、仇恨和战争对抗。王韬看到了这两个方面的负面作用,他写道:"韬也不才,揣摩洋务已二十年,不揣谫陋,于近今中外交涉之端,微窥其利弊所在,而叹隔阂之为患大也。中外语言文字判然迥异,不能自通,而情意遂以之不孚。其国执政大臣又远隔重瀛,惟凭其使臣邮传之疏牍而已,而于我国之往来文移,应答辞命,则未之见、未之闻也。"①他认为报纸能够破除中西之间的文化之隔,减少中外交往中的误会和仇恨。

王韬指出,报纸首先可以将天下之大事汇于一纸,使国人改变过去那种耳塞目盲、囿于一隅的状况,因为,"地球之大,生齿繁矣,疆域广矣,其间良歹殊情,安危异势,缓急异宜,动静之微,得失之机,虽有远见者亦不能驰域外之观",但报纸则可以"博采群言,兼收并蓄",将"敌国之机宜,制造之工能,舟车之来往,及山川风土、祸福灾祥,无不朗若列眉"。② 国人一纸在手,便可知彼之长,明己之短,从而丢弃夜郎自大、尊己轻人思想,采取正确的态度向西方学习。

不仅如此,报纸还可改变中国外交因内外不通而引起的动辄蒙辱局面。王韬指出,报纸将外情通之于内之后,清朝官员将不会再像过去那样昧于世界大势,办理外交时"颠顶不灵""拘虚胶固"以致受辱。同时,报纸还可"译中事于西文",将中情布达于外,俾西方之人了解中国。以免个别侵略狂播弄是非,颠倒黑白,借事生风,煽动反华侵华舆论。

---

① 王韬:《弢园尺牍》卷九《与唐景星司马》,光绪癸巳沪北淞隐庐本。
②《本局日报通启》,《循环日报》同治十二年十二月二十六日。

他在致江苏巡抚丁日昌的一封长信中纵论报纸在"内情外情相通"方面的作用：

> （西国）国政军情，洪纤毕载，苟得而遍览之，其情自可了如指掌。中外互市，各口大小官吏，咸当留心于西事，舍日报一途，将何以入门！则译西事为汉文日报者，所以通外情于内也。西人日报不独风行于欧土，而亦遍设于中国，其东游之商士，无不自以为洞悉中国情形，故其谈华事尤多。顾同一西人日报也，在欧洲者其言公而直，在东土者其言私而曲。夫彼非甚爱我中国，以无成见也，此非甚仇我中国，以有先入之言为主，而轻蔑疑忌之心积渐使然也。甚且交构其间，颠倒是非，迷眩其耳目，簧鼓其心志，俾中外因是失欢。然则将若何治之？曰：莫若直书中外相涉之事，自我而达之于其国中，则译华事为西文日报者，所以正内情于外也。①

王韬甚至提出中国应在海外设立外文报纸，从而将中国的客观真实情形公布在这些外文报纸上，以使外邦人士了解中国政府外交政策的命意所在，减少外人对中国的误会和猜忌。王韬写道：

> 今西国臣之在中国也，动辄一己之见辄肆欺凌，彼国朝廷多未知也。夫中西之所以隔阂者，原以语言文字不同耳。每岁西人在中国所行之事，其有关于中外交涉或为循乎约章，显悖乎和谊者，不妨备刊日报，俾其国人见之，庶知遇事生衅者，咎不在华人而实在西人也。此所谓达内事于外也。②

> 由今之时观今之势，中国之所宜自设者，不在乎华字日报，而在乎西字日报。盖日报而系华字，而传而诵之者，只华人而已；西人则无从辨其文义也。中外交涉，于今称胜，远非昔日之比。修好睦邻之道，首在于联声气，通悃素，明事理，达情形。然此则非一朝一夕之所能致，必先于平日预为之地然后可。若是者，非自设西字日报不为功。③

---

① 王韬：《弢园尺牍》卷八《上丁中丞》，光绪癸巳沪北淞隐庐本。
② 王韬：《弢园文录外编》卷二《使才》，清光绪九年香港排印本。
③ 王韬：《论中国自设西文日报之利》，《民国丛书》，第五编，上海书店1933年版，第134页。

在近代中外关系上,有些"变故"的确不是中国或某一西方政府的既定政策造成的,而是一些办理外交事务的中外官员的个人因素造成的。以第二次鸦片战争为例,中国方面的叶铭琛不了解外情,盲目自大,刚愎自用,便与战争的爆发有相当关系;英国驻华公使布鲁斯(Frederick William Bruce)有意借事生风,播弄是非,煽动英国朝野仇华好战情绪亦有关系。王韬在那个时代能够看到这一点,提出大力办报以消除中外隔阂进而消除误会、仇恨、战争,确有高瞻远瞩、独具慧眼之处。这是近代意义上的爱国主义和民族主义,是传统保守主义的主战派或爱国论者无法企及的认识境界。

(三)"辅教化之不足"

王韬的"教化"基本上接近于现在的"文化"概念,是一个外延和内涵都十分广泛而且模糊的特殊名词。王韬有时用它来指涉教育、教诲,有时用来指涉风俗环境、道德感染,有时又用来指涉精神的培养和提倡……似乎凡是精神层次的东西都与"教化"有关。

王韬充分认识到"教化"这一"形而上者"对国民精神素质的重要作用,而这一作用在他看来又是与报纸的作用连在一起的。他说:"日报一道,所系岂不重哉……俾在上者知所维持,在下者知所惩创,此区区之微意也。"① 这里的"俾在上者知所维持,在下者知所惩创"即指报纸所载对上下均有劝惩教化作用,读者可从报端得到公论,知其遵守,"若夫闾阎细事,或得诸目睹,或得诸传闻,采而录之,亦足使阅者生惩动之思。"②

王韬对报纸教化功能的强调贯穿于他办报实践全过程。1874年办报之初,《循环日报》就在《本馆日报略论》中陈述办报宗旨之一是根据新闻现象"借彼事端发挥胸臆,以明义理之不诬,报应之不爽,俾众生感发善心,消除恶念,发幽光于潜德,开悔悟于愚民而已"。③ 到了1878

---

① 《本局日报通启》,《循环日报》同治十二年十二月二十六日。
② 王韬:《日报有裨于时政论》,《循环日报》同治十二年十二月二十日,夏良才:《王韬的近代舆论意识和〈循环日报〉的创办》,《历史研究》1992年第2期,第163页。
③ 《本馆日报略论》,《循环日报》月刊本,同治十二年十二月十八日。

年办报多年之后，他依然声称报纸有此教化功能。《论各省会城宜设新报馆》一文写道："乡里小民不知法律，子讦其父，妇谇其姑，甚或骨肉乖离，友朋相诈，诪张为幻，寡廉鲜耻。而新报得据所闻，传语遐迩，俾其知所愧悔，似亦胜于间胥之韅挞矣。"①

"教化"对人的精神素质有极大的影响力，这是古代儒家思想家早已意识到的文化问题，但他们的立论根据是建立在四书五经基础上的慎独思诚哲学和修心养性的教育理论。王韬撑破传统说教的外壳，把教化概念扩展到公众舆论，竭力推重大众传播媒体对民德民智的塑造作用，标志着中国教化概念的"升级换代"。至此，近代文化概念已经呼之欲出了。

除了对报纸的社会地位和作用进行系统论述以外，王韬还对报纸的文字风格和编辑原则等问题进行了思考。他反对有些早期受雇于外人报纸的华人编辑"故弄玄虚"和"隐晦曲折"的文风，主张朴素的文以纪实的通俗风格，认为文章所贵在乎"纪事述情，自抒胸臆，俾人人知其命意之所在"；反对报纸哗众取宠，"故作惊人之语"，认为"采访失实，记载多夸"是办报之大忌，有害无利，提倡报道务求翔实，"始终持之以慎"。对报社主笔和编辑等"秉笔之人"，王韬力主要"慎加遴选"，其人格高尚，刚正不阿，"高才博识"者可当其选，而"识小而遗大"或"挟私评人，自快其忿"者，均应"摈之而不齿"。②

总而言之，王韬是一位走出了传统、跨进了近代的资产阶级维新派报人。在办报过程中，他创立了近代舆论意识十分强烈的新闻理论。这种理论是他变法图强思想的重要组成部分，也是中国历史上不曾有过的新文化现象。他所提出的新闻问题和理论几乎全是中国人在这一领域的第一次探索。他的新闻理论和办报思想不仅在当时意义非凡，在当下也有一定的借鉴价值。所以，可以毫不夸张地说，从王韬开始，中国的新闻学才算正式诞生。

---

① 王韬：《论各省会城宜设新报馆》，《申报》1878年2月19日第4版，选录香港《循环日报》。
② 王韬：《弢园文录外编》卷七《论日报渐行于中土》，清光绪九年香港排印本。

第六章　冲击封建政治的勇士

19世纪60年代到80年代是王韬一生中最不安定的动荡之年,也是他的政治思想从传统向近代急速演进的转折之期。由于流亡生活所带来的与封建政权及其文化的彻底脱钩和与西方政治文化的日益接近,王韬的政治思想已经不再局限于对所处社会现实的泛泛不满,而是进展到对封建专制制度的全面批判和否定。这一时期他的政治言论所体现出来的对封建制度的批判勇气与理性、对世界大势的清醒认识、对改革开放的由衷认同、对西方民主制度的向往与提倡,都表明王韬的政治思想已经突破地主阶级"洋务派"思想家的藩篱,达到资产阶级思想家的高度。在林则徐、魏源政治思想到康有为、孙中山政治思想之间,王韬在中国政治思想史上构建了一座承前启后的桥梁。

一　社会批判者

有无社会批判思想是衡量一个知识分子与现存社会或制度亲疏距离的重要指标。换言之,一个知识分子有无改造社会的进取愿望往往取决于他首先是否具有对旧社会、旧制度或旧事物的批判勇气和精神。王韬对现存社会腐败现象与制度的批判在深度与广度上大大超过了前辈和同辈思想家。

王韬社会批判思想发轫于上海时期。其时,他科场失意,穷困潦倒,"佣书西舍,贱等赁春",自然而然地产生了对现实政治的不满。从他此时所留下来的文字看,他至少已对清朝的科举制度和清朝官员文恬武嬉、专事搜刮民脂民膏提出了谴责。王韬在《我生》这首诗文中这样写道:

> 我生早知有此日,祸福倚伏如相因。
> 寇灾即由吏治始,积弱生玩多因循。
> 朝廷粉饰讳兵事,保疆一切等具文……
> 往谈经济何慷慨,迎合主旨原非真。
> 眼看四郡成白骨,偷活局外置弗闻。①

在另一首诗《今我》中,王韬借天象言事:

> 今我不乐天未光,落月惨淡来枕房。
> 推枕起坐耿不寐,鞴履出视心彷徨。
> 明河如绳亘南北,射目一星芒角白。
> 眼看乾象应人事,堪怪群公无一策。
> 名都陆沈已二年,耻与逆虏同戴天。
> 州郡频闻作盗窟,江村屡告惊烽烟。
> 迩岁脂膏竭民力,此日更嗟民命毕。
> 爪牙四出为搜罗,供官不足乃供贼。
> 昨者将军大出兵,三日犹未行一程。
> 但看白日坐释甲,谁肯黑夜前斫营?②

上述两诗都是对清王朝不筹国政、不顾民生、因循苟且的强烈控诉。

然而,上海时期王韬对社会现实的批判在很大程度上是一种对功名不就和怀才不遇经历的愤激之词和情感宣泄,牢骚多而理性少,缺乏批判的深度和力度。也正因为此,王韬在愤激之余,行动上仍摆脱不了对封建制度和清朝官吏"一步三回首"的眷恋之情。1858年,他上书当道,说自己是"不甘冯骥之无能,有类毛遂之自荐",期冀对方不计资格

---

① 王韬:《蘅华馆诗录》卷三《我生》,光绪庚寅弢园丛书本。
② 王韬:《蘅华馆诗录》卷三《今我》,光绪庚寅弢园丛书本。

拔擢他于平民布衣之中。① 1859年,他又重温故技,赶赴昆山应清朝的江南岁考。② 这些举动表明王韬还在时时期望通过上书他所不满意的清朝官员和参加他所厌恶的科举考试以挤进统治阶级的行列,分取封建宴席上一杯残羹。他对旧社会、旧制度、旧阶级还没有失去最后的希望。

王韬对社会现实的全面而系统的批判严格来说是从他流亡香港之后开始的。一方面由于清廷的通缉彻底打破了他对大清王朝的幻想,阻断了他对封建专制制度的眷恋;另一方面由于他更广泛地受到欧风美雨的冲刷,世界观和认识水平都有了明显的变化。香港时期王韬对社会现实的批判,无论从触及的广度、深度讲,还是从态度的坚定、言词的激烈讲,都远远高于他在上海时期所能达到的水平。

成熟时期王韬的社会批判思想主要包括三个方面的内容。

(一) 揭露清朝官场"上下交征利"的腐败恶象

王韬直言不讳地指出,19世纪中叶的中国社会是一个得了大病的社会。它不仅外表百孔千疮,到处溃烂,而且内部气血不足,亏虚严重。他诊断道:

> 脂膏日削,厥病日尫。国家自军兴以来,括天下之财赋以填巨壑,民生益戚,国计益敝……此犹饮鸩汤以疗渴,进猪苓以养生,暂犹不可行者也。邪炽髓竭,变而为尫,及今不治,其证将殆。③

在这张社会诊断书中,王韬虽然未敢断然宣布大清王朝得了不治之症和必然一命呜呼,却也毫不客气地暗示了病入膏肓的大清王朝如果"及今不治"就只能寿终正寝。

不只是封建国家肆无忌惮地对人民进行横征暴敛,各类贪官污吏也穷尽所能对人民敲诈勒索。王韬对后者痛恨尤甚,鞭挞不遗余力。在他看来,清朝官场是中国社会最肮脏的地方,是一个升迁、调补、荐举

---

① 王韬:《弢园尺牍》卷三《岁暮干人书》,光绪癸巳沪北淞隐庐本。
② 方行、汤志钧整理:《王韬日记》,中华书局1987年版,第96页。
③ 王韬:《弢园文录外编》卷七《补尪起废药痼议》,清光绪九年香港排印本。

"皆孔方兄为之斡旋、阿堵物为之居间"的"利世界"。他无比愤怒地写道：

> 便辟侧媚，结纳逢迎，误以为能；趋承奔走，攀附夤缘，误以为勤；于是避瘠趋肥，舍难就易……视廨宇为传舍，利膏血为钓饵，请托公行，货贿昼入，诪谀成风，钻刺得志，势炎可炙，廉耻丧尽，未有如今日者也……今日之财，上不在国，下不在民，而一归诸墨吏。官为言利之门，衙署中有市道焉。苞苴肆行，簠簋弗饬，其显焉者也，不足为病也。巧取豪夺，穷搜极访，婪索万端，不饱其囊橐，不厌其欲壑而弗止。彼此交征，无非牟利也，宾朋相接，无非谈利也。内自部员，外自上宪，利不至则官不显，上下蒙蔽，刑不加，罚弗及，肆然无忌，而日取盈焉。问有为民者乎？无有也。惟知有利而已矣！①

官与官之间既然是"货贿昼入"，利来利往，那就免不了官对民剥膏吸髓。因为，"大吏之利取之于小吏，小吏之利必然取之于民间"。王韬以江南收漕为例，揭露清朝各级官吏"朘民脂膏"的情景说：

> 昔者江左之敝，坏于官者一，坏于吏者三。其最大者曰漕政，曰讼狱。一邑之粮，握其权者为漕总，其余以次递分其羡，至于官者十之六七而已，至于京师者十之四五而已。一郡之胥役，大邑数千，小邑亦数百。魁其曹者曰管班，出入裘马，僭侈无度，非朘诸民，何以为生？②

在封建官府和贪官污吏的双重敲剥下，人民生活犹如雪上加霜，自然免不了"各怀异心"，与封建政权离心又离德。他一针见血地指出，民心思乱是中国社会农民起义"此剿则彼炽"的根因，"盖今日之盗，即昔日之民也"；"今日之民，即可为后日之盗也"，是封建国家及其官吏的倒行逆施才把温和的小民变成了敢于铤而走险、犯上作乱的"盗贼"。

---

① 王韬：《弢园文录外编》卷十二《臆谭》，清光绪九年香港排印本。
② 王韬：《弢园尺牍》卷七《代上苏抚李宫保书》，光绪癸巳沪北淞隐庐本。

（二）抨击清朝官吏的颟顸不灵和保守僵化

在王韬看来，清王朝不仅患了"脂膏日削"的"疟"症，而且患了血脉不通、麻木不仁的"痼"疾。这个"痼"疾的特征是上下因循苟且，保守僵化，万事墨守成规。王韬揭示道："拘牵义例，厥病日痼，今天下内事动持于部议，外事一由于吏手，即有新法美意可以施诸实用者，偶不合于成例，辄为部议所格。老成持重者为精能，沓冗畏事者为历练，而英敏不羁畸异不群之士概无由进……其用人也，一循以资格，不问其才否。持身自固，蒙蔽日深。"①在这里，王韬显然已经看到了政治僵化必然带来官僚阶层的不求进取和人才的全面危机，而后者正是近代中国社会缺乏生气和难以前进的主要原因。

政治僵化、血脉不通、陋规成例泛滥不仅消磨了官僚阶层的锐气，阻塞人才的进路，而且影响了行政效率，便利了"蠹吏"从中弄权受贿，营私舞弊。王韬剖析说："自汉至今，几二千余年，人情之诈伪极矣，风俗之浇漓至矣。律例繁多，刑狱琐碎；文法之密，逾于网罗；辞牒之多，繁于沙砾。动援成法，辄引旧章，令人几无所措其手足。各直省禀报之案，虚诩缘饰，百无一真，而更益之以六部之律例纷纭，互相牵制。不知此特便于吏胥舞文弄法，索贿行私，以上下其手而已。非特不能为治，且足以坏政体，而与经国治民毫无裨补。"②

鉴于律例繁文和"蠹吏"给中国政治带来的危害，王韬一生从不掩饰自己对他们的厌恶和痛恨。他几乎是带着一种"准革命"的心态来呼吁废除一切繁文律例及依其为生的胥吏的：

> 繁文缛节，亦指不胜屈，要不过徒乱人意耳。故吾尝曰：吏胥所据之部例，士子所习之时文，皆可尽付之祝融虐焰中而后大快也。③

然则废律例之繁文而用律例之精意当若何？曰：今天下之所

---

① 王韬：《弢园文录外编》卷七《补苨起废药痼议》，清光绪九年香港排印本。
② 王韬：《弢园文录外编》卷二《尚简》，清光绪九年香港排印本。
③ 王韬：《弢园文录外编》卷二《尚简》，清光绪九年香港排印本。

谓吏者，必尽行裁而后可。内自京师，外至直省，大自六部，小至州县，举二百余年来牢不可破之积习，悉一扫而空之……凡昔日之拘文牵义，以一字为重轻，借片语为轩轾，得以上下其手者，悉付之于一炬而后大快。①

但王韬并不是一个完全不要法治的自然主义者或无政府主义者。他所要反对的是律例泛滥和胥吏横行所引起的政治壅塞不通和麻木僵化。透过矫枉过正的语言，我们可以看到他真正呼唤的是一种有效率的纯净的简明政治。他在《变法中》一文中曾明白地说："拘牵文义，厥弊日滋。动曰成例难违，旧法当守，而一切之事都为其所束缚驰骤矣。是朝廷有行法之名，而无奉法之实也。是不如减条教，省号令，开诚布公，而与民相见以天也。"②这里的"减""省""开诚布公"等显然都不是虚无主义的概念。

王韬十分推崇中国汉代初年君与民关系简朴而又政通人和的局面。他说，当年汉高祖刘邦入关与关中父老约法三章：杀人者死，伤人及盗抵罪。其言直接简单，而其效果则是"感于人心已至于浃肌肤，沦骨髓"。所以治天下不在于律例之多寡，而在于是否与民同休戚。③ 王韬建议清朝统治者不妨对现存的一切律例和繁文缛节来一次彻查。凡属过时无用或阻碍行政效率者一概废除之；其有效可行者张榜公布天下，使全国官民咸有所遵循。王韬断言，一旦清朝统治者如此而行，国家政治就会步入稳定而有效率的蓬勃发展的光明大道。

（三）批判封建君主专制制度

如果说中国官场的黑暗腐败和守旧僵化是中国社会贫穷落后、内忧外患迭起的灾难之源，那又是什么因素造成了中国官场这种令人哀叹的局面呢？王韬的卓越之处在于，他透过官场形形色色的丑恶现象看到了封建君主专制制度不可克服的弊端。他在这一方面所发表的议

---

① 王韬：《弢园文录外编》卷二《变法自强中》，清光绪九年香港排印本。
② 王韬：《弢园文录外编》卷一《变法中》，清光绪九年香港排印本。
③ 王韬：《弢园文录外编》卷二《尚简》，清光绪九年香港排印本。

论是他的社会批判思想的最辉煌之处。正是由于有了这一内容,我们才说王韬在香港时期的社会批判思想既超过了他在上海时期所达到的水平,也突破了鸦片战争时期林则徐、魏源等"经世派"思想家社会批判的框架。

王韬认为,中国官场一切恶象丑态都与中国封建君主专制制度有着密不可分的关系。君主专制制度的最大特点是君权太隆,民权太卑。君太隆民太卑则无疑会造成上下之情不能相通的"隔阂之局"。这就使处于君与民之间的官僚有一个欺下瞒上的"结构空间"。此一空间是腐败得以滋生蔓延的温床。他分析说:

> 尝论之地方之不治,闾阎之不安,非必民情顽梗,刑之不知惧,赏之不知劝也,上下之情苦于不通,则如炀灶然,烟焰蔽于前,则闻见惑于后,方向黑白有茫然莫辨者矣。故视远惟明,听德惟聪,非勤求民瘼,好察迩言,断不能执其两端用其中于民也,今世吏治之坏,虽甚多讳,然大率官场积习,务期养官威,尊官体,深居简出,时岁典礼,举行则高坐堂皇,俾吏民瞻之有如天帝,遇事出衙公干,则纷陈仪仗,清路而后驰,辟人惟恐后。即或接见绅士,亦不过循例拜谒,未及数语即起告辞,而于年岁之丰登,盗贼之窃发,与及若者为民所欲当与聚焉,若者为民所恶当勿施焉,不独漠然无所动于心,恝然无所厪于怀,且并不知其所谓也,如是而欲其利无不兴,弊无不革,休戚无不相通,讵非如秦越人之视肥瘠乎?……其习为书吏充当衙役者,又声气相通,扶同作弊,恒拨草以寻蛇,或乘风而纵火,遇有小事即构成大衅,以期从中染指,肆恣勒索,中饱私囊……揉直为曲,以是为非者,实蕃有徒,正人之言每不胜若辈之挑唆,故既已成讼,每至数年或十余年仍多未能完结也,凡此皆官与民相隔阂,莫悉其端倪,隐入若辈彀中,任其构弄颠倒而并不觉也。①

吏治败坏,"疟病""痼病"日深,原来是和封建君主专制制度不合理的"官尊民卑"联系在一起的,后者是前者的原因,前者是后者的自然结

---

① 王韬:《论官宜与民相亲》,《申报》1879年6月27日第3—4版,选录《循环日报》。

果。王韬在这里的深刻分析,锋芒所向已直指封建君主专制制度本身。

封建专制制度的第二个特点是官僚权力结构呈自上而下的垂直隶属形态。在封建专制制度下,官员"听上不听下",上一层官员是下一层官员的"家长",下一层官员则又是小民百姓的"父母";官员的升迁不是由政绩或民意来决定,而是由上司的好恶来决定。这一点正是贪官污吏敢于肆无忌惮地搜刮民脂民膏、作威作福和昏官庸官能够逍遥自在、如鱼得水的前提。王韬指出,今日中国"其君子则多狃于因循,其小人则渐趋于浇薄","寡廉鲜耻,各怀一心",这并不是"运会之使然",也不是由于人们"天良之尽汩也",而是由于民意太贱,"在下者"太不受重视,①而"在上者"又往往"只以情面为瞻徇,请托为引援",于是便免不了官场"钻营奔竞,夤缘攀附,苞苴公行"。王韬诘责道:"其所谓贤者未必贤,所谓才者未必才,官方何由澄叙,宦途何由整肃哉?"②

封建专制制度的第三个特点是君臣关系过分紧张,不合人性,两方相互猜忌,相互防范。君主专制制度既然是建立在一家一姓的"家天下"基础之上的政治制度,它就无法避免君臣之间的权力攘夺和阴谋斗争。处在权力顶峰的君主时时刻刻提防着臣下的篡权,因而设计出许多旨在"削平反侧""防患未然"的政策、策略和措施来监视和防范群僚百官。清王朝是少数民族建立起来的政权,在这方面的恐惧特重,其防范措施也尤为严密。如清朝官制规定,官员不得在本籍为官;在他乡为官,一地亦不得超过三年等等。明显得很,这一规定的实质就是阻止"官"与"民"相通,割裂"官"与"地"的联系,以防止形成对家天下的可能性威胁。王韬的批判之笔触及这一君主专制制度的"制度性弊端",指出中国官场因循苟且、推诿扯皮、不思进取等正与此一"制度性弊端"互为表里和互为因果。他说,当今之世无好官良吏久矣,究其原因,则为"久任专任之法坏也"。三年一易,经年一调,甚至仕若转环,不数月而去任,必然造成"吏无固志,视廨宇为传舍,量肥瘠为戚愉,循资计日以冀迁改。其所设施,因循苟简,曾无终岁之计,而所有一切因革利弊,曾

---

① 王韬:《弢园文录外编》卷三《达民情》,清光绪九年香港排印本。
② 王韬:《弢园文录外编》卷二《停捐纳》,清光绪九年香港排印本。

不稔知,旋已调任。继之者又好为纷更,令方行而遽寝,政未成而旋罢。下则无复法守,而胥吏得并缘为奸。不特此也,疏通太甚则吏不习民……即使其任职在位,隐有五日京兆之心,身家念重,其余则不复措意,上下苟且,惟日望于禄秩之崇卑厚薄,而不计民生之休戚利害"。①因此,王韬提倡一切返璞归真,去除君臣相互猜忌的封建君主专制,恢复上古时代君与臣之间的互信互助。君王对文武百官既用之,则必信之,既任之,则必专司责成,有职有权,"勿格于部议","勿别遣参赞帮办大员"。王韬认为,只有这样,良相良将良吏才能脱颖而出,有所施展;中国也才能有奋发腾飞的一天。

二 民本学说

民本思想是中国传统文化的精华所在。它滥觞于商周,《尚书》中有"民为邦本"一语,成熟于春秋战国,《荀子·王制》中有"君者,舟也;庶人者,水也;水则载舟,水则覆舟"的比喻,而孟子则说过"民为贵,社稷次之,君为轻"和"得乎丘民而为天子"等警句。秦王朝建立后,虽然君主专制主义的意识形态在几千年的封建社会占据了绝对主导地位,但民本思想也一直像一股地下水汩汩流淌了数千年,不时冲涌出来与封建专制主义缠斗一番。明主唐太宗与贤臣魏征开创的"贞观之治"在中国古代政治史上一再被提及和称颂,正是民本思想千年不衰的典型例证。特别是明清之际的进步思想家黄宗羲、唐甄等提出了"天下为主君为客"观点,更把古代民本思想推进到一个新的高度。

王韬继承了古代进步思想家的民本学说,并把它与近代西方资产阶级的民主理念融合汇通,使它成为一种极富时代气息的批判封建君主专制主义的理论武器。

王韬民本学说的内涵极其丰富多彩,概括起来可分为这样几个方面。

---

① 王韬:《弢园文录外编》卷十二《臆谭》,清光绪九年香港排印本。

(一) 承认"民"决定国家治乱

君与民、统治阶级与被统治阶级本来是一个统一体的相互依持的两个方面。清朝统治者不了解或不愿意承认这一点,把自己看成是决定国家政治的当然主宰者,对被统治者予取与求,随心所欲。王韬断然指出,这实际上是一种自以为是不明事理的"本末颠倒";被统治者据为己有的国家,其主体或根本应该是"民",而非"君"或"官";"民"是决定国家治乱安危的关键。他说"天下之治,以民为先,所谓民为邦本,本固邦宁也";"天下何以治,得民心而已,天下何以乱,失民心而已"。① 王韬以农民起义为例进一步论证道:"今之弄兵者,非异民也,即前日之民子若孙也。奚为昔顺而今逆,民盖久有以疑我矣,积疑则乱生。"②所谓"积疑",就是不相信,就是有二心,它是清朝皇帝和各级官吏长期蹂躏民意敲榨民脂在人民心理上留下的伤痕。这种伤痕一遇风吹草动,就会崩开演变成农民阶级与统治阶级血与火的对抗。天下大乱于是骤然而至。王韬在这里对统治阶级"只知有君,不知有民"的做法提出了严厉的警告。

(二) 强调"民"决定民族的强弱

当西方侵略者以武力打开了中国的大门并在战争中充分显示了洋枪洋炮的威力之后,中国统治阶级中的部分人士已经看到坚船利炮在民族对抗中的作用,发起了以购买和制造武器为主要活动的洋务运动。王韬早年也是这一运动的积极倡导者。但是,与一般洋务派不同,王韬特别强调"民"在决定民族强弱方面的作用:"今夫富国强兵之本,系于民而已矣。"③民是国家的元气所在,"国之大患,莫若民情壅于上闻。比之一人之身,元气不通,则耳目失其聪明,手足艰于行动。国之有民,亦犹人身之有元气也"。④

---

① 王韬:《弢园文录外编》卷一《重民中》,清光绪九年香港排印本。
② 王韬:《弢园文录外编》卷六《粤逆崖略》,清光绪九年香港排印本。
③ 王韬:《弢园文录外编》卷一《重民上》,清光绪九年香港排印本。
④ 《本局日报通启》,《循环日报》同治十二年十二月二十六日。

王韬认识到,民族对抗既是军事实力的对抗,也是民心民志的较量。中国每每在中外战争中败北,不仅仅是武器和战略不如对方,更重要的是中国兵民缺少同仇敌忾之气。他批评那些只重视武器的洋务派议论说:"论者徒夸张其水师之练习,营务之整顿,火器之精良,铁甲战舰之纵横无敌,为足见其强;工作之众盛,煤铁之充足,商贾之转输负贩及于远近,为足见其富,遂以为立国之基在此。不知此乃其富强之末而非其富强之本也。英国之所恃者,在上下之情通,君民之分亲,本固邦宁,虽久不变。"①中国统治者平时不与民众共其利害,不懂得"民可顺而不可逆"的道理,"但知计一己之肥瘠而已,与民间之休戚疴痒无相关也";②战争之际指望长期受其欺凌剥削的百姓与之同仇敌忾犹如缘木求鱼,痴人说梦。"国家之安危无预草野之休戚,朝廷之荣辱无关氓庶之忧喜",中国焉能不败?

(三) 呼吁以"重民"政策取代"轻民"政策

在承认"民"决定国家治乱和民族盛衰的前提下,提倡以"重民"政策取代清朝昔日的"轻民"政策,他提醒清朝统治者说,民心如水,其可载舟,亦可覆舟,"勿以民为弱,民盖至弱而不可犯也;勿以民为贱,民盖至贱而不可虐也;勿以民为愚,民盖至愚而不可欺也";对民"欺""虐""犯"者,必将不得善终。③

如何做到"重民"呢? 王韬认为首先要通民情,达民隐,撤君主专制制度"堂帘之高远",使"君民之分亲";君主的代表——各级官吏要不断与民沟通,"煦其疾痛",与民同其利害、共其忧乐;其次,举政行事一切以民意为依归,开放言路,尊重百姓"皆得而言之"的问政之权,"民以为不便者不必行,民以为不可者,不必强";④再次,与民开诚布公,实行政事公开,保证民众的知情权,"国有大政宣示中外,布告遐迩,使民间咸得预闻"。地方官亦由百姓"乡举里选","复古者采取舆评之法,灼见众

---

① 王韬:《弢园文录外编》卷四《纪英国政治》,清光绪九年香港排印本。
② 王韬:《弢园尺牍续钞》卷三《拟上当事书》,光绪己丑铅字排印本。
③ 王韬:《弢园文录外编》卷一《重民中》,清光绪九年香港排印本。
④ 王韬:《弢园文录外编》卷一《重民下》,清光绪九年香港排印本。

人之真好恶,而用舍黜陟之权寓于此"。① 王韬在这里把传统的民本思想一步步地朝向近代民权思想拉近。

王韬在提倡采取"重民"政策时特别提到对待海外华人的态度问题,认为清朝统治者视海外华人为与己无关的"天外之民"的心态是极其不妥当的,是其昔日"轻民"政策的自然延伸。它同样带来"民心尽失""藩篱尽失"的恶果。他以数百万南洋华侨为例,指出海外侨民虽然长期居外不归,但情感上无疑是眷顾故土、热爱父母之邦的,"其人虽久旅不归,而犹奉正朔,守法制,语言文字不改其常","虽在遐裔","睠怀故土",②因此,清朝统治者理应爱护和保护他们。③ 王韬呼吁清朝政府赶快于各邦设立领事,既保"远方之黎庶",又收"中土之人心"。④ 把民本思想推及海外赤子游人,王韬恐怕为中国近代第一人。

(四)主张"富民"先于"富国"

富强问题从本质上说是经济问题。19世纪70年代以后清朝统治者似乎已经意识到这一点。但到底是先富民还是先富国,统治者和精英阶层却众说纷纭,莫衷一是。王韬认为,国家治乱与民心的静与动有关,而民心的静与动又与老百姓的经济状况好坏一脉相承。民富则静,民贫则动,静则安,动则乱,一旦动乱,富国强兵也就化为乌有。他提醒清朝统治者,不要以为"民富"就意味着"国贫",两者实际上是相辅相成的,"民之富藏于公,家之丰通于国";"民生既足,国势自张",国家元气自然充沛。⑤ 再者,天下绝没有一厢情愿的爱国热情。国与民只有"共利",才能使民与国共患难,同生死,使民勇于公战之心"油然生于其中"。"夫能与民同其利者,民必与上同其害,与民共其乐者,民必与上共其忧。"⑥为达到真正的"富民",王韬提出了具体的"为生民辟财源"的办法,这就是发展民间工商业,"如造轮船,制机器,设银肆,开煤铁五金

---

① 王韬:《弢园文录外编》卷十二《臆谭》,清光绪九年香港排印本。
② 王韬:《弢园文录外编》卷三《保远民》,清光绪九年香港排印本。
③ 王韬:《弢园文录外编》卷三《保远民》,清光绪九年香港排印本。
④ 王韬:《弢园文录外编》卷二《除弊》,清光绪九年香港排印本。
⑤ 王韬:《弢园文录外编》卷七《补氓起废药痼议》,清光绪九年香港排印本。
⑥ 王韬:《弢园文录外编》卷一《重民中》,清光绪九年香港排印本。

诸矿,出洋行贾,轮舶行驶于内河,许民间设立公司,听其自为,而官常保助之,毋遏抑之。诚如是也,有不国治民安,上下相通,内外交悦,以臻于无为之化者,未之有也"。① 显然,王韬的"富民"主张不是"悬空"的理论,而是可以落实的方策。

王韬所提出的富民办法是近代资本主义的工商之法,长期生存于自给自足传统农业社会中的中国民众对这种新法自然会有不知所措之处。于是王韬又提出"教民"之说,他写道:

> 中国之利薮,西人无不欲攘为己有,其用心实精而胜;而我中国于自有之材且不及念,诚可谓不善谋利者矣。木棉我所自出,丝斤我所本有,所少者火机之纺器织具耳,而可购求制造也。先去数万金以购之来,试行有效,然后精心仿制,用以教民。十家一具,纺线织布;一具可兼百人之工,则一家可享数十家之利。西国田具,如犁耙播刈诸器,力省工倍,可以之教农,以尽地力。货舶轮船运载及远,可以之教商,以通有无。②

"富民"以至"教民"概念在民本学说中的出现,表明王韬的民本思想已具有强烈的资本主义时代的气息。它在广度和深度上均超越了传统民本思想。

学术界有一种观点认为,民本思想并不是君主专制主义的对立物,而是它的补充和完善,其宗旨是将封建君主专制对民众的压迫与剥削限制在一定的"度"里,从而维持君主专制制度的长盛不衰。因此,它根本上是与近代民主思想相抵触的。王韬以民本思想为武器来批判封建专制制度,也只能说明王韬还没有跳出传统思想家的固有框架。笔者认为,此一观点从头至尾都是值得商榷的。

首先,民主与民本思想一般说来不是截然分开的,更不是对立的。民本思想在新环境下可以升级换代,成为民主思想的重要成分。清末资产阶级民权运动者就常常尊古代民本思想的集大成者黄宗羲为中国的卢梭。陈天华在《狮子吼》一文中借"文明种"之口说:"明末清初,中

---

① 王韬:《弢园文录外编》卷二《尚简》,清光绪九年香港排印本。
② 王韬:《弢园尺牍》卷七《代上苏抚李宫保书》,光绪癸巳沪北淞隐庐本。

国有一个大圣人,是孟子以后第一个人。他的学问,他的品行,比卢梭还要高几倍,他就是黄梨洲先生。他著的书有一种名叫《明夷待访录》,内有《原君》《原臣》二篇,虽不及《民约论》之完备,民约之理,却已包括在内。"① 章太炎也说过,黄太冲发民贵之义,与晚近五洲诸大国或立民主,或崇宪政是一个意思。② 这些都说明民主与民本在反对封建君主专制、反对暴政虐民、强调民众作用等方面确有相通相合之处,而绝不是相互排斥和抵拒。

其次,王韬的民本思想中固然有一些传统形态的内容,如建议统治者"待民如父兄之遇子弟",这的确是古老的"推恩政治"的余绪,有家长主义的尾巴。但不能否认王韬民本思想中的大部分内容属于近代现实主义的范畴。他关于"富民"问题的议论实际上体现了资产阶级要求经济自由平等的愿望;许民间自立公司,官不得干预之,只能保助之,兴学教民致富等议论也是传统的地主阶级思想家提不出来的。只有经过近代西方工商业文明和政治文化洗礼之后的思想家才能提出这样的结论。

再次,王韬的民本思想与民主思想是相互串透、相互重叠的。王韬早年就熟读儒家经典,尤其佩服黄宗羲的《明夷待访录》,因此,对古代民为邦本、本固邦宁、民贵君轻一类的议论是烂熟于心的。但也仅此而已。在这些大而化之的条目下,他还没有构筑具体的内容。后来,他接触到西方之学,在其民主圣火的烛照下,才恍然大悟中国古代典籍有如此之多的可资利用的材料。于是,他根据他所掌握的近代西方民主理论,回过头来对传统经典或记忆中的民本学说进行爬梳、概括、总结、创新。所以说,在王韬思想中,民本与民主、传统与现代是串透重叠、彼此融合的,无法将其截然划为两段。王韬在批判封建君主专制制度摧残民心、压迫民意的时候,总是同时参照中国古代民本思想及实践和西方民主思想及实践的。如集中反映王韬民本思想的《重民上》《重民中》《重民下》三文,其思路都是"泰西各国如何""古代中国如何""所以现在

---

① 陈天华:《狮子吼》,刘晴波、彭国兴编校:《陈天华集》,湖南人民出版社1982年版,第127页。
② 章太炎:《书〈原君篇〉后》,《日月新报》(台湾)1899年2月10日。

应该如何"。《重民下》有一段这样写道：

> 书有之曰：民惟邦本，本固邦宁。苟得君主于上，而民主于下，则上下之交固，君民之分亲矣，内可以无乱，外可以无侮，而国本有若苞桑磐石焉。由此而扩充之，富强之效亦无不基于此矣。泰西诸国，以英为巨擘，而英国政治之美，实为泰西诸国所闻风向慕，则以君民上下之间互相联络之效也。①

《重民中》也写道：

> 治民之大者，在上下之交不至于隔阂。此外，首有以厚其生，次有以恒其业……皆许民间自立公司……要令富民出其赀，贫民殚其力，利益溥沾，贤愚同奋，朝廷有大兴作，大政治，亦必先期告民，是则古者与民共治天下之意也。②

从内容到形式中西合璧，谁能说它们都是传统形态的民本而不是现代意义上的民主思想呢？

值得注意的是，王韬是中国最早主张在中国推行英国式民主政治的先进思想家，而此一主张最早就出现在《重民下》一文之中。以此可见，王韬当年是将两者视为一体的。后代评论者硬要将民本与民主视作相互对立的东西，无疑是曲解了王韬。

中国近代民主思想的演进，犹如一条波水相连而又不断汇聚支流的长河，其间任何一段都有前一段思想的继承因素，也有刚刚注入的新因素。王韬一方面继承了中国古代的民本思想，另一方面又吸纳了近代西方民主思想。他推陈出新，洋为中用，创造了颇具时代特征和个性特点的新民本思想。这种新民本思想虽然还不是完整意义上的近代资产阶级民主思想，但后者无疑是从前者继承发展而来的。从这个意义上讲，没有王韬"重民""富民""教民"诸说的提出，后来严复的"鼓民力、开民智、新民德"、梁启超的"民权兴则国权立"诸说和孙中山中西合璧的三民主义便会成为无源之水、无本之木。

---

① 王韬：《弢园文录外编》卷一《重民下》，清光绪九年香港排印本。
② 王韬：《弢园文录外编》卷一《重民中》，清光绪九年香港排印本。

三　强烈的危机意识

　　由于中国古代文明的辉煌成就,由于中国周边民族的相对贫弱落后,以及儒家士农社会标榜的"知足常乐""能忍自安""柔能克刚"等信条的影响,中古时期的中国人往往缺少危机意识,似乎中国从来就不曾遭遇过真正的挑战。汉朝的贾谊本着爱国爱民的热忱,披肝沥胆地写了一篇言及天下危象的《陈政事疏》,立刻落得被贬遭逐的下场。封建君主从不喜欢臣民谈论什么天下危象凶兆。他们喜闻乐见的是歌颂升平的阿谀文章。绝大多数朝臣和地方大吏也习惯于投其所好,报喜不报忧。因此可以说,古代中国是在文治武功、太平一统的浪漫神话中度过的。

　　至19世纪中叶,中国遇到了历史上不曾有过的最大危机。已经进入资本主义时代的西方列强纷纷前来东方,以武力为后盾逼迫中国统治者签订了丧权辱国的《南京条约》,从此,中国太平一统的局面遇到了超强的外部力量的严峻挑战。

　　对中国统治阶级来讲,《南京条约》的签订无疑是旷古未有的奇耻大辱。面对这一羞辱,以林则徐、魏源为代表的地主阶级"经世派"最先从古代的神话中醒来,开始提出"师夷长技以制夷"的主张。但是,值得注意的是,鸦片战争时期"经世派"思想家的危机和改革意识是极其有限度的。他们还没有明确体认到中国遇到了全面的生存危机。"经世派"似乎只承认中国在兵备火器方面"略不如夷",而典章制度、道德文章还是"夷不如华多矣"。从整个价值观上讲,"经世派"依然没有甩脱"华尊夷卑"的基本格局。

　　从全国范围来看,作为整体的封建统治阶级更没有从鸦片战争的炮火中惊醒。大多数地主阶级分子仍然沉溺在古老华夏文明和清朝圣治武功所构筑的梦幻之中。在他们眼里,林则徐、魏源等"经世派"人物"师夷长技"的呐喊不过是徒张夷势、自我贬损的丧气话,是危言耸听的杞人忧天和小题大做。"其时罢兵议款,互市通商,海宇晏安,相习无事,而内外诸大臣,皆深以言西事为讳,徒事粉饰,弥缝苟且于目前,有告之者,则斥为妄。而沿海疆圉晏然无所设备,所谓谂远情,师长技者,茫无所知也。"① 鸦片战争时期的进步思想家之一姚莹曾痛心地说,魏源的《海国图志》,不仅没有使中国当道头脑清醒,反而大触"诸公之忌","举世讳言之"。② 一句话,鸦片战争之后的二十年间,中国是在统治阶级"身处险境而又讳言危机"之中不死不活地走过来的。

太平天国农民运动的爆发和第二次鸦片战争中国的战败再次打破了中国官场的四平八稳和中国社会的升平幻象,无情地剖开了大清王朝一触即溃的"内囊"。冯桂芬率先看到这一点,提出了"人无弃材不如夷,地无遗利不如夷,君民不隔不如夷,名实必符不如夷"的观点,从而向国人传递了危机已经来临的警号。③ 但是,历史留给中国统治阶级天朝上国的意识太根深蒂固,以至他们成了釜底游鱼还在编织着如何吃掉打鱼人的故事。冯桂芬的危机呐喊只是在中国统治阶级自我陶醉的麻痹神经里楔进了一根芒刺而已。根治它还需要后人坚持不懈的努力。

王韬目睹中国社会"梦幻多于现实"的精神病症,愤恨于中国统治阶级的冥顽不灵,矢志在冯桂芬的基础上彻底割除中国统治者自尊自大和自我陶醉的病灶。从60年代开始,他以比冯桂芬更加激烈的语言、更加广泛的视角、更加有效的报纸手段,把中国已经面临全面性生存危机的警钟敲得更响。

王韬首先直言不讳地指出,儒家天下概念和等级思想所规定的万邦来朝的历史格局已经分崩离析,大清王朝的文治武功也荡然无存。中外关系正从中国唯我独尊的单向主导局面走向华夷鼎力相搏的竞争局面,此一局面是中国几千年不曾遇到过的最大变局。他慷慨激昂地呐喊道:

天开泰西诸国之人心,而畀之以聪明智慧,器艺技巧百出不

---

① 王韬:《弢园文录外编》卷九《瀛环志略·跋》,清光绪九年香港排印本。
② 吴剑杰:《中国近代思潮及其演进》,武汉大学出版社1989年版,第52页。
③ 冯桂芬:《校邠庐抗议》,《制洋器议》,上海书店出版社2002年版,第50页。

穷,航海东来,聚之于一国之中,此固古今之创事,天地之变局。①

> 四大洲中,以欧洲为至雄,用兵之强也,财赋之富也,物产之饶也,工作之巧也,心思智虑之精也,谋划经营之远也,近且日盛一日,薄海内外,莫与抗衡。(其于亚非诸国)皆剪灭其社稷,驱逐其君长,并兼其土地,役使其人民。前时中国史册所称入贡为某某国者,今无一二焉,令人思之,几不寒而栗……越南为法据,缅甸、暹罗为英据,阿富汗现已覆灭,波斯仅成孤立,则亚洲全土,欧人几有其半而犹未已也,宁不为之寒心!②

王韬对变局的认识是建立在全面审视"华"与"夷"大势之后得出的真知灼见。在王韬认识到的变局中,其竞争态势不是汉与匈奴或唐与回纥那种"大华""强华"与"小夷""弱夷"的对峙,而是春秋战国式的列国相争,其间不仅不存在名分上的尊卑之别,而且优强之势不在中国一边,而在俄、英、法、普诸西方之国一边。俄国可比之于秦,英、法、普三国可当之于齐、楚、晋;中国只能当之于赵、卫、陈、蔡等,是一"至弱之国"。因为,中国虽为地球精美之区,但若问"所为西国之长技者,则一切无有"。③ 他以极其忧虑的口气写道:

> 今就地球大势观之,而知东南之不及西北也,西北之人久至东南,而东南之人不能一至西北,试观盈地球中,皆欧洲人也。地球中灵秀沃腴之壤,不过数处,而以中国为巨擘,地球之人,无不欣羡焉。独惜中国迩来安于自域也,因循苟且,粉饰夸张,蒙蔽拘虚,刚愎傲狠,于欧洲之形势茫乎且未之知也。然则,亚洲之局,不甚可危哉!④

王韬在这里要告诉人们的潜台词是:今日之"华"已非昔日之"华";今日之"夷"也已非昔日之"夷"。"华"与"夷"的优劣强弱之势已经彻底倒转过来。处在劣势中的中国倘若继续执迷不悟,老大自居,不求振

---

① 王韬:《弢园文录外编》卷一《变法上》,清光绪九年香港排印本。
② 王韬:《弢园文录外编》卷四《欧洲今日不轻用兵》,清光绪九年香港排印本。
③ 王韬:《弢园文录外编》卷五《亚洲半属欧人》,清光绪九年香港排印本。
④ 王韬:《弢园文录外编》卷五《亚洲半属欧人》,清光绪九年香港排印本。

作,最终难免会落得亡国灭种的结局。

　　危机和挑战是普遍存在的历史现象,世界著名历史学家汤因比(Amold J.Toynbee)曾指出,文明是在外来的挑战中成长的。① 这就是说,任何民族都不可能一劳永逸地摆脱生存危机或外来挑战。问题的关键是如何正视危机和迎接挑战。在王韬生活的年代,中国有相当数量的愚顽之士不仅没有考虑到如何有效处置危机和积极应对挑战,甚至不承认中国已经遇到了危机和挑战。这就从根本上否定了中国有改革现状的必要。王韬对中国生存危机一针见血、不容回避的揭示和持之不断的呐喊,无疑是对这些长梦不醒的愚顽之士的当头棒喝。

　　王韬不是一个消极悲观的危机信号的撞钟人。他不断告诫国人危机来临的目的是为了刺激国人亟思变革,从而扭转亡国灭种的可能命运。可以说,他的危机意识是和乐观主义的进取精神联系在一起的,属于汤因比称道的那种积极的有效的挑战—应战模式。在王韬看来,祸兮福所倚,福兮祸所伏,西方列强踏波东来,会聚于中国,此正"天欲福中国,而非祸中国,正欲强中国,而非弱中国",其祸福强弱转变之机完全取决于中国人自己的改革与否,"善为用者,可以转祸为福,变弱而为强。不患彼西人之日来,而但患我中国之自域。无他,在一变而已矣"。②

　　改革思想是王韬危机意识的连体儿,在所有的谈论中国生存危机的文章中,王韬几乎毫无例外地都谈及中国的改革。比如,在前面所引述的关于"古今变局"的文字之后,他写道:

　　　　诸国既恃其长,自远而至,携其所有以傲我之所无,日从而张其炫耀,肆其欺凌,相轧以相倾,则我又乌能不思变计哉!是则导我以不容不变者,天心也;迫我以不得不变者,人事也。③

　　在《答强弱论》一文中,他也是将危机与改革相提并论的:

---

① 参见汤因比著,曹未风译:《历史研究》第一部分《文明的起源》,第三部分《文明的生长》,上海人民出版社1986年版。
② 王韬:《弢园文录外编》卷七《答强弱论》,清光绪九年香港排印本。
③ 王韬:《弢园文录外编》卷一《变法上》,清光绪九年香港排印本。

> 呜呼！世变至此极矣，中国三千年来所守之典章法度，至此而几将播荡澌灭，可不惧哉……有心人旷观往古，静验来今，而知天道与时消息，人事与时变通。盖天道变于上，则人事不得不变于下。易曰：穷则变，变则通。此君子所以自强不息也。①

时异势殊，今昔相异，处今之世，以弱对强，当因时因地制其宜，以权达变，以变求富求强，以富强保民族之生存。王韬的危机意识以其不可阻遏的逻辑力量顺理成章地过渡到改革思想上来。

与林则徐、魏源、冯桂芬等先进中国人的思想进路一样，王韬的改革思想也是在西方列强侵略的刺激下产生的。但是值得特别指出的是，王韬改革思想自有它的特异或超越之处：

第一，王韬的改革思想是建立在对西学更加广泛地了解、对西方事物更加直接地实地考察基础之上的，它的参照系更清晰具体，时代内容更丰富精确，很少出现前代思想家对西方事物盲人摸象式的主观曲解和天真臆测。

第二，王韬把他的改革思想与中国古代的大同理想和运会学说联系起来，这使他的改革思想更哲学化、理论化。王韬写道："今日欧洲诸国日臻强盛，智慧之士造火轮舟车以通同洲异洲诸国，东西两半球足迹几无不遍……合一之机将兆于此。夫民既由分而合，则道亦将由异而同……道不能即通，则先假器以通之，火轮舟车皆所以载道而行者也。盖人心之所向即天理之所示，必有人焉，融会贯通而使之同。故泰西诸国今日所以挟以凌辱我中国者，皆后世圣人有作，所取以混同万国之法物也。"②"泰西数十国悉聚于一中国之中，此古今之变局，运会之转机。怀奇抱智之士，无不思翻然为自强计，集各国之人才以供一国之用，正在今日。"③理论之中包裹着哲人乐观自信的胸怀。

第三，王韬改革思想的重心在"内因"，而且尤其偏重政治层面。他曾指出，国家之患，不患在外侮之凭凌，而患在"内治之委靡"。"内治之

---

① 王韬：《弢园文录外编》卷七《答强弱论》，清光绪九年香港排印本。
② 王韬：《弢园文录外编》卷一《原道》，清光绪九年香港排印本。
③ 王韬：《弢园文录外编》卷七《代上当轴书》，清光绪九年香港排印本。

委靡"一日不去,即使具备了现代化的枪炮船舰,也不能使中国臻于富强之境。因此,他提倡一种"大变而非小变,真变而非貌变"的内在改革。"所谓练兵法、习水师、增战舰、制火器、重西学、通历算、讲格致、尚器艺、筹财用、开煤务、辟车路、行电报,足以几于富强者,皆迹也,有载之以俱行之者,则道也。今者先在振拔人材,肃清宦途,尊崇学术,懋勉风俗,而后参之以西法,则庶几矣。"①这是把眼光集中于军事与外交领域的林、魏一代思想家及同代之洋务派思想家所不能达到的思想高度。

王韬是中国近代思想史上的"异数"。他所具备的思想条件是同一时代的其他思想家无法同时具备的。其时,中国人中或有对西方事物了解得比王韬更多的人,如某些浪迹他邦的生意人、早期留学生等,也有比王韬更精通儒家经典的饱学之士,但能把中学与西学协调糅合在一起,得心应手地阐述发扬的,恐怕非王韬莫属。历史的偶然性让王韬这个饱读儒家经典的落第秀才过了数十年的"域外"流亡生活,这是王韬个人的不幸,然而却造就了中国第一个学贯中西、思想深刻的改革思想家,这又是近代中国历史的大幸。

四 革新政治的方案

台湾学人姚海奇先生在其著作《王韬的政治思想》中曾有这样的观点,认为王韬的改革思想"始终停留在器物阶段",没有触及制度变革与政治发展等议题,因而留下了诸多缺憾。原文写道:

> (王韬)于实际政治中,却未曾体察出君主政治之弊,以及民主政治之善,故于变法图强主张中,境界始终停留于器物阶段,而少言及意识形态以及政治不同之优劣长短。此点与当世知识分子观点,实相吻合,故于船坚炮利之器物,寄望过高,而未曾思及变法及政治发展过程之环节。苟仅局变,而非全变,而将引发出更繁多、

---

① 王韬:《西报论中国当一变》,《申报》1874年12月29日第4版,转载香港《循环日报》。

更紊乱之问题与弊端。①

显然,姚海奇先生把王韬归入到只主张"皮毛之变"而未及制度内核的洋务派思想家一类,惜其认识之肤浅,叹其思想进路功亏一篑。

笔者认为,姚海奇先生的观点似有偏颇之处。王韬不仅不是一个只关注器物变革的人,而且是一个对"仅关注器物之变"持否定态度的激烈批判者。

王韬是中国最早倡导洋务活动而又最早对洋务活动只重器物层变革提出批判的思想家。愤怒于洋务活动的小脚走路和舍本逐末,王韬多次对洋务活动的所谓"骎骎乎富强之效"进行讥讽,认为洋务派的所作所为不过是"附肉于骨,剪彩为花,其血脉终不能流通,色泽终不能焕发"的表面文章,不能从根本上改变中国的内部状况。他在论著中写下了大量的这方面的文字,试举数例,以见王韬政治思想之原貌:

> 今沿海各直省皆设有专局,制枪炮,造舟舰,遴选幼童出洋肄业,自其外观之,非不庞洪彪炳,然惜其尚袭皮毛,有其名而鲜其实也……故今日我国之急务,其先在治民。②

> 事至今日,奚言哉?由其外观之,设海防,重边备,讲火器,制轮船,似乎富强之效可著,骎骎乎可驰域外之观。然而军政之未修也,吏治之未肃也,士习之未端也,民心之未靖也,因循苟且,粉饰弥缝,一切皆如昔日。如是虽袭西法之皮毛,而犹如附肉于骨……今欲与泰西并驾齐驱,则莫如以自治为先。③

> 自强之道,自治为先。今日之弊,在上下之交不通,官民之分不亲,外内之权不专,中外之情不审,于是乎一切之事,昏然如隔十重帘幕。今当一反其道而行之,然后可选举人才,简择牧令,搜罗遗逸,广储材艺,而与民开诚布公,相见以天……国有大政,宣示中外,布告遐迩,使民间咸得预闻。④

---

① 姚海奇:《王韬的政治思想》,台湾文镜文化事业有限公司1981年版,第59页。
② 王韬:《弢园文录外编》卷一《变法下》,清光绪九年香港排印本。
③ 王韬:《弢园文录外编》卷十《书日人〈隔靴论〉后》,清光绪九年香港排印本。
④ 王韬:《弢园尺牍》卷十二《上郑玉轩观察》,光绪癸巳沪北淞隐庐本。

从上可见，王韬已经清楚地看到"徒变器物"并不能将中国带入现代化的富强之境，认识到只有进行深层次政治变革，挽回民心，才能真正使中国与西方并驾齐驱。

怎样进行政治变革以挽回民心呢？王韬认为首先要"去弊"，即消除封建君主专制制度和政策中不合理的部分，一切以现实需要和民意为依归。

王韬的"去弊"主张可概括为三项内容：

第一，精简官僚队伍，裁撤冗吏，惩治贪官。

在王韬的价值天平上，冗官俗吏只是与"不耕而食、不织而衣"的僧尼道士和草菅人命以害人为生的庸医等量齐观的"游民"而已。对社会而言，这种游民是有百害而无一利的毒疣，越早去之越好。他揭示说：

> 闲员末秩，备位枝官，无益于民事，徒足以耗国家度支……一省之中，既有巡抚而复有总督，有时意见龃龉，而事权不能归一，往往至于误国偾事。①

> 佐官为治者吏也，舞文坏法，半由于吏，以吏无责成，而品望又卑贱，其惟利是视宜也。今之为吏者，大抵皆狡黠龌龊，足以持官短长。官或一岁数易，吏则累世相传，官多深居简出，吏日周旋于民间，其足以欺蔽官者，势所必然。②

官吏贵精不贵多，官冗吏滥不仅必然造成磨擦内耗，降低行政效率，以至"误国偾事"，而且在人浮于事、人多薪低的情形下，无公可干而又胆大包天精力过剩的"官场游民"极易将其精力倾泻在对非法利益的疯狂追求和钻营奔竞之上。这势必带来整个官场风气的败坏，冗官和贪官的合二为一。因此，王韬建议对清朝各级官府实行一次甄别筛选的普查，凡属可有可无徒耗国力的冗员，不论是官是吏，为文为武，"悉从而汰之"；③凡属贪官，则"必严其典章，纠其贿赂，戍边不赦，籍没不

---

① 王韬：《弢园文录外编》卷二《除弊》，清光绪九年香港排印本。
② 王韬：《弢园尺牍》卷八《上丁中丞》，光绪癸巳沪北淞隐庐本。
③ 王韬：《弢园文录外编》卷二《除弊》，清光绪九年香港排印本。

贷,即其家资以充军需"①。而对经过筛选合格留任的官员则应该重其权,增其薪,使其安心放手办事,"专司责成"。王韬认为如此正反相合,官员必将"顾恤名节,相尚以廉,而治道可兴"。②

第二,改革储才和用人制度。

王韬认为自己是清朝储才和用人制度的一大牺牲品,因而对此一制度的弊端看得要比他人真切。他在许多场合都毫不掩饰地表示他对清朝储才和用人制度的强烈厌恶和改造愿望。他说,清朝的主要储才和用人途径——科举制度是"败坏人才,斫丧人才,使天下无真才"的毁人机器,活生生的富有创造思想的人一旦经过这一机器的作业,就会变成一个"毫无心思智慧""所习非所用,所用非所长,问以钱谷不知,问以兵刑不知,出门茫然,一举步即不识南北东西之向背"的"废人"。③ 这样的"废人"虽然符合最高统治者希冀臣民都是驯服工具的愿望,对国家、民族而言却是有百害而无一利。王韬指出,世变亟矣,"人才者,国家之元气,群生赖以立命"。④ 在万国相通的世界格局下,人才竞争就是民族的竞争,昔日驯服的工具已经明显不能使中国立于长治久安的不败之地。因此,为今之计,"莫如废时文而尚实学",即废除八股制义取士而提倡经济、法律、格致、天算、制器、兵法等有用之学。此外,另辟"荐举入仕"之途,凡才识兼备或"身怀某一技艺不论其有无通过科举考试者",只要地方"乡举里选",国家便当"不次擢用"。⑤

捐纳是清朝用人制度中比科举更腐败、更不得人心的一项弊政。据统计,1840年在道、府、州、县四个层级的地方官中有29%的人是靠捐纳得到官职的;1871年这一数字猛增到51%。⑥ 数以千计的捐官将清朝官场变成了一个靠官职剥削的"权力黑市"。敲诈勒索,贪赃枉法,贿赂公行,一切丑恶现象均随之而生。王韬也注意到这一问题的严重

---

① 王韬:《弢园文录外编》卷十二《臆谭》,清光绪九年香港排印本。
② 王韬:《弢园尺牍》卷八《上丁中丞》,光绪癸巳沪北淞隐庐本。
③ 王韬:《弢园文录外编》卷一《原士》,清光绪九年香港排印本。
④ 王韬:《弢园文录外编》卷七《补苴起废药痼议》,清光绪九年香港排印本。
⑤ 王韬:《弢园文录外编》卷二《变法自强中》,清光绪九年香港排印本。
⑥ Ping li Ho and Tang Tsou eds, *China in Crisis*, *Nineteenth Century China*: *The Disintegration of the Old Order and the Impact of the West*, Chicago 1968.

性,他揭示道:

> 天下自捐纳之开,朝廷之上几有市道焉。内官自郎中始,外官自道员始,以次递下,一切皆有价值……其用贵尤多者,即可领凭赴任。其指省分发,需次省垣者,亦复随行逐队,听鼓应官,公然以为民上自居矣……月取数十金或百余金,而问其果皆实心办事否,则月至不过数日,余皆委之司事而已。其所以糜费朝廷之府库者,不知凡几,是挟数百金数千金而月收其利至于无算……取盈于民,尚忍言哉!①

> 自捐纳之例开,稍有资财者,纳粟即可筮仕。其贫而略有才干者,多方告贷,以官场做利场,狗苟蝇营,靡所不至,及既指省需次,听鼓应官,绝无所事,惟仆仆奔走于上司之门,否则浮沉于僚幕中耳。一省中所有闲员冗官……此皆有官之名而无之实也。如是则仕途何以肃?官方何以澄?……岂不足为地方之深累,而至病国殃民乎?②

捐纳之初,既以利进,入仕之后,便难免"如跗骨之蛆",赤裸裸地以"膏血"为目的,寡廉少耻,不择手段。而这无疑又会加重人民的负担,扩大官与民的相互不信任。民无路可走,便群起劫官犯上。因此,王韬大声疾呼:"不废捐纳,天下终不得治。"③

第三,停止妄费,与民休息。

太平天国农民战争与第二次鸦片战争严重破坏了中国的社会经济,平民百姓落入了贫困不堪的悲惨境地。但是,以"朘民""食民"为能事的中国统治阶级,从君主到各级官员绝大多数仍改不了他们的贪婪本性和奢靡作风。为了满足一己私欲,他们编出各种苛捐杂费的项目来,加紧对劳动者的搜刮。王韬认为此种"剥民政策"乃饮鸩止渴之举。他告诫清朝统治者赶快将注意力从追求多征捐费和奢侈生活转移到关心国事民瘼和节制开支上来,放弃竭泽而渔、不计后果的短视国策。他

---

① 王韬:《弢园文录外编》卷二《停捐纳》,清光绪九年香港排印本。
② 王韬:《弢园文录外编》卷三《禁游民》,清光绪九年香港排印本。
③ 王韬:《弢园文录外编》卷二《停捐纳》,清光绪九年香港排印本。

上书清朝当道大员说,自战乱之后,民间创巨痛深,连昔日富庶之地江南也"户腹衰减,殷富散亡,已万不如前",因此,清朝政府不应再在已经不堪负担的人民头上横征暴敛,而应与民休息,"招集流亡,抚恤灾困,俾各归其所。给之牛种,课之耕作,无主不垦之地,许以其所出半归于官。减赋损捐,勿再多取令其重困。其他裁冗去烦,革奢崇俭,开源节流,次第举行",务使"农不惰于田,妇不嬉于室,商不重征,贾不再榷,各勤其业……上益下富,藏富于民"。① 王韬特别提醒封建君主要率先体察国难民艰,崇尚节俭,革除官中的"妄费"。他写道:"从来奢侈起于逸乐,节俭生于忧患。而欲崇节俭,必自君躬始。每岁织造中有可减者减之,有可罢者罢之,不必辄循常例。宫中所需,宜有定数;内务府宜岁支以若干,而不必求之外省……其他修造之有可省者,工程之不必兴者,一例勿行,自然费不至于浩繁。"②王韬在这里差一点就要要求中国的封建君主像欧洲的国王一样"预算公定,布告天下"了。后来,他研究了英国和法国的政制和税制,发现欧洲"国君所用,岁有常经,不敢玉食万方也。所居宫室,概从朴素,不尚纷华,从未有别馆离宫,迤逦数十里也。国君止立一后,自后以外,不置嫔妃,从未有后宫佳丽三千之众也",终于向中国统治者说出了税收乃公物,"藉以养民而便民",君主亦"不得擅自支取"的话。③

通过全面的"去弊",王韬到底要把中国政治改革到什么方向去呢?王韬没有直接回答过这个问题,但他的思想倾向性却又是明确无误的,这就是西方式的议会民主政治。西方议会民主政治既是王韬批判中国封建君主专制政治的参照系,也是他倾心向往、不断呼唤的理想目标。

王韬对西方政治制度的了解始于他"浪迹香江"之后,而真正静下心来比较研究,进而把它介绍给国人则始于1870年他自欧洲旅行归来之后。1870年到1871年《法国志略》和《普法战纪》两书的翻译著述使他对欧洲各国的政治有了比较全面而清晰的了解。此后,王韬基本上

---

① 王韬:《弢园尺牍》卷七《代上苏抚李宫保书》,光绪癸巳沪北淞隐庐本。
② 王韬:《弢园文录外编》卷二《除弊》,清光绪九年香港排印本。
③ 参见王韬:《弢园文录外编》卷四《纪英国政治》,清光绪九年香港排印本;王韬:《重订法国志略》卷十六,光绪己丑弢园老民校刊本,第15页。

没有改变他对西方民主政治的推崇。在许多后来写成的主张变法图强的文字里,王韬希望在中国推行西方民主政治的急切之情溢于言表。

在研究对比中西方历史的过程中,王韬首先对民主制度优于封建君主专制制度肯定无疑。他在研究了法国国会之后评论说:

> 逸史氏王韬曰:国会之设,惟其有公而无私,故民无不服也。欧洲诸国,类无不如是。即是雄才大略之主崛起于其间,亦不能少有所更易新制,亦乱旧章也。偶或强行于一时,亦必反正于后日。拿破仑一朝即可援为殷鉴。夫如是则上下相安,君臣共治,用克垂之于久远。而不至于苛虐殃民,贪暴失众。盖上下两院议员悉由公举,其进身之始,非出乎公正则不能得。若一旦举事不当,大拂乎舆情,不洽于群论,则众人得而推择之,亦得而黜陟之。彼即欲不恤人言,亦必有所顾忌而不敢也。中国三代以上,其立法命意,未尝不如是,每读欧史至此,韬不禁爽然高望于黄农虞夏之世,而窃叹其去古犹未远也。①

在归纳欧洲民主制度的优点和实效时,他又写道:"无论政治大小,悉经议院妥酌,然后举行。故内则无苛虐残酷之为,外则有捍卫保持之谊,常则尽懋迁经营之力,变则竭急公赴义之忱。如心志之役股肱,如手足之捍头目。所以远涉重瀛,不啻本境,几忘君民之心,惟期国运之昌。"②"国有大事,则集议于上下议院,必众论佥同,然后举行。如有军旅之政,则必遍询于国中,众欲战则战,众预止则止。故兵非妄动,而众心成城也。"③相比之下,封建君主专制制度简直成了剿杀民意、祸国殃民的恶魔。王韬毫不掩饰地表达了他对此一制度——不论是东方的还是西方的——的厌恶与憎恨。在前面"社会批判者"一节里,我们已引述过他对中国封建君主专制制度的谴责文字,这里再举数例他对西方君主专制制度的批判文字,以见其思想之一贯和全面:

> 西国当百余年前,国皆世传,至君尊民卑,上下否隔,国势愈

---

① 王韬:《重订法国志略》卷十六,光绪己丑弢园老民校刊本,第28页。
② 王韬:《弢园文录外编》卷三《达民情》,清光绪九年香港排印本。
③ 王韬:《弢园文录外编》卷四《纪英国政治》,清光绪九年香港排印本。

离,人心愈散。①

> 波旁也,阿良也,拿破仑也,斯三族皆王族也,而百姓鲜爱戴之忱,大臣无拥立之志,天之所弃,谁能兴之。②

> 英昔日之政,王揽事权,国多变乱。③

王韬强烈谴责封建帝王的"威福自擅""政令由己"和"传祚于子",指出它们全是"大拂民情"的倒行逆施,必将招致内忧外患交相迭乘的衰乱局面。这是对东西方统治者的共同警告。

王韬是一位眼光犀利的思想家。他不仅比较出资产阶级民主制度与封建专制制度的优劣,而且观察到西方民主制度中君主立宪政体与共和政体的差别。他这样叙述道:

> 泰西之国有三:一曰君主之国,一曰民主之国,一曰君民共主之国。一人主治于上而百执事万姓奔走于下,令出而必行,言出而莫违,此君主也。国家有事,下之议院,众以为可行则行,不可则止,统领但总其大成而已,此民主也。朝廷有兵刑礼乐赏罚诸大政,必集众于上下议院,君可而民否,不能行,民可而君否,亦不能行也,此君民共主也。④

三者相比,王韬最推崇的政体是君民共主即君主立宪政体。因为,"君为主,则必尧、舜之君在上,而后可久安长治",但19世纪的中国已经找不到毫无私心的尧舜之人,所以实际上君主制是导向衰乱之制;"民为主,则法制多纷更,心志难专一,究其极,不无流弊";只有君主立宪制,"君民共治,上下相通,民隐得以上达,君惠亦得以下逮,都俞吁咈,犹有中国三代以上之遗意焉"。⑤

《循环日报》有一篇未署名但作者明显是王韬的政论《论泰西国势》,也反映了王韬对欧美政体的研究深度和选择倾向,文中说:

---

① 王韬:《重订法国志略》卷九,光绪己丑弢园老民校刊本,第20页。
② 王韬:《普法战纪》卷二十,光绪丙戌弢园王氏刊印本,第29页。
③ 王韬:《重订法国志略》卷九,光绪己丑弢园老民校刊本,第15页。
④ 王韬:《弢园文录外编》卷一《重民下》,清光绪九年香港排印本。
⑤ 王韬:《弢园文录外编》卷一《重民下》,清光绪九年香港排印本。

泰西之国,有所谓君主者,有所谓民主者,更有君民共主者,其君主者则世及为常,权柄操之自上,如普鲁士、土耳机诸国是也,其民主者则由众推举,任满而去,与齐民无异,如法兰西、瑞士等国是也。君民共主,则尤为泰西土风所尚,犬牙相错,靡国不然,其制设有上下议院,上议院则勋爵贵人及牧士处之,下议院则庶民所推才识兼优学问渊博者处之,国有大事,国王则谕知相臣,相臣乃辟上议院聚众公议,参以条例,决其可否,转告于下议院,必官绅允诺,靡有异同,然后举行,其或民间利弊在所兴革,则先陈说于下议院,经大众酌核,详于上议院,以为可行则以闻于相臣,而转达于国王,大约刑赏征伐及外国交涉之事则上议院主其谋,而课税之增减,帑饷之筹办,则全由下议院酌定,此则不论君主民主,皆从乎同者也。君臣同体,上下相联,初无贵贱之分,情伪可以周知,灾患无不共任,有害则去,有利则趋,泰西之强,职由于此。①

　　史学界有一种说法,认为王韬虽然对西方资产阶级民主政治赞不绝口,但从来不主张在中国切实推行。从上面所引录的史料看,王韬确实没有明确提出要在中国推行君主立宪制度,但透过这些文字,我们可以看到他的思想指向是明白无误的。在王韬的价值观和语词里,"三代"是人类社会美好之最的代名词。每逢王韬对某一事物推崇备至而又无法形容时,他才用"三代"一言以蔽之。王韬在这里的真实用意显然不是为了推崇"三代"而推崇之,"三代"实际上也没有这么完美。王韬的目的是为了加强对所比事物的赞美推重,同时借"三代"的神圣招牌,消减保守分子的抵抗排拒心理。所以,王韬把君主立宪政体誉之为"有三代遗意",而又不断地呼吁要返璞归真,重返三代,也就是主张在中国推行这一制度。

　　事实上,王韬还是写过一些意思非常明确的文字,开门见山地主张要在中国推行西方民主政治。如他在《与方铭山观察》一信中借1880年中俄伊犁交涉日趋紧张、中俄大战迫在眉睫的危机,强烈呼吁立即变革中国政治,推行君民一体、上下一心的"西国之法":

---

① 王韬:《论泰西国势》,《申报》1878年1月12日第3版,选录香港《循环日报》。

欧洲诸邦,土地不如中国,人民不如中国,然而能横于天下者,在乎上下一心,君民共治。我中国民人为四大洲最,乃独欺藐于强邻悍敌,则由上下之交不通,君民之争不亲,一人秉权于上,而百姓不得参议于下也。诚如西国之法,行之于天下,天下之民其孰不起而环卫我中国……今我朝廷诚能与众民共政事,同忧乐,并治天下,开诚布公,相见以天……撤堂帘之高远,忘殿陛之尊严,除无谓之忌讳……将见众民激励一生,其气磅薄于罔外,复何有乎俄人。我中国自强之道,亦不外乎是耳。①

御侮、自强、推行君主立宪政治,三者都是中国的燃眉之急,而王韬最强调的重点是后者。在他看来,没有后者的实现,前两者目标永远只是可望而不可即的水中之月,画中之饼。

关于王韬的政治理念,还有一点必须提到的是,史学界还有一种似是而非的观点,即认为王韬反对共和制度。这是笔者不敢苟同的。王韬虽然对英国君主立宪政体最为佩服,但并未反对共和制度。在大多数情形下,他并没有严格区分两者,而是将君主立宪制度与共和制度同视为西方民主政治,并同时以之作为反对封建君主专制制度的参照系。前引王韬有关西方国会的赞誉之词就是王韬在介绍了法兰西第三共和国之后所下的结论。王韬对西方共和政体的称赞还有多处,兹再举一例,以佐证笔者观点之不误:

总之,凡事绅(即议员)主之,官成之,统领统之而已(即共和政体)。下情得以上达,不至闾阎之疾苦,民庶之休戚壅于上闻也。而国中所有秀良之民,贤能之士,怀才负德,具一材一艺者,多由公举,无所谓湮没不彰者矣……举办一切,上下同心,盖合众论以择其长,斯美无不备;顺众志以行其令,斯力无不弹也。人谓西国之强由于兵力,吾谓西国之强由于民心,众志成城,亿兆之众若一人。②

---

① 王韬:《弢园尺牍》卷十二《与方铭山观察》,光绪癸巳沪北淞隐庐本。
② 王韬:《重订法国志略》卷十六,光绪己丑弢园老民校刊本,第28页。

在1874年2月10日(同治十二年十二月二十四日)的《循环日报》上，王韬还专门写过一篇题为《法辟议院》的文章称赞法国的民主政治，文章说"统领麦马韩大辟议院，筹论国事，爵臣绅士咸集"，群策群力，使法国危而复安，乱而复治。他由此断言民主制度可以兴邦救国，而君主专制制度只能弱国、亡国，"盖亦知一人端拱于上，而百执事趋承于下，万几之理，为务之纷，非一人耳目心思所能周也。"①

当然，王韬文字中也的确存在一些对共和制度感到怀疑或困惑的说法，但那些往往是对某一具体事件或现象，诸如红色恐怖、"共和党误信自由作事残忍"、国会党争、选举分赃等而发的愤激之言，它至多只能被视为是一种对共和制度的担忧。《法国志略》原序中有一段写道：

以天子之尊，亦在法下，故君也者无异政，与民同欲，师也者无异教，为民立命。……泰西诸邦虽分有民主之国，君民共治之国，而亦不能废法以自立，纳赋税，从征役，何尝不听为上者之约束，苟使人人自由，是直叛民而已矣，其国又何以立哉？泰西向者以教统政，上下维持，而卒亦治者有治人也，其驯至于乱者，无治法也。且自由者不过脱于苦轭而已，谓以后虐政不得而加之也，非谓事事必与上相背而驰，务行吾意而后快也，法令者何尝不设立统领以一其事权也哉，推之于民主诸邦，如美，如瑞，何莫不然，乃有倡行是说而变本加厉者，是则人心世道之深忧也。②

《论泰西国势》中有一段写道：

生民有欲，无主乃乱，天泽之分不明，则觊觎之私渐启，神器既无专属，凡身居草莽者，亦得奋其私智，各立党徒，以期暗干大命，而国中自此多故矣。西国之以社稷为公者，莫过于华盛顿，其言曰，得国而传子孙是私也。牧民之任，宜择有德者为之，遂创为推举之法，惟以民望所归，居总统之任，资格有所不拘，大位难以久恋，比诸唐虞之禅让，尤属大公。故列国慕之，翕然称善，渐有步其

---

① 王韬：《法辟议院》，《循环日报》同治十二年十二月二十四日，夏良才：《王韬的近代舆论意识和〈循环日报〉的创办》，《历史研究》1990年第2期，第167页。
② 王韬：《法国志略·原序》，《申报》1890年4月13日第1版。

故辙,以期安靖国家,然所举之人即公忠体国,夙夜尽心,而转盼四年,贵而忽贱,苟非至圣,鲜不有得失之见存乎其中者矣。且总统所任,以赞襄职事诸臣必取诸其亲昵,以期臭味相同,深资臂指之助,一旦总统退位,势必相连而及,亦纷纷辞职,别选新人,彼此相形猜嫌易起,故未及百年,遂致各树其党,每当推举之期,则势成聚讼,咸欲立其所私……欧洲强大之国,向以法兰西为最……至乾隆五十四年国大乱,遂废王而立领事官三人摄政,此则仿美邦所为,变君主而为民主也,然拿破仑即乘机以得大权,据大位辗转相继,终难壹民心而齐民志,及与普启衅,又因丧败,复行推举之例,盖皆民自为主,以从其便也,然现居总统之位为麦马韩,本法之大将也,为众所举,在任倏已七年,例当瓜代,迭经议院聚议,凡所公举皆属新人,并未闻有一人为众挽留复任者,麦马韩心殊不怿,必欲力排众论,复任旧人,盖不欲大权旁落,自去其党,以致势成孤立不能久居其位也。据电报所传。谓法国总统麦马韩立意,与不直己者相拒,则此中情事可想而知……国之有君,犹弈之举棋,举不定尚难制胜,若因有异同而不免猜嫌之迹,此致乱之道也。①

从某种意义上说,这正说明王韬政治思想的深刻性:不是盲目地全盘接受,而是批判地借鉴,是在肯定西方民主政治的同时,也看到它的相应的弊端,看到它引入中国可能的负作用。因此,这不能作为王韬反对共和的证据。王韬要反的是忽视民意、没有人性的封建君主专制制度,而君主立宪制和共和制都是否定封建君主专制制度的重型武器。王韬考虑问题固然有时欠缺严谨,但还不至于逻辑失序,混乱到以反对民主共和制度来击垮自己的理论根据的地步。

五　散乱的变调

与后来的资产阶级思想家相比,王韬在构筑思想宫殿之时有两点

---

① 王韬:《论泰西国势》,《申报》1878年1月12日第3版,选录香港《循环日报》。

不利之处。第一,王韬思想成熟于国门初开之际,其时,传统势力异常强大,西学新知只不过是传统菜畦边上的幼芽嫩草。王韬在这种情形下谈论他的改革就像一位兵士在前有重敌后少友军的战地上冲锋。敌人的强大迫使他不得不做出某种策略性的妥协让步;第二,王韬受传统旧学的熏染远比马建忠、严复等人深透严重,而又没有后者那种经过西方科学文化、思维方法等专门而系统地训练的经历。他是从现象观察入手来谈论西学和中国现实问题的。他的大多数文字是为某一具体事件而写就的议论和上书,极少考虑各篇文字的一贯性和内在关系。这两点因素造成王韬思想体系上存在不少断裂和矛盾之处。它们是王韬改革思想主旋律中散乱走音的变调。这些变调虽然不可能掩盖主旋律的雄壮音响,但却无疑有碍主旋律的完美。

(一)道德与功利的矛盾价值取向

道德与功利是社会文化价值系统中一对互相联结的存在,它们既有相统一的一面,又有相矛盾的一面。就一个正在由传统社会步入现代社会的民族而言,追求功利与保持固有道德有着直接的冲突。因为,保持固有道德与维持社会稳定和谐相联系,追求功利与追求社会进步相联系,它伴随着许多社会振荡和精神失衡。因此,是重和谐、重稳定、使社会进步服从于现存伦理道德标准,还是重进取、重革新、承认新的社会进步对原有道德尺度的突破,的确是一项令人煎熬的选择。

王韬像中国近代大多数的思想家一样,在道德伦理、秩序和功利、社会进步之间面临着两难抉择。他被西方列强在东方的蚕食鲸吞所震慑,渴望以急功近利的富国强兵运动挽衰弱国势于既倒,可又不愿意看见儒家传统在现代化的行进中分崩离析;他强烈地、终生不懈地为中国的振兴摇旗呐喊,可也从未放弃过对儒家"原道"的奔走呼号。正如他虽身为清王朝的"罪人"却依旧迷恋着回归大清王朝一样,他的思想虽然是 19 世纪中后期最激进的最具有现实功利主义倾向的思想,其背后也不谐调地拖着一条传统道德主义的辫子。

王韬的伦理道德观念包含在他的"道"的范畴里。"道"是王韬论著和书信文字中经常出现的字眼,但指涉的意思却并不相同。如王韬曾

说过:

> 有心人旷观往古,静验来今,而知天道与时消息,人事与时变通。①

> 盖天道变于上,人事不得不变于下。易曰:"穷则变,变则通,此君子所以自强不息也。"②

> 惟见微知著之士,上稽天道,下悉民情。按诸中外古今之事,乃足以语之。③

这里的"道"或"天道"与王韬文章里出现的"运会""天心"等实际上是同一个概念,是与"人事"一词相对而言的。它是王韬变法自强理论的基础,是可变的。

王韬的"道"或"天道"在指涉道德人伦或孔子之道的时候便变成了一个绝对不可变更的万古长青的东西。下面几段文字就可以说明:

> 天下之道一而已矣,夫岂有二哉?道者,人人所以立命,人外无道,道外无人。故曰:圣人,人伦之至也。盖以伦圣,而非以圣圣也。于此可见,道不外乎人伦,苟舍人伦以言道,皆其歧趋而异途者也,不得谓之正道也。④

> 夫孔子之道,人道也,人类不尽,其道不变,三纲五伦,生人之初已具,能尽乎人之分所当为,乃可无憾。⑤

> 我中国之所恃者,道而已矣。天不变,道不变。⑥

以三纲五常为内核的孔子人伦之道本质上是封建社会的意识形态,它与封建君主专制制度和农业家庭自然经济是难解难分的连体儿。王韬既然要祈求孔子之道的万古不变,便不可能不妨碍他对封建政治和经济的批判;不可能不妨碍他对中国政治和经济现代化的追求;不可能不妨碍他对西方之学的及时鉴取。大多数现代化文化学者的研究已

---

① 王韬:《弢园文录外编》卷七《答强弱论》,清光绪九年香港排印本。
② 王韬:《弢园文录外编》卷七《答强弱论》,清光绪九年香港排印本。
③ 王韬:《弢园文录外编》卷五《六合将混为一》,清光绪九年香港排印本。
④ 王韬:《弢园文录外编》卷一《原道》,清光绪九年香港排印本。
⑤ 王韬:《弢园文录外编》卷一《变法上》,清光绪九年香港排印本。
⑥ 王韬:《弢园文录外编》卷五《西人重日轻华》,清光绪九年香港排印本。

经表明,以三纲五常为核心的孔子之道是不能衍生出国家的民主与富强的,过分地强调形而上的"道",必然要把形而下的"器"推入到"道"的阴影里去。于是,科学不成为科学,而成为无足轻重的下流末技,成为皇权政治的婢女,成为"道"的辅助工具。

王韬是以倡导仿效西方资本主义和学习西学而闻名于时的。但西方资本主义和西学是一个包括器物、制度和文化意识形态等多层次、多方面的统一综合体。王韬一旦把孔子之道视为人类的永恒之道,就必然要排拒西方现代社会所具有的相应的意识形态。果然,他在他的论著里直言不讳地说:

> 形而上者中国也,以道胜;形而下者西人也,以器胜,如徒颂西人而贬己所守,未窥为治之本原者也。①

> 器则取诸西国,道则备自当躬,盖万世而不变者,孔子之道也,儒道也,亦人道也。②

道德是人类优于一般动物的标记。有人类就要有道德,人类不亡,道德不尽。这一点王韬算是说对了。但是,道德是不断发展、不断变更、不断完善的。每一个时代对道德都有不同的要求。传统道德中固然有其合理的成份,但从整体上说它是与近代社会的发展不相适应的,需要人们对它进行改造和转换。如果把封建时代的道德神圣化、永恒化,使它成为以后所有中国人必须恪守的道德规范,那就大谬不然了。王韬道德观的局限性正在于此。

(二) 鼓吹"西学源于中国说"与倡导学习西学的矛盾

古代中国的辉煌成就和周边民族文化上的归向,使中国知识分子自然而然地抱有一种文化优越感,或名之为文化中心主义。这种文化中心主义在近代条件下不是拒绝承认"非中国"的一切美好事物,就是把一切"非中国"的美好事物强制性地附会为中国固有之物。"西学源于中国说"就是后者的典型表现。

---

① 王韬:《弢园尺牍》卷四《与周弢甫徵君书》,光绪癸巳沪北淞隐庐本。
② 王韬:《弢园文录外编》卷十一《杞忧生易言·跋》,清光绪九年香港排印本。

王韬也没能彻底摆脱中国近代知识分子的这种群体性格。他在19世纪60到70年代就提出了"西学源于中国"的说法。他曾这样写道:

> 中国,天下之宗邦也,不独为文字之始祖,即礼乐制度天算器艺,无不由中国而流传及外。当尧之世,羲和昆仲已能制器测天,用璇玑玉衡以齐七政……当时畴人子弟,岂无授其学于彼土之人者,故今借根方犹称为东来法。乃欧洲人必曰东来者,是指印度而非言震旦也,不知印度正从震旦得来。欧人之律历格致大半得自印度,而印度则正授自中原。即以乐器言之,七音之循环迭变,还相为宫,而欧人所制风琴,其管短长合度,正与中国古乐器无殊。他若祖冲之能造千里船,不因风水,施机自运;杨幺之轮舟,鼓轮激水,其行如飞;此非欧洲火轮战舰之滥觞乎!指南车法则创自姬元公以送越裳氏之归,霹雳炮则已见于宋虞允文采石之战,固在乎法朗机之先。电气则由试琥珀法而外出者也。时辰钟则明扬州人所自行制造者也。此外,测天仪器,何一非由璇玑玉衡而来哉?……其他同者,或亦由东至西渐被而然者也。中国为西土文教之先声,不因此而益信哉!①

依据现代传播学观点,文化传播依托时间和空间,如若时空允许,各民族的科学文化确有相互影响、相互传播的可能性。但是在交通和通讯比较落后的古代社会,文化传播受到时空的严重限制,科学文化大多呈现地域性的发展状态。近代西方科学文化是近代西方"慧智之士"在他们自己的文化科学传统的基础上,经过艰苦地思考、探索、实验之后总结出来的知识成果,与中国古代社会的工艺技术风马牛不相及。王韬硬将两者扯在一起,且断言西学是中学西被的结果,纯粹是出于文人的主观臆想,没有任何历史事实根据。

然而,王韬提倡"西学源于中国说"与封建顽固派宣扬天朝上国的无限荣光的目的迥然相异。后者旨在维持现状,阻止改革。如同光之际的顽固派人物方浚颐曾说:"往者杨幺之四轮激水船,王彦威之飞虎

---

① 王韬:《弢园文录外编》卷一《原学》,清光绪九年香港排印本。

战舰,韩世忠之飞轮八楫,虞允文之蒙中海鳅,其制初不在西人下。即我朝前代善用机括以造器者,亦不乏人,见于著录,如婺源之江永,其名尤显。然则西法实出于中国,而流传至彼。彼之人无礼乐教化,无典章文物,而沾沾焉惟利是视,好勇斗狠,恃其心思技巧以此为富强之计。而我内地奸民遂与之勾结煽惑,陈书当道,几欲用夷变夏。夫岂知中国三千年以来,帝王代嬗,治乱循环,惟以德服人者始能混一区宇,奠安黎庶;虽武乡侯之木牛流马,亦仅能行于蜀汉鼎足三分。而所谓天赐勇智,表正万邦者,要不在区区器械机巧之末也。"①王韬把西学称之为中国固有之物则是为了减小顽固派对西学的排拒心态,唤起国人从事改革的信心。所以,他把"西学中源说"也归在主张变法的文章《变法上》之中。他在这篇文章里写道:

> 铜龙沙漏,璇玑玉衡,中国已有之于唐虞之世;钟表之法,亦由中国往;算法借根方得自印度;火器之制,宋时已有,如金人之守汴,元人之攻襄阳,何尝不恃炮火,其由中国传入可知也。其他如火轮舟车,其兴不过数十年间而已,而即欲因是笑我中国之不能善变,毋乃未尝自行揆度也欤!吾知中国不及百年,必且尽用泰西之法而驾乎其上。盖同一舟也,帆船与轮舶迟速异焉矣;同一车也,驾马与鼓轮远近殊焉矣;同一军械也,弓矢刀矛之与火器胜败分焉矣;同一火器也,旧法与新制收效各别焉矣;同一工作也,人工与机器难易各判焉矣。无其法,则不思变通,有其器,则必能仿效。西人即不从而指导之,华人亦自必竭其心思材力以专注乎此。②

正如中国近代另一位主张维新变法的思想家薛福成在为专门介绍西学新知的《格致汇编》(傅兰雅主编)写序时还大谈"西学中源"以求西学广泛传播一样,王韬宣称"西学中源"的目的显然是为了给西学找到一个合乎中国"法统"(Legitimacy)的存在缘由,从而鼓励国人大胆地去接触这个新生事物。尽管如此,王韬这一强制性的附会说法仍然是害大利小。它给当时及以后的中国思想界带来了极大的混乱。首先,"西

---

① 方浚颐:《二知轩文存》卷一,光绪四年自刻本。
② 王韬:《弢园文录外编》卷一《变法上》,清光绪九年香港排印本。

学源于中国说"在价值基础上必然预先承认中国之学高于西方之学、中学是西学的鼻祖、西学是中学的衍生物。这种承认无疑会助长、加强封建顽固派夜郎自大的保守心态,增加中国历史前进的阻力。其次,"西学源于中国说"在逻辑上将会彻底否定中国向西方学习的必要性,既然中国传统经典里早已包含了这些"西学",人们为什么还要舍近求远、千里迢迢地从西方引进呢?恢复古代社会和古代之学足矣。再次,"西学源于中国说"把西方之学限制在"古已有之"的范围内,这势必会框限中国改革者的眼界。因为,虽然有些西学可以在中国古代寻出"蛛丝马迹"来,但大部分西学是任何想象丰富的国人也无法从经典中附会出来的。对这部分内容,"西学中源"论者就只好舍而不论。也就是说,西学中的大部分内容由于在中国古代找不到"先例"而被从西学中剥离出去。中国学习西方的广度和深度大打折扣。

(三) 宗法制主张与改革封建政治的矛盾

宗法制度历史悠久,是从氏族社会的血缘关系脱胎演变而来的。在漫长的封建社会,宗法制度是统治阶级维护国家政治的工具。宗法社会讲求家国同一,天子既是一家之宗主,也是天下之共主。各级统治者利用宗族血缘关系,强制宗族成员"尊祖敬宗""唯上是从"。否则便以违反家法族规的罪名治罪。例如,统治阶级经常用"不孝""不悌""不敬祖""败坏族誉家风"等罪名来惩罚那些敢于反抗的反叛分子。因此,在宗法制度下,普通宗族成员无异于是一群物质上被束缚于土地、精神上带着族权枷锁的驯顺之民。这有利于封建统治者渴望的所谓国泰民安、尊卑有序的政治局面的实现。

然而,晚清以来,宗法制度已经百孔千疮,在经济逐渐资本主义化的沿海地区宗法制度几乎荡然无存。与此相应,"敬宗法祖""唯上是从"等宗法观念也日趋稀薄。当此局面,封建统治阶级及其士大夫一方面惊呼世风日下、民心不古;一方面期望以恢复和加强宗法制度来挽救世道人心,以避免天下大乱。于是有龚自珍"农宗"主张的出现。龚氏认为封建社会"乱象"横生的根源是农民破产。因此,运用古代封建宗法制度来安定近代农民的生计、稳住"礼乐刑法"的基础便是最有效的安邦治国的办法。王韬正是秉承龚自珍的农宗思想,提出了他的"强宗法"的主张。

王韬认为,天下之治乱的关键在于"民心之得失","民心既得,虽危而亦安,民心既失,虽盛而亦蹶";而欲得民心,必须"重民";"重民"又必须"有以维持而联络之"。用什么来联络呢?最好方法便是"讲行古者宗法,以强宗维弱宗,小宗附大宗,各相为辅"。他说:

> 古者官有世族,族大人众,与国同休戚,共患难。世族皆有甲士,足以入卫公家。春秋之时,国富而兵强,率恃乎此。康叔之封于卫也,分以殷民七族;唐叔之封于晋也,分以殷民六族……此皆所谓强宗豪族足以辅国而立邦者也。其在民间,亦多聚族而居,大者数万人,小者数千人,行守望相助之法,猝有内忧外患,足以联络声势,藉为捍卫。自后世宗法不讲,散处都邑,虽行团练,而其心不一。①

王韬在这里把"宗法不讲"当作国家丢失民心的原因、把"讲宗法""治国齐家"当成富国强兵的手段,其目的除了前面叙述的"重民"考虑外,显然还有为统治阶级出谋划策的意图。他在随后的文字里说得更加明确:

> 治民之要,在抚字以结其心,勇敢以作其气,忠孝节义以厉其心志,轻徭薄赋以养其身家,务使安其居,乐其业,可静而不可动,而忠君爱国之心自然生于其中。②

作为资产阶级思想家,王韬居然还保持着一般乡村地主文人的观点,人类思想进步的艰难性于此可见一斑。

王韬提倡讲求宗法,但宗法已坏,想要恢复亦非易事。王韬似乎考虑到这一点,所以,他并没有过于强烈地要求全面恢复宗法制度。他建议只要维持住闽粤两省常见的"一姓为一乡"现状,佐以屯田团练之法便差强人意,"乡落之间,悉寓堡砦,习攻战,明守御,兵农交辅,耕作相

---

① 王韬:《弢园文录外编》卷一《重民中》,清光绪九年香港排印本。
② 王韬:《弢园文录外编》卷一《重民中》,清光绪九年香港排印本。

资。俊秀者使登仕版,壮强者倍给廪饩,有事者皆可以备征募,供调遣,在城者足以佐防兵,在乡者足以助团兵,在畿辅者亦以此法为宗兵。如是而根不强,枝叶不盛者,未之有也。"①在边疆地区,则可将聚居于京城省垣的旗民迁徙于此,实行比较规范的宗法制度,使大小各宗各执其业,相辅相助。王韬坚信一旦统治者照此而行,民富国强则"不难致矣"。

对宗法制度的全面批判是王韬的后一代人——新型学堂知识分子或资产阶级革命派才开始的。王韬那一代人还没有体悟到宗法与封建专制制度、小农经济和等级观念等相互间的关联。因此,王韬提倡宗法自有其历史的可谅可解之处。但是,宗法制和宗法观念毕竟是封建专制政治的基础,是中国民主自由思想长期得不到发扬光大的罪恶之源。王韬提倡它无疑与他自己批判封建专制、呼吁实行西方式民主政治和倡导个性解放南辕北辙。王韬没有察觉到这一矛盾,这表现了他的思想欠缺一以贯之的精神和严密的逻辑性。

---

① 王韬:《弢园文录外编》卷十二《臆谭》,清光绪九年香港排印本。

第七章　讴歌工商

在中国近代经济思想史上,王韬是一位里程碑式的人物。一方面,他继承了林则徐、魏源"师夷长技以制夷"的主张,把改革开放学习西方的呼唤传遍中国知识界;另一方面,他站在更高的基点上,以工商阶级代言人的姿态,对封建势力的倒行逆施进行了无情嘲讽与批驳,对刚刚出现的工商经济因素给予大胆热情的讴歌。他在正反两方面的言论开拓出中国经济思想史上一片不曾有过的新天地,宣告了中国资产阶级经济思想的诞生。

一　商亦国本

中国古代社会农本商末、重义轻利的传统意识形态在19世纪下半叶依然十分强势,顽固抗拒着中国近代工商业的诞生。早年的王韬也基本恪守了这种旧的、传统的思想。在上海时期,他就对蒸蒸日上的西方工商业文明不以为然,说"商足而国富"的"泰西之政"不合中国之道,电器秘机凿破其天,不合太古之风;中国所重,当在礼义廉耻而非奇技淫巧。① 甚至他在寄居香港之初,还到处游说"天下之大利在农桑","重农桑而抑末作"。②

---

① 方行、汤志钧整理:《王韬日记》,中华书局1987年版,第113页。
② 王韬:《弢园尺牍》卷七《代上苏抚李宫保书》,光绪癸巳沪北淞隐庐本。

与王韬同时代的封建文化人那时也大多如此,清朝驻欧公使刘锡鸿就这样说过,商不生财只耗财,重农抑商,"所以教勤朴而广生财之源"。①

然而,与多数传统封建文人不同,王韬并未束缚于早年的陈腐观点,抱残守缺。当他旅欧三载,直面"日竞新奇巧异之艺""商贾之迹几遍天下"的富强之邦英国时,很快意识到古老的以农为本和重义轻利观念已经不能适应中国在新的国际环境里自强更新。于是,他果断抛弃"故我",以全新的姿态呼唤和赞颂工商文明。他热情地写道:

> 自兴刳木之制以来,所造船舶,未有若英国之盛者也。民间贸易转输,远至数万里外,以贱征贵,以贵征贱,取利于异邦,而纳税于本国,国富兵强,率由乎此。②

> 贸易之道广矣,通有无,权缓急,征贵贱,便远近,其利至于无穷……商富即国富,一旦有事,可以供输糈饷。此西国所以恃商为国本欤。③

从"重本抑末"到"商为国本",王韬的价值观产生了翻天覆地的变化。"商"从"末"的地狱一下子跃升到"国本"的天堂,从备受诅咒变为备受顶礼膜拜。王韬已经开始站在工商资产阶级的立场上讲话,拉开了与封建士大夫的精神距离。在此时的王韬眼里,固守重本抑末、重义轻利观念的封建士人简直是一群夏虫不可语冰的"迂拘之士"。他们坐井观天,自以为是,沉溺在自己制造的小国寡民的空洞幻想里不能自拔,看不到世界正走向"万国相通"和"工商相争"的新格局,看不到中国在自然经济那层恬静面纱后面的虚弱之相。王韬断言,在新的内外形势下,封建守旧派人物所推崇的"不施不惠、种瓜自食""自守其拙、自得其乐"的义利本末观不仅不能维持住中国社会的安定太平和人们的精神平衡,反而会将中国引向贫穷落后、受人欺凌的苦难深渊。

王韬进而对封建守旧派所谓"重本重义"的实质予以无情揭露和嘲

---

① 刘锡鸿:《读郭廉使论时事书偶笔》,《洋务运动》,第一册,第 297 页。
② 王韬:《弢园文录外编》卷四《英重通商》,清光绪九年香港排印本。
③ 王韬:《弢园文录外编》卷十《代上广州府冯太守书》,清光绪九年香港排印本。

讽。他指出,守旧派表面上"重农而轻商、贵谷而贱金"、视"利"如洪水猛兽唯恐避之不及,但实际上却是专以"剥农为能事"、惟知"丈田征赋、催科取租"的逐利之徒,"彼亦何尝度土宜,辨种植,辟旷地,兴水利,深沟洫,泄水潦,备旱干,督农肆力于南亩而为之经营而指授也哉?"其整日大言不惭,狂呼农本商末、义重利轻,口口声声"道德人心""小民生计",只是为了保住他们的租税源泉。在他们的潜意识里,农民不过是养在后院可以随时挤压榨取的奶牛而已。① 王韬甚至有意识地撰写了一篇名为《窃妻》的小说,对封建士人不轻言利的虚伪性进行冷嘲热讽。小说描写广州西南乡有甲乙两兄弟,甲为读书人,乙为行贾。甲贫乙富,乙常常周济甲之不足。不料,甲最后竟利欲熏心,不仅拐走了乙的钱财,还骗走了乙的爱妻。② 在嬉笑怒骂之中,王韬要告诉人们的显然是,一贯标榜重义轻利的封建士人大多是挂羊头卖狗肉的"伪君子",其道德劣于商贾远矣。士农工商的等级秩序应该彻底颠倒过来。后来,他在许多政论性文章里直言不讳地提到,要将虚伪不堪、成事不足败事有余的所谓"士"像禁绝游手好闲有害无利的游民一样驱除尽净,而对在工商贸易领域有所建树的商人、舟师等则不妨像英国那样"荣以头衔",予以奖赏。王韬在不同场合的嬉笑怒骂打破了中国传统思想对工商业的忽视和对工商业者的歧视,为中国近代资产阶级的崛起创造了舆论环境。

"重商"是王韬在深入地考察西方国家工商立国实践并认真地思考、估量其得失代价之后才提出的思想结论。他认为重商主义的根本目的是增强民族国家的经济力量,促进国家走向繁荣富强。他分析说,"重商"能给中国带来巨大的益处。第一,商可以使那些娴于技术的工匠和游手好闲之徒自食其力,有事可做,既减少了社会动荡不安的因素,"镇定民志",又可培植社会元气,达到藏富于民的效果。"民富"是国家繁荣兴旺的基础,"民之富藏于公,家之丰通于国",民与国相辅相济,一旦内外有事,便会立于不败之地。第二,"商"可直接为国家带来

---

① 王韬:《弢园文录外编》卷二《兴利》,清光绪九年香港排印本。
② 王韬:《遁窟谰言》卷十一,上海大同书局民国十二年版。

财富。工商税收的范围更广、数量更大,因而比单一的农业税更有潜力向国家提供财政来源。西方国家的财政实践对此已经"屡验不爽"。第三,"商"可强兵,不仅现代化武器的制造和供应离不开"商",而且就其财力来说,"商力富"才能"兵力裕"。没有财源,强兵只能永远是一句空话。英国兵马雄强,正是由于英国商税丰富、商兵相辅所致。第四,商可抵制西方的经济掠夺,挽回利权。中国若仿效西方,外则通商于泰西各国,内则以轮船火车转输贸易,"收西商之利而复为我所有",中国将"自握利权",日见其富,西商之利则将因为中国的商业竞争而日分日薄。①

难能可贵的是,王韬还注意到通商在外交方面的意义。他认为,在"万国相通"的时代,弱国穷国凭借闭关绝市或军事抗争是很难有效保证民族不受欺侮的,而通商则能保国于无形。他说:"昔年美国之攻日本,索求通商埠头,当时亦仅美利坚一国耳,而日本则以为当与泰西诸国通商,不必以一国为限,而美国遂不得独专其利。英人之始通商于我中国也,诸国继之……卒至互相牵制。故通商可以御侮。"②他甚至向他的越南籍朋友建议,越南与其正面军事抵抗法国的侵略,"莫如与欧洲诸国通商,缔好互立盟约",认为这是"越南今日之要务"。鸦片战争以来中国和越南奉行闭关锁国国策而屡遭西方列强击败的屈辱教训已从反面验证了王韬"通商避辱"思想的合理性。

鉴于"重商"的诸多益处,王韬力主中国全面开放通商。他在《代上广州府冯太守书》一信中理直气壮地把"广贸易以重货财"当作救世方策中的第一良方,并建议当道者端正对商的态度,关注商情的变化,研究为商之道;在有关"商"的政策和策略上,要撒得开,搞得活,既大力发展国内商业活动,也积极参与国际贸易;既允许外商进来,也鼓励华商"越乎境外","售与彼邦"。③

在中国近代工商业的发轫时期,诸多传统观念造成中国人对工商行为的苦恼与困惑,如前所述的"重本抑末""重义轻利"等,除此之外,

---

① 王韬:《弢园文录外编》卷十《代上广州府冯太守书》,清光绪九年香港排印本。
② 王韬:《弢园文录外编》卷六《越南通商御侮说》,清光绪九年香港排印本。
③ 王韬:《弢园文录外编》卷十《代上广州府冯太守书》,清光绪九年香港排印本。

把对外通商视作变卖祖宗财产的短视之见也严重阻碍了中国对外通商。在此见解影响之下,中国对外通商往往是在被打受辱或彻底战败之后作为投降让步条件的迫不得已之举。在此之前,中国人一般是不愿意主动开放通商的。为了某一商业开放问题,中国不惜花费大量精力与外人周旋,甚至不惜一战。王韬对这一现状十分忧虑和不满。他开导中国统治者说,中国外交老是围绕通商问题较短论长是不明事理的庸人自扰,没有"争其所当争"。中外既已立约通商,则允许外人至内地贸易亦为"例之所当然"。在通商问题上深闭固拒,徒增国际社会从旁"姗笑",以为中国"识见甚隘,襟怀不广"。中国外交的着眼点应该在争取治外法权的废除和关税自主权的获得①;同时发展自己的工商业,增加商业竞争力和出口能力,与外人商战,"机器既设,货出必多……彼之利数且为我所夺矣,何虑之有?""西人以有利而来,安知不以无利而去?"②王韬似乎坚信中国只有如此才能走出动辄受辱的外交困境,以立于永远不败之地。③

　　王韬对中国人经商能力与中国发展商业的前途抱有乐观主义看法。他以十分自信的口气劝导时人说,中国自对外立约开放通商以来,"三十余年间,贸易场中前后情形迥不相同",初时,外国商人拥厚赀,居奇货,垄断市场,俯视一切。华商只能唯命是从,仰其鼻息。今则不同,华商逐渐兴起,在江海陆地到处与洋商争衡,而且华商之利日赢日厚,洋商之利日分日薄。就香港一地而言,外商"岁有数家闭歇者,折阅之事亦复层见叠出",以至"昔日洋行渐改为华房",崛起了一个颇有经济实力并能影响香港政治的华人资产阶级。因此,王韬满怀希望地断言:"吾知不三十年间,华商所至愈远,其利渐溥。机器一行制造益广,一切日用所需,不必取之外而自足。在彼者,呢布为大宗,我自能仿效;在我者,丝茶为巨项,我亦可捆载以往。日新月异而岁不同,有非西人之所能制者矣。"④

---

① 王韬:《弢园文录外编》卷三《除额外权利》,清光绪九年香港排印本。
② 王韬:《弢园尺牍》卷七《代上苏抚李宫保书》,光绪癸巳沪北淞隐庐本。
③ 参阅本书第七章,第一节。
④ 王韬:《弢园文录外编》卷四《西人渐忌华商》,清光绪九年香港排印本。

19世纪中后期,既是中国面临西方进一步侵略的存亡绝续之秋,也是中国在西方文明刺激下刚刚步入现代化的转折关头。当此之际,固有的伦理教条和保守观念继续以顽强的力量从后面拖住中国前进的脚步;新生的源于狭隘民族情感的仇外心理也迎头筑起了一道中国走向世界的屏障。迂腐不堪的保守主义和极端狭隘的民族主义几乎将中国现代化扼杀在萌芽状态。在此理性不足、庸见俗论甚嚣尘上的社会环境下,王韬高张"商为国本"的旗帜,对"商"予以不遗余力地赞颂,将"商"的兴旺发达视之为富国强兵、保国御侮的前提条件,的确独具慧眼和胆量。它体现了王韬经济思想的深刻性和卓越性。

从中国经济思想史的大系来看,据胡寄窗先生的研究,宋明以来中国在重农抑商思想的巨石下面,也曾多少出现过一些呼喊重视商业的细流。如清初思想家王源曾说:"本宜重,末亦不可轻。"鸦片战争时期的魏源也曾把"末富"看作是较易摆脱封建束缚的致富途径。① 但是,这些思想最终都没有彻底突破农本商末的窠臼。王韬重商思想则不同,它不仅彻底超出传统本末规范的极限,把本末和士农工商的秩序颠倒过来,而且把"商"推至无以复加的"国本"的高位。因此,王韬的重商主张在性质上已经不是农业社会开明思想家欲语还羞的吟哦小唱,而是资本主义时代新兴资产阶级思想家对商业的热情洋溢的礼赞。从这个意义上说,王韬超越了前人,也开启了中国资产阶级重商思想的先河。

二 全面兴利

近代以来,西方国家工业革命的发展使其急需原料产地和商品市场,它们在要求没有得到满足的情况下采取了行动——武力打开中国的大门,开始了对中国的武装侵略。西方列强通过军事侵略和政治干预的手段,强占中国原料基地、掠夺廉价劳动力、开拓商品市场等,其根本目的在于对资本主义经济利益或价值的追逐。这是西方人热情涌向

---

① 胡寄窗:《中国近代经济思想史大纲》,中国社会科学出版社1984年版,第86页。

东方、迷恋东方的动因所在。然而,刚刚落入东西方冲突中的中国官僚士大夫们,甚至连林则徐、魏源等比较开明的思想家在内,根本看不到这一点。他们把中国遭受侵略的原因不是归之为夷性犬羊,就是归之为中国兵备未修。在这种认识笼罩下,19世纪40到60年代中国历史舞台上出现了各式各样的在民族主义旗帜下的反侵略活动,如"反入城斗争"、驱教运动、大修沿海沿江军事设施、建立和培训洋枪队、火器营等等。但是,这些活动并没有将中国从被侵略的被动地位里拯救出来。其中有些活动如驱教和"反入城斗争"反而将中国引向了耻辱和灾难。①

与上述官僚士大夫不同,王韬在西方军事侵略和政治干涉的外衣下看到了隐藏的经济因素。他指出,欧罗巴一洲虽然幅员不广,人民不多,但其洲内人才荟萃,学艺精通,机器精良,舟车发达,其国计以工商为本,重视富强之术,重视贸易之道。漂洋过海地征逐利润被欧人视为理所当然之事,人人乐以效命。与欧洲情形相反,中国虽然地大物博,人民智巧,但当道者不懂经国治邦之道,"不能自握其利权自浚其利薮,而亟为之兴利","迂拘之士又动谓朝廷宜闭言利之门,而不尚理财之说",以致经济凋敝,国穷民贫,其情形正如一个得了"尩"疾的重病人,脂膏日削,内亏严重,弱不禁风。② 在此东西方经济力量相差悬殊的背景下,中西文明相交的结果,自然是人为利剑,我为腐肉,砍杀由人,我自忍受。

据此基本认识,王韬主张,中国自救之道"不必言攘剔,不必兴挞伐",首要之图在于"兴利",即发展资本主义工商业。

"兴利"是王韬经济改革思想中的中心议题。这一时期,他写了《除弊》《兴利》等一系列文章,鼓吹"兴利"的意义。他说,兴利已不是中国统治者可以讨价还价的可做可不做的事情,而是国际资本主义潮流下中国人必须做出的无可回避的选择。"利"本来是一块极富诱惑力的甜食。在中国政府看不住国门的情况下,如果不允许、不提倡中国人主动去开发利用存在于中国土地上的"利",那么,一直在门外觊觎此"利"的

---

① 张海林:《重评广州绅民的"反入城斗争"——兼论近代中国应付西方挑战的合理方式》,《安徽师范大学学报》1989年第1期,第97—102页。
② 王韬:《弢园文录外编》卷七《补尩起废药痼议》,清光绪九年香港排印本。

贪心之徒就永远怀有冲入大门的冲动,中国也就一天得不到太平。王韬以建造铁路为例说,英国继垄断了中国水路运输之后,其"轮车铁路公司"又秘密地"绘图贴说",企图攫取由云南经重庆至汉口的铁路修筑权和经营权。英国之所以还"掩而未发",是因为"英国驻京公使以英商之意未免出之太骤,故未代为之请",但他们专心致志于铁路掠夺则一天也没有停止过,"上海吴淞之事已可援也"。因此,审时度势,与其留着大利引狼入室,"不若我中国之自为"。① 换个角度讲,中国一旦"兴利",外来者在激烈的工商竞争面前就会"无利而沮",自然而然地减低侵入中国的热情。再者,中国全面兴利之后,民富国强,外来者即使有心掠夺也存有顾忌。昔日西方列强动辄欺侮中国的局面将会得到改变。因为,外交是国力的竞争,"处今之世,两言足以蔽之:一曰利,一曰强。诚能富国强兵,则泰西之交自无不固,而无虑其有意外之虞也,无惧其有非分之请也。"②

王韬"兴利"的"利"到底包括哪些具体内容呢?他在《兴利》一文中罗列道:

> 利之最先者曰开矿,而其大者有三。一曰掘铁之利。中国产铁之处不可胜计,盖矿中有煤则必有铁……今我自开铁矿,则一可省各处厂局无穷使费,二可铸造枪炮,建制铁甲战舰火轮兵舶,三可分行各种机器,四可兴筑轮车铁路,而亦可售之于西人,以夺其利。一曰掘煤之利……(英人)以煤铁之利雄于欧洲,其煤铁多贩运于各国。中国既有煤铁,则彼贸易亦必稍减,且我有煤铁,而出口之价稍昂,彼亦无如我何,而我得以独收其利矣……一曰开五金之利……其次曰织纫之利。此外则一曰造轮船之利;一曰兴筑轮车铁路之利。③

王韬的"兴利"思想具有十分广泛的内容,根据现存王韬所留文字研析,他所关注的"兴利"活动,几乎覆盖近代工商业的一切领域,诸如

---

① 王韬:《弢园文录外编》卷三《建铁路》,清光绪九年香港排印本。
② 王韬:《弢园文录外编》卷二《洋务上》,清光绪九年香港排印本。
③ 王韬:《弢园文录外编》卷二《兴利》,清光绪九年香港排印本。

矿山、制造、交通、通讯、银行、加工、兵器等各种行业，无所不包。在许多文章中，他以极大的耐心，向刚刚从恶梦中醒来可还没来得及看清世界的国人仔细讲述这些近代行业在国外的发展状况和它们可能对中国国计民生带来的影响。《循环日报》中常常出现名为《建铁路》《设电线》一类的文章。

王韬所倡导的兴利活动中的新兴行业，其基本特征从生产力角度讲属于机器大生产。他坚信引入机器是中国工业振兴的前提。从生产关系角度讲，这些新兴行业应以商办私营为主，企业的所有权和经营权在商人而不在国家，国家的权利和义务只是征税和保护、监督企业权利不受侵犯。他明白无误地说："愚见以为官办不如商办，官办费用浩繁，工役众伙，顾避忌讳甚多，势不能尽展其所长。"①他主编的《循环日报》还曾以开矿为例，详论商办公司的优长之处：

> 事贵观乎其通，法宜权于至善，索骥而按图，必不能得上驷之选也，鼓瑟而胶柱，必不能奏和平之音也。居今日而论时事谓矿务之不宜开，智者必嗤其妄，强者必怒其狂矣，谓矿务之亟宜开，喜事者多一藉手，巽懦者每有难色矣。于此而欲因势利导，审时制宜，利有可以渐兴，而害不至于骤见，则莫若于产矿处所分画界至，明定章程，招商承办，官不与闻，惟于出入要津，设立税厂，凡运出煤矿若干则收税若干，惟求不藏奸，不隐瞒，有裨国计，涓滴归公而已，至其采取之法，贩运之事，官固不必代为之谋也。似此事归简便，则商无所掣肘，可以尽力于其间，而事非经官办理，既不须多派委员，以致意见参差，是非不辨，又不须多费薪水，以致成本甚巨，需用不敷，乃国计民生两便之道，而不虞有意外之忧者也。……惟归商办，则国家可坐享其成，富民可群沾其益，而贫无产业者亦可充作工役，自食其力。开矿一穴，仰以赡给不下百数十人，其所利赖，岂有既哉？……官办虽曰有权，究不如商办之事易举而利倍收也。②

---

① 王韬：《弢园文录外编》卷十《代上广州府冯太守书》，清光绪九年香港排印本。
②《矿务宜归商办》，《申报》1877年11月20日第4版，选录香港《循环日报》。

王韬甚至把他的资本主义机器生产和商办主张贯彻到古老的农业生产中去。他说，世人关于机器生产将会破坏农业的俗见是杞人忧天，机器推广于耕织，不仅不"足以病农工"，而且将带来"事半功倍、地利得尽、人工得广"的大好处，"富国之机权舆于此"。① 他特别提到在开辟荒地的过程中应广泛"济之以西国机器水火二气之力"，同时，允许和鼓励"富有赀财者"出面"商办"农业，以分其利，快其速。② 机器生产和"商办"是资本主义农业生产方式的内容，王韬在这里已经触摸到它的边缘。相对于前代和同代思想家，王韬的历史识见何其远大卓越。

王韬提出的"兴利"主张俨然不同于传统中国经济思想的视角。传统中国的经济思想严格说来属于"政治学"，经济者，经邦济国者也。也就是说，它是以国家政治为出发点，又以其为归宿，来看待所有经济问题或现象的。在传统经济思想家看来，农业之所以重要，是因为它可以把人口维系在土地上面，从而为封建国家造成一种上下相安的社会环境。社会安定、国家安全是传统经济思想家追求的最大目标。所以，当工商业以一种骚动不安的进取姿态向农业进军的时候，封建统治者及其思想家总是提心吊胆，害怕这一封建统治赖以存在的条件趋于丧失。例如，思想家龚自珍就曾倡导"农宗"，期望以比较固定的土地继承制度来安定农业经济，其思想出发点就与这种担心息息相关。

与上述传统形态的"政治经济学"不同，王韬的经济思想更接近"商品经济学"，是建立在对"利"的充分肯定和全面估价的基础之上的。一事当前，王韬最为看重的是经济活动中的"利"，而非政治或道德上的"义"。以他对开采煤铁的呼吁为例，他几乎完全是从"利"的角度去论述问题的。他说，第一，统治阶级认为开矿徒滋骚扰是不明事理，矿务之好坏与人心无关，而与技术和工具有关。清朝统治者反对开采，无异于使自然之利秘而不宣。这是因噎废食。第二，中国煤铁一贯依赖从外国进口是自畀利权与外人，中国若自开煤铁诸矿可免却进口，减少利益外流，甚至可以借此增加出口，独收其利。第三，可以增加国家财政

---

① 王韬：《弢园文录外编》卷十《代上广州府冯太守书》，清光绪九年香港排印本。
② 王韬：《弢园文录外编》卷一《治中》，清光绪九年香港排印本。

税收。第四,可以带动其他行业的兴起,如火车、铁路、轮船、机器制造等都可就此次第举行。第五,机器一旦实行、交通一旦改善,农业生产亦可升级,事半可功倍,地利可尽得。广大的农业剩余人口也可得到更多的就业机会,因为,工矿、铁路、机器等"在在皆需人以为料理"。① 近代经济学的根本特征就是最大限度或"最大化"地追求利益或效用。从王韬对经济活动的利益算计中,似乎透出一丝近代经济学利益分析或效用分析的光辉。

王韬"全面兴利"主张对"利"的关注甚至达到了无以复加的程度,以致接近偏执,他对鸦片问题的看法就能说明这一点。王韬认为,鸦片问题实质上是工商战争问题,西方人耿耿专注于鸦片贸易,"不过嗜我利而已"。因此,与其因禁烟"徒损爱惜国体之虚名,而不顾敝国本之实祸,岁縻数千万以益西人",莫如"自我栽种以收其利",以己之重利对抗彼之重利。他断言,只要中国土鸦片日多,烟价日减,西人贩烟之利日微,"其来必不禁自止"。② 王韬在这里的目的显然还是抵抗西方鸦片的侵入,还是意图宣扬一种重视工商活动、重视经济之利本身效用的商业精神。因此,在某种意义上说,它依然标志着王韬经济思想的深刻性和一贯性。但是,理性与非理性有时只有一步之遥,王韬把对"利"的强调推至不可思议的程度,无论如何不能被当时以及后来的中国人所接受。当代西方有一种迷信利益万能、商业竞争万能的激进主义的禁毒主张者,认为只有以毒品制造和买卖合法化才能最终抵制毒品的泛滥。王韬的主张与他们的倡议可谓不谋而合、殊途同归。两者犯了同样的错误,都在认识上走进了极端主义、绝对主义的死胡同。

"兴利"一词,在中国传统经济理论里曾被多次重复运用。但是,运用者除了置其出发点和归宿于国家政治或社会安定之外,还把它的内容限定在国家税收领域。所以从根本上说,它不是"兴利",而是"理财"。王韬"兴利"主张则突破了传统经济思想的"理财"框限,其强调的重心在生产领域,因而具有崭新的资产阶级经济思想的内核。在王韬

---

① 王韬:《弢园文录外编》卷十《代上广州府冯太守书》,清光绪九年香港排印本。
② 王韬:《弢园尺牍》卷七《代上苏抚李宫保书》,光绪癸巳沪北淞隐庐本。

看来,社会财富的增加是国家税收的根本。国家把注意力集中在如何征收和增加捐税是舍本逐末,它不可能带来国家真正的富强。他批评说:"今所谓开源节流者,皆于厘税二事,殷殷致意,是不过取之于民而已。愚以为取之于民,不如取之于天地自然之利。"①据此认识,他对清政府一味增加税收,尤其是卖官鬻爵的所谓"兴利"做法深为不满。他指出,以官爵来卖钱不仅不能"生利",反而会从根本上削弱国家,殃祸人民;只有把注意力放在生产特别是工业生产领域才是明智和有效的富国富民之道:"兴利之法,于今实多,又何必鬻爵售官,至于累民病国。如开辟矿务……皆今日之要务也,何不次第而举行之……宜废者不废,此民生之所以日敝,国计之所以日绌也;当行者不行,此财源之所以日竭、利权之所以日落也。"②

清朝统治者明码标价地卖官鬻爵给中国社会发展所带来的危害是巨大而深远的,舍其政治上的危害不谈,单就经济方面而言,它的危害就是灾难性的。它导致了中国社会资金的不合理流向,许多社会闲散富余资金被搜罗到封建官府手里。中国资本主义工商业本来就很薄弱的资本积累在卖官鬻爵所宣导的"官本位"意识作用下始终是不成气候的"辙中之鱼"。王韬从经济角度对这一有害无利的做法提出批判,斥责它不仅削弱民间资财,还从根本上阻碍了国家的进步与富强。以上种种都表明他具有非常犀利的、不同于传统理财观的经济眼光。

王韬的"全面兴利"主张与早期洋务派的主张有相似之处。在与封建顽固派的斗争中,王韬与洋务派同属一条战线。但是,必须给予留心的是,王韬"兴利"主张的重点与洋务派不同。大多数洋务派看重的是"强",是军事工业的振兴;部分洋务派人士虽然也注意到"富"的重要性,但其着眼点是封建国家的"富",是官营企业的"富"。王韬的"全面兴利"主张不仅一开始就提出"富在强先",而且强调"民富"优于"国富","民生"优于"国势";前者是解决中国一切问题的锁钥。他曾写道:"至于富强之术,宜师西法,而二者宜先富而后强,富则未有不强者也。

---

① 王韬:《弢园尺牍续钞》卷三《拟上当事书》,光绪己丑铅字排印本。
② 王韬:《弢园文录外编》卷二《停捐纳》,清光绪九年香港排印本。

稔悉中外情势者,可不亟为之计哉?"①"欲富国者,莫如足民。"②"民生既足,国势自张,而后一切乃可以有为。"③他甚至说出"兴利"的基本意义和目的就是把原来属于民的潜在之"利"变成实在之"利"而还之于民:"天施地生,山蕴川怀,此自然之利也;制造操作,佐以机器,此人工之利也;舟车致远,贩有易无,此商贾之利也……此非与泰西诸国争其利也,亦欲使我固有之利仍归诸于民耳。"④其着重点从"强"到"富",从"国富"到"民富",进而再到承认兴利富民是经济活动的意义所在,这种种变化,标志着中国近代经济思想从洋务思想到资产阶级改良思想的转进抬升。在此过程中,王韬不愧是一位先导人物,牵引着中国近代经济思想发展的方向。

值得特别指出的是,部分洋务派人士所提出的"国富"主张,也是在王韬经济思想的启发下产生的。以洋务派的"头羊"、创办"求富"企业最多的李鸿章为例,他在19世纪70年代曾有不少关于先富后强的议论,但细读之下,我们便不难看出这几乎全是王韬经济思想的变调。在他的书信和奏折里有时甚至会一字不差地出现王韬的文字。例如,在他给清廷的《筹议制造轮船未可裁撤折》中有这样一段话:"船炮机器之用,非铁不成,非煤不济,英国所以雄强于西土者,惟藉此二端耳……"⑤这段话显然是王韬致李鸿章的幕僚丁日昌信中的原文。⑥可以断言,李鸿章肯定看过丁日昌转呈上来的许多王韬的建议。王韬书信中所提到的开煤铁矿、兴织纫、创轮车、筑电线等兴利主张实是李鸿章后来"求富"主张及其实践的源头活水。

王韬不仅在总体方向上为洋务派提供新思路,而且在企业实践方面予以具体指导,洋务派官僚常常为企业事务向王韬请教方略。比如,唐廷枢在办理开平煤矿时就曾询求王韬的意见。王韬告诫他道:

---

① 王韬:《弢园文录外编》卷四《中外合力防俄》,清光绪九年香港排印本。
② 王韬:《弢园文录外编》卷十二《臆谭》,清光绪九年香港排印本。
③ 王韬:《弢园文录外编》卷七《补疺起废药痼议》,清光绪九年香港排印本。
④ 王韬:《弢园文录外编》卷七《补疺起废药痼议》,清光绪九年香港排印本。
⑤ 李鸿章:《李文忠公全集》,《奏稿》卷十九,光绪二十八年莲池书社本,第50页。
⑥ 王韬:《弢园尺牍》卷八《上丁中丞》,光绪癸巳沪北淞隐庐本。

自北运南,必藉轮船。窃以为宜先贩之天津、牛庄、烟台三处,费省而价廉。至山路崎岖,尤须一律砥平,或筑铁道,庶几转输可速,近矿之处,河道可通,必当浚深,使轮船得以直达。中土所以胜于西国者,以值廉而力勤。今局中百事周备,惟少学习驾驶一门,如能于浙、闽、粤三口设学塾,令年力壮健,材质明敏者,入而肄业,苟有能充舵师舟长之任者,试之船事以尽其能。至岁给俸薪亦宜有定则……如是则一切度支必少于西人,出寡而入多,行之十年,定有成效可观。①

王韬在这里已经触及运输成本、劳动力价格、职业技术教育、工资水平等问题,这些都是现代经济学在产品成本计算方面必须涉及的范畴。王韬"兴利"思想对洋务派思想的超越于此亦可窥见一斑。

王韬在强调"兴利"、"富在强先"、"民富"优于"国富"、"兴利"优于"理财"以及成本计算的同时,还注意到企业的组织形式问题。他认为仿行西方的股份公司形式是开办近代工矿企业的最佳选择,他说:"若开掘煤铁五金诸矿,皆许民间自立公司,而不使官吏得掣其肘,又如制造机器,兴筑铁路,建置大小轮船,其利皆公之于民,要令富民出其资,贫民殚其力,利益溥沾,贤愚同奋。"②此段文字有几点值得注意:其一,王韬要求将创办工矿交通企业"大利"都公之于民,并且由民间自办公司独立经营,实际上就是希望以资本主义的自由竞争取代封建主义的官办经济,结束皇权与官权垄断社会一切的局面;其二,王韬提出"富民出其资,贫民殚其力"的见解,表明他不仅渴望发展资本主义工商活动,而且承认资本生殖原则,承认资本家有"剥削"的权利和贫民有出卖劳动力并得到报酬的权利。这是资产阶级及其代言人在资本主义初期反复论证的主题。对它们的承认标志着王韬已经打破"以德为本""为富不仁"等陈腐观念的束缚,实现了经济思想从传统形态到现代形态的飞跃。

---

① 王韬:《弢园尺牍》卷十一《与唐景星观察》,光绪癸巳沪北淞隐庐本。
② 王韬:《弢园文录外编》卷一《重民中》,清光绪九年香港排印本。

三　国佐工商

"重农抑商"是中国传统社会的不成文法律和习惯信条。在漫长的中国封建社会中,工商业始终处于被限制、被贬损、被砍削的可怜境地。在中西文化的碰撞下,中国工商业逐渐兴起并有了些许进展,但仍处于被轻视、被打压的边缘地位。与历代统治者相较,晚清统治者对工商业的予取予求、肆意敲剥有过之而无不及。

王韬对封建国家轻视、敲剥工商业的行为进行了责驳。他指出,中国地大物博,人民勤奋,但却沦落到民贫国弱、不堪一击的地步,其根本原因在于统治者"重农而轻商,贵谷而贱金","不能自握其利权,自浚其利薮,而亟为之兴利"。① 他曾以华人未出国门时的困苦不堪和出国谋生后的富裕之间强烈的反差为例,指责中国封建统治者"于簿书钱谷刑戮鞫讯"之外,从不知晓引导人民"运其心思之灵"兴利求富。他说,西方国家每每称赞中国百姓"赋性灵敏,勤于做事,能耐劳苦",苟国家有意扶持倡导,未尝不是经营事业的好手。无奈中国政府从上到下对"民之所欲"和"民之所恶"皆充耳不闻,视而不见;对"民之生计若何"更是"贸贸然不暇计",狃于积习,"无有为之倡率",以至于作为天下最有营生潜力的中国百姓竭其手足之力、心灵之巧竟不能"自足以赡其身家"。② 仓廪实才能知礼节,衣食足才能知荣辱,吃不饱穿不暖的百姓自然与国家离心又离德,于是内忧外患交相迭乘。在《代上苏抚李宫保书》一信中,王韬用更明确的语言和对比方法,以英国政府保商、助商态度反衬中国统治者轻商、剥商做法,谴责后者是倒行逆施。他写道:"西国于商民,皆官为之调剂翼助,故其利溥而用无不足;我皆听商民之自力,而时且遏抑剥损之,故上下交失其利。"③对"商"的"遏抑剥损"的结果,不但使"商"备受折腾,难以兴盛,连清王朝自身也无利可得,元气大伤。王韬双管齐下、左右开弓地痛击统治者。

---

① 王韬:《弢园文录外编》卷二《兴利》,清光绪九年香港排印本。
② 王韬:《弢园文录外编》卷三《达民情》,清光绪九年香港排印本。
③ 王韬:《弢园尺牍》卷七,光绪癸巳沪北淞隐庐本。

清朝敲剥工商的典型政策为厘金制度。厘金征收始于1853年。原是清政府为了筹集镇压太平天国农民起义的军费而实行的临时措施。然而，在太平天国被镇压后清政府不仅没有撤除，反而将它推广到全国。自此厘金成为中国工商业发展的一根绳索。中国工商业复因《天津条约》和《烟台条约》关于外国商品只交2.5％子口税、免交一切内地税的规定而雪上加霜。中国工商业在与外商的竞争中处于严重不利的地位。许多民族工商业者因不堪外商竞争而宣告破产。

统治阶级对厘金制度带给中国工商业的危害都心知肚明，如咸同年间的当权大臣曾国藩、李鸿章都看到了厘金对工商业的冲击。但他们认为农业是"本"、工商只是"末"，因此，即使冲击之也无伤大体。曾国藩曾说："病农之钱不可取"，"病商之钱可取"。① 李鸿章也说过："自古加赋则为苛虐，征商未为弊政"；"与其病农，莫如病商，犹得古人重本抑末之义。"②总之，在统治者看来，向工商业者征厘再多也不损害国之根本。

王韬对清政府盘剥工商的厘金制度及其自我辩护态度十分痛恨。在他看来，清朝的厘税之政是有百害而无一利的恶政。它"榷尽锱铢，搜无遗蕴"，将工商者压迫在"无利"或"微利"的可悲境地，打击了民间投资工商业的愿望，阻碍了民族工商业的进一步发展。而政府通过厘金制度征来的资金根本没有用在正当事业上，它不是被皇室挥霍了，就是落入了贪官污吏的私囊，于经济发展毫无关系。王韬为此建议统治者，与其"关卡林立，厘厂税厂征榷烦苛，商民交病，行旅怨咨"，不如干脆将其全行裁撤，以鼓励天下转运贸迁。③ 针对清朝统治者对财政亏空的忧虑，他提议可加征农业丁税和加重征收鸦片及进口烟酒之税来平衡补偿，他写道：

> 今之理财者，徒见厘金一废则一省度支将无从出。不知绌于彼者赢于此，鸦片之税可以加重，而洋酒吕宋烟皆可榷税，以入维

---

① 曾国藩：《劝戒州县四条》，《曾文正公全集·杂著》卷二，第50页。
② 李鸿章：《李文忠公全集》，《朋僚函稿》卷六《复郑惕庵少卿》，光绪二十八年莲池书社本，第45页；《朋僚函稿》卷六《复朱久香学使》，光绪二十八年莲池书社本，第37页。
③ 王韬：《弢园文录外编》卷二《除弊》，清光绪九年香港排印本。

正之供。古者本有丁税,现悉摊入田亩,然而善理财者,丁税之制尚可循古法以复之,惟毋使之扰民而已,安知非补苴之一道也哉?①

验之于中国当时人口过剩、鸦片泛滥、洋烟洋酒进口量增大的国情,王韬撤厘征丁、加重鸦片烟酒进口之税的主张显然比曾、李"病农不如病商"的主张透出更多的睿智和理性之光,也表明在身份上王韬的确与曾、李等洋务派人物有一定背离。前者是资产阶级工商业者的代言人,而后者则是地主阶级和封建经济的护卫者。

王韬进而主张对传统的国家与工商业之间的关系予以重新调整。新的国家与工商业的关系原则上应该是"佐"与"被佐"的关系,即国家不应该仅仅是工商业的征税机构,还应该是工商业的服务机构。

国家如何才能做到佐助工商而不"为工商病"呢? 王韬认为:首先,国家应该在指导方针上重视工商,理直气壮地做工商社会的倡导者,勇开"言利之门"。针对民间对工商的误解和疑惑,国家应有责任"教导之";针对民间经营工商的热情,国家有责任"鼓舞之",以形成一种"上行而下自效"的有利工商发展的社会环境。② 王韬相信,聪明智巧、吃苦耐劳的中国人守着金山哭穷的局面一旦"有大力者以开其端,潜移默化",就一定会得到彻底改变。③ 其次,国家应在资金方面率先投入,主动联络富户创办实业,积极为民间"谋生聚之道""辟生财之源"。④ 也正是从这一角度立论,王韬在倡导"官办不如商办"的同时,又提出"官商相为表里"之说。他这样写道:

> 最要者莫如官商相为表里,其名虽曰商办,其实则官为之维持保护,盖承充之商非巨富重资者不能为,而地方大吏往往于两三年间升转迁移,法令每多更张。商人虑其掣肘,不乐一试。今欲矿务之畅行,莫如酌仿轮船招商之例,而小为变通,招商局中集众非一,虽封疆方面皆预其间,而隐为之规画,于是各富商无不踊跃,咸

---

① 王韬:《弢园文录外编》卷二《除弊》,清光绪九年香港排印本。
② 王韬:《弢园文录外编》卷七《补苴起废药痼议》,清光绪九年香港排印本。
③ 王韬:《弢园文录外编》卷十《代上广州府冯大守书》,清光绪九年香港排印本。
④ 王韬:《弢园文录外编》卷二《兴利》,清光绪九年香港排印本。

尽其心力,所以其事易集。苟矿务亦能仿此以行,衙署差役自不敢妄行婪索,地方官吏亦无陋规名目私馈苞苴。①

显然,王韬这里的"官商相为表里"与洋务派所提倡的"官督商办"侧重点大为不同。洋务派着重的是"官",即"官权""官利""官控";王韬强调的是"商",即借官方以"助商""佐商","凡事皆商操其权",商为主者,官为佐者。②

王韬进一步发现,近代国家机器的职能本是多方面的,国家有责任利用其权威保护工商活动。中国是一官权过重的社会。在此社会里,工商业者不仅在创业之初费尽周折,甚至在开业之后还常遭兵匪、恶吏以及西方竞争者的破坏和敲诈。若无国家保护,工商业者一遇危险,便会从此裹足不前。他特别提到国家机器的核心部分军队,认为军队不只是抵抗外敌和镇压农民起义的工具,更应该最大限度地护卫工商业的发展。他说:"以商为本,以兵为辅,商之所往,兵亦至焉";"中国与泰西列国通商,不当但恃商力,必如西国兵力商力二者并用,则方无意外之虞"。初开之时,军队以外,其他国家机构也应该把辅助、保护工商业的发展作为责无旁贷的"公务"。如中国的驻外公使和领事,其重要任务之一就是保护中国的对外贸易活动。王韬为此写道:

> 泰西诸国往来,首重通商,于是简公使设领事以联络之。公使总其大,领事治其繁……保卫商贾,护持贸易……保商贾兴贸易者,固使臣领事也。③

> 遣使驻都,设立领事于贸易之地。民间往来内河,尽许用轮船。有出洋贩运于诸国者,华官皆为之保卫,或为先路之导。④

把国家军队的职能从镇压内部反抗和抵御外部入侵扩展至保护民族工商业的发展;把驻外使节的职能从宣扬国威和通彼此之情扩展至

---

① 王韬:《弢园文录外编》卷十《代上广州府冯大守书》,清光绪九年香港排印本。
② 中国史学界存在两种说法,一说王韬是"官督商办"主张的积极倡导者、是洋务派思想家;一说王韬是时而主张"官办"、时而主张"商办"的思想矛盾者。从本节的分析可见,这两种说法都是颇为偏面的。王韬的真实用意是"商办而官佐"。
③ 王韬:《弢园文录外编》卷二《使才》,清光绪九年香港排印本。
④ 王韬:《弢园文录外编》卷三《洋务在用其所长》,清光绪九年香港排印本。

翼护中国对外贸易,王韬为中国近代第一人,其经济思想洋溢着强烈的时代气息。此后,其他资产阶级思想家接过王韬传下来的火种,把这种主张足足呼喊了半个世纪。

为了提高中国工商业在国际市场上的竞争能力,王韬进一步提出在国家机构中应增设专门的商务机构——商部。他指出,西方各国不怕中国讲兵习武,却特别畏惧中国振兴商务,与之商战。所以,当中国致力于发展工商业之时,西方诸国政府和商人势必千方百计地从各方面展开竞争和实行干扰。在这种情况下,国家一定要有相应的专门实权机构从宏观上给以指导和扶持。他把成立专门指导机构提高到能否实现自强更新的高度:"今日中国欲制西人而自强,亦莫如由商务始;欲商务之旺,莫如设立商务局始。"①后来他在主持上海格致书院时,又在学生有关设立商部的文章上加批"第一要着""确有见地"等推赞之词,并在一位学生作文的结尾处进一步发挥,提出在各省设立官商相辅的总商局,以与国家商部共同为中国工商服务。他这样写道:"治国以富强为先,而富强必自振顿商务始。中国之患,正在官商隔阂,多所掣肘,英人设立东方贸易公司,即为入贾中国之基。中国而诚欲富强也,必先在各直省创立商务总局,以达商情而裕商力,以中国人民之众,若能通力合作,亦复何事不可为哉?"②王韬最初提出设立商部的时间比清王朝真正设立商部要早10年左右,这一点也说明了王韬思想具有"春江水暖鸭先知"的前导性特征。王韬是时代的弄潮儿,他总是乐意站在时代潮流的前端呐喊开路。

国家不仅有责任通过国家机器扶助、保护工商业,而且有责任为工商业的发展建立良好的社会服务设施,诸如银行、专利局、保险公司等。王韬在研究西方经济发展进程时特别留心于这一类问题,并多次在论著和书信中介绍它们的效用,敦促中国统治者积极模仿兴办,他曾这样写道:

> 西国之例,凡工匠有出新意制器者,器成上禀,公局给以文凭,

---

① 王韬:《弢园文录外编·附录》,《弢园著述总目》,清光绪九年香港排印本。
② 王韬:《格致书院课艺》(戊子年),《华国盛文王韬尾批》,光绪丙申袖海山房石印本。

许其自行制造出售,独其专利,他人不得仿造。须数十年后乃弛此禁,其法良善也。①

  西方贸易之利,首在航海,顾风波之险,有时不可测料,于是特设保险公司以为之调剂,于百中取二三,无事则公司得权微利,有失则商人有所藉手,不至于大损,此其法诚至善也。中国既设轮船招商局……则招商、保险二者要当相辅以并行……不有保险,则货客且为中馁,今惟赖西人保险,则徒寄人篱下,权自彼操……今当轴者业经奏准轮船招商遍行各处,保险公司例可二三年间创行,以中国之人保中国之货,不必假手于外洋,而其利乃得尽归于我。况夫轮船之所至,想不至徒囿于中国一隅也,将来以中国之货物运行于外洋,则保险之设,亦由中国而外洋,随地立局,与轮船公司相为左右。②

19世纪七八十年代是中国民族工商业的草创时期。此时,清朝封建统治者还未意识到金融、专利和保险等社会服务性行业在经济发展中的重要作用,更谈不上实际创办这些事业。处此局面,中国货币持有者或怀艺抱技之士要么视工商为畏途,避之唯恐不及;要么借外国保险公司、专利公司或银行为庇护伞。这两种情形都加重了中国社会本来就已经很不合理的资金和技术流向。中国闲散货币不是变成了死财富,就是变成了洋资本;民间技艺不是在秘不外传中香火断绝、不知所终,就是被外人利用过去招财进宝。民族工商业发展在资本和技术两方面受到极大的限制。王韬敏锐地看到这一点,竭力鼓吹近代银行、保险和专利事业在经济发展中的积极作用,催促清朝统治者大力兴办,确实是切中了中国经济问题的一大肯綮。遗憾的是,冥顽不灵的清朝统治者并没有将王韬的这些主张落实到经济实践中去,致使中国民族工商业既先天不足,又后天失调,始终处在有气无力、不死不活的病态。这是王韬的悲哀,也是整个民族的悲哀。尽管如此,王韬的主张依然闪烁着不可磨灭的思想之光。

---

① 王韬:《漫游随录》卷二《博物大观》,《走向世界丛书》,岳麓书社1985年版。
② 王韬:《弢园文录外编》卷十《代上广州府冯大守书》,清光绪九年香港排印本。

四　税者民有

凡是有政府的地方就有税,不论中西,不分古今,税和政府就是连体儿。但是,对税的实质的理解,古今中外却有天壤之别。在"普天之下,莫非王土"观念流行的中国封建社会,经济学家从没有怀疑过皇帝及其官府有征税和用税的权利。税一旦入了国库,它就完完全全是皇帝的囊中之物了。纳税人再也用不着去为它操心。

资产阶级在西欧兴起以后,税为皇帝或国王私物的观念遭到毁灭性打击。资产阶级基于"天赋人权"的学说,不再把土地及其附属财产当作国王的所有物,而当成自己天生的应得之物。在他们看来,税本来是不必产生的,只是因为人类必须要组成社会共同生活,换句话说,人类必须要选出官吏或建立公共设施来管理公务、服务自己才不得不创造出税的。所以税的所有者是纳税人,而不是收税人。当纳税人对公共事务的管理者的工作感到不满意时有权撤换管理者或拒不交税。法国三级会议正是在这种观念导引下拒不服从法王路易十六要求他们增交税款的旨令的。资产阶级政权建立以后,"税权在民"的观念被法律化,写进了国家宪法。征税之权从此被收入国会,纳税人有权监督国会任何有关财政税收的议案。

从传统封建社会走来又在西方资本主义社会生活了几十年,并对西方资本主义历史有过深入研究的王韬,对东西方税收的实践与观念都不陌生。经过长时间的反思比较,他逐渐摒弃封建形态的"税者王有"的税观,而接受资本主义"税者民有"的新税观。

早在旅欧之前,王韬就已经对清王朝的财税措施颇为不满。在探寻太平天国爆发原因的思考中,他发现"苛税"是这场战争的罪魁祸首,原本只是土客械斗的地方之乱,最后却烧遍大半个中国,愈演愈烈,长达十数年之久。他写道:

> 今之弄兵者,非异民也,即前日之民子若孙也。奚为昔顺而今逆,民盖久有以疑我矣,积疑则生乱。朝廷加恩之诏,蠲赋之条,官吏率奉行不力,或已免仍征,或既纳始告,民遂疑我以虚文……加

税增赋,劝捐抽厘,搜无遗利,民遂疑我以重敛。①

然而,此时的王韬对税的认识还停留在表面,未触及其本质问题。"税者王有"的观念依然存在于他的脑海之中,他只是简单以为"苛税"的繁重杂乱致使人们难以负担,引起人们的强烈不满与抗议。基于此,他提出的拯救衰世的方策没有脱离传统的那一套,仍然是轻徭薄赋、减税恤民。他在上给李鸿章的治吴善后之策中论证最多最力的是"抚恤灾困""减赋损捐""商不重征""贾不再榷"一类。②

旅欧归来之后,特别是在研究了欧洲近代资产阶级的历史之后,王韬了解到西方还有一种新的财政税收制度和税观,而这种财税制度和税观与中国古老的税制税观相比显然具有无法估量的优越性。他写道:

> 法国政治,其权不归统领而归国会……议事之期,刊发上年度支出入之数,遍示绅民,俾共核算,稍有虚滥,人共驳诘。夫出入币项,至于巨万,而较尽锱铢,不爽毫发,殊非易事。条列遍告,固所以示公也。众人皆知以通国之财,治通国之事。在上无所沾润,官有侵吞不公者,民可申报,察明斥革。③

> 欧洲国用具有一定,每岁出入之数,预经核算,所入若干,则所出亦若干,无赢亦无绌。若遇国家意外不测之事,或兵戎战伐,或水旱凶灾,则贷诸民间以应急需,是为国债。然必由上下议院酌定然后施行。④

王韬承认,西方各国之税在绝对数量上绝不下于中国征税之数,有所谓房税、车税、马税、犬税,甚至御赐功号皆有税。可尽管如此,民间从不怨其苛敛。究其原因,就是纳税人对税有所有权。国家官吏只是一个简单的管理者,"不过司出纳、掌簿录而已"。像中国官场司空见惯的"朘民为生""蒙蔽""侵冒""剥蚀""婪索""乾没"诸弊,在西方各国从

---

① 王韬:《弢园文录外编》卷六《粤逆崖略》,清光绪九年香港排印本。
② 王韬:《弢园尺牍》卷七《代上苏抚李宫保书》,光绪癸巳沪北淞隐庐本。
③ 王韬:《重订法国志略》卷十六,光绪己丑弢园老民校刊本,第25页。
④ 王韬:《重订法国志略》卷十六,光绪己丑弢园老民校刊本,第10页。

无出现。官方每行一事,必须将"所费逐款开示,昭然在目而无疑"方可。甚至皇帝御费也"俱归国会管理","国王亦不得擅自支取,岁中所用,必有限度"。①

王韬曾以英国财政为具体事例揭示资产阶级财税制度的优越性说:"其所抽虽若繁琐,而每岁量出为入,一切善堂经费以及桥梁道路,悉皆拨自宫库,藉以养民而便民,故取诸民而民不怨,奉诸君而君无私焉。"②这段话道出了资产阶级两个重要的财税原则:一是量出为入;二是民税民用。前者要求国家一切税收必须经国会辩论决定,造出预算,然后再根据预算来征收。无特殊重大变故,任何人不得随便征税。后者要求必须将纳税人所上交的税款无条件地服务于纳税人,任何将税款挪作他用的行为均属非法。王韬以推崇的笔调、通俗的语言将这两个带有强烈资产阶级民主色彩的财税原则介绍给国人,其"倒打"中国税政的用意是十分明显的。

果然,他在同一篇文章里语带讥讽地写道:"国君所用,岁有常经,不敢玉食万方也。所居宫室,概从朴素,不尚纷华,从未有别馆离宫迤逦数十里也。国君止立一后,自后以外,不置妃嫔,从未有后宫佳丽三千之众也。"③在另一篇文章中他也以同样的笔法写道,英国财政每年将工商税收的很大部分用来资助工商业的发展,而中国情形却是重征商税,抑损商人,从无资助商人之事。英、中两相比较,"其间相去何如哉?"④平日最神圣的中国皇帝及其官府由于征税用税无度无法,在这里变成了被痛击的靶子。

综上所述,王韬不愧是一位中国资产阶级经济思想的创立者、开路者。他所提出的"商为国本""兴利富国""国佐工商""税者民有"等经济观点,在中国近代经济实践和经济思想史上具有指导现实和开拓未来的双重作用。中国资产阶级反审传统经济实践与观念、大讲工商的潮流经王韬点拨之后一发不可遏止。

---

① 王韬:《重订法国志略》卷十六,光绪己丑弢园老民校刊本,第15页。
② 王韬:《弢园文录外编》卷四《纪英国政治》,清光绪九年香港排印本。
③ 王韬:《弢园文录外编》卷四《纪英国政治》,清光绪九年香港排印本。
④ 王韬:《弢园文录外编》卷十《代上广州府冯太守书》,清光绪九年香港排印本。

但是，王韬毕竟没有系统接触过西方资产阶级的经济学理论，也缺乏理论和思想方面的职业训练。他是从现象观察入手来谈论近代经济问题的。因此，与中国后来曾留学西方的知识分子比较起来，王韬经济思想又存在许多浅泛和散乱之处。比如，以提倡借用外资兴办中国工商业而言，王韬曾说："或者谓所言数者（指兴办富强事业）非縻国币千万金不易猝办，顾一时安得集此巨款。则告贷西国之举，亦可聊出一筹。国债之行，泰西常事耳，何足为耻？"①这就远不如后来的严复对同一问题所论证得周密完整。严复说：借款兴业不存在利源外溢之事，"计学家言曰，国之殖财，常资三物：地也，人也，母本也。三者亡一则不行。而亦各有应得之分利：主地者收其租赋，人工禀其庸钱，而出母本者则享其赢利。是三者，中国于前二则得其全，于后一则分其半。使既不能自为者不乐与人共利，是谓靳其一而亡其三，则以为理财长算乎？"②显然，严复本于西方经济学的理论分析要比王韬仅以"泰西各国如此"的现象归纳法要更加有力。王韬在此露出了他经济学理论功底的不足。当然，这不是王韬的过错，但至少是他经济思想的一大缺陷。

---

① 王韬：《弢园尺牍》卷九《代上黎召民观察》，光绪癸巳沪北淞隐庐本。
② 严复：《严复集》，第一册，《读新译甄克思〈社会通诠〉》，中华书局1986年版，第150页。

第八章 揣摩洋务数十年

王韬是近代中国第一批摆脱封建文化羁绊而直接面对西方文化冲击的资产阶级启蒙思想家中的佼佼者。自19世纪60年代起,他就不断地呼吁清朝当局在外交领域进行一次全面的革新,以突破中国外交在新形势下面临的困局。直到90年代在沪去世前,他始终保持对中国外交改革的关注。他的外交言论是他变法维新思想的重要部分。

王韬一生并未做过外交官,但他一直以"熟谙外交""揣摩洋务二十年"自居。他曾多次发表文章和上书当局阐述自己的外交主张和设想,并不时暗示当权者自己虽别无长才,唯于"外交一途"堪备"君国驰驱"。因此,无论是近代中国办理外交的封疆大吏,诸如吴煦、徐有壬、丁日昌、何如璋、李鸿章等,还是各驻外公使伍廷芳、黄遵宪、郭嵩焘等,都曾为外交事务征询过王韬意见。可以说,王韬虽不是外交官,但他对中国近代外交思想的卓越贡献远非一名普通清朝外交官所能企及。他是中国近代新型外交思想的开拓者,其外交思想和策略主张洋溢着鲜明的时代气息。

一 外交观大逆转

王韬新型外交思想的产生与王韬"华夷观"的倒转有密切关系。如前所述,1860年以前的王韬仍是一个"华尊夷卑论"的笃信者。此时,他表面上承认与洋人在一起"雅称契合",骨子里还是认为洋人"非我族类",华洋杂处是"耻莫大焉""害莫大焉"。在此传统"华夷观"的影响下,王韬追求的理想国际格局是中外隔绝。在他看来,相互间的交往以及对交往的内容、形式、方法、原则的理性思考也就根本没有必要。因此,他也不曾冷静地考虑过外交的真正意义。

然而,王韬在1867—1870年间的欧洲之行改变了这一状况,促使他放弃了传统的"华夷观",彻底扫荡了他头脑中华尊夷卑观念的残余。在全面而冷静地比较了"华"与"夷"的长短优劣之后,他断然宣称:不是夷不如华,而是"华不如夷多矣",具体包括政治法律、军事技术、工商贸易、文化学术以至人心道德等各个方面。他说,论器物技巧,"中西同有车,而彼则以火车;中西同有驿递,而彼则以电音;中西同有火器,而彼之枪炮独精;中西同有备御,而彼之炮台水雷独擅其胜;中西同有陆兵水师,而彼之兵法独长。其他则彼之所考察,为我之所未知,彼之所讲求,为我之所不及,如是者直不可以偻指数"。① 论法度典章,泰西各国,政教修明,财用充足,兵力雄强,君民一心,"无论政治大小,悉经议院妥酌,然后举行,故内则无苛虐残酷之为,外则有捍卫保持之谊,常则尽懋迁经营之力,变则竭急公赴义之忱"。② 中国则不然,"民之所欲,上未必知之而与之也;民之所恶,上未必察之而勿之施也。任司牧之权,于簿书钱谷刑戮鞫讯外,已无他事矣。其民之生计若何,困苦若何,为抚字,为鞫谋,贸贸然不暇计也"。③ 论人心教化,彼"雍容敬礼,守教怜人","崇真尚简","心齐志固";而反观中国,"自汉至今,几二千余年,人情之诈伪极矣,风俗之浇漓至矣","所长者无他,曰因循也,苟且也,蒙蔽也,粉饰也,贪罔也,虚矫也。喜贡谀而恶直言,好货财而彼此交征利。其有深思远虑矫然出众者,则必摈不见用,苟以一变之说进,其不哗然逐之者几希"。④

在万事不如人的现实情形下,王韬认为中国统治者及士人坚持"内华外夷说"、空喊"华尊夷卑",纯属自欺欺人,"大谬不然"。他进而总结

---

① 王韬:《弢园文录外编》卷一《变法中》,清光绪九年香港排印本。
② 王韬:《弢园文录外编》卷三《达民情》,清光绪九年香港排印本。
③ 王韬:《弢园文录外编》卷三《达民情》,清光绪九年香港排印本。
④ 王韬:《弢园文录外编》卷一《变法中》,清光绪九年香港排印本。

出一条判断"华"与"夷"的标准:"华夷之辨,其不在地之内外,而系于礼之有无也明矣。苟有礼也,夷可进为华,苟无礼也,华则变为夷。"①照王韬的这一标准推理,所谓"华"与"夷"的区别本来是不存在的。如果封建统治者及其士大夫偏要在中西之间划一界线的话,处在被人轻视的"夷"的地位的,不是"泰西各国",而恰恰是自以为是"天朝上国"的中国本身。"华"与"夷"的地位被王韬彻底颠倒过来。

伴随着王韬意识中"夷"与"华"位置的转移,王韬提出了许多新的外交观念。这些观念构筑起一座近代外交思想的雄伟殿堂。

王韬外交思想主要由下述四重新观念构成。

(一) 尚通

"通"是王韬思想成熟时期的基本哲学观,也是他认识、评判、谋划外交事务的原则之一。王韬认为,世界的终极目标是"混同","天下之道,其始也,由同而异;其终也,由异而同",而今日欧洲诸国日臻强盛,"智慧之士造火轮舟车,以通同洲异洲诸国,东西两半球足迹几无不遍,穷岛异民几无不至",足迹深入中国穷乡僻壤,正是天下合一混同之契机。② 当此合一契机初显之际,中外均应追寻共同之目标,不拘成格,不分内外,互通互融。只有中外消息通,情意达,误会、猜忌、仇恨才可能泯灭,对抗、战争才可能最终避免。

本此"尚通"理念,王韬主张中国正确的外交方针应当是主动地对外开放,积极地走向世界,包括既允许外人来华通商,也鼓励华人贸易西洋;既允许外国公使"驻馆"中国,也提倡中国遣使他邦。他反对清朝保守派"划疆自守"的消极被动的外交方针,认为他们在世界渐趋混同的形势下慷慨激昂地空喊"严夷夏之大防",不仅滑稽可笑,于事无补,而且贻害无穷。他写道:

> 说者谓中朝制度迥越寻常,前代谟猷姑勿具论,即如我国家康、雍、乾三朝,圣德兵威,奢赐殊俗,式廓版图,讫乎化外……三代

---

① 王韬:《弢园文录外编》卷十《华夷辨》,清光绪九年香港排印本。
② 王韬:《弢园文录外编》卷一《原道》,清光绪九年香港排印本。

以下不逮焉。今诚一意讲求，励精图治，则闭关谢客，亦何不可自固我圉……子之所云，适足以贻笑于豪杰之士而自玷耳。不知时之所尚，势之所趋，终贵因事制宜，以权达变。①

又说："时至今日，泰西通商中土之局，将与地球相始终矣。至此时而犹作深闭固拒之计，是直妄人也而已，误天下苍生者必若辈也。"②

王韬对中外相通的结果抱着非常乐观的态度，坚信东西方接触面的扩大和交流渠道的增多对中国突破外交窘境益处甚多。如他在论及遣使出洋一事时说，中国派遣驻外使节既可将中外交涉中的"曲折是非"直陈西方各国首都，避免西方驻华使官、军人和传教士借事生非，无理要挟；又可将西方各国民情风俗、军备情况传递回国，以便制定正确的外交政策。"此所以达外情于中朝，而即所以布中情于远地也。如是则既不至隔阂，又何事于纷争。故遣公使驻扎各都，于国事要非无裨者也。"③

王韬大力鼓吹"中外情相通"，一方面具有批判封建顽固派夜郎自大、打破传统外交"唯格绝严防是尚"模式的意义；另一方面也驳诘了那些骨子里仍存在"华尊夷卑"观念的洋务派或"师夷派"，否定了他们办洋务旨在"制夷"的单向外交观。论敌的众多与强大迫使王韬采用"重炮轰击"，因而论理之中难免矫枉过正之处。根据王韬的上述观点，"中情"与"外情"相通几乎成了挽救中国免受列强欺侮的法力无边的魔杖。这在敌我力量悬殊的 19 世纪中后期的中国实在是过于夸张、不切实际。但是，值得注意的是，按照近代外交理论来讲，"通"所包含的互相接触、互相开放、互相对话的确是消除国际纷争的不二法门。王韬在思考中触及这一近代外交原则，正表现了他外交思想的深度和先驱性。

（二）贵和

"贵和"本来是以"仁"为核心的中国传统思想文化的基本要素，所

---

① 王韬：《弢园文录外编》卷二《变法自强下》，清光绪九年香港排印本。
② 王韬：《弢园文录外编》卷一《睦邻》，清光绪九年香港排印本。
③ 王韬：《弢园文录外编》卷二《设官泰西下·遣使》，清光绪九年香港排印本。

谓"两斗皆仇、两和皆友","己所不欲,勿施于人"正是中国封建统治者及士大夫长期信奉的处世哲学。然而,在实际的对外关系中,中国统治者及士大夫从来就没把"非我族类"的"夷"当作"贵和"的对象。在中国统治者及士大夫的眼中,"夷"乃是不知礼义、不懂诗书的"化外之民",因而绝不可以理喻之,只能以力服之。也正因为如此,中国统治者及其士大夫崇尚一种"贵战"的外交思想。在汗牛充栋的中国正统典籍中,凡是对外主战者总是被当成民族英雄大加尊崇,凡是对外主和者都被当成畏葸无能的民族败类大加贬诋。

王韬勇敢地与这种"贵战"的外交思想相决裂,他站在现实与理性的制高点上,大胆地喊出了异于正统、异于俗论的清新之声,即中国对外政策理应"贵和";"和"是保存中国、振兴中国的最佳选择。他说,我中朝在今日非用兵之时,中国为今之计,对外莫若暂与之和,而专顾富国强兵之术,"蓄力待时,审机应变"。① 因为,"天下事有不得不出于此者,苟反其道而行之者,未有不败者也"。②

王韬对封建士大夫那种不顾国家安危和人民生死、动辄"据典言战"的做法异常痛恨。他批驳道,汤犹事葛,文王犹事昆夷,唐太宗开国英主,而屈尊于突厥,宋真宗澶渊之捷,而犹许以酬币,何足为病?"王者保国安民,其道应如是也"。③ 古之强主对蛮夷尚且如此,况今日华夷强弱倒置,焉能舍和趋战!他把封建士大夫所谓"宁可覆国家,不可言和"的浮浅气矜之论斥为"妄人之论""亡国之论","其为害烈矣"。④

王韬之所以提出对外"主和"的策略,主要缘于当时的时代背景和中国的国情。中国近代是强权环伺、险象丛生的时代,是人为刀俎、我为鱼肉的时代。当此局面,中国是以"动辄言战",还是以"慎兵保和"来应付时代的挑战,确实是中国未来命运的关键所在。大部分中国知识分子,包括后来的资产阶级改良派知识分子,一方面由于秉承传统士大夫对"夷狄"的鄙夷不屑,一方面出自于对鸦片战争以来外人横行霸道

---

① 王韬:《弢园文录外编》卷十二《言和》,清光绪九年香港排印本。
② 王韬:《弢园文录外编》卷一《睦邻》,清光绪九年香港排印本。
③ 王韬:《弢园文录外编》卷一《睦邻》,清光绪九年香港排印本。
④ 王韬:《弢园文录外编》卷一《睦邻》,清光绪九年香港排印本。

的新仇恨，强烈要求对外采取强硬路线，以战对战，振奋国威。从《南京条约》签订之日起，经"反入城斗争"、第二次鸦片战争、中法战争，直至甲午中日战争，中国知识分子就没有停止过对战斗的呼唤。"主战"成了响彻19世纪下半叶中国知识界的主旋律。然而，无情的历史实际证明，每一次"振奋国威"的结果不外是中国屈辱求和，或赔款、或割地、或允许开埠，一切"干求"，概行允诺。王韬在这样的时代背景下，毫不掩饰地提出"贵和"的外交主张，无疑对国人具有振聋发聩的警醒作用。它为中国从"挣扎—反抗—失败—再挣扎"的环形公式中突破出去指明了方向和道路。

需要强调的是，贵和并非投降主义。与传统的"羁縻论"不同，王韬主张的"和"不是消极被动的或战败后迫不得已的"和"，更不是"见夷即让"或"见夷即奔"，而是主动积极的富有进取意义的"自强以御侮"；与流行的"制夷说"不同，王韬的"和"的目的不在于最终消灭"夷"或控制"夷"，而在于"与西国并驾齐驱"。他论证说，天下事不徒恃战，不徒恃和，恃我有以待之，"惟先尽其在我者，而后徐及其他。如讲求武备，整顿海防，慎固守御，改易营制，习练兵士，精制器械，此六者实为当务之急。而文武科两途，皆当变通，悉更旧制，否则人才不生。其次则在裕财用，如开矿铸银，尚机器，行纺织，通商于远洋，贸易于国中者，皆得以轮舶，而火轮铁路电气通标，亦无不自我而为之，凡泰西诸国之所眈眈注视跃跃欲试者，一旦我尽举而次第行之，俾彼无所觊觎艳羡其间，此即强中以驭外之法也。"①辩证的语言中透出王韬近代外交思想的睿智之光。

（三）重势

与"尚通""贵和"观念相关联，"重势"也是王韬外交思想中的重要概念。王韬所讲的"势"包含"内势"与"外势"，即中国国情国力与敌国力量及国际局势两方面。王韬认为，不论主战还是主和，处理对外交涉问题的首要前提都是"审势"；对"内外势"的清楚了解是制定正确的外

---

① 王韬：《弢园文录外编》卷二《变法自强上》，清光绪九年香港排印本。

交政策的基础。他说:

> 夫今日待之之道当如何,一曰审势,一曰察情,一曰观衅。所谓审势者,不独审彼势而亦以审我势。今者彼强我弱,彼勇我怯,彼盛我衰,彼富我贫,亦已形见。如不欲与和,则必出于战。夫既与之为难,则必先立于不败之地,而预操夫必胜之术而后可。然果能之乎?亦惟曰不甘受侮,期与之战而已矣。然能幸其一胜也,而不能幸其再胜也;可以幸也,而不可以恃也,则战之不可行也审矣。①

根据王韬的看法,清王朝外交之所以每况愈下,不可收拾,正是由于清朝统治者昧于内外大势,既不知己,又不知彼。他曾为此感叹说:"呜呼!余今者观于中外交涉之故,而不禁重有感焉。泰西诸国通商于中土,亦既三十余年矣,而内外诸当事者多未能洞明其故,若烛照数计而龟卜,其于利害之所系,昏然如隔十重帷幕。"②

那么鸦片战争以来的中外大势到底如何呢?王韬认为从总体上看是"彼强我弱,彼勇我怯,彼盛我衰,彼富我贫"。在这样的大势下中国之所以还保持着主权,不是由于"中朝之礼义可以优柔之,中朝之甲兵足以震慑之",而是由于"泰西各国之互相牵制也"。③因此,中国眼前最急迫的任务是借和平之机,发展经济,改良政治,富国强兵,以积聚自己抵抗外来侵略的力量。

他曾就中法战争具体阐述他的"重势"主张,他说:"用兵之道,尤宜慎之又慎,必审我有以制之而有余,然后可一发也。今法人船坚炮利,将猛兵精,而我水师未练,兵轮未广,统领未得干才,驾驶未得能手,枪炮之施放未精,器械之攻导未备,如此岂能战而胜之。"④战而不胜偏言战,此乃愚人之勇,醉汉之勇,其结果有百害而无一利。王韬在此予盲目言战者当头棒喝。

---

① 王韬:《弢园尺牍》卷四《上徐君青中丞第二书》,光绪癸巳沪北淞隐庐本。
② 王韬:《弢园文录外编》卷二《变法自强上》,清光绪九年香港排印本。
③ 王韬:《弢园文录外编》卷三《设领事》,清光绪九年香港排印本。
④ 王韬:《弢园文录外编》卷十二《拟上当事书》,清光绪九年香港排印本。

内外大势为"已然"之事,那么中国在此"势"下就只能束手待毙吗?非也。王韬的"势"并不是一个一成不变的宿命因素,而是一个随时间和人事推移而不断变化的"可变项"。他说,易曰:穷则变,变则通,知天下事未有不变者也。天下机会之来,岂有终极,忍之于今日,而报之于他时,天道循环,断无或爽。"今者我国已自设局厂,制造枪炮,建置舟舶,一切悉以西法从事。招商局既建,轮船遍及各处,而洋务人员辄加优擢,台湾、福州已小试电气通标之法,北方拟开煤铁诸矿。所未行者,轮车铁路耳,则或尚有所待也。此皆一变之机也。"①王韬相信,只要中国统治者顺人心,尽人事,借和平机会,亟图变法自强,就能促使中外之势向有利于中国的方向发生变化。一旦中国易弱为强,易贫为富,中国外交便能"有恃而无恐",改变"和辱战更辱"的现状。

囿于国际知识的不足和理论的欠缺,王韬对"重势"的论述是相当不严密的。这不仅表现在他的论据有挂一漏万之嫌,而且表现在论证缺乏理论力量。如在中法战争之际,他对中法内外大势的分析就有失偏颇。王韬过度强调了法国在整个战争中的压倒性优势,而忽视了中国也具有的小范围的优势。尽管如此,王韬在近代中国主战之声甚嚣尘上之际提出外交"重势"观念仍具有可贵的方向性意义。他把制定对外方针的基础从主观空泛的儒家信条和所谓"士民义愤"拨转到物质性的"内外大势"上来。此一外交视角的转变正标志着中国外交思想向务实主义方向迈进了一大步。

(四) 崇简

所谓"崇简",是西方资产阶级处于上升时期的交际观念和行事原则。受西方资产阶级文化熏染的王韬也接受了这一观念,并把它推衍到外交评判、外交设计等外交认识领域中去,从而使他的外交思想带有鲜明的时代特征。

自1840年以来,清朝统治者把中国外交引入了令人困惑的死胡同。一方面,最高统治者为顾全中国君主的"天子颜面",维持住"天下

---

① 王韬:《弢园文录外编》卷一《变法上》,清光绪九年香港排印本。

共主，万邦来朝"的政治假象，尽量将中外条约秘而不宣，推行自欺欺人的"糊涂外交"，并利用民众和官员对条约内容的不了解，暗中鼓励"辑民攘夷"；①另一方面，肩有"折冲"之任的清朝官员颟顸不灵，企图以色厉内荏之虚声恫吓和繁杂不清的搪塞、推诿、拖拉来阻止西方各国的"一切干请"。王韬对清朝这种昏头昏脑、虚与委蛇的外交策略和外交作风深恶痛绝。他写道："中国之事，事事为西人窥见其隐，洞烛其微，几于无遁情，无遁形。吾中朝官吏即欲粉饰夸张以相掩蔽，亦徒贻笑端，适足以自玷耳。"那种故意的"县则诿之于府，府则诿之于道，道则诿之于督抚，督抚则诿之于总理衙门"，"迟之以岁月，稽之以文移，卑词以款之，多方以炫之，繁文缛节以牢笼之，虚声恫喝以羁縻之"的外交策略，只能使"办理愈迟，头绪愈棼，言词愈繁，而事愈决裂"。② 到头来，应该"允如所请"的固已许矣，而"曩之所谓不可从者，即已无不如命以行矣"。③

王韬提倡用一种"简明外交"来改变清朝模棱迟缓、游移趋避而"祸即从此而生"的"麻烦外交""糊涂外交"的现状。他说，与泰西各国交际，则尤当以简为尚，周旋揖让，无徒事乎虚仪，开诚布公，讲信修睦，遇有中外交涉大事，勿加束缚驰骤，勿苛以繁文缛节，勿拘泥乎成例。"今日所以待之者，惟有画一以示之信，宽大以示之礼，或是或否，以行我之权，无诈无虞，以布我之诚，与之行事，必简必速，不亢不卑，师其长技以失其恃，明其所学以通其意。"④王韬强烈呼吁清朝统治者彻底放下"天朝上国"的架子，作为君主，亟应毫无掩饰地将"中外所立和约""锓版颁行"，俾官衙上下人役俱皆知晓，有章可稽；作为办理外交的大臣，应平等待人，时常接见外国使臣，"俾得从容以毕其辞"⑤。王韬断言，一旦中国奉行简明务实的外交原则，中外之间许多不必要的争端将会自然消解。中国也就不会再为这些争端付出惨重的代价。

---

① 张海林：《第二次鸦片战争中清政府"辑民攘夷"政策述论》，《苏州大学学报》1988年第2期，第28页。
② 王韬：《弢园文录外编》卷三《办理洋务在得人》，清光绪九年香港排印本。
③ 王韬：《弢园文录外编》卷三《办理洋务在得人》，清光绪九年香港排印本。
④ 王韬：《弢园尺牍》卷七《代上丁观察书》，光绪癸巳沪北淞隐庐本。
⑤ 王韬：《弢园文录外编》卷一《睦邻》，清光绪九年香港排印本。

王韬提出的外交新观念是对传统外交观念的全面背叛。传统形态的中国外交思想有三个典型特征。第一是务虚性，即建立在"普天之下，莫非王土"儒家天下概念基础上的传统外交看重的不是实实在在的经济利益和战略意义，而是空泛的政治象征意义。郑和下西洋也好，朝贡册封也好，不外都是为了宣示中国皇帝的恩威和炫耀中华礼仪的威严。第二是单维性，即传统外交思想是从内华外夷的"中国中心说"和儒家的等级理论出发的，它单方面地要求中国以外的所有国家的君民像中国的臣民一样称臣纳贡，而从不平等考虑对方的主张要求。在中国封建统治者及士大夫们看来，外交不是双向的，更不是互利的活动，而只是中国向"不若我甚"的"夷狄"的恩赐或惩罚。因此，外人除听命服从外，绝无任何发言权。第三是僵硬性，中国统治阶级既然看重政治象征意义和坚持"一意孤行"的原则，就免不了使其外交缺乏弹性。在传统外交思想与外交实践中，对儒家教条、原则的呼唤大大多于对现实问题的分析。对中国外交家来说，在"以夷变夏"这条罪名的警戒下，可供选择的外交途径似乎只有两条，要么大张挞伐，令对方慑服称臣；要么赠送美女玉帛，安抚羁縻。其他中间式、平等式、互助互利式、不战不和式、有损有得式或损少得多式交往通常不在考虑之列。王韬提出的"尚通""贵和""重势""崇简"等外交观念，对上述外交思想及其实践显然是一个否定。它把中国外交思想推进到以务实主义为主要特征的近代外交思想的殿堂，是中国外交思想由古代形态转向近代形态的分水岭。

二　异于流俗的教案观

在世界文明史上，宗教冲突并非罕见之事，但像近代中国境内发生的这种长时间、大规模、连同胞信徒一块打的"闹教"活动恐怕是少有的。

鸦片战争以后，西方传教士不再效仿明末清初前辈传教士谦恭谨慎的态度和单枪匹马的传教方式，而是大张旗鼓地耀武扬威地紧跟着西方侵略军的刺刀暴力闯入中国。如上海法租界第一座天主教圣堂的奠基礼就是在第二次鸦片战争中的法军总司令孟托班的主持下进行的，孟托班和法国公使布尔布隆夫人还是这座教堂的"保护人"。① 这种暴力进入中国的方式本来就容易引起中国民众的反感与厌恶，而部分传教士及其教徒不仅不注意收敛，反而凭借不平等条约的特权，利用教会文化与资金后盾，在中国干预地方政治，包揽诉讼，掠夺财产，亵渎神佛，从而更激起了中国士大夫和民众的深恶痛绝。饱受患难的人们把侵略者加在他们身上的屈辱转换成复仇的怒火发泄在西方传教士身上。于是，一场又一场的"闹教"风暴席卷了中国大地。

对于"闹教"，近代中国大多数士绅缺乏一种理性的认识和客观的评价。文化本位意识和民族情感极其容易使中国文化人把这一活动当成爱国主义加以支持和歌颂。王韬对此大不以为然。他以哲人的气魄和勇敢将"闹教"置于理性的聚光灯下予以重新审视，提出了异于俗流的观点。

王韬首先不同意民间把西方宗教贬为"邪教"、把传教士贬为"不良之徒"的俗见。早在60年代他就坦诚西方基督教自有其存在的历史价值、西方传教士多为"劝人为善之人"。他的早期作品《瀛壖杂志》和《瓮牖余谈》中有这样两段文字：

> 或有言耶稣并无其人，大抵由于西士之凿空无稽。是亦谬矣。夫西域远处海隅，敦庞初变，悍厉成风，而耶稣一人独能使之迁善改过，以范围而约束之。道垂于千百年，教讫于数万里。呜呼！谓非彼土之杰出者哉？②

> （当教士初至美洲大陆时）屡以道劝化土人，土人顽硬，加以横逆……思易一法以劝化之：将土人散居各处者，驱而纳诸一省，使教士入而宣道。教士见土人之父兄习于性成，终难理喻，惟其年幼子弟习染未深，尚可化导，爰设学堂，招集顽童，教以文字，使知真理，并教以技艺。后顽童气质渐化，知识渐开，亦能建屋种田。其

---

① 史式徽著，天主教上海教区史料译写组译：《江南传教史》，上海译文出版社1983年版，第15页。
② 王韬：《瀛壖杂志》卷六，岳麓书社1988年版，第196页。

父兄见而悦之,亦有为其子弟所化者。至今是省土人皆化顽为良,骎骎日上。①

字里行间已经没有丝毫一般中国士大夫所具有的那种鄙夷不屑的口气。

19世纪70年代以后,教案的规模和数量都有上升之势。面对教案日益频繁的现实,王韬因而更加注意对西方宗教的研究和传教士品质的思考。他曾在《循环日报》上发表题为《传教》的长篇连载文章,专门讨论传教问题。在这些文章里,他对基督教的态度,总的说来是非常理性、平和的,如在谈及西方传教士品格时写道:

> 西国奉教之士,其来也由于考授,非世家子弟亦彼国俊髦,于西国书籍既通而又肄习中国之语言文字,其学问之深者,亦卓然可称为专门名家,其性情诣有时亦复蔼然可亲,纯然有异。②

在另外的几篇文章里,他甚至承认西方宗教"外则与吾儒相敌,而内则隐与吾道相消息"。③ 他特别提到基督教中的卜斯迭尼宗(卫斯理宗),说它"不拜上帝、不事百神,但尽乎生人分内所当为,实事求是,以期心之所安而已"。所以"其立说合乎中国圣贤所云",不必视之太卑。④

王韬对西方宗教这种理性平和态度一直延续到他的晚年。1893年,他担任"山长"的格致书院的一位学生在命题作文《如何整顿中国教务》一题中,这样写道:

> 夫西人至中国传教者,大半游手无赖之辈,国家防其肇事,资遣他往,藉传教之名,以来中国。英国著名教士有名吧者,主大教院,而不用本教中人,谓教中人皆贼,若容之进屋内,物无不被窃者。故此等无赖,大都远出至中国。彼教谓耶稣为牧羊人,而某教士则谓其教徒为牧狼人。彼尝谓此种教士至一国必肇祸端,以狼招狼,无善处之理也。故中国办教案当持平,不当妄杀妄赔,以致

---

① 王韬:《瓮牖余谈》卷四《新辟西半球记》,岳麓书社1988年版,第106页。
② 王韬:《弢园文录外编》卷三《传教下》,清光绪九年香港排印本。
③ 王韬:《弢园文录外编》卷十《地球图说·跋》,清光绪九年香港排印本。
④ 王韬:《弢园文录外编》卷六《纪卜斯迭尼教》,清光绪九年香港排印本。

民心不服也。此说得之英人某君,盖教案出时,余与之详论者也。呜呼,教士之不端可想而知矣。以不端之人与不端之人为党,故中国之无赖,藉归教为名,横行乡里,积怒成仇,卒肇大祸。推其由来,夫谁之咎?而中国君上,岁费千百万,使西人贫者易为富,弱者易而为强,为西人计则得矣,而中之自计亦何拙也?①

面对该生对西方传教士的鄙夷与偏见,王韬毫不客气地在这段文字的上方加批说:"此乃中国哥老会教匪,与洋教西教不同。立言须有区别。""此事恐不尽然。西国传教之士前来中土者,具有学识,亦由其国精选。""吧教士之说于何见之。本当删去……以教士为不端,抑何言之过甚也。西国传教由西国资其费用,与中国何涉。岁费千百万,窃未之闻。"②

基于对西方宗教与传教士的基本认识,王韬认为把民教相斗的原因完全归之于西方传教士是片面和狭隘的。他说,致使"民教相涉,辄致中外龃龉"的原因有二:"一由于愚民之无知,一由于教民之有恃。"③其中,最主要的原因则是前者,具体表现有三:其一,中国多数士民不了解西方宗教的性质,尊己卑人,胡乱猜测西方传教士都是恶徒,专干骗诱妇女、虐杀儿童、挖睛炼银、采生制药一类的勾当,扬州、天津等教案都是由于民众误传传教士虐杀儿童引起的。其二,民众不了解西方宗教的流派区分,一旦稍有不平,辄演化为对所有西方传教士的全面宣战。焚烧屠杀,殃及无辜,"粤东兵事未兴,而佛山镇民已毁教堂两所,此皆英、美两国人所设,与法人无预,愚民何知,但抒其积愤而已"。④ 其三,入教之人不了解其教义,抛却追求道德之完善的教旨,却反把入教当作欺侮同胞的护身符,横行乡间,藐视官长,甚至"动辄诋孔孟为不足师,程朱为不足道"。⑤

王韬进而宣称"愚民之无知"是中国传统统治者多年来虐民、愚民

---

① 叶瀚:《整顿中国教务策》,王韬:《格致书院课艺》(癸巳年)。
② 王韬:《叶瀚文批注》,王韬:《格致书院课艺》(癸巳年)。
③ 王韬:《弢园文录外编》卷三《传教下》,清光绪九年香港排印本。
④ 王韬:《弢园文录外编》卷十二《拟上当事书》,清光绪九年香港排印本。
⑤ 王韬:《弢园文录外编》卷三《传教下》,清光绪九年香港排印本。

的结果。以第三种表现为例,如果不是清王朝失去民心,"则彼虽百方以摇之,恶得有可攻之衅哉?国之有贫民,犹家有病儿也;其有怨氓顽奴枭徒,犹家有荡子也。有病儿而不之药,有荡子而不之检,使穿窬之盗,一朝诱焉以贼其亲,咎将谁归?"①

王韬丝毫没有为西方侵略者开脱罪责的意思。他进一步指出,中国民众"疾憾西人,盖亦有故"。西人"自通商以来,索口岸,索酬饷,辄以兵力从事,据我名城,俘我大臣,而又连樯北上,谓将入告,以至国步多艰,所不忍言,此非薄海臣民之所共愤者耶!"传教士与西方侵略者一道进入中国,在布道活动中恣意妄行,不尊重中国的儒佛传统,遇有民教相涉之事,又从而"傲慢侈肆,借事生风",这不免会激发中国士民对侵略者的厌恶,并将仇恨全部转移到与之接触最多的传教士身上。王韬为此提醒西方传教士要以基督的博爱精神在中国布道,他借用基督教中的一个流派"卜斯迭尼宗"的观点说:"教本所以教善也,人各有心,不能相强,而必欲尽驱之使进于天主、耶稣教之中,亦未免非恕道矣。设使一旦因教事而搆嫌启衅,俾血肉膏原野,黔黎瀌涂炭,耶稣在天之灵,岂能安乎!"②

既然教案发生的原因是双方面的,既然儒学与基督教又有相通之处,王韬建议民教双方都不应再固执己见,逞强好斗,而应采取相互宽容态度,"勿欺勿强","敦睦和好"。他甚至依据大同思想期望出现一种中国之道与基督教义合二为一的局面。他写道:

> 呜呼! 自教术多端,同中立异,斗诤坚固,于一教中自相胡越,其有能并包殊族,泯其畛域,会其大同,此必不然之数也。故圣王在上,因其教不异其俗,齐其政不易其宜。今中国各教皆备,虽其教旨各殊,而奉天治人则一也,安知昔之以远而离者,今不以近而合乎?将来必有人焉,削繁核要,除伪归真,汰华崇实,去非即是,而总其大成者。③

---

① 王韬:《弢园文录外编》卷十《书日人〈隔靴论〉后》,清光绪九年香港排印本。
② 王韬:《弢园文录外编》卷六《纪卜斯迭尼教》,清光绪九年香港排印本。
③ 王韬:《弢园文录外编》卷七《各国教门说》,清光绪九年香港排印本。

西国人无不知有天主、耶稣,遂无不知有孔子。其传天主、耶稣之道于东南者,即自传孔子之道于西北也。将见不数百年,道同而理一,而地球之人,遂可为一家。①

王韬的教案观的深刻之处,不在于仅仅指出了教案起因的荒诞性和区分出民教谁是谁非,更重要的是它揭示了历史代价的新观念,王韬指出,外交必须讲究代价计算,所以,退一万步讲,即使教案的一切罪责全在西方侵略者和传教士身上,即使西方传教士依然我行我素,不改昔日粗鲁的布道作风,中国士民以焚烧教堂、屠戮传教士和教民及其家属的方式来处理近代中西关系也依然是"不智之举",是徒自招损的"愚人之勇"。王韬分析说,国际交涉之道最看重的是"势"或实力。弱者与强者之间地位悬殊,弱者没有资格也不能与强者"以暴易暴"。所谓平等无欺、唯理是尚的万国公法不过是强者的工具。弱者是无力运用的。所以,中国若想不受欺侮,唯有反身自求,亟讲富强之道。"盖先尽其在我,而后人无不服。我固能操必胜之权,而立于不败之地,则人自然就我范围,而莫或敢肆。实至名归,其道然也。试观万国公法一书,乃泰西之所以联与国,结邻邦,俾众咸遵其约束者,然俄邀诸国公议行阵交战之事,而英不赴,俄卒无如之何。此盖国强则公法我得而废之,亦得而兴之;国弱则我欲用公法,而公法不为我用。"②

王韬注意到19世纪六七十年代是中国近代历史上不可多得的大好发展时机。从国际上说,普、法忙于在欧洲的争夺;英、俄在中亚相互虎视眈眈;美国正把眼光盯在西部。这种局面再加上第二次鸦片战争刚刚结束不久,使得列强特别愿意在中国问题上稍作让步。英国公使阿礼国(Sir Rutherford Alcock)、美国公使蒲安臣(Anson Burlingame)分别向本国政府建议,以比较温和的"合作政策"代替战争政策与中国政府打交道,以争取中国官民的好感,稳定住既得利益。③ 从中国国内政治来讲,洋务运动已在全国各地拉开序幕。怀揣资财的买办、商人、

---

① 王韬:《弢园文录外编》卷十《地球图说·跋》,清光绪九年香港排印本。
② 王韬:《弢园文录外编》卷二《洋务上》,清光绪九年香港排印本。
③ 王韬:《弢园文录外编》卷四《英待中国意见不同》,清光绪九年香港排印本。关于合作政策的详细情况请参阅 Mary Clabaugh Wright, *The Last Stand of Chinese Conservatism*, Chapter 3, PP. 21-43。

官绅面对着工商新潮流也正跃跃欲试,投资办厂有可能成为中国经济的新形态。

但是,19世纪60至70年代在中国发生的数百起"闹教"活动却打破了这一发展的大好局面。它们一方面牵引了中国士民官绅的注意力,使其为处理善后问题疲于奔命;另一方面改变了一些西方外交官对中国的看法,以为非采用暴力高压政策不足以震慑住中国官民,维持住既得的条约权利。"天津教案"后英美抛弃阿礼国、蒲安臣倡导的"合作政策",改派强硬派外交官来华,中国外交形势急转直下。一边是头脑简单、徒知泄愤的"蚩蚩愚民",一边是如狼似虎、恶面相向的西方外交官;一边是民贫国穷,一边是国富兵强,中国外交焉能不受窘辱。

"天津教案"发生前后,欧洲普法战争爆发。清朝保守派官员和地方士绅遂力主乘列强战争之际鼓励民众驱逐西方传教士。此举遭到了比较开明的洋务派大员曾国藩、李鸿章、丁日昌等人的反对,但曾国藩等却因此备受指责,压力很大。王韬担心洋务派真的支撑不住而采取保守派的意见,当即致信丁日昌为之指点迷津。他分析说,所谓"乘势逐之"的做法是不知中外大势的糊涂之举。法国虽然遭到削弱,但西方各国在教案问题上"荣辱休戚无不相同,猝有变故,无不相卫,虽彼此之间或有隐怀嫉忌,而其外未尝不阳为协和;其内欧洲而外中国,由来已久,固非中国之所能左右之也。昔人有言,以夷攻夷,以夷间夷,以夷制夷,其策未尝不善,而断不能行之于今,苟欲以是施于中土,未有不凿枘者。何则?今昔之时不同,而中外之地殊也"。所以,办理教案仍应秉持"和为贵"的精神,"处置之间,当无偏倚,无二三,无迟吓;惩疏慢以肃官常,戮顽梗以警乱首,优恤死难者家,以示怀远。俾互市诸国,咸仰我皇度之公,而未由伺间以为难"。①根据"天津教案"后各国军舰齐集大沽炮台联合示威的情形来看,王韬的这一见解确有明智之处。

清朝保守派官员及封建士大夫主张支持民众打教的一个重要理由是"民心可用,民力可恃"。王韬对此进行了驳斥,他在另一封致郑玉轩观察的信中指出,所谓的民心民力是空想出来的,并没有现实的基础:

---

① 王韬:《弢园尺牍》卷八《上丁中丞》,光绪癸巳沪北淞隐庐本。

"今日之民心涣散极矣,国家之安危无预草野之休戚,朝廷之荣辱无关氓庶之忧喜;一有事故,流言传说尽人人殊,而其心亦复人人不同。此民之不足恃也。"①

洞观天下大势的王韬对愚民闹教、打教所造成的中外对立局面一直忧心忡忡。他希望他的同胞国人能够听一听他的"自强方能御侮"的劝告。晚年他特将格致书院的学生命题作文"如何整顿中国教务"连同他的批语刊印发表,以图再次警醒国人,放弃"打教救国"幻想。无奈言者谆谆,听者藐藐,教案依然连续不断,屠戮、赔款、抵命的规模愈闹愈大。1897年震惊中外的巨野教案,引发德国强占胶州湾。1900年义和团打教,引发八国联军全面侵华,攻占天津和北京。中国又为教案付出了极为惨重的代价。

王韬之后的资产阶级维新派思想家严复、梁启超以及资产阶级革命派思想家孙中山等继承王韬批评闹教的传统,再次上阵呐喊,进行艰苦的第二次国民启蒙。在多轮次的思想启蒙和批判之下,"闹教"才在20世纪的中国最终走向式微。王韬当年在思想领域的筚路蓝缕终获历史实践的正向回报。

三　国际交涉策略

与前辈论外交者大而化之地论述"夷情"和"驭夷之策"不同,王韬将"夷"的笼统概念分成单个的不同国家。他的外交理论里几乎不存在不加区分的单色调的"夷",而是英、法、普、俄、美、日等具体民族国家的概念和区别对待的外交策略。

王韬认为,世界是多元的。不同的国家有不同的国情、不同的外交目的和策略。为此,他对俄、英、美、法、日等国的情形进行了细致剖析。

在王韬看来,俄国是一个还未完全摆脱农奴制阴影的君主制国家,其国虽贫,扩张领土的野心却很大。他说,浅见之士,"狃于所闻,徒知

---

① 王韬:《弢园尺牍》卷十二《上郑玉轩观察》,光绪癸巳沪北淞隐庐本。

其主好勤远略,其民生齿不繁,地虽大而荒凉特甚,国虽强而帑项不丰,今又与土搆兵,以致屡遭败衄,遂以为俄之凭陵小国,黩武穷兵,适足自毙,固不足为患于天下也。不知俄之君臣谋所以致一统之盛,而大无外之规,盖匪伊朝夕矣。其意不得志于欧洲,则必求逞于亚洲,二者将有一遂。"以天下大势观之,"图亚洲易,图欧洲难",俄国在欧洲的扩张受阻后,必然将侵略的矛头指向亚洲,而中国首当其冲。① 他主笔的《循环日报》在登载"浩罕事件"时也夹叙夹议地指出:"夫以俄人今日之强,鹰瞵虎踞,雄视三洲,所有诸小国,孰不近服而远畏。俄人以不暇西略,专事北图,新疆西域一带与之犬牙交错者,无不肆其鲸吞蚕食,用以扩其封圻,近日又思从事于新疆。"②1879 年,俄国联结欧亚的铁路渐次修成,《循环日报》也及时发文指出俄人的凶险:

> 轮车铁路各国皆有,均系首重便商,次则利国,惟俄则与众不同,凡欲修建铁路,国家必派武员查勘合宜,方许筑造,否则不可,揣其用意所在,专为调兵运粮计,是则俄之所重者,盖在此而不在彼也。俄国近年专注意于铁路,自西而东渐造渐远,考一千八百五十四年俄国铁路仅二千二百五十里;一千八百七十七年俄国铁路约三万二千里……俄国铁路若达中国西北境,中国必当预为筹备,如其不然,一旦兵衅或开,必受其敌。③

总之,长观近视,横看纵看,俄国都是中国最大的威胁。

英国则是一个工商民族,"国计民生全恃乎商,而其利悉出自航海矣。与中国通商将四十年,英商足迹所至,几遍中土,国中工艺所出,销流于中国者甚夥,疋头鸦片,尤为大宗,是英国通商在今日几于有进而无退。设使一旦有事,则于贸易大局殊有窒碍"。所以,面对中国这个巨大的市场,英国从自身利益出发,希望"凡事皆欲与中国永敦辑睦",保持中英和平之局,"断不肯无端以启衅",自毁英国在中国的经济利益和长远政治利益。对于俄国在亚洲的咄咄逼人之势,英国急欲寻找伙

---

① 王韬:《弢园文录外编》卷四《俄人志在并兼》,清光绪九年香港排印本。
② 《霍罕叛俄》,《申报》1875 年 12 月 27 日第 3 版,转录香港《循环日报》。
③ 《论俄人专意铁路中国不可不备》,《申报》1879 年 1 月 10 日第 4 版,转录香港《循环日报》。

伴谋求抵制之道。①

除英、俄之外，美国为一民主之国，且国力仅能自保，在中国不敢有土地之想，惟图共沾商业利益。法国自普法战争之后，元气未苏，暂时在亚洲难有作为。普鲁士虽然打败了法国，但注意力仍在欧洲，时刻提防法国的报复。日本为一亚洲之国，自学习西法以来，逐渐富强，虽然它时有欺凌中国之举，但与俄国这只"虎狼"比起来，不过是"狡兔"而已。它本身亦为西人欺侮之对象，特别是北方受到俄国的极大压迫。②

鉴于这样的国际局势，王韬指出中国外交的基本策略应该是联日、结英、拒俄。他这样写道：

> 盖在今日讲天下大计者，不患在英、法，而患在普、俄。……而俄尤骎骎乎驰域外之观……然则何以待之？曰：莫如中外合力防俄……中国如能结好英、日，以彼为援，互为唇齿，然后励精图治，发奋为雄，盛兵备，厚边防，乃足以有恃而无恐。③

王韬把近代世界格局比之为战国之局，其中俄罗斯"犹战国时之秦也"。它"地跨三洲，控弦百万，正无难投鞭断流，移山平陆，气变风云，力翻岳渎，虎视六合，鹰瞵八荒"，是欧、亚各国的共同威胁；英、法、普、土耳其、印度等国只能当之于齐楚以下之中小之国。对中小之国来讲，抗俄是共同的事业，也是"自为而非为他国也"。其情形正如当日"六国之约纵连衡以摈秦"。诸国倘不明此理，相互攻伐，必蹈"六国之所以亡"的故辙。④

当然，王韬并没有离开他对外主和的基调。他说，所谓"抗者""制者"，"亦非无端开衅于俄也，原在有备无患，画疆自守，以持其不变之局而已"⑤。换言之，中国联日结英以制俄的限度应控制在保持各国疆界不变和固有世界均势不变的范围之内，而不是有意触怒俄国，寻衅

---

① 王韬：《弢园文录外编》卷四《英重通商》，清光绪九年香港排印本。
② 王韬：《弢园文录外编》卷四《中外合力防俄》《合六国以制俄》，清光绪九年香港排印本。《弢园尺牍续钞》卷一《呈郑玉轩观察》，光绪己丑铅字排印本。
③ 王韬：《弢园文录外编》卷四《中外合力防俄》，清光绪九年香港排印本。
④ 参见王韬：《弢园文录外编》卷四《中外合力防俄》《合六国以制俄》等文。
⑤ 王韬：《弢园文录外编》卷四《中外合力防俄》，清光绪九年香港排印本。

开战。

虽然王韬提出联日结英抗俄的策略主要得之于他对当时国际局势的仔细观察和冷静分析，但也不能排除有他个人特殊的情感因素在内。对王韬来说，英、日两国在情感距离上的确要比俄国来得亲近。他自20岁起就一直与英、美传教士共事，与英国外交官亦多有周旋。他本人又长期生活于英国治下的香港，所以英国传教士和外交官的外交主张对他影响很大，而当时的英、美人士大多数都持有亲日反俄的外交观点。如阿礼国、巴夏礼（Harry Smith Parkes）、轩尼诗（John Pope Hennessy）等人在外交报告和公开出版物中都呼吁扶持日本，制衡俄国。王韬为香港新闻界名人，对他们以及英国政府的外交倾向不会不知道，也不可能不受其影响。如1880年上海《申报》刊登了一篇王韬以"天南遯叟"为笔名撰写的有关香港总督轩尼诗在港施政及其访游日本的通讯，在该文收尾处王韬议论道：

> 燕制军（指香港总督轩尼诗）于与国交际之道能见其大，尝谓方今俄人雄长于北方，駸駸为欧亚两洲之患，中日两国境地毗连，而俄又日窥英之印度，狡焉思逞未见其止，为今计者，莫如中日英三国相亲合力，以备俄。呜呼，非燕公无此识，亦不能为是言也。则联三国而为一，余于此行也望之矣，是岂徒泛作东游而已哉？①

从这段文字可以看出，王韬与香港总督轩尼诗的外交主张声息相通，相互影响。

对王韬外交观点影响最大的要属他的日本朋友。日本与中国一衣带水，在人种、文化、民俗风情等方面与中国十分相近。在王韬生活的那个时代，儒家著作依然是日本文人拜读的经典。日本在近代所受到的西方侵略也与中国相仿，这一点更容易使近代中国人把日本引为同类。对王韬来说，他的《普法战记》和《循环日报》在日本引起了反响，1879年他又亲赴日本访问。日本朝野对他优礼有加。回国后，日本人依然对他恭而敬之，请他写序作跋者有之，斧正诗文作品者有之，讨教

---

① 《清华吟馆以此命题遂作是篇》，《申报》1880年3月7日第4版。

国策方针者有之。甚至日本"比睿"号军舰路过香港,司令官也是后来中日甲午战争中日本舰队司令伊东佑亨也特地上岸拜访、求教。① 凡此等等都使王韬觉得日本人比欧洲人亲切。因此,他情感上本来就倾向于中日联合,而当时大批日本人士竭力鼓吹中日联合、共兴亚洲的主张更加强了这一倾向。

王韬所接触的日籍人士中,鼓吹中日联合最力的要属冈鹿门和曾根俊虎。冈鹿门曾多次游说日本当道,提醒他们要把俄国当作主要敌人,而不必事事与中国为难。他的一位朋友西吉甫留学俄国,他特作论文一篇相送,详细剖析日、中、俄三国关系。他说:

> 秦之所以能并者,则在取巴蜀而据其资者矣。俄往年攻土耳其,为英、法所扼,无功而止,于是其意谓与其争欧,不如争亚。盖争欧难,而争亚易。我既东向并亚细亚诸国,而后掬背搤吭以薄英、法,则其志可逞也。其经略亚细亚东北,遣使论日本北疆,略堪察加、佐甲廉,其成算可知也。近闻自佐甲廉至俾得堡七千里间,通马车道。又以美洲所辖之地,鬻于合众,而以所得数百万金,充开拓东北之费。乘此势骎骎以南,则安知异日不以东北全力薄英、法,济其大欲,如秦统一六国乎……日之多事,将自此始。②

在与王韬的书信往来中,他也多次论述他的主张。王韬在《跋冈鹿门送西吉甫游俄文后》一文中回忆道:"鹿门之志,常欲中、日相睦,联英以拒俄。夫就亚洲地势以观,中之与日,固所谓唇齿相联,而辅车相依也。鹿门往时酒酣耳热,辄纵谈天下大计,沥沥成议,几欲击碎唾壶,而蒿目时艰,怆怀近事,每愤其志之不得伸。"③

曾根俊虎④原为日本海军的一位军官。19 世纪 90 年代退役以后,参与了中国资产阶级革命派的活动,为孙中山、陈少白等革命家所熟

---

① 参见王韬:《弢园尺牍》卷十二《与日本源桂阁侯》及《与日本佐川桓所》两函。
② 王韬:《弢园文录外编》卷十《跋冈鹿门送西吉甫游俄文后》,清光绪九年香港排印本。
③ 王韬:《弢园文录外编》卷十《跋冈鹿门送西吉甫游俄文后》,清光绪九年香港排印本。
④ 曾根俊虎(1847—1910),1871 年入海军,历任少尉、中尉。1873 年曾随外务卿副岛种臣来华,以后长期在中国居住和活动。著有《清国漫游志》《诸炮台图》《清国近世乱志》《越法交兵记》,为明治时期著名的"中国通"。

识。在 19 世纪 90 年代以前，他是一位泛亚主义者，积极倡导中日合作，拯救亚洲。他曾多次到中国的上海、山东、台湾等地，进行外交活动。1880 年，他在东京与王韬的另外两个日籍朋友长冈护美、渡边洪基等，共同创立了一个泛亚主义的组织——兴亚会①。兴亚会的成员很复杂，目的也不十分明确。其中有向往中国文化，或同情中国人民苦难遭遇，或真心支持中国改革，或虔诚相信中日合作，可以挽救亚洲的日本友好人士；也有打着振兴亚洲旗号，旨在吞并朝鲜、中国，建立日本人统治的大亚洲的军国主义分子。曾根俊虎的观点是倾向于前者的。1885 年中法战争期间，他作为日本的军事观察员逗留沪上，与王韬时相过从。居沪期间，他写了一本《法越交兵纪》②，反对法国侵犯越南，也谴责了日本政府对中国南疆危机漠不关心，不理解中日合作的重要性。王韬与这些日本友人关系密切，耳濡目染，也受到泛亚主义主张的影响。《弢园尺牍》中有一封致冈鹿门的信，反映了他们之间相互影响的情形：

> 蒿目时艰，无可下手，强邻日迫，又有责言，既西顾之堪虞，益东瞻而兴喟。今日亚洲中惟中与日可为辅车之相依，唇齿之相庇耳。试展舆图而观之，东南洋诸岛国，今其存者无一也。五印度幅员衮广，悉并于英，其存者亦仅故府，拥虚名而已；阿富汗已为英所剪覆；波斯介于两大之间，将来非蚕食于英，即鲸吞于俄耳；异日越南必灭于法……亚洲诸国已残食至是，宁不大可危乎？闻贵国有志之士，近日创设兴亚会；此诚当务之急，而其深识远虑，所见之大，殊不可及。长冈护美、渡边洪基皆与韬相识，而为是会长……其执兴亚会中牛耳者，为曾根俊虎，伊东蒙吉，咸纳交于韬，通缟纻而结苔岑焉。③

王韬提倡的联日抗俄策略，在总体上顺应了当时的国际形势。但

---

① 兴亚会是 1880 年于日本设立的泛亚联合机构。1878 年，日本海军中尉曾根俊虎便创立振亚会，讲授汉学、汉语。1880 年，在外务省的支持下，扩大为兴亚会。第一代会长是长冈护美，王韬、何如璋都是该会会员。
② 《法越交兵纪》于 1886 年在东京印行。王韬《弢园文录外编》卷十一有《法越交兵纪·序》一篇。
③ 王韬：《弢园尺牍》卷十二《与日本冈鹿门》，光绪癸巳沪北淞隐庐本。

是，由于他对日本的特殊个人感情，使他放松了对日本这个新兴资本主义国家应有的防范心理，以为日本会毫无疑问地支持、联合中国。然而，明治维新一开始，日本在对外政策上就确立了"开疆拓土"的对外总方针。地处日本西南太平洋上的琉球和台湾成为日本对外扩张的首选目标。日本先是于1874年侵略台湾，随后又武力吞并了琉球。应该说日本的野心到这时已经显露无疑。但即使如此，王韬还在坚持认为日本不足为中国患。他时而说日本"国小而民贫，外强而中槁"；①时而说日本内部矛盾重重，"悍族强宗，多有未服者，设使外衅一开，内变必作"；②时而说日本"水师不过七八千，陆兵不过三万，火轮战舰不过二十三艘，其地不足当中国二三省"；③时而说日本再凶不过是"狐兔"，其战和与否权操自我。④ 他似乎忘记了日本像俄国一样也是中华民族凶恶的对手，也在"抗"和"制"的范围之内。

王韬提出的中日合作论以及对日本国力的轻视态度间接地影响了中日关系的走向。甲午中日战争的爆发和中国的战败，影响因素有很多，包括封建官僚政治的腐朽、中国朝野对日本的长期轻蔑和疏于防范、武器装备的劣势等等，但与王韬的提倡不能说毫无关系。因为，他虽然不是李鸿章那样的清朝"当局者"，甚至连外交官的边也没沾上，但他却是一个能够影响李鸿章、影响清朝外交官的关键人物。他曾为他的主张向李鸿章的幕僚和属官丁日昌、盛宣怀、黄遵宪、伍廷芳、马建忠、郑藻如、黎召民、方铭山等上书献策，希望他们劝导当道采行联日抗俄的策略。这些人或多或少地代他向李鸿章传递了信息。比如，1879—1880年，日本政府在事实上吞并琉球以后多次派外交代表来华交涉，希望以琉球南端两小岛留给中国为条件，换取日本在中国的通商权和最惠国待遇。1880年10月，总理衙门与日使议定了《琉球专条》，日本基本上达到了目的。但是由于部分大臣的反对，清廷最后没有批准这个专条。日本不甘心，又通过曾根俊虎找王韬进行最后努力。王

---

① 王韬：《弢园尺牍续钞》卷一《呈郑玉轩观察》，光绪己丑铅字排印本。
② 王韬：《弢园尺牍续钞》卷一《呈郑玉轩观察》，光绪己丑铅字排印本。
③ 王韬：《弢园尺牍续钞》卷一《与方铭山观察》，光绪己丑铅字排印本。
④ 王韬：《弢园尺牍续钞》卷一《呈郑玉轩观察》，光绪己丑铅字排印本。

韬在获悉此事后,立即写信给盛宣怀,认为日本"所请亦未为过奢也"。他说:

> 许割岛,许通商,其事虽微,而系于两国之交欢者,则固甚重;且自此可收日人为指臂腹心辅车唇齿之用。如或弗许,则猜嫌尚在,情谊永乖,中朝既不能威之以兵力,又不能结之以信心,徒尔观望徘徊,因循畏葸,矜夸虚愊之气中于国是,此草莽小臣所未解也。今苟曾根之说可行,而傅相肯力肩此重任,则韬固可亲往东瀛,说其政府,以期事之必成。①

随后又写信给伍廷芳,请他设法让曾根俊虎见到李鸿章"以尽其说"。② 盛宣怀、伍廷芳把王韬的意见又转给了李鸿章。虽然李鸿章没有采纳此一意见,但这些意见无疑是他考虑问题时的参数之一。盛宣怀本人后来成为亲日派恐怕与此也不无关系。

更为重要的是,王韬是一位十分著名的"新闻泰斗",他的对日态度和外交主张都被公开发表在影响面极大的《循环日报》和《申报》上,以致"四两拨千斤",成为左右中国民众甚至国际视听的"舆论撬棒"。

王韬鼓吹联日结英抗俄最卖力的时间为19世纪七八十年代之交。此后,随着日本侵略胃口的增大,特别是在琉球和朝鲜问题上的咄咄逼人之势,王韬逐渐改变了提法。他在给友人的信中开始谴责日本当道的不明利害,提议中国亦应注意与俄国搞好外交关系。他在一封信里这样写道:

> 弟近所关心者,日、俄两国之事耳。俄人虽与中朝订结盟约,眉睫之间,似可相安无事;然其狡焉启疆辟土之思,固未尝忘也……鄙意以为朝廷必当早简星使,往驻俄京,以通彼此之情,以固中西之好,故敦辑睦,守盟言,在此行也,固不可缓也……中、日龃龉,其势殆不可终日;前既兼并琉球,今又觊觎朝鲜,其意若专与中朝为难。日人好勇而狂,狡而多诈,轻诺而寡信,骄矜自大,无所

---

① 王韬:《弢园尺牍续钞》卷二《与盛杏荪观察》,光绪己丑铅字排印本。
② 王韬:《弢园尺牍续钞》卷五《与伍秩庸观察》,光绪己丑铅字排印本。

不至,专媚西人而轻中国。虽与中国立有要约,亦复朝定而夕更,殊不足恃,若非有以惩创之,终不能永邻好,结近交,联唇齿之谊,收指臂之助也。我中朝一惟以大度包容之,适长其跋扈飞扬之志耳,形中国之弱,滋日人之横,岂亚洲之福哉!①

有一件事典型地反映了王韬对日本态度的转变。

有一日本半官方"士人"于中法战争之际在上海向王韬慷慨陈词,主动表示愿意率"死党勇敢之士往夺法舰",或"伺间以狙击法人",并请王韬代向清朝当道游说,请求允准。王韬似乎看出了日人有意扩大中法战火以便趁火打劫的醉翁之意,写了一封不冷不热的信予以拒绝。他这样写道:

> 足下与贵友,既有大志,曷不纠集万人,暗袭在台之法兵,出不意,覆而歼之,然后往告中朝,愿为效命。既立此功,朝廷自深信不疑,以后请饷请奖,无所不可,徒托空言无益也。盖自贵国攻台湾,取琉球,中朝在位者,疑贵国之心甚矣,非先以攻击法人示之,彼不信也。中朝大官,即欲用贵国有志之士,亦不敢居间也。足下谓贵国中所有死党不下万数千人,苟至中国,纵横海上,奋击法兵,事无不可行。以我策之,难矣……苟真有经济胆略,集此万人,佯投法营为援,而阴约官军,同时夹击,或从中猝起为变,亦可得志。徒在沪滨一隅,探缉见闻,逍遥局外,无益也。无益之事,弟不为,空言无补,弟不言……近日贵国所施诸中朝者何如,而欲使我中朝不疑,其能之乎?使彼此易地以观,贵国其能决然信乎?迩来道路传言,谓台湾入犯,有贵国之明助法兵。中朝在位者多信之。②

显然,王韬已经在怀疑日本人的中日合作之说了。此事如果发生在十年前,建功心切的他恐怕早就代为传言了。无情的历史事实教训了他,使他在看待外交问题时更加冷静。个人情感因素逐渐遭到摒绝。到了甲午战争前后,他已经彻底抛弃了早年的"联日抗俄"主张。他的

---

① 王韬:《弢园尺牍续钞》卷二《与李小池太守》,光绪己丑铅字排印本。
② 王韬:《弢园尺牍续钞》卷二《答日本某士人》,光绪己丑铅字排印本。

诗作稿本中竟然出现了"忽梦提师到日东,貔貅十万拥艨艟。汉家飞将从天下,倭虏全军伏地中。不杀群钦明主圣,受降齐唱大王雄。而今世世行朝会,胥识车书一统同"的长诗,①还在与朋友的唱和诗中表示"倭奴箕踞空自骄,誓将一战来兹土",②大有抗金名将岳飞当年"壮志饥餐胡虏肉,笑谈渴饮匈奴血"的气概。

四 中法战争时期的对法主张

法国对越南的侵略活动始于17世纪,其早期侵略形式只限于传教和通商。19世纪中期以后,由于法国工业完成了从手工工场到机器工厂的变革,其国内市场狭窄、劳动力不足、原料和资源缺乏等劣势因素逐渐显现,法国资产阶级及其政府对外攫取殖民地的欲望日益膨胀。与英国殖民地印度毗邻的越南成了法国有意侵占的主要目标。1862年,法国强迫越南统治者签订了第一次《西贡条约》,割占了越南南部的三个省。1874年又强迫越南签订了第二次《西贡条约》。条约在承认越南独立和法国代管越南外交的条款下否定了中国对越南的"宗主权"。1880年,正当中俄为伊犁交涉关系紧张之际,法国乘机出兵红河。随后几年,法国对越南北部地区展开了一系列的军事侵略活动。越南军民和刘永福的黑旗军进行了顽强的抵抗。

面对法国在越南的侵略行径,中国朝野有一大批主战之士。他们强烈地要求清廷出兵抗战,打退"跳梁之法夷"的嚣张气焰。

王韬秉持着他的"重和""重势"的外交理念,主张"慎兵保和",反对不计成败地与法国开战。当他得知恭亲王奕䜣和李鸿章因"主和"而遭到了主战言官的攻击以致被慈禧太后驱赶下台的消息时,立即致信李鸿章的"门将"盛宣怀,对主战派"清谈抗法"深表不满。他写道:

---

① 王韬:《蘅华馆诗录外编·弢园诗词》,《闲情诗毕忽于枕上得一律》,陈玉兰校点:《王韬诗集》,上海古籍出版社2016年版,第202页。
② 王韬:《蘅华馆诗录外编·弢园诗词》,《题徐漱珊学博永安砖研图即步原韵》,陈玉兰校点:《王韬诗集》,上海古籍出版社2016年版,第202页。

> 或传京师诸公,意皆主战,独恭邸、傅相主和。夫以中原大局言之,隐忍苟安,则日益委靡不振,而人才愈以不出;以朝廷言之,则以和为贵。苟可捧盘盂以从事,何必执鞭弭以周旋,兵锋一交,胜负之数岂能逆料,况法之于越南,犹日之于琉球,今既不能救琉球于前,而欲早助越南以与法竞,恐法人于此有辞也。顾以韬揣之,京师诸公,亦徒有其说耳,岂真能出于一战哉?①

在《拟上当事书》一信中,他更加详细地分析了中法开战对中国的不利之处:

> 用兵之道,尤宜慎之又慎,必审我有以制之而有余,然后可一发也。今法人船坚炮利,将猛兵精,而我水师未练,兵轮未广,统领未得干才,驾驶未能得手,枪炮之施放未精,器械之攻导未备,如此岂能战而胜之。夫与法人战,当以水师兵轮为先。但我水师少而弱,所有轮船皆不能驶出大洋。倘若以此据守沿海,而我海疆延袤三千里,防不胜防。法舰飘忽不定,往返自如,大可到处袭击。法人本不以通商中土为急务,今年不胜,则明年再举,明年不胜,则后年可重至。而我劳师縻饷,所以御之者穷矣。总而言之,中国无一可以制法人之死命,而法人扰中国,可以从容肆应而有余,中法开战,中国有害而无一利。②

根据王韬的看法,处置法国在越侵略活动的"最上之着"是"莫如示之以文,告之以辞,与之揆情据理,援例执法,开诚布公,熟思审处",同时派遣重兵,"严守边境,先立于不败之地,而务为自强,以待机会之来";其次,"莫如置之不问",因为徒有空言而无实际的开战,其结果必然是"至于无可如何,则仍出于和,将来割地酬饷,通商辟路,所以为和之约章者,如是而已"。③ 加之越南本来为一无道之国,"国政殊不可问,官贪而民惰,横征暴敛,民人几不聊生",中国即使兵强马壮,劳师远袭

---

① 王韬:《弢园尺牍续钞》卷二《与盛杏荪观察》,光绪己丑铅字排印本。
② 王韬:《弢园文录外编》卷十二《拟上当事书》,清光绪九年香港排印本(原文过长,此处为缩写)。
③ 王韬:《弢园尺牍续钞》卷二《与盛杏荪观察》,光绪己丑铅字排印本。

地为其复国也只能是"能暂而不能常",殊不值也。①

王韬根据中外大势来阐述中国的外交对策,有其合理性。然而,在分析过程中却有失偏颇。他并没有全面地看到中法两边的"势",而只一味地强调中国弱于法国,忽视了中国在某些局部问题上亦有小范围的优势,如中越国土相联,供给线远比法国的短;中国在陆战兵源方面亦大大超过法国;洋务运动中新建的陆军也比鸦片战争时代的清朝八旗兵和绿营兵更具有战斗力和生气。对"外势"中的国际间矛盾以及法国国内政潮屡起也考虑不够。后来的中法战争进程并没有出现他所预料的那种"一边倒"局面,而是互有胜负。在陆路方面,中国甚至还占据一定优势,取得了镇南关、谅山等战役的胜利。

当谅山战报传来之时,王韬非常兴奋,同时也意识到自己对时局的分析出了差错。在听说法人开始在上海进行诱和活动后,他立即写了一封信给他的一位朋友,承认"弟于中外交涉之事,每喜穷原而竟委,所言往往不幸而中。惟此日立约结盟,似嫌其太速"。② 在进一步地考察内外情势以后,他发现法国开战以来所遇到的困难甚至不在中国之下:"法今者,拿破仑旧党盘踞于国中,阿洲叛民,埃及争地,复骚扰于国外;飞扬跋扈,招忌召戎,恐不免于用兵。法,欧洲虎狼之国也,素为列邦之所憎嫉,兵衅一开,强邻乱党,必有起而乘之者。此不宜与中朝战者一也。泰西列邦,皆以通商中土为利薮,英、普、美所系尤重。法人贾舰,虽沿海各埠无处不至,而通商之局未宏。一旦兵事突兴,必非列邦之所甚愿,居间调停,势所必然,法于此能勿从乎!此不宜与中朝战者二也。"③所以,当清朝当道大员准备与法国妥协之际,他反而由主张"慎兵保和"改为"既出于战,必当持之以恒,举之以全力"④。他在《拟上当事书》中写道:

> 道剥极而必复,势无平而不陂,张弛之权,盛衰之变,正在今日……法人先发难端,甘为戎首;徘徊海上,几及一载。马江之役,

---

① 王韬:《弢园尺牍续钞》卷二《致马眉叔观察》《上潘伟如中丞》,光绪己丑铅字排印本。
② 王韬:《弢园尺牍续钞》卷四《与刘嘉树太史》,光绪己丑铅字排印本。
③ 王韬:《弢园尺牍续钞》卷四《与刘嘉树太史》,光绪己丑铅字排印本。
④ 王韬:《弢园文录外编》卷十二《言战》,清光绪九年香港排印本。

法以诡道诱我,虽胜犹辱,其得侥幸出险,仅免聚而歼旃而已。基隆虽踞,淡水无功,彼以全力注于台湾,而历日旷时,仍不得尺寸之地,则彼之兵力亦可知矣。甬江之战,无所胜负,彼攻此守,犹足支持。即彼言将犯析津,扑旅顺,扰芝罘者,亦不过虚声恫喝之故智耳,其实技无所施也,则彼之水师亦可知已。至于遏截海运,掳劫商船,正所谓强弩之末,势不能穿鲁缟者也。法人处今日之势,其进退维谷之情形,不显然哉?曩者,彼国屡次败盟构乱,特未尝一角耳。诚使我以镇定处之,志在用兵,一战再战,虽挫不挠,则彼之虚实,早已灼然洞见。胆壮气张,名正言顺,何难与之驰骋于疆场,纵横于洋海哉!①

然而,清朝统治者却准备与法国妥协,没有胆量采纳王韬"战则持之以恒"的意见。法国一有谋和之端倪,他们便乘势下坡,草草收兵。在有利的军事形势下竟然签订了不利的外交条约。前方将士气得拔剑砍地。王韬闻讯亦只能"作贾长沙之痛哭流涕"。

中法战争时期中国朝野除了面临着战与和的选择外,还面临着如何对待刘永福的黑旗军问题。刘永福原是广西地区农民起义的领袖,他所创立的"黑旗军"是大清王朝不可饶恕的"匪类"。1873年10月,法军入侵越南并占据河内。应越南政府邀请,刘永福抱着"为越南削平敌寇""为中国捍蔽边疆"的决心,援越抗法,率军奋战,收复河内。1883年又率部在纸桥与法军作战,击毙法军统帅,取得震惊中外的纸桥大捷。

对待如此"出身有污"的抗法将士,清朝统治者中一部分人竟然主张借法国侵略军之手以除心头之患。还有一部分人虽然主张接济刘永福,但依然是"借刀杀人"的心态,如四川总督丁宝桢和云贵总督岑毓英在他们的奏章中都曾说过"驱狼斗虎,似属一举两得"和"鹬蚌相持,渔人得利"②一类的话。对此,王韬却大不以为然,坚决反对清朝处置刘永福的所谓"方略"。他在与清朝官员的书信中多次称赞刘永福的爱国之

---

① 王韬:《弢园尺牍续钞》卷三,光绪己丑铅字排印本。
② 故宫博物院文献馆编印:《清光绪朝中法交涉史料》,第三卷,第12、23页。

心,敦促清政府真心实意地支持刘永福。比如,他在《与潘镜如观察》一信中写道:

> 义(指刘永福)其为人也,质弱而貌奇。法难既作,义愤勃兴,出与之战,每战辄捷、计诱力攻,馘其枭帅,于是义声震于天下,义亦当今人杰矣哉!刘义以一羁旅孤臣,独张义帜,以攻法军,以区区三四千乌合之众,屡挫强敌,斩将搴旗,追奔逐北;使海内之人,闻风兴起,此西事以来所未有也。乃中朝贵臣,颇有不以为然者,或谓其侥幸邀功,或谓其贪婪无厌,或谓传言失实,徒涉夸张,致虑其难于安插。是刘义在今日固可胜而不可败,能进而不能退者也。弃雄才而委之于虎口,坐视其亡,诚一咄咄大怪事,此可为天下人才一大哭。①

王韬进而提出具体建议,主张给予黑旗军全面的支持和保护:一方面主动地给予军火支援;另一方面派遣军事参谋人员佐其运筹帷幄,并招募"粤东西近地之民"扩大刘永福黑旗军的规模。对法国指责清政府于和谈时期支持刘永福继续与法国为难之事,王韬力主不要理睬。他建议中国政府不妨直接告诉法国人:"来则受之,不来更将助之保之",以加强刘永福的声势。

把昔日大清王朝的"冤家"视之为不可多得的"雄才",这是一般地主阶级知识分子难以做到的。只有跳出了地主阶级狭隘立场、思想开放的新型知识分子才能有此眼光和智慧。王韬在中法战争中对刘永福黑旗军的态度说明他正是这样一位新型知识分子。在他的对外主张中理性已经代替情感占据了绝对的主导地位。他的这种以理性为基石的交涉理念为后来的中国思想家和政治家提供了可资借鉴的思想资源。

---

① 王韬:《弢园尺牍续钞》卷四,光绪己丑铅字排印本。

第九章　文艺作品及其思想内涵

进入19世纪70年代下半期,王韬因成功主办《循环日报》而声名大著,经济收入和社会地位也相对稳定,因而有条件潜心于著书立说。1876年他索性雇请广东番禺秀才洪士伟处理报社日常编务,自己则一心从事写作和编印自己著作的工作。不久,《弢园尺牍》《瓮牖余谈》《瀛壖杂志》《遁窟谰言》《蘅华馆诗录》等王氏专著,纷纷刊印行世。这些著作加上后来定居沪上所整理和创作的《弢园文录外编》《淞滨琐话》《淞隐漫录》等,构成了王韬著述的完整体系。本章集中介绍他的笔记、小说和诗词,并剖析它们的思想内涵。

清光绪六年铅印本《遁窟谰言》书影

一　笔记类著作

王韬最主要的笔记类著作有两部,一为《瀛壖杂志》,一为《瓮牖余谈》。两者均为王韬从19世纪50至70年代断断续续写成的笔记之汇编。王韬曾自述说:"偶有见闻,随笔记缀,岁月既积,篇帙遂多。"①

《瀛壖杂志》分为六卷,于 1875 年在广州正式出版,是王韬在上海生活时期写成的。全书内容广泛,旧事新闻都广为记载,"凡山川之秀丽,文物之荟萃,寓公之往来,风俗之好尚,一一详记,了如指掌"。② 上海开埠初期的社会百态被浓缩其中。《瓮牖余谈》共有八卷,成书于 1873 年,该书有《申报馆丛书》本、《清代笔记丛刊》本、《笔记小说大观》本等,内容相差不大,都是对清末中国社会情形的直笔记述。

由于成书时间长和"随见随录",《瀛壖杂志》和《瓮牖余谈》都有内容广泛而又庞杂的特点,其不十分明显的区别只是在于前者稍偏重于上海,后者多关注于世界。1988 年,湖南岳麓书社将两书合集标点,铅印出版,恐怕也就是因为它们在内容和形式上都属"同类项",即两者都是以"征实"而非"蹈虚"取胜的笔记类著作。

纵观两书,其主要内容有以下几个方面。

(一) 介绍西方各国的政治和经济制度

国门初开,国人对与之交接的西方各国缺乏相应的了解。"得风气之先"的王韬目睹这一现状,有心将西方世界的真实情况介绍到中国。他首先注意到西方国家在政治、经济制度方面不仅与中国存在着差别,西方国家之间也是不尽相同的。英、法、美、俄政治与经济制度各有特点,进步与合理的程度也参差不齐。以美国与俄国为例,前者的政治与经济制度就要比后者的相对进步合理。王韬用"花旗善法"与"俄国弊政"两个带有强烈价值判断倾向的语词来表示他的好恶。他写道:美国立法之善,"海外诸邦皆所不逮",它的大小统领由选举产生,不仅任期有限,而且薪水有定,"一国中大统领者,岁奉以银二万五千圆供给御用,与英国所设香港总督廉俸相若。其通国中所用,以一年计之,仅支银七千五百三十五万四千六百三十元,此一千八百五十二年之数也……更以旧金山一区(即嘉厘符尼亚邦,粤人以其产金呼之旧金山)

---

① 王韬:《瀛壖杂志·自序》,岳麓书社 1988 年版。
② 王韬:《瀛壖杂志·林庆铨弁语》,岳麓书社 1988 年版。

论之:其幅员辽阔,即以香港百数十比之犹不及其大。每岁一切所费,文自衙门官吏,武自兵船弁勇,举凡修葺废坠,无所不包,而仅支五十万元。旧金山为商贾所荟萃、货物所辐辏,华人往其地者,不下十数万。每年诸邦往来船舰,计一千二百余艘,可谓通商之大埠矣,而其出仅如此数,非节用爱民,能如是乎?"①至于地方官制,美国几有中国三代之遗风,"盖花旗之法:每村设有四绅士、一书吏,绅士从不受糈禄,书吏亦仅月受数金。其下有差役三人以供奔走……田税所纳甚微,自给地方官廉俸外,仅以为修筑衢路、建立书塾之用而已。惟海关税则归诸官,余则悉以一省所出以供一省所用,民无所苦而君无所私。通国兵士饷需,悉以关税支销。无事之时,戍兵巡丁寥寥无几。村乡之人,至有老死不见官长者。"②相比之下,俄国的政治和经济制度则弊端丛生。农奴制度将农民的人身自由剥夺殆尽,"凡富宦家购买田地,则其地居民并鬻在内。故有地出售,人多争购。购得之人,或充当兵籍,或遇嫁娶事咸由新业主操其权,斯诚弊政也"③。在这种制度下,家奴没有兴趣从事生产活动,因此,连俄君也知其谬,"拟革其例"。王韬对俄国的农奴制改革抱欢迎态度,称赞此举为"诚有惠于民,足为善举者"④。

19世纪中期的大多数中国人对西方世界的认识还是十分笼统的。"夷""洋人""泰西"等一类含糊不清的名词正说明了当时中国人对外部世界的认知程度。在这样的时代背景下,王韬能够说出各个不同的西方国家在政治与经济制度方面的差异性,并比较出它们的优劣,不能不说其思想敏锐过人,独步一时。

(二)介绍和称颂"西儒实学"

在西方"器物精巧"优于中国的背后,王韬清醒地看到了中国在文化教育和科学技术方面与西方各国之间的差距。为了使国人认识这一事实和学习西方实学,王韬在《瓮牖余谈》和《瀛壖杂志》中,以大量的笔

---

① 王韬:《瓮牖余谈》卷四,岳麓书社1988年版,第96页。
② 王韬:《瓮牖余谈》卷四,岳麓书社1988年版,第97页。
③ 王韬:《瓮牖余谈》卷四,岳麓书社1988年版,第111页。
④ 王韬:《瓮牖余谈》卷四,岳麓书社1988年版,第112页。

墨和篇幅介绍了欧美先进的科技文化,高度赞扬"西儒实学"。从亚里士多德到培根,从古希腊文化学术到近代欧洲实证科学,几乎均有论列。

王韬最为景仰的是英国实证主义哲学大师培根和天文学家侯失勒。《瓮牖余谈》中有专篇分别予以介绍。在《英人培根》一文中,王韬对培根哲学思想和方法佩服得五体投地。他说:

> 其为学也,不敢以古人之言为尽善,而务在自有所发明。其立言也,不欲取法于古人,而务极乎一己所独创。其言古来载籍乃糟粕耳,深信胶守则聪明为其所囿,于是澄思渺虑,独察事物以极其理,务期于世有实济、于人有厚益。盖明泰昌元年,培根初著《格物穷理新法》,前此无有人言之者。其言务在实事求是,必考物以合理,不造理以合物。①

培根哲学的基本点是归纳、实验和实用,反对以演绎法为主的旧的经院哲学和教条主义,王韬在这里的介绍显然抓住了培根哲学思想的精髓。

培根的哲学思想和方法论在欧洲科学思想史上具有划时代的意义,它开启了欧洲近代实验科学的先河。王韬也注意到这一点。他指出,培根的《格物穷理新法》(今译《新工具》)是欧洲科学"二百五十年之《洪范》",其后哈尔非(亦威廉·哈维,William Harvey)始为血络周流之学,医术为之一变。观象仪器,其制更精,其术益验。纽敦(亦牛顿)始为光学,客勒格力(亦伽利略)始造望远镜。哈力(亦哈雷)始考察彗星往返轨道。一言以蔽之,培根之前,专心于学者如磨旋之牛,徒费力,行莫出跬步;自培根辟其机缄,启其囊钥之后,欧洲诸学参悟而出,蒸蒸日上,无不勤察事物,讲求实学真理。②

王韬自己喜好研究天历,所以他特别敬重英国天文学家侯失勒。在《英人侯失勒》一文中,他对侯失勒的生平、著述、历史功绩等进行了详细介绍。他说,侯失勒一生大小著作 70 册,对天文学贡献卓著。所

---

① 王韬:《瓮牖余谈》卷二,岳麓书社 1988 年版,第 44 页。
② 王韬:《瓮牖余谈》卷二,岳麓书社 1988 年版,第 45 页。

作《星气星丛大表》举世罕与之埒,而其为科学事业不畏艰难、忘我工作的献身精神更是值得后人永远景仰。王韬介绍道,侯失勒中年以后因天文研究成绩斐然而被英国国王赐予"功号",但他并不以此为满足,立志前往南非好望角,筑舍于大山之上,以"赤道仪及回光远镜"坚持观测天象达数年之久,所测结果皆"详绘图形"。回英后仍坚持实测,至死"未尝一日辍也"①。透过王韬饱蘸倾羡之情的言词,不难看出他由衷地希望能将侯失勒式的科学实证精神引入"实学"不振的中国。

在《瓮牖余谈》和《瀛壖杂志》两部笔记中,王韬似乎对能够接触到的西方之学都感兴趣,书中关于西学的文字不胜枚举。单据《瓮牖余谈》一书统计,涉及西学内容的篇章除前文提到的《花旗善法》《俄国弊政》《英人培根》《英人侯失勒》以外,还有《日本宏光》《法国奇女子传》《英国才女法克斯》《新金山》《美利坚颈地》《煤矿论》《南洋海岛》《花旗沃土》《日本略记》《嘉邦路》《新辟西半球记》《通商日本说》《李文通探地记》《英国兵数》《英国海防》《外国牙科》《英国大轮船》《西国印书考》《犹太古历说》《照船塔灯》《给予文凭》《西国造纸法》《英国硝皮法》《西历缘起说》《造自来火法》等。从天文到地理,从理论到工艺技术,从社会科学到自然科学,几乎无不罗列备述。

对已经传入中国沿海城市而一时还未被大多数内地士民所深悉的西来之学,王韬也予以广泛介绍和大力推荐。他在《西儒实学》中对在华传教士的西学作品分门别类地进行了介绍,所罗列的作品计有:《谭天代数学》《续几何原本》《代微积拾级》《全体新论》《西医略论》《内科新

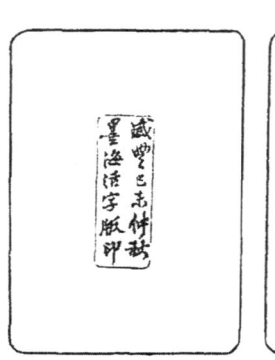

咸丰九年上海墨海书馆出版物《谭天》书影

说》《妇科新说》《地理全志》《英志》《联邦志略》《博物新编》《格致入门》

---

① 王韬:《瓮牖余谈》卷二,岳麓书社1988年版,第48页。

《重学》《博物通书》《航海金针》《植物学》《万国公法》等。[①] 从这一长串的书单中,我们能够感受到王韬对西方之学密切关注的目光及其对民族的拳拳之心。一个只知道作八股文和吟花弄月的旧式文人是开不出这种书单的。

王韬介绍的西学内容有些是当时的中国人意想不到的,甚至在西方也属"前沿科学"。如他在《西国天船》中介绍说,西洋奇器中有天船一项,"其式短小如亭,可容十人。内置风柜,极其巧捷,有若浑天仪,用数人极力鼓之,便能飞腾至极高处。自有天风习习,欲往何处则扬帆,用量天尺量之,至其处乃收帆,听其坠下。""现西人欲得是理,细加研究,意欲乘之渡海,自花旗至英京,约费数日之程。并期透彻明悟,不拘驶往何处,俱可如我之意,如舟楫

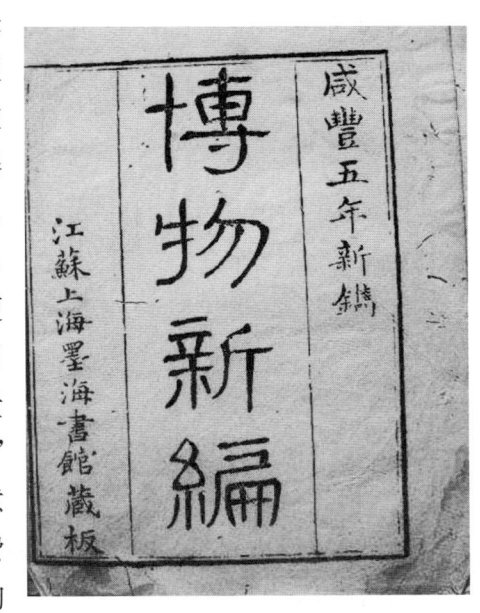

咸丰五年墨海书馆出版物《博物新编》

然。窃思若果如此,遇攻战时不徒防敌目前来,亦当防敌从天下,此诚奇技妙法,直可以泄造化之微矣。"[②]王韬把西方尚在试验中的先进器物介绍到中国来,表明他对当时世界科学技术的最新成果亦十分关注,也从另一个侧面反映了他思想的先驱特征。

由于传统教育制度和取士制度作祟,实验科学及其科学实证精神在中国一直萎靡不振。王韬一心期望把"西儒实学"引入中国,以改变中国实学不振、虚学泛滥的现状。所以他的介绍不是纯粹地介绍,而是一种嵌有自己见解和强烈思想倾向的"劝导之词"。如他在介绍日本民族不甘落后、奋发向上的精神时写道,日本人"任豪侠、竞智巧,留心于

[①] 王韬:《瓮牖余谈》卷五,岳麓书社1988年版,第119—120页。
[②] 王韬:《瓮牖余谈》卷五,岳麓书社1988年版,第130页。

经济有用之学,于西洋器艺造作制度,能窥其用心。多购轮舶,不惜重值延请西匠,教以机括转掇、火水二力运用之妙。风气大开,灵慧渐辟,而不甘以因循苟且自域,是则可取者尔"①。王韬在这里指出日本民族的"可取",也就是希望中国能像日本一样,模仿西方,追赶西方。后来他在《漫游随录》中更明确地讲道:"所望者中外辑和,西国之学术技艺大兴于中土。"

(三) 介绍开埠后上海的新变化

五口开放通商以后,上海被卷入世界资本主义的潮流,其市政建设、社会风俗甚至阶级关系都发生了相应的变化。作为近代第一批进入上海的文化人,王韬较早观察到这一变化。《瓮牖余谈》和《瀛壖杂志》在这方面也留下了相当多的记录。

王韬介绍说,西人开埠上海后非常注意市政建设和文化建设:"于街市中设立灯火,远近疏密相间"②;"设有印书局数处,以铁制车床印书"③;"设有博物院,其中珍异书籍、鸟兽虫鱼无不备"④;"于近事,日必刊刻,传播遐迩,谓之新闻纸"⑤。其他随西人之来而传入上海的还有"义学""自来水""煤气局""照相馆""跑马场""影戏"等等。王韬在介绍这些市政文化建设时的语气是且敬且羡的,他认为这些新事物给上海带来了新气象,也使中国被注入了一股新鲜活力,有利于中国人在比较中看到自己的差距,"幡然反省",发奋图强。

西方资本主义侵入所带来的城市变化不只是正面的,还有负面的,像"租界"造成的国中之国、洋人的横行不法、鸦片与妓女的泛滥等,都是传统中国社会不曾有的"新恶象"。王韬也真实记录了这一方面的变化。如《瀛壖杂志》在揭露上海鸦片与妓女日盛一日的情况时写道:

---

① 王韬:《瓮牖余谈》卷四,岳麓书社 1988 年版,第 98 页。
② 王韬:《瀛壖杂志》卷六,岳麓书社 1988 年版,第 207 页。
③ 王韬:《瀛壖杂志》卷六,岳麓书社 1988 年版,第 197 页。
④ 王韬:《瀛壖杂志》卷六,岳麓书社 1988 年版,第 208 页。
⑤ 王韬:《瀛壖杂志》卷六,岳麓书社 1988 年版,第 201 页。

> 片芥之毒,靡人不嗜。虽有一二守礼之儒,亦难救正。①
> 沪城青楼之盛,不数扬州。二分明月,十里珠帘。舞榭歌台,连甍接栋。每重城向夕,虹桥左侧曲巷中,灯火辉耀,笙歌腾沸,无不争妍取怜,弄姿逞媚。门外钿车骈溢,飞尘散香。裙屐少年,洋舶大贾,辄坠鞭留宴。②

王韬对西方资本主义侵入中国后所带来的正负变化的态度是爱憎分明、取舍适中的,反映了他豁达开放的胸怀和独立思考的理性精神。对此,即使后来出现的主张全盘西化的人似乎也难以"谤议其后"。但是,王韬对上海滩上的另一种变化——商品意识勃发、传统等级观念荡然无存——不以为然,恐怕就难免让人看到他思想深处保守主义的尾巴了。请看他是怎样面对上海滩上来势汹涌的商业大潮的:

> 近来风俗日趋华靡,衣服僭侈,上下无别,而沪为尤甚。洋泾浜负贩之子,猝有厚获,即御狐貉,炫耀过市,真所谓"彼其之子,不称其服"也……衙署隶役不著黑衣,近直与缙绅交际,酒食游戏征逐,恬不为怪。此风不知何时可革!③
> 沪上习尚奢华,仪文放废,而洋泾尤不可问,礼法之士至于不欲见闻。古淞梅花主人著有《洋泾七念勾》,痛快淋漓,道尽近来积习,真令读之者可以永息此念矣!具录如下:"生计营求,术学陶朱雅谊留。真货公平售,价弗欺童叟。嚛!虚伪日相投,鬼谋白昼。较尽锱铢,情面无亲旧。因此把交易洋泾一念勾。丝缎绫绸,锦绣章身尽上流。品重衣宜美,下贱人难比。嚛!仆隶偶盈余,全忘法守。艳服华冠,绅宦同行走。因此把服御洋泾一念勾。"④

显然,王韬还没有适应商品经济所带来的等级制度崩溃与社会观念更新的现实。他的思想多少还裹带着旧日等级文化的阴影。

但是,不管王韬如何厌恶阶级关系的"礼溃乐乱",他毕竟还是接受

---

① 王韬:《瀛壖杂志》卷一,岳麓书社1988年版,第15页。
② 王韬:《瀛壖杂志》卷一,岳麓书社1988年版,第16页。
③ 王韬:《瀛壖杂志》卷一,岳麓书社1988年版,第16页。
④ 王韬:《瀛壖杂志》卷六,岳麓书社1988年版,第187页。

了不可更改的事实,真实记录下了沿海通商都市阶级关系的变动状况。他发现近代中国至少又产生了三个新的阶层。一是口岸知识分子。王韬以极大的热情为这一阶层的人士画像,入选者有李善兰、华蘅芳、龚澄、管小异、蒋敦复、应雨耕、张斯桂、冯桂芬、徐寿、徐建寅等。王韬断言他们都是独步一时的"西学长才",在中国追求富强的事业中将具有举足轻重的作用。二是大商人。他们不是因"积粟为富",而是因"财生财为富",其"最豪者,一家海舶大小数十艘,驶至关东运贩油、酒、豆饼等货",但他们投资的风险也大,"偶失于风波,家可立匮"①。三是买办。这群人集中于"百货阗集"的通商口岸,中外贸易惟凭其一言,两边拿取佣金,"顷刻间,千金赤手可致",成为暴发户。②

(四)记录自然和人类本身的奇异现象并予以科学解释

中国古代社会是一个诗文词章繁兴而科学技术不昌的社会。在这样的社会里,人们遇到不曾见过的新事物、新现象时不是以科学的方法去验测和解释,而喜欢以想象去揣测和推论。这正是巫术迷信不断滋生和久炽不衰的社会文化土壤。王韬在笔记里对许多现象的古老解释提出了疑义,并以近代科学知识对之重新探讨。如在《汉口雨钱》一文中,他指出古今所传上天"雨钱豆、雨金、雨土、雨刀、雨铁、雨朱砂"等,皆非冥冥上苍对人类之"裖祥之先见",而是有其自然之理的流星陨石现象。他解释说:

> 天地间分布之物,散聚大小者不等,大则地球、日、月、恒星、大行星。中则定彗星及至小之行星,必用远镜始辨。此皆各有定道,周行不移。小则游气乱飞于空中,若近地球,则先凝于云际,轻热有光,谓之流星;渐结为石,为各色沙粉,坠于地面。③

在另一篇文章《星陨说》中,他更详尽地解释了流星和陨石形成原理,驳斥各种附会之说:

---

① 王韬:《瀛壖杂志》卷六,岳麓书社1988年版,第12页。
② 王韬:《瀛壖杂志》卷六,岳麓书社1988年版,第12页。
③ 王韬:《瓮牖余谈》卷二,岳麓书社1988年版,第75页。

流星陨石之异,古来史不绝书,未可以为灾祥也……考"星陨如雨",载于《春秋》。说者以为即佛生之岁,固附会可笑;而星陨之理,究未有明言其指。昔西士曾细加辨察,其质为火石、硫磺、铁、黄灰、白铅不等,其重自数斤至十万石皆有之,其行之捷,一秒可八十里。大抵流行空中则见为星,一陨于地遂成为石。西国格致家参考其故,有云月距地球最近,其中常有火山吐焰,或有熔化之质喷出;偶落空际,坠下极速,地气吸之,故能至地。有云行星之中有无数小体,由于大体分裂,有时本质自散复聚,环日而行;至地球轨道,为地力吸引,至天空而发光;其行甚捷,变为陨石流星诸异象。有云凡体在天空一秒可行三里,能吸空气之热,故易于发光;以寒暑表计之,约三万度,故初陨之石,气犹甚热。上海所见流星,大抵行星之中分裂小体耳,奚足为祲祥之先见哉!①

　　王韬对流星陨石现象的解释显然比传统的具有巫术和迷信色彩的"天人感应说"进步千万倍。因为他是以近代科学理论为依据的。在19世纪中期就能如此清晰地、全面地论述流星和陨石形成原理,并把它作为科普作品公开发表出来,不能不说王韬在西学刚进入中国之际曾独步一时。

(五) 记录太平天国的兴衰

　　《瓮牖余谈》中用了两卷的篇幅记太平天国与清王朝的搏斗,所涉及太平天国领袖人物有天王洪秀全、东王杨秀清、西王萧朝贵、南王冯云山、北王韦昌辉、翼王石达开、干王洪仁玕、英王陈玉成、忠王李秀成等人。这一部分写成于太平天国失败之后,显有向清廷洗刷自己表明心迹的味道在内。所以行文之中"逆""贼""匪"等情感倾向明显的字眼层出不穷,如《洪逆颠末记》《纪东逆事》《记西贼事》《记东贼事》《记北贼事》等等。但剔除这些有意识的污蔑,从笔记中还是可以看到太平天国农民起义者们英勇奋斗的真实情况的。清朝官员横征暴敛、文恬武嬉的情形在书中也有所揭露。王韬最后得出的结论是:弭贼必自治民始;

---

① 王韬:《瓮牖余谈》卷五,岳麓书社1988年版,第124页。

治民必自恤民始。

(六)为贞女孝妇树碑立传

《瀛壖杂志》和《瓮牖余谈》均有不少对所谓贞女、烈妇、孝女的叙述。前者录有贞女何佩姐、王蕙芳,烈妇印氏、贞孝妇赵氏等人的事迹;后者收有《孙女割股》《记贺贞女事》《书彭孝女事》《孝媳割股》《一门节烈》《陆节妇事》等专篇。为贞孝妇女树碑立传反映了王韬思想中保守的一面,与笔记中的其他内容形成强烈反差,也与他后来提倡的女权思想有天壤之别。

王韬所欣赏、所选录的节孝妇女的"行状"几令今人不堪卒读。如《瀛壖杂志》描述贞孝妇赵氏守寡50年事迹时这样写道:

> 贞孝妇赵氏,居城中鱼行桥。及笄,字于李大年。卜吉有期而夫亡,氏年仅二十一,矢志靡佗,誓以身殉。奔丧抱木,主成妇礼。侍奉翁姑,援立嗣息。无何,翁姑辞世,嗣息又殇。氏念夫家虽无可依,而母族犹不忍绝,爰以巴妇怀清之操,仍作婴儿孝养之思。中间侍父疾而割股,送母终而泣血,篝灯五夜以佐齑盐,畚揭三冬得安窀穸:此氏茹荼饮蘗之苦心也。①

另一位孝妇钱氏甚至为尽孝而不惜以身相殉,王韬继续写道:

> 钱氏幼好读书,孝出至性,每见《烈女传》之孝义节烈者,未尝不慨然慕之,曰:"此当为巾帼之型坊也。虽不能至,不敢不勉。"于归后事长抚幼,竭诚孝爱。旋因姑患病,值夫以有事赴山东,调药量水,惟氏一人。昼夜侍奉,衣不解带,目不交睫。累月后,见姑病势日剧,氏泣涕不胜。
>
> 夜半焚香吁天,愿以身代,潜割臂肉,和药以进。既而姑病寻愈。氏恐姑知,言笑如平日。家人见其衣袖沾血淋漓,穷加诘问,始告之。越一年,钱氏遽殒。戚属视殓,犹见疮痕。②

---

① 王韬:《瀛壖杂志》卷四,岳麓书社1988年版,第118页。
② 王韬:《瓮牖余谈》卷二,岳麓书社1988年版,第36—37页。

生时如服苦役，死时亦不得全其体肤，令人恐怖的贞孝事迹分明不是人类社会应该发生的故事。但王韬所用的口气显然是赞叹备至的。他在介绍了贞孝节妇赵氏"行状"之后以欣赏和推崇的笔调发挥说：

> 氏年七十，守节四十八年，诚有非寻常妇女所能及者矣。邑绅为之请于江苏学宪彭君，给以"孝竹贞松"之匾，亦足见阐扬之微旨矣。导迎之日，以儒学衔牌仪从送至其家。所可异者，导迎前一夕，氏忽见一人拱坐奥隅，笑颜可掬，氏初归李时，不及见夫面，不知拱坐者谁，亟呼夫侄辨之。则曰："噫！是大年叔也！"相与感泣下拜，而形旋隐。然则国家旌典实足以感格幽明，举报节孝者观于此，而可勿倍慎哉？[①]

妇女的解放才是社会的最后解放。王韬对此一真理的认识似乎是充满矛盾的。他一方面在笔记中提倡学习西方，推崇西方妇女人格独立、有学有艺、勇敢不让须眉的品质；另一方面又在同一笔记中大谈贞孝节妇，要把妇女继续捆绑在封建纲常伦理的铁链之下。如果说前者对旧封建礼教具有强烈的冲击作用的话，那么后者对这种冲击显然是一种抵消。

二　小说类作品

王韬的小说类作品有三部，即：《遁窟谰言》《淞隐漫录》和《淞滨琐话》。鲁迅先生在其《中国小说史略》一书中认为它们的笔调"纯为《聊斋》者流"，[②]即在题材上同属"其事实则莫须有的说部之流"。该三部作品虽都同属文言小说，但在接近现实生活的程度上还是真虚有差，远近有别的。

《遁窟谰言》成书于光绪元年（1875年），但王韬开始写作此书的年代则早在同治元年（1862年）。当时，王韬刚逃到香港，背井离乡，友朋

[①] 王韬：《瀛壖杂志》卷四，岳麓书社1988年版，第118—119页。
[②] 鲁迅：《中国小说史略》，人民文学出版社1973年版，第188页。

断绝,闭门日多,无以遣怀。于是,"窃效干宝之搜神,戏学髯苏之说鬼,灯炧更阑,濡毫暝写,久之遂如束笋。因并箧中所存髫年之作,厘为十二卷,名曰《遁窟谰言》"①。在这种情境之下写出的小说,自然是孤愤之作,充满对现实社会的谴责之词。黄怀珍在《遁窟谰言》的序言中写道:"托于齐谐虞初者流,寄其慷慨激昂之致。"也就是说,王韬此时虽然对大清王朝十分不满,但他对前途似乎还没有失去希望。他的小说还属"经世致用"范围,具有强烈的现实主义倾向。

《淞隐漫录》是王韬在游历欧洲,广泛接触西方文明之后回到上海创作的,最初是以单篇的形式发表在《申报》发行的《画报》上。《画报》月出三期,自1884年下半年起,每期登载《淞隐漫录》一篇,配图一幅,直到1887年登完。随后,由点石斋结集成书刊行于世。王韬创作《淞隐漫录》之时,已被清王朝特赦回沪。此时的他也已身临其境感触到西方先进的文化和迥异中土的典章制度,目睹了西方国家的"机器制造之妙"和"格致之精"。当他回到上海,再反观清朝政府的腐朽窳败、洋务运动的浮光掠影和人民生活的艰难困苦,自然感到无限的惆怅与失望。所以,《淞隐漫录》已不像《遁窟谰言》那样对未来抱有信心。它的笔触虽然还没有从现实社会生活中移开,但在距离上显然已经拉大。小说的根须从中国的芸芸众生逐渐移向了遐陬绝峤、异域荒裔。运笔也更趋于婉转,哀愁和怨愤似乎被

光绪十七年上海鸿文书局石印本
《淞隐漫录》(又名《后聊斋志异》)插图

---

① 王韬:《遁窟谰言·自序》,民国十二年上海大同书局版。

溶进了美人香草。① 只不过此时王韬自己还未意识到自家小说的这种渐变,还在《淞隐漫录》的自序里坚持说:"《淞隐漫录》所纪,涉于人事为多。"②

《淞滨琐话》写于光绪十三年(1887年),先在《画报》上连载,名为《淞隐续录》,后因《画报》停刊,创作遂止。直到光绪十九年(1893年)全书始成册刊行,共十二卷,五十九篇。《淞滨琐话》是王韬老年归山前自娱之作,其风格和内容延续了《淞隐漫录》的特点,只是很多篇章长篇累牍,内容多是典型"奇境幻遇",以写花妖狐媚、烟花粉黛为主,充斥着虚幻而颓废的气息。这与当时王韬的心境息息相关。此时,王韬年迈多病,穷困潦倒,在品尝了"人生诸苦恼"之后,渐信道家无为之说,不再热衷于干预世事和追求人间功名富贵。他在《淞滨琐话》的序言里自述道:

人自有生以来,浮湛阎浮提中,一苦恼众生耳。故曰:我之所患在乎有身。身自有生得来,而为诸苦丛射之鹄。人自乐有生。我自求无生。有生在世,其亦赘疣而已。余今年六十矣,虽齿发未衰,而躯壳已坏,祁寒盛暑,不复可耐。偶尔劳顿,体中便觉不快。略致思索,辄通夕不能成寐。见客问姓名,转顾即忘。把卷静坐,即尔昏然欲睡。思有所作,握管三四行后,意即不相缀属。以此而犹著书立说,其可得哉?倦游归来,却埽杜门,谢绝人事,应酬简寂,生平与品竹弹丝,棋枰曲谱,一无所好,日长

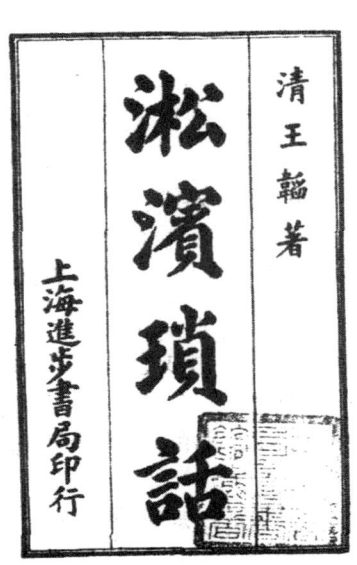

民国上海进步书局石印本
《淞滨琐话》书影

---

① 参阅常宁文:《王韬文言小说研究》,油印本。
② 王韬:《淞滨琐话·自序》,上海进步书局铅印本。

多暇,所以把玩昕夕,消遣岁月者,不过驱使烟墨,供我诙谐而已。①

在这种身体和思想状态下写成的《淞滨琐话》,其现实色彩自然又比《淞隐漫录》淡薄许多。

然而,综览王韬全部小说的思想内容,其现实主义的倾向还是十分明显的。三部小说中的大部分篇章与当时的社会现实息息相通,其中形形色色的人物如文人举子、妓女乞丐、贩夫走卒、僧尼侠盗、商贾艺人、官吏豪强、王孙公子等,虽经历不同,形象各异,但都是社会中活生生的常见人物。从王韬对小说社会功用的叙述中,我们也不难看出王韬创作时的现实主义动机。他曾经这样写道:"余岂真欲为槁项黄馘中人,志在长林而思丰草哉……或谓身将隐,焉用文之;既已自甘于遁,又何必以文词自见哉?况使即以文词见,亦宜立言不朽,刻画金石,黼黻隆平以鸣国家之盛,独奈何沾沾自喜,下为此齐谐志怪之书、虞初述异之记,智同狡兔,禅类野狐,不亦颠乎?不知用世与遁世无两途也,识大与识小无二致也,曼倩诙谐可通谏诤,庄周游戏并入文章,前人谈谐之作、琐异之编,其得入《七录》而登四库者指不胜偻……而所以不遭摈斥者,亦缘旨寓劝惩、意关风化,以善恶为褒贬、以自淫为黜陟,俾愚顽易于观感、妇稚得以奋兴。"②

具体地说,王韬小说的内容主要有下述几个方面。

(一)揭露封建官场的腐朽堕落

晚清官场呈现出一种世纪末的腐败堕落。昏官庸吏不顾国计民生,唯以搜刮民脂民膏为能事,久之民贫而国弱。王韬从社会下层走来,中年以后又与清朝地方官多有周旋,深知封建官吏的贪狠暴戾和下层平民百姓的凄凉哀怨。所以,他把描写封建官场的黑暗腐败作为他小说的最重要内容。

书生卜元,考中进士之日,便开始收取地方官贿赂,囊橐顿充,以巨金寄妻子扩建房舍。昏庸的皇帝有眼无珠,对这种"起步便歪"的官员

---

① 王韬:《淞滨琐话·自序》,上海进步书局铅印本。
② 王韬:《遁窟谰言·自序二》,民国十二年上海大同书局版。

不仅不立加斥革,反大加赏识,先是授之翰林,继则外放他做江苏学政。随后,卜氏一路青云直上,从学政升军务督办,升都察院副都御使、都御史,一直升到内阁大学士。他把持朝政,卖官鬻爵,公报私仇,欺压良善,无恶不作。请看王韬对他的描述:

> 卜颐指气使,堂上一言,阶下雷动。而地方官奔走于门者,自司道以下蹀躞如犬马,各省大吏,皆畏其势,争献苞苴。金帛珠玉玩器堆列数屋。阴念妾侍尚虚,适有某观察愿拜门下,献美姬四人,卜并纳之。某方伯颇贪黩,卜授意台官,欲加弹劾,方伯惧,馈女乐十六人,皆绝代丽姝,振袖倾鬟,擅长歌舞。喜而受之,竟免劾。旧居傍郭姓女,国色也,未娶时,颇属意,曾遣媒致聘,郭嫌其贫不允,竟婚某姓。至是遣人强委五百金夺女归。女不从,自缢死。微贱时曾借邻翁粟,息甚巨,日久不能还。翁索之急,无赖甘十郎怜其窘,慨借二金。令翁让息归其母。翁畏甘收金而去。卜乃嗾邑令诬翁为盗,下于狱,而以千金报甘。恩怨分明,志盈气畅。……某银台廉介不阿,以他故中伤之。黜退回籍。时同年戚某已授意廉访,往往有腹诽语,卜微有所闻,授意旨于门下某给谏劾去之。刑部某,卜假子也,承迎意旨,定戚罪充边远军。贽郎赵文荣捐部曹,淹滞不得补,以八千金拜膝下,立授某省观察。月余越升方伯。自是朝中侧目。①

王韬以犀利的笔触为人们描绘了一长串像卜元这样的人物。"某观察大人"为升官陷同乡僚属于罪,夺其女以上献某王爷(《淞滨琐话》《蕊玉》);某县令视人命如草芥,糊涂判案,良莠不分,以致良家女子被迫当堂自杀抗议(《遁窟谰言》《汪女》);傅相国发现科场有"割裂试卷"张冠李戴的作弊情况后,不去追查,反而软硬兼施地强迫应中而未中的秀才"不得入告"(《淞隐漫录》《徐慧仙》);某御史大人嫖妓求欢不成,恼羞成怒,竟诬陷妓女藏匿窝赃,硬将其打入牢狱(《淞滨琐话》《夜来香》);"专司刑名"的某臬司之恶吏孙月波为一登徒子,为夺友之妻而不

---

① 王韬:《淞滨琐话》,《梦中梦》,上海进步书局铅印本。

惜玩弄刑律，下友于狱（《淞隐漫录》《李韵兰》）；"某提督"喜好女色，"纠集部下数十，宵夜毁门，直入民家"抢夺民女，民女不堪其辱吞烟自尽（《淞隐漫录》《返生草》）；"某统领"平贼之后以救民为名，硬将姿色较好之女难民强置后房（《淞隐漫录》《鹃红女史》）……这是一幅封建官场的百丑图，其中的恶官、赃官、昏官以及他们的帮凶贪酷之吏，个个形象丑恶，狰狞毕露。在王韬看来，大清王朝官场之黑暗腐败绝不是局部现象，而是从上至下、从里到外的"坏透"和不可救药，小说《因循岛》便是他以辛辣的笔调和象征性手法为大清王朝所作的一张素描。小说写得生动形象，精彩短小，不妨将其缩写如下，以见其主题思想和艺术手法：

曲沃项某，喜放生。尝经河上，见农人拽一黑猿，尾断足伤，购而释之。后项乘海舶遇难，漂至一岛。岛上荒凉不堪，草木不生。居民披发被肩，面黄肌瘦，悴容可掬，如久病者。项斗胆趋前问询，始知为因循岛简乡。一老叟邀项小作勾留，项喜而从之去。乡人皆至，窃窃私语，如睹奇观。

少顷，门外有鸣金声，众人皆仓皇逃遁。叟即闭户。项问故。曰：此县令也，喜噬人。君初至，勿为所见。生于门隙窥之，见前后引随者皆兽面人身，舆中端坐一狼，衣冠颇整。骇绝，问叟。叟惨然曰："此地本富厚，三年前不知何故，忽来狼怪数百群，分占各处。大者为省吏，次者为郡守，为邑宰。所用幕客差役，大半狼类。始到时尚现人身，衣冠亦皆威肃。未数月渐露本相，专爱食人脂膏。本处数十乡，每日输三十人入署，以利锥刺足，供其呼吸。膏尽释回，虽不尽至于死，然因是病瘠可怜，更有轻填沟壑者。"项讶曰："岛主亦狼耶？"曰："非也。主上仁慈，若辈能幻现人形，诡计深谋，遂为所赚。"问："朝臣何以不知？"曰："立朝者皆声气相通，若辈又每岁隐赂多金，遂无人发其覆。况其在官之际，仍以好面目示人。岂知出示临民，别有变相耶？"项曰："此类当途，尚复成何世界。仆不才，当为汝等诉之岛主，俾此辈尽杀乃止。"叟曰："君虽心怀忠义，必不能行。况客乡之民，例难越诉。倘遇择肥而噬者，当有性命忧。"项中心不安。

次日，不别而行。方欲问途，忽数人来缚之去，迳诣一署。惊怖间,见两廊坐卧者,无非当路君,不觉气馁。未几,一官登堂,衣服苍古。幸是人身,冀可缓颊。顾瞥见项,若甚喜。略问所来。项备述前事。忽顾左右曰:"此人白皙而肥,精髓必美,当献之上司,必可记功邀宠。"项知非好意,再三恳释,不从。即命以木笼囚项,舁之出。行二里许,众人哗传曰:"太守来。"遂纷纷避道。俄见仪仗森严,拥一贵官至。鼠目獐头,左右顾盼,见缚者问故,役禀白,谓欲送上宪辕。太守命舁至前,熟视曰:"君项某耶?何故至此?"项亦甚惊,而不解何以相识。因漫应之。立出舆,挥众去,命脱系。呼两骑至,并辔而行。项不知所为,转诘邦族。太守曰:"仆,侯冠也。受君大恩,俟入署再诉细情。"少选已至,见前门标"清政府"三字。下骑同入,胥吏十余辈,肃迎于旁。见两旁隐隐有卧狼数头,心震慑不敢顾视。既入内,侯伏地拜。项答拜。因又问故。侯曰:"仆即河上老猿也。承君援救,此恩终不敢忘。后遇瘦柴生,将夺此岛,因余能幻化人形,招之同至。不期岛主信德,感及豚鱼。瘦柴生不忍相负,只谋方面,现居省要。余以从幕功授此职。今都院以下,大半同群。其尚有人心不肯附和者,则皆赋闲。仆亦久苦衣冠桎梏。俟有顺便,当送君回耳。"项始恍然。侯亦询来意,略告之,相与叹息。言次,即已传餐。见数狼来,各被官服,立化为人。与项通款曲,一一由侯为之指示,则丞尉案吏及幕中宾僚也。揖让入席,笑语雍和。侯独入内,项与众共饮,酒半酣,两役舁一肥人过,裸无寸缕。众曰:"可送斋厨。"项惊问,皆笑不言。俄庖人进一馔,如鸡子羹。群以敬客曰:"此人膏。余等酷嗜之。惟主人不喜。先生之来,口福诚不浅哉。"项惊曰:"适肥人已宰之耶?"曰:"然。吾等公膳,本有常供。此间因主人喜斋,故只日进一人。若大院中,则食人更多。"项惨不能咽,逃席觅侯,始得果腹。项居署中,郁郁不得志。侯察其意,谓机缘未至,归计难谋。苛县厉令,余旧属也,彼处山川佳胜,足资眺瞩。当荐君暂入幕中,藉广眼界。项喜,次日,持书去。一见要留,宾主颇洽。细察,厉亦系狼妖,外示和平,而贪狡殊无人理。幸公事甚简,日惟携仆出游,或止宿山中,数日始返。厉亦不之责。邑绅某横甚,强夺邻田数十顷。邻讼之,绅贿以重赂，厉竟不直邻，逐之去。邻上控，发县覆讯，仍执前断。邻无如何，自缢绅门。绅夜至署，与厉密议，设计弥缝之。项不平，请曲直所在。厉笑曰："先生不知耶，绅子现居京要，得罪则仆不能保功名，况妻子乎？且民命能值几何，以势制之，彼亦无能为力。"项曰："信如君言，则人情天理之谓何？国法王章，不几虚设耶？"曰："先生休矣，今日为政之道，尚言情理耶？吾辈辛苦钻营，始得此一官一邑。但求上有佳名，不妨下无德政。直者曲之，曲者直之。逢迎存于一心，酬应通乎百变。上以为可，虽民无一日之留，而朝有荐章之人矣。上以为不可，则民乐敦庞之化，朝无颂德之碑。国舍有甘棠，不及私门有幸草也。"正言间，省中有飞牒至，言郎大人将赴苕巡兵，著速备供张。厉匆匆别去，召丞尉商议。即让县署为行辕。次日，迁移一空，别居西舍。署中悬灯彩，饰文窗，地铺氍毹，厚尺许。寝室则八宝之床，绣鸳之枕，锦云之帐，暖翠之衾。光彩陆离，不可逼视。上下内外，焕然一新。至期探者属道，迎者塞门，奔走往来，流汗相属。将晚，郎至，炮声隆隆，骑声得得。仪仗数百人，甲胄殊整。其行牌有"粉饰太平""虚行故事""廉嗤杨震""懒学嵇康"等字。项私问小吏。吏曰："此德政牌也。"既见武士数十人，各执刀分队疾趋，观者侧目无敢哗。既见武士数十人，拥大吏至。状极狰狞。兵吏皆跪迎。郎置不顾，飞舆入署。须臾传呼进兵册。册上，仍付吏员持去。嗣兵官十余人入叩，有进金宝者，有呈玩具者，有乞怜贡媚者。一时许，厉跪请夜宴。即有吏出问有歌妓否。厉无以应，大窘。遽返西舍，饰爱妾、幼女以进。郎喜，面称其能。而厉之酬醉周旋，丑不可状。宴已，妾女伴寝。厉则意气扬扬，若甚得意。晨起，有军吏至，请阅操。内史斥曰："大人未起，起亦须餐烟霞。汝何得尔？"是役所费不赀，而不闻有所整顿也。项大以为非，即别厉至侯所。途中哗然，厉升某府缺。及见侯询之。侯曰："此邦仕宦，大抵皆然。书生眼小于椒，徒自气苦耳。"①

这真是封建官场的绝妙写照。晚清社会人吃人的恐怖现实被揭露

---

① 王韬：《淞滨琐话》，《因循岛》，上海进步书局铅印本。

得淋漓尽致。19世纪的中国读者读后一定会感到毛骨悚然,并有所醒悟。他们所处的竟是一个豺狼当道的社会!有什么理由允许它继续存在下去呢?大清王朝的法统遭到强烈的怀疑与挑战。

王韬的笔触并没有停留在"揭露"这一层次上。他在竭力寻找一种惩罚和抑制黑暗腐败的有效之方。于是,手握扶弱锄暴之剑的大侠和主持人间正道的正义之神便出现在他的小说之中。一切人类的罪恶都将受到他们的审判和惩治。

王韬塑造的最成功的正义化身恐怕要算神与侠的合璧人物粉城公主。粉城公主别号桃花奴,原姓张,"本大鸟所产",幼通剑术。其父做官时为奸臣所陷,合族被戮。粉城公主只身潜逃山林,聚集义士矢志为天下平民百姓杀尽贪官污吏。她派遣义士四下活动,暗中察访天下贪官污吏消息。有一任姓书生因偶然救了粉城公主派出打探消息的军师"飞天侯"之命而有幸在粉城公主处居住数日,目睹了她惩罚贪官污吏的场景。王韬是这样描写的:

> 既暮,红烛高烧,光耀内室。诸艳婢拥女入座。勇士几辈,侍立两行。无何,有一叟一少年,缧绁至,匍匐阶下,叩首乞哀。女斥曰:"汝为大吏,贪黩殃民,试思三尺法,可轻恕否?"叟立辩不贪。女笑曰:"某人补某守,汝得万金。某人补某令,汝得八百金。奏复某员,汝得五百金。即此数端,罪已莫逭,尚狡辩耶?"掷一纸,令自书供。叟顾少年捉刀。女笑曰:"目不识丁,乃为大帅耶?因汝曾筹款赈饥,姑贷一死。贪囊三十万,暂留于此。汝子当用莩剑。汝去后,须时记桃花奴,莫谓青萍不利也。"令左右送叟归,少年则斩首沥血,取脑涂仙剑。①

选择如此残酷的惩罚加在贪官父子身上,表现了王韬对官场恶象的深恶痛绝。他恨不得将他们全部贬在地狱的刀山火海之中饱受神明的永久惩罚。

---

① 王韬:《淞滨琐话》,《粉城公主》,上海进步书局铅印本。

(二) 赞颂爱情

爱情描写是中国文言小说的永恒主题。随着封建理学在明清两代社会生活中的甚嚣尘上,社会对爱情自由的讴歌也日益强劲。思想进步的小说家们塑造了许许多多的追求自由恋爱的反叛性青年男女来批判和讽刺封建礼教的扼杀人性和虚伪不堪。在王韬小说中,以描写青年恋爱与婚姻为主题的作品也占有相当重要的地位。若从数量上说,这类作品更是三部小说集中的主体。

王韬所撰写的爱情故事,情节曲折,内容驳杂。其中一些作品通过花妖鬼魅和人的恋爱写出了青年男女对幸福爱情忠贞不渝的追求。作品中的男女主角大多都不顾封建礼教的约束,按照自己的情感和意愿去大胆地追求心爱的生活伴侣,并最终战胜艰难险阻获得幸福结局。如《莲贞仙子》中的书生钱万选在古寺中借屋读书时偶然遇上了花妖莲贞仙子,两人品茗谈诗,情投意合,遂结罗帐之好。不料有外方道士从罗浮来,对钱生说他所爱的意中人是一花妖,若不早与之绝交,定有性命之忧。钱生不顾道士之言,毅然择日迎亲。道士不甘心,于喜庆之日暗藏书符法器,准备将莲贞仙子一举诛杀。莲贞仙子为求得爱情的实现,胆气顿壮,以柔弱之身与道士顽强搏斗。代表邪恶势力的道士敌不过爱情的力量踉跄遁走。莲贞仙子与钱生终于结成美满姻缘。①

与蒲松龄《聊斋志异》不同,王韬小说里有关人与花妖或狐魅爱恋的作品只是他爱情小说的"副产品",其绝大部分作品是围绕着现实生活中的人物展开故事情节的。作品中的青年男女们勇敢地与封建的恋爱与婚姻形态绝裂,不再以门户、等级、职业、钱财等外在条件为恋爱和婚姻的基础。他们自由地相爱、自由地结合,与一切阻碍他们灵与肉追求的旧道德和恶势力英勇抗争,至死而无悔,来生犹追寻。如美丽聪明、诗文兼秀的吴门大家之女华璘姑,爱上了隔壁书生陆眉史,与之私定"啮臂之盟"。可华璘姑之父嫌陆生没有功名,硬将华璘姑许给弱冠就中举的邻省狄某。华璘姑不从父命,以死相抗,自缢于梨花树下。此

---

① 王韬:《淞隐漫录》卷一,上海点石斋石印本。

举感动鬼神,赐其回阳再生。陆生亦因得到神明指点,启棺果得心爱之人。华父终于敌不过情重血诚的一对,被迫让步,许其成婚。① 再如塾师之女冯香妍与杨生相互倾慕已久,可两家父母均不同意儿女们的选择,强迫他们中止爱情而另婚家长们认为的门当户对的对象。于是,杨生逃婚于前,香妍乔装男子私奔于后。经过两个相爱灵魂在茫茫人海中的千寻万找,杨生和香妍终于苦尽甘来,喜缔良缘。② 像华璘姑和陆眉史、冯香妍和杨生这样与旧传统旧势力英勇抗争的叛逆式人物,可从王韬小说中举出一大长串来,如《鹃红女史》中的鹃红女史与朱秀才,《吴也仙》中的吴也仙与三径生,《钱蕙荪》中的蕙荪与梁生,《梅无瑕》中的梅雪与林彬,《剑气珠光传》中的白如虹与随照乘,《吴琼仙》中的琼仙与孙月洲等等。所有这些反叛传统并最终取得胜利的青年男女形象真切地反映了19世纪中国广大青年对自由爱情的渴望,也表达了王韬本人对封建礼教的憎恶和新型恋爱婚姻形态的憧憬。

　　王韬小说中男女主人公的爱情是超越时空的。只要有情,不仅可以和今人相爱,和古人相爱,和花妖狐魅龙女天仙相爱,而且可以跨洋越海与异邦之人缔结同心之好。《淞隐漫录》中有一篇《媚梨小传》就是描写英国才女媚梨与中国才子丰玉田曲折而又缠绵的爱情故事。伦敦美女媚梨与英国男子约翰有一日之欢,后媚梨出嫁西门,约翰醋意大发,以无赖手段致使媚梨新婚丈夫不堪侮辱自杀。媚梨不胜其扰,乘船作东方汗漫之游。旅行途中结识中国才子丰玉田。两人由爱恋而成婚。婚后恩爱倍笃,定居于上海。不料,约翰不死心,追踪而至,并扬言必将媚梨和丰玉田两人"男女双双杀却"以泄愤。为了维护自己选择爱人的权利,媚梨挺身勇敢地与约翰决斗,最后以身殉情。约翰亦中弹同归于尽。这是一部描写东西方跨国婚恋的石破天惊之作,反映了现实生活中刚刚出现的社会文化现象。在近代中国小说史上,如此完整细腻地描述中外婚恋,王韬实属第一人。

　　王韬爱情小说所包含的爱情观体现了一位思想开放的近代文化人

---

① 王韬:《淞隐漫录》卷一《华璘姑》,上海点石斋石印本。
② 王韬:《淞隐漫录》卷二《冯香妍》,上海点石斋石印本。

对人性的新认识。在王韬看来,男女欢爱为人之天然之欲,"苟必为强制,大拂乎人情,鲜不为大奸慝"①。男女之爱既不应阻遏,也不可伪装打扮,添加外在条件。她就是她,她就是情。一切以门第、功名、钱财为情爱之条件者都是"伪情之人"。在此主题思想指导下,小说中的痴男情女都被塑造成"唯情主义者"。为了爱情,他们可以抛弃一切,可以不计生死。生为情人,死为情鬼。宋明以来"存天理灭人欲"的唯理主义在这里遭到无情地揶揄和奚落。

(三) 描绘理想寄托希望

抨击黑暗也好,声讨封建礼教也好,聊寄我兴也好,王韬似乎无论写什么都有一个或明或暗的参照物。这就是他心目中的理想。

像大多数近代中国知识分子一样,由于东西方文化的激烈碰撞和中国政治局势的险恶,王韬的人格和心理状态是分裂的、矛盾重重的。反映在小说中便是理想形式和内容的二元化。王韬小说中百分之八十以上的人物都带有这种二元理想光辉的折射。

王韬青少年时代有强烈的经世思想倾向。他多次参加清朝的科举考试,上书地方大吏,以求通显致用。但现实给他的教训是:此路不通,且充满难以预测的风险。所以中年以后,他出儒入道,由求功图业转为韬光守拙,由"有为"转为"无为"。可他又不具备完全丢弃前者的神仙之心。于是乎,他的作品便呈现一种入世与出世倾向杂然并陈的斑驳景象。最初,两种倾向旗鼓相当。随着人生磨难的增多,出世思想逐渐加强,到了晚年,出世思想几乎占据绝对优势。

王韬时常通过男主人公经过艰苦拼搏取得功名然后喜得如意才女来寄托他的希望。《尹瑶仙》中的雒生倾慕富豪之女张满珠,但因家贫而受到张女之母的蔑视。雒生因此发愤读书,作八股文,终于一举告捷南宫,使张女之母刮目相看,允其成婚。于是钱财、美女、尊严同时并至。② 这是古训"书中自有颜如玉"的形象化注解和登峰造极的发挥,同

---

① 王韬:《淞隐漫录》卷二《萧补烟》,上海点石斋石印本。
② 王韬:《淞隐漫录》卷五,上海点石斋石印本。

样题材的作品还有《蒋丽娟》《白素秋》《皇甫更生》。① 书中男主人公的经历大同小异。他们都是怀才不遇的秀才，布衣时地位低下，不为人们所看重，经过科场不断拼搏，终于一鸣惊人，顿改昔日寒酸之相。美女求婚者接踵而至，户限为穿，以至主人公一夫多妻仍不能满足需求。

王韬小说中还有一类作品与上一类作品的思路相似。作品主人公也是从寒士起家的，但作品的着力之处不在于美满姻缘，而在于树立一个有力的清官形象以去邪除暴。《王蟾香》中的章志芸考中状元以后先后被委以学政、御史、湖北臬司等职。他参劾不避权贵，剖冤断狱比于包拯，扶弱除强，活人不计其数。②《华胥生》中的梁生十八岁"捷南宫授词林"，一日之间名动京师。皇帝特为其做媒，娶大学士之女为妻。完婚之日，皇帝特书"玉堂归娶"四字赐福。旋特授江苏督学使，任内"绝请托，杜苞苴，一切干谒莫敢至其前。鉴空衡平，所拔多知名士。孤寒而负才具者，必厚资以膏火，以成其学。朝犹白屋，暮入青云，其造就人才之速如此，单族寒门，至呼梁生为慈父"。任满之日，又将宦囊中一万八千金散给"贫衿有缺资斧不能应秋闱者"，对莘莘学子可谓仁至义尽。③

王韬在上述两种题材的作品中要告诉人们的似乎是：封建社会还没有进入绝世，还有亡羊补牢的希望。通过人的努力，美好的结局总有实现的一天。他在为困顿无告而又信心不足的人们制造继续活下去的精神食粮，也在为命运坎坷的自己营造一块可供栖息的沙漠绿洲。

然而，王韬似乎知道这些动人的故事不过是用来安慰别人和蒙骗自己的海市蜃楼，经不住残酷现实的轻微碰撞。小说《凌波女史》中男主人公陆蓉士的经历再清楚不过地说明了这一主题。陆蓉士自幼苦读，弱冠即告捷南宫。随后官拜御史，并同时选取两位美女为妻。人生风光至此尽为陆氏占去。然而好景转瞬即逝。陆蓉士因奉旨密察地方利弊，遇事敢言，不避权贵，即刻遭当轴忌恨，被罗织入罪。当缇骑临门之际，他惊恐万状，呕血而死。多亏其妻为天仙下凡，藏有返生还魂的

---

① 《蒋丽娟》《白素秋》见于《淞隐浸录》；《皇甫更生》见于《淞滨琐话》。
② 王韬：《淞隐漫录》卷六，上海点石斋石印本。
③ 王韬：《淞隐漫录》卷八，上海点石斋石印本。

灵药,他得以重生。至此,他方领悟人生真谛,携两妻及新娶之两妾南下粤中,优游林下。当朋友劝他再出山为仕的时候,他回答说:"吾视宦途真一孽海也。"①王韬反反复复地通过作品人物之口告诫人们,现实太黑暗了,已经无可救药。对待它的最好办法只有躲开它。他在《乐仲瞻》中写的一段男女主人公的对话更能清楚表明他的这种思想倾向:

生谓女曰:"余视人世浮荣,如飘风之吹马耳,石火电光,镜花水月,一切皆幻。余今夙愿已偿,了无挂碍,拟欲入深山密林,寻前时道者,当必有所遇焉。卿其能从我乎?"

女曰:"是我心也。奴自死复生,真如一梦。遍尝世味,有同嚼蜡,敝屣形骸,芥视富贵,固已久矣,岂待君一言而后决哉!"②

王韬进而为读者模塑了一个充满道家无为精神的理想境界。他对现实社会的怀疑、失望和否定全被寄托在这一境界之中。三部小说集中均有这方面的篇章。写得比较完整典型的作品有《翠驼岛》(见于《遁窟谰言》)、《仙人岛》《闵玉叔》《海底奇境》《红云别墅》《消夏湾》《白玉楼》(以上均见于《淞隐漫录》)、《仙井》《乐国记游》(以上见于《淞滨琐话》)等。

王韬的理想境界是一个以自然无为为本色的仙人之国。在这个国度里,无日月历法,无四季变化,春天是唯一的季节。山清水秀,奇葩异卉遍地皆是。人们欲作则作,欲息则息,一切不紧不慢,听其自然。没有钱财物欲,男女老少均不知八股帖括为何物,尘世间占文化统治地位的四书五经也被人们"笑其谬误"。甚至其中所流行的文字也是三代之际言简意赅的蝌蚪文。美丽多情的少女随处可遇,甘露花精酿成的延年益寿之酒像山泉一样长流不断。山径小路两旁的树枝上挂满了芳香沁人的仙桃仙枣。

理想的美妙反衬了现实社会的恶浊和黑暗,从这个角度讲,王韬所描绘的理想对现实具有嘲讽的作用。但是从根本上说,把人们的注意力从现实拉入虚无缥缈的道家世外桃源,并不是现代知识分子应有的

---

① 王韬:《淞隐漫录》卷三,上海点石斋石印本。
② 王韬:《淞隐漫录》卷八,上海点石斋石印本。

社会批评态度。它的客观社会效果是消极的。

值得特别一提的是，在王韬为人们描绘的理想之境中，出现了一些新鲜的"域外之物"。如《海底奇境》中出现了瑞士美女"兰娜"①；《乐国纪游》中谈到基督教亚当和夏娃的"伊甸园"及人类的"生命树"②。所有这些给古老的文言小说带来了一股清新之风，大大拓展了中国读者对未来理想想象的空间。

（四）表现风流

文学大师鲁迅先生在《中国小说史略》中曾指出，王韬小说有一大特点："然所记载，则已狐鬼渐稀，而烟花粉黛之事盛矣。"验之王韬小说中大量描写风流韵事之作，此说确有切中肯綮之处。

王韬小说中描写妓女风流春秋的作品几乎占全部小说的三分之一。出现这种局面恐怕与当时的社会文化环境及王韬本人的经历不无关系。自五口开埠和香港成为殖民地之后，中国沿海城市的色情业随着洋人的足迹和鸦片的泛滥走向鼎盛。以上海为例，同光年间这里的烟馆、妓院超过千家。王韬自述说："沪上为繁华渊薮。城外环马场一带，杰阁层楼，连甍接栋，莫不春藏杨柳之家，人闭枇杷之院。每至夕照将沉，晚妆甫罢，车流水，马游龙，以邀游乎申园西园之间。逮乎灯火星繁，笙歌雷沸，酒肴浓于雾沛，麝兰溢而香霏。当此时也，其乐何极。于中绮罗结队，粉黛成云，莫不尽态极妍，逞娇斗媚。皆目以为姿堪绝世，笑可倾城。盖偻指计之，其拔艳帜而饮芳名者，固不知其凡几矣。"③在这样的背景下，作为中国落魄文人而又长期浪迹在外的王韬，极易陷进嫖客的队伍中去。"同是天涯沦落人，相逢何必曾相识"。经历坎坷又不被世人所理解的王韬在同样命运多舛的青楼女子身上找到了共鸣。反映在小说创作中便是烟花粉黛作品的大量出现。

王韬的烟花粉黛作品可分为两类。一类是比较纪实的作品，主人公就是当时的妓女，姓名均是真实的，王韬本人亦时而出现于情节之

---

① 王韬：《淞隐漫录》卷八，上海点石斋石印本。
② 王韬：《淞滨琐话》卷五，进步书局铅印本。
③ 王韬：《淞滨琐话》卷七《谈艳上》，上海进步书局铅印本。

中；另一类是比较写虚的作品，主人公虽为妓女，却被披上了一层仙女的外衣，是天宫派到凡间来了却风流姻缘的。前一类作品有《三丽人合传》（见于《遁窟谰言》）、《画船纪艳》《金玉蟾》《谈艳》《东瀛艳谱》《珠江花舫记》（见于《淞滨琐话》）、《申江十美》《记沪上在籍脱籍诸校书》《丁月卿校书小传》（见于《淞隐漫录》）等；后一类作品有《玉蟾香》《李韵兰》《陆月舫》《秦倩娘》（见于《淞隐漫录》）、《白琼仙》《严寿珠》《水仙子》《朱素芳》（见于《淞滨琐话》）等。

王韬的烟花粉黛小说仍属于传统的才子佳人模式。男主人公多风流潇洒，女主人公多美丽多情。两方一经交杯换盏，便如胶似漆，难舍难分。虽经千折百难，终不负初始之心。

王韬的烟花粉黛小说不同于《海上花列传》及清末民初的狭邪小说。王氏小说的重心在"情"而不在"色"。他避开对嫖客与妓女之间下流淫秽细节的描写，着重揭示人物的情感世界。

不可讳言，王韬的小说中也有不少令人生厌的糟粕之作。由于他多以叹赏态度与浪漫笔法描写妓女的生活与精神活动，妓女们真实的苦难与忧伤未免被人为地冲淡。有些掺糅王韬本人传奇经历的风月之作，也缺乏思想的广度与深度。如《谈艳》《东瀛艳谱》《珠江花舫记》《二十四花史》等，它们几乎完全沦为老年王韬自娱心情和自我风流的游戏笔墨。至于少数大肆渲染妇女贞节观的作品，与他笔记中的"贞妇烈女行状"一样，更和他提倡的妇女解放爱情自由的主题不相一致。这说明王韬在女权问题上的认识还存在模糊和矛盾之处。他并没有完全摆脱传统观念的束缚。

三　诗词类作品

王韬不仅是一位出色的政论家、小说家，还是一位颇负时名的诗人、词人。与他同时代的文人兼外交官廖枢仙曾用诗句"杜老浣花陆剑南,天南邂叟鼎而三"①来赞美王韬,称其可与杜甫、陆游鼎足而立,可见王韬在当时诗词领域的地位。他作的诗篇词章散见于他生活的各个时期,因而反映了他个人一生的悲欢离合与整个时代的曲折变迁。

《蘅华馆诗录》原为王韬早年诗作,王韬于1880年将其汇编成册,收集诗作数百首。1890年,王韬复对其进行再次编订,新增了87首,共629首诗。《蘅华馆诗录》曾受到时人好评,林昌彝评之为"飞文扬藻,采绚葩流"。蒋敦复称其作"清灵婉约,深得灵芬神髓"。黄遵宪获读《蘅华馆诗录》时,发出"才人之诗,只千古而无对也"②的感慨。

《蘅华馆诗录》之外,王韬的诗作还有《弢园未刻诗稿》(上海图书馆馆藏稿本,共收诗41首)、《弢园集外诗存》(上海图书馆馆藏稿本,共收诗52首)、《畹香仙馆遣愁编诗集》("中央研究院"傅斯年图书馆馆藏稿本,共收诗百首)、《弢园杂录》(上海图书馆馆藏稿本,共收诗124首)。不仅如此,在《申报》和王韬的日记中亦有诗篇,可见其诗歌作品之多。

王韬以诗文小说名于学林,词名却不彰,但实际上他早年便开始学习作词,"十七八岁时,曾问倚声之学于朱丈仲洁,以所作就正,蒙许为可传"③。1875年,王韬将《眉珠庵词》刊于上海申报馆的《四溟琐纪》第一卷,共有14阕,主要表现了他与江南女子之间的爱情故事,缘情绮靡,哀感顽艳,花影迷离。然而,王韬作词数量不只14阕,其中多有删减或遗失。他曾说:"光绪乙亥,尊闻阁主来征诗词,搜诸敝箧,得旧所存词数十阕,付之邮筒,为刊入《四溟琐记》中,而复轶其半。"④又因其一生忧患,多次搬迁,且遭火灾,他的"零编剩稿,百不存一",所以王韬一生作词虽不少,但能够保存下来的却不多。

与国运不昌相始终,王韬一生遭际多难,举家颠沛流离,苦不堪言,他目击国事家事,动乱离愁,往往只能长歌当哭,发言于诗。他的诗词因而大多为悲愤之作。国难时事、民生疾苦是其诗词的常见主题。而客居乡愁、筑室归隐、恋人唱和、友人酬酢、风流吟唱也占据了他的诗词

---

① 转见张志春:《王韬年谱》,河北教育出版社1994年版,第130页。
② 陈铮编:《黄遵宪全集》(上册),中华书局2005年版,第325页。
③ 王韬:《芬陀利室词话卷·序》,唐圭璋编:《词话丛编》,中华书局1986年版,第3627页。
④ 王韬:《弢园文录外编·附录》,《弢园著述总目·眉珠庵词钞四卷》,清光绪九年香港排印本。

创作的不少部分。

具体地说,王韬诗词的内容主要有下述几个方面。

(一) 记述国难,抒发胸怀

王韬一生,先后经历了太平天国起义、第二次鸦片战争、中日台湾琉球之争、中法战争、中日甲午战争等重大国难事件。内忧外患的国家现状,朝不保夕的社会环境,满目疮痍的战乱情形,依旧昏庸无能的当道大吏都使得王韬内心的愤懑与伤痛达于极限。他蒿目时艰,寝食难安,欲借诗歌将胸中块垒发泄出来。

1852年11月,太平军攻陷岳州,王韬当即写下《闻客谭近事有感》:

> 当今潢池兵气骄,腾天妖火惊江涛。朝廷出师重民命,连营客将徒逍遥。军中久望廉颇起,旌旄未至身先死。一代勋名哭伟人,千秋议论空余子。堂堂经略营门开,养威持重称将才。危城贼骑绕三匝,连驿羽书催百回。兵事一误堪再误,雄关如此竟飞渡。眼看豺虎可成禽,坐拥貔貅犹不赴。八十日围风雨愁,此系天意非人谋。保全幸得九重喜,军报俄传失岳州。岳州自古号重镇,管钥实司南北命。一朝形势失所据,江汉纷纷告兵警。国家升平二百年,废弛武备疏防边。可怜万众苦锋镝,何时四海无烽烟。一身飘泊长天地,敢以粗才轻一试。萧娘吕姥彼何人,若辈徒坏天下事。①

诗人借战国著名老将廉颇比喻受命"赴粤剿匪"而又命卒于途的林则徐,叹其"旌旄未至身先死",哀古今伟人之多舛,然后以之反衬清朝"连营客将徒逍遥",谴责若辈武备废弛,尸位素餐,胆小如鼠,就像"萧娘"和"吕姥"一样徒坏天下大事。全诗一气呵成,愤懑痛恨之情溢于言表。

1856年第二次鸦片战争爆发后,清朝政府两面受敌,形势愈发严峻。《闻粤警》一诗写道:"住世难逃世,桃源亦战场。乱离无乐上,烽火又蛮乡。小筑延朝爽,幽怀送夕凉。海氛虽甚恶,去矣趣行装。"②内忧

---

① 王韬:《蘅华馆诗录》卷二,陈玉兰校点:《王韬诗集》,上海古籍出版社2016年版,第54页。
② 王韬:《蘅华馆诗录》卷二,陈玉兰校点:《王韬诗集》,上海古籍出版社2016年版,第70页。

外患交相来袭,世界已经无一安静之处,连昔日不知兵戈为何物的人间仙境桃源——天堂城市苏州——也即将烽火连天,诗人不得不逃离他熟悉和喜欢的家乡小筑,前往"夷氛甚恶"的上海避难。报国无门而又逃无可逃的凄凉和无奈夕风一样漂荡在诗句之间。

1860年6月,太平军终于攻克苏州。甫里乡民突遭兵焚,四散逃难,王韬在乡亲朋也或死或逃,形同刍狗。王韬在沪上听闻消息,哀痛万分,连夜写下长诗《我生》,以志其心:

> 吁嗟乎我生何不铭金石乘风云,勒功燕然成奇勋?拜手虞廷襄郅治,赓飏殿陛典谟陈。不然生在升平日,读书识字勤耕耘。饱看吴越好山水,没齿不见兵戈尘。何为厄运丁吾代,十年楚粤扬妖氛。皇穹忽倾大地裂,东南此日无阳春。天心视民若刍狗,方以肃杀行至仁。呜呼!我生早知有此日,祸福倚伏如相因。寇灾即由吏治始,积弱生玩多因循。朝廷粉饰讳兵事,保疆一切等具文。牧令初无专阃寄,权轻责重名空存。前者曾献二三策,讥以无病为呻吟。事急委任又大谬,坐使虎豹当门閫。纷著赭冠迓贼骑,徒挥白羽驱市人。平时筹备百无一,空拳赤手岂能军。志长才短惜孤立,只办一死酬君恩。谁居上游弃不守,坐令流毒殃吴民。往谈经济何慷慨,迎合主旨原非真,眼看四郡成白骨,偷活局外置弗闻。犹复植党互讦劾,公论终在国法伸。吁嗟金阊我乡国,回首浩浩烽烟昏。繁华既同灰烬灭,亲朋化作青枫磷。贼既据城还掠野,逃亡八九成空村。我侄混迹匿蓬藋,我姊尽室徙江津。贫者结筏富者艇,菰芦深处如凫蹲。我母耄年遘此变,为话兵火多酸辛。我居此间尚宁谧,敢幸安聚忘离分。吴城三月火未熄,江头望断援军屯。昨日客来示贼状,纵横涕泗沾衣巾。丈夫拔剑誓杀贼迳持寸铁奔狼群。手枭贼头掷帐上,功成却赏名甘沦。不知我志果否遂,母在未敢轻此身。吁嗟乎我生正值乱离日,长此局促海之滨。①

长诗从好男儿当志在社稷起兴,叙述自己早年的抱负是或"勒功燕

---

① 王韬:《蘅华馆诗录》卷二《我生》,陈玉兰校点:《王韬诗集》,上海古籍出版社2016年版,第89—90页。

然",或"拜手虞廷赓飏殿陛",即使大志不申,至少也得做个太平盛世之民,无忧无虑,耕读自娱。然而,天厄此生,这些早年志向都被十年楚粤之乱弄得灰飞烟灭。兵戈既起,天倾地裂,再无阳春,白骨遍野,民如刍狗,"逃亡八九成空村","亲朋化作青枫磷"。诗人痛中思因,笔锋一转,矛头指向了当道之人。因为"寇灾即由吏治始,积弱生玩多因循",朝廷大员们平日里欺压良善,文恬武嬉,粉饰太平,危机一来就免不了民众"纷著赭冠迓贼骑",免不了"坐令流毒殃吴民","繁华既同灰烬灭"。长诗以"士"与"民"两方面的精神与肉体的双重苦难为铺垫,深刻揭露了清朝文臣武将的庸碌无能和因循苟且,强烈抨击了清朝当局的吏治败坏和祸国殃民。

(二) 描述民众苦难,叹其哀痛

内外战乱中的百姓还受到连续不断的天灾的无情摧残。王韬自己就是在苏州大水之后逃离家乡前往沪上"佣书谋食"的。作为难民之前驱,他对天灾人祸中的下层民众的苦痛有着非同一般的痛切感受。这是他后来成名后在香港和上海热衷于劝赈救灾和身体力行踊跃捐款的内因①,也是他在诗作中留下大量同情贫民诗篇的情感心源。

《蘅华馆诗录》中收录了数首"苦雨诗",其中《积雨》六首描写了水灾中百姓的生计艰难和欢乐不再,表现了王韬心系苍生、轸念弱小的胸襟。其第四首诗云:

> 数处秧歌唱已休,水车漉漉决渠沟。
> 低田渐见新苗没,多少农人相对愁。②

大雨滂沱之中,农人平日里的快乐秧歌早已停歇,田地中只有水车沉闷的漉漉之声,虽然农人们不断地忙碌着决渠排水,但大水还是渐渐

---

① 王韬在香港《循环日报》和上海《申报》上均多次刊登公启,发起募捐赈灾公益活动。他自己也率先垂范,带头捐款。如《申报》1879年9月11日第4版载有"晋赈收解公所经收七月十一日起至二十日止捐数",内记"天南遯叟八十元";1881年5月19日第3版载有"天南遯叟及怀蘅内史(王韬续妻)直赈捐款四十元";1883年8月19日第3版载有"山东赈捐天南遯叟室人怀蘅内史乐捐洋八元钱四十文";1883年8月21日第3版载有"山东赈捐天南遯叟念员(即二十元)"等等。

② 王韬:《蘅华馆诗录》卷二,陈玉兰校点:《王韬诗集》,上海古籍出版社2016年版,第46页。

把新种的禾苗淹没了,农人们对此愁面相对,束手无策。短短四句诗,就从形、声、动、静、情多个方面生动地向人们描绘了灾农艰难生活的真实情景。诗人若非出身乡间遭受同样灾患,若非抱有"兔死狐悲物伤其类"的情感,是写不出这种诗句的。

其第五首和第六首果然道出了水灾中的王家与普通农人的生存状态几无差别:

> 树阴浓绿压檐端,风雨阴森入夏寒。
> 坏壁半欹茅屋漏,又吹急点上栏干。

> 彻夜沈沈檐溜悬,偏灾何意厄今年。
> 无田亦自愁饥饿,米价朝来已倍前。①

屋漏偏遇连夜雨,不事农田劳作但收入微薄的诗人在米价暴涨的情况下也开始担忧吃了上顿没下顿,饿殍遍野的情形从诗中隐约可见。

《雨中感事》一诗则在更宏大的场景中以更直白的笔触写出人民生存的惨状。全诗有六首,录得四首如下:

> 其一:
> 一雨连宵旦,萧森夏似秋。三旬稀见日,五月要披裘。
> 晴霁犹无望,霪霖未肯休。天心究仁爱,可慰杞人忧。
> 其二:
> 但觉昼沈沈,涵空水气侵。风高云色厚,晴薄日光阴。
> 已抱忧饥叹,徒深望岁心。江村成巨浸,远近起哀音。
> 其三:
> 淮南闻水涨,几处集流民。鸿雁同飘泊,关河多苦辛。
> 艰难筹义赈,饥溺轸皇仁。满目流离者,三吴近亦贫。
> 其五:
> 岁歉人情薄,民饥性命轻。米船何日至,市价未能平。

---

① 王韬:《蘅华馆诗录》卷二,陈玉兰校点:《王韬诗集》,上海古籍出版社2016年版,第46页。

波向林间涌,船从岸上行。此乡真泽国,输泄早筹衡。①

如果说第一首诗写于水灾初起之时,诗人还没有完全失望,还自我安慰天心仁厚,不要杞人忧天,那么第二首以下便是诗人的绝望之笔。苏州的江村已成巨浸,淮南的饥民也已流离失所,随着灾害的推移扩散,诗人再无望岁之心,只有忧饥之叹。而米价剧涨,粮船难来,官赈不继,在"偏灾连郡县,高涨失江湖""满目流离者,三吴近亦贫"的情境之下,就有可能带来民不畏死,铤而走险。诗人在雨中的"感事"点到了"民可载舟亦可覆舟"的古训,劝告当道体察民艰,尽早筹衡水利。

(三) 记录个人不幸,自嘲自叹

王韬一生命运多舛,坎坷无数。早年科场失意,上书遭忌,遂有怀才不遇、报国无门之忧;后流落上海,再亡南国,有家不能回,遂有浮云游子思归之愁;又家道中落,妻、弟相继离世,子嗣无望,更使其悲痛不已。诸多愤懑哀怨一并发于诗,于是,王韬诗作中留下了大量自哀自叹的诗篇。"忧愁"两字是这类诗篇的基调。

王韬在上海"佣书西舍"时有诗寄妻兄杨醒逋:

江水渺难涉,江花寒欲凋。
湖山见真相,文字破无憀。
骨肉悲情极,功名热念消。
浦东云树里,目送客帆遥。②

该诗首联诗人物我相吊,借景抒情,看似在描写"江花寒欲凋",实则喻示诗人内心之"寒"。颔联表现诗人百无聊赖权且佣书沪上的心境。颈联揭示了诗人郁结、迷茫与无奈的缘由,即骨肉分离、功名心死。

又有诗篇寄其师顾惺:

不工文字不争名,潦倒粗疏了此生。

---

① 王韬:《蘅华馆诗录》卷二,陈玉兰校点:《王韬诗集》,上海古籍出版社2016年版,第47页。
② 王韬:《蘅华馆诗录》卷二《自海上寄醒逋》,陈玉兰校点:《王韬诗集》,上海古籍出版社2016年版,第48页。

>　　四海无家惟有泪，十年一意作孤行。
>　　人为宕子求闲境，诗入商音失正声。
>　　骨相穷愁心性懒，敢言吾业竟能成。①

该诗是王韬在"以身事夷"十年而备遭非议，其师顾惺依然以儒家科举功名相劝勉时创作的。诗人一句"不工文字不争名"，"人为宕子求闲境"，表达了其宁可潦倒此生也不愿再醉心科举的决绝，这其中既有对科举的失望，也有对当道的控诉。"四海无家"一词更是极尽悲哀，诗人无处可去，惟有一意孤行，寄居夷舍，以泪洗面。该诗最后一句看是诗人的自我嘲弄，实则暗讽当局者，不能选贤任能，致使才人有志难成。

诗人举目无亲、无依无靠、孤苦凄怆的境况在《何处》中更是展现得淋漓尽致：

>　　何处能容一放狂，故园回首久沧桑。已无隙地安书卷，岂有深山著草堂。此辈竟非同日月，吾儒自合死疆场。提戈便欲从戎去，转念高堂鬓发苍。
>　　何处能容一放狂，乾坤惨淡意苍凉。挥戈仅得回三舍，缩地犹嫌限一方。难作神仙逃劫外，愁无羽翮到君旁。褰裳便欲凌沧海，北望沾襟是帝乡。
>　　何处能容一放狂，河山举目足悲伤。驻颜休乞长生诀，避世先求辟谷方。已看环中无乐土，只除梦外是愁乡。此身恐作逋臣老，报国思亲泪两行。②

此诗当作于自沪逃港之初，全诗弥漫着有国难报、有家难回的大悲大哀，透现着南国漂泊、天地难容的情感煎熬。起首一句"何处能容"，问得世人痛心彻骨，最后一联"此身恐作逋臣老，报国思亲泪两行"，更是字字写出逋臣血泪，赤子心肝。

即便是在逋逃多年之后，他在欧洲作"汗漫之游"时，也会突然在游兴正高之际悲从中来。一次他在苏格兰游览名园，忽得家书，即刻泪如

---

① 王韬：《蘅华馆诗录》卷二，陈玉兰校点：《王韬诗集》，上海古籍出版社2016年版，第72—73页。
② 王韬：《蘅华馆诗录》卷三，陈玉兰校点：《王韬诗集》，上海古籍出版社2016年版，第94页。

泉涌。他作诗道：

> 一从客粤念江南，六载思乡泪未干。
> 今日掷身沧海外，粤东转作故乡看。
> 昨涉名园慰旅情，正将秀句答山灵。
> 家书寄到愁千斛，一片诗怀化涕零。①

在王韬诗作中，"遁逃诗"是写得最有血泪、最情真意切的，许多诗句读来让人刻骨铭心，如《吾道》中的"孤身万里难忘国，残梦千回总到家"，②《韬迹》中的"乱世文章空贾祸，穷途性命尚忧时。苍茫天意何从问，沦落穷荒任所之"，③《送闵逸瀛孝廉回湖州》中的"客中送客难为别，况我欲归归不得。云水迢遥七千里，梦魂夜夜返乡国"，④《北望》中的"难言往事惟余泪，尚恋残生转自羞"，⑤《到粤》中的"避迹非逃世，逢人怕问名"，⑥《思归》中的"忧时谁共话辛酸，久客思归涕不干"，⑦《悲来》中的"天涯骨肉能存几，地下亲朋已渐多"。⑧ 这些诗句表现了诗人在污名重压下愁苦悲哀和哭诉无门已至极限。

（四）吐诉心曲，歌咏爱情

情与爱本为诗歌之母。王韬青年时就自视为"才子"，当然也就免不了对"佳人"的追求，对爱情的歌咏。从早年对梦中情人"某女士"的暗恋、对发妻杨梦蘅的爱赞，到老年对青楼诸多相好的情话，王韬一生留下了许多爱情诗篇。

王韬在给好友沈复《浮生六记》所作的"跋"中，表述了他对爱情的基本看法：

---

① 王韬：《蘅华馆诗录》卷四《游园翌日忽得家书口占二绝句》，陈玉兰校点：《王韬诗集》，上海古籍出版社 2016 年版，第 132 页。
② 王韬：《蘅华馆诗录》卷三《吾道》，陈玉兰校点：《王韬诗集》，上海古籍出版社 2016 年版，第 99 页。
③ 王韬：《蘅华馆诗录》卷三，陈玉兰校点：《王韬诗集》，上海古籍出版社 2016 年版，第 100 页。
④ 王韬：《蘅华馆诗录》卷四《送闵逸瀛孝廉回湖州》，陈玉兰校点：《王韬诗集》，上海古籍出版社 2016 年版，第 118 页。
⑤ 王韬：《蘅华馆诗录》卷三，陈玉兰校点：《王韬诗集》，上海古籍出版社 2016 年版，第 100 页。
⑥ 王韬：《蘅华馆诗录》卷三，陈玉兰校点：《王韬诗集》，上海古籍出版社 2016 年版，第 101 页。
⑦ 王韬：《蘅华馆诗录》卷四，陈玉兰校点：《王韬诗集》，上海古籍出版社 2016 年版，第 141 页。
⑧ 王韬：《蘅华馆诗录》卷三，陈玉兰校点：《王韬诗集》，上海古籍出版社 2016 年版，第 106 页。

>　　笔墨之间,缠绵哀感,一往情深,于伉俪尤敦笃。卜宅沧浪亭畔,颇擅山水林树之胜。每当茶熟香温,花开月上,夫妇开樽对饮,觅句联吟,其乐神仙中人不啻也。①

从这里不难看出王韬在字里行间难掩对沈复夫妇的艳羡之情,他所向往的爱情正是如此这般的举案齐眉、相敬如宾、伉俪情深。但王韬命运不济,他所向往的爱情最终都成为水中月、镜中花,他的爱情追寻最终都演变成"空对着山中高士晶莹雪;终不忘世外仙姝寂寞林"。

王韬一生有多段恋情,最令其难忘的是他对发妻杨梦蘅(又名保艾)的爱恋。杨氏为举人之女,自幼贤淑聪慧,能文善诗,其兄与王韬曾同塾读书,所以两人自少相识,17岁时与19岁的王韬结成伉俪,相得甚欢。但两人为生活所迫,婚后聚少离多,相思甚苦,不及三载,梦蘅又撒手而去,以至王韬后来一生都不能释然。最成功、最得意的时候他可能想到他的梦蘅,最失败、最无奈的时候他也可能想到他的梦蘅。梦蘅成了他夜深人静之际吐述衷肠的特定对象。正因为此,王韬情诗中写得最深沉真挚、最情意绵绵的当属王韬写给杨梦蘅之人或之鬼的诗。

《蘅华馆诗录》收有《怀蘅阁内史》一首,为王韬新婚之后离家赴锦溪教书时所作,诗曰:

>　　不是愁中便客中,生憎劳燕各西东。
>　　才人例不登金榜,仙子应还住玉宫。
>　　曲桁帘波看瑟瑟,回廊屐点听弓弓。
>　　银河咫尺如天样,只有宵来绮梦通。②

诗人所处的锦溪与女士所处的甫里仅仅相距二十里,但诗人仍难解相思之苦,正所谓天涯仅咫尺,咫尺又天涯,银河看上去虽近,但只有"宵来绮梦"方可飘抵。

王韬设馆锦溪约有一年之久,给新婚之妻的情诗也写了一年,内中有不少诗作被他收入《蘅华馆诗录》,如《无题》一诗:

---

① 王韬:《弢园文录外编》卷十一,香港光绪九年排印本。
② 王韬:《蘅华馆诗录》卷一,陈玉兰校点:《王韬诗集》,上海古籍出版社2016年版,第12页。

其一：
　　旧时庭榭尚依然，小别无端已一年。
　　记得扁舟湖上过，岸花落尽雨如烟。
其二：
　　楼台寂寂雨浪浪，到此离愁总断肠。
　　相见千回总梦里，醒听落叶走回廊。

再如《一舸》其二写道：

　　偶言小别蹙双蛾，只为情深怨亦多。
　　隔岸钟声惊短梦，题裙诗句托微波。
　　凤鸾消息常漂泊，兰絮因缘惯折磨。
　　帘外流云时作暝，薄寒犹著一重罗。①

《问梦蘅病》写道：

　　无端薄病便添愁，肮脏情怀不自由。
　　帘外有声频侧耳，窗前小坐自梳头。
　　即看鬓影萧疏甚，还耐秋风料峭不？
　　劝汝装绵须及早，新寒昨夜袭妆楼。②

新婚燕尔，不堪离愁，有情结合，无缘相守，即使苦恋得无端薄病，鬓影萧疏，也不能随意自由前往照护疼爱，只能托其诗以作问候。王韬写得情真意切，两位只隔了二十里路的夫妻恋人竟相思得如此之苦！

梦蘅过早病逝后，王韬与妻子人天睽隔，对妻子的眷念越发创巨痛深，几乎陷入了对亡妻的绵绵无绝的梦里追寻，其诗越发缠绵哀怨，情怀惨恻。他在妻子病逝后一年于上海所作悼妻长诗《悲秋曲》是其诗作中最长的一首，节录如下：

　　西风乍起寒恻恻，疏帘细雨昏如墨……
　　往事零星触绪来，泪痕沾臆心先哀。四年聚首才一瞥，柔肠半刻有千回。忆昔新婚偏早起，晚窗不把残妆理。长眉慵画远山青，

---

① 王韬：《蘅华馆诗录》卷一，陈玉兰校点：《王韬诗集》，上海古籍出版社2016年版，第27页。
② 王韬：《蘅华馆诗录》卷一，陈玉兰校点：《王韬诗集》，上海古籍出版社2016年版，第33页。

云鬓乱插春花紫。片帆我作锦溪游,锦溪廿里波如油……

乡梦迢迢江水隔,偶然见面欢何极。暌违容色未能归,肮脏情怀空自惜。讵知事变本无常,一家骨肉尽惨伤。痛杀高堂已垂白,剧怜远道走苍黄。怕听寒夜长新潮,愁望故乡悬夕照。江边僦得两间庐,扁舟载得来偕居。拈针镇日闲挑绣,拥髻终朝伴著书。别后情怀更不同,相思颠倒梦魂中。渐悟因缘真有限,那知憔悴竟无端。我为此事常悒怏,汝不能来我难往。忽然双桨到江头,一朝握手泪先流。对我强欢开笑口,厌人唤起下帘钩。枣花帘外西风透,恹恹不语憎长昼。自识宵来梦渺茫,始惊镜里容颜瘦。瘦来骨立似香桃,尘满妆台翠黛消。小病已深犹自讳,长宵不寐更无聊。沈沈一病入膏肓,从此凄然不下床。岂有灵兰夸妙术,空传海上返魂方。娇喘如丝频诀别,此刻肝肠几寸裂。欲言又止意缠绵,掩泣无声声哽咽。桐树半枯木叶下,玉钗已折罗裙化。偕隐难期白首归,长离早把青鸾跨。院落天风响佩环,人海茫茫永不还。银烛窗前明昔昔,旧衣架上黯斑斑。残灯孤馆真凄绝,回廊独自寻踪迹。熏炉香冷扬空帏,绣榻尘多遗坠舄。空闱小坐易黄昏,愁叠重衾见血痕。寂寞闲庭花影谢,丛残遗箧药囊存。一棺送汝东郊去,含酸独立悄无语。最怜孤鸟不成鸣,底事宵长未肯曙。凄凉无计作悲歌,零落天涯怨更多。半盏浊醪营薄奠,一钩残月挂藤萝。冥通幽感隔重泉,经案绳床度几年。此情亘古无终极,为作招魂赋一篇。①

甚至在发妻逝世 19 年之后,他在英国旅居著译期间还在为伊写诗。《瞥见》一诗写道:

夜坐正思睡,寒灯焰忽闪。瞥见一家人,笑语互相勉。倏尔牵袂至我前,恍惚梦蘅之容颜。中外相悬七万里,生死相隔十九年。胡为乎来,我心孔哀。别汝已久,心亦渐灰。今夕灯下骤见汝,或生或死殊惊猜。死者冥漠归泉台,生者潦倒犹蒿莱。生者哭死死不知,即欲不哭泪自滋。……汝来我愿同汝去,毋令在世多烦忧。②

---

① 王韬:《蘅华馆诗录》卷二,陈玉兰校点:《王韬诗集》,上海古籍出版社 2016 年版,第 50 页。
② 王韬:《蘅华馆诗录》卷四,陈玉兰校点:《王韬诗集》,上海古籍出版社 2016 年版,第 130 页。

知之深,思之远,爱之痴,痛之切,诗人与亡妻的人鬼未了之情跃然纸上。

发妻病故后,王韬虽再娶了林氏,但夫妻间情感不甚投惬,因此只能在回忆中寻觅旧好。他在诗中经常提及的是"某女士",估计是他少年读书时偶遇的第一位知识女性,或者就是他的启蒙塾师的小女儿。① 当年这位女性只有13岁,王韬认为她聪慧无比,"娟秀无匹",②以致王韬到老都在梦中见到此女,给她作诗。请看下面两诗:

别后
相见千回在梦中,床头络纬泣秋风。
明朝又是孤舟别,郎在天南妾在东。③

已矣
篱边秋色问如何,愁拥孤衾奈薄罗。
最是有情多不遂,个中岁月怎消磨?
如沤如梦证三生,未了前番石上情。
无计著书且闭户,不缘修道总缘卿。④

前诗写于逃亡香港之后,后诗写于老年回沪定居之时,可见一个13岁的美慧少女在少年王韬脑中留下的印象何其深刻。诗句写得虽没有像对亡妻那样撕心裂肺,却也有一缕永难剪断的爱恋情愫。

王韬中年以后还常在青楼中对酒当歌,消磨孤寂,在风尘女子中寻找欢爱旧梦,摆脱现实愤懑。他把这些青楼女子当作梦想中的香草美人赠诗馈帕,谈情说爱,实际上这只是一种"情感负迁移"和"郁闷心理解脱",他在想象中把听诗对象都"置换"成了昔日的梦中情人,对其倾

---

① 从王韬生前未刊行的诗作《蘅华馆诗录外编》《晼香倦馆遣愁编诗集》中的"难会"和"已矣"两诗注释文字看,她名"惠英",字"菊华",少年早逝。陈玉兰校点:《王韬诗集》,上海古籍出版社2016年版,第246页、第250页。
② 王韬:《蘅华馆诗录外编》,《晼香倦馆遣愁编诗集》,陈玉兰校点:《王韬诗集》,上海古籍出版社2016年版,第250页。
③ 王韬:《蘅华馆诗录外编》,《晼香倦馆遣愁编诗集》,陈玉兰校点:《王韬诗集》,上海古籍出版社2016年版,第248页。
④ 王韬:《蘅华馆诗录外编》,《晼香倦馆遣愁编诗集》,陈玉兰校点:《王韬诗集》,上海古籍出版社2016年版,第250页。

诉他在现实生活中的孤独和悲愤。诗篇表面上的风流倜傥掩盖着诗人对少年旧梦和人生知己的痛苦寻觅。

虽然身世飘零孤独无靠的王韬有心要在同样命运的青楼女子身上找到共鸣,为她们写下了不少的诗篇,其诗作中凡篇名中有"校书"或"女史"字样的均属此类,但毕竟萍水相逢,聚散无常,商女中情真意切者亦少,这类"青楼诗"中自然缺少刻骨铭心之作。

《小宴兰语楼明珠校书索赠新诗》是这类诗篇里写得较好的一篇,录之如下:

> 见便含羞别便思,多情转悔识卿迟。
> 已虚别浦迎桃叶,合向章台问柳枝。
> 拟托鸩媒通绮约,好修鸳牒写盟词。
> 酒边梦里真愁绝,风味年来只我知。①

再如写给"红蕤阁女史"的诗也写得妾情如花,郎意如水:

> 闭户焚香忏绮情,花朝过了又清明。
> 今年花事阑珊甚,二月都无十日晴。②

甚至赠给"日本校书"的《赠小菊》一绝,也写得清新自然,声情并茂:

> 婀娜风情窈窕姿,玉环态度燕腰肢。
> 菊花斗艳秋风里,正是王郎归去时。③

显然,某女士也好,某校书、某女史也罢,她们都是王韬寻觅爱情、寄托理想、诉说衷肠和人我相吊的对象。红颜薄命与才人命蹇是作者此类诗歌中一对形影不离的主题,反映了王韬一生曲折多难的生活面相。

---

① 王韬:《蘅华馆诗录》卷二,陈玉兰校点:《王韬诗集》,上海古籍出版社2016年版,第71页。
② 上海图书馆历史文献研究所编:《历史文献第十三辑》,上海古籍出版社2009年版,第308页。
③ 王韬:《蘅华馆诗录》卷五,陈玉兰校点:《王韬诗集》,上海古籍出版社2016年版,第171页。

(五) 寓情于词,借词表意

王韬少时学过作词,到上海后又结识了江南词人蒋敦复、姚燮等人,时相过从,因而情抑难述之际也每每作词表意抒情。他的词作风格清奇跌宕,哀艳婉约,从另一角度表现了王韬精神世界的独特性。

王韬晚年对自己一生词作未加系统整理,所以他到底有多少词散佚后世不得而知。传世作品中可以明确是他的作品者为《眉珠庵词》。

不同于《蘅华馆诗录》内容涉及多个方面,《眉珠庵词》浓笔重墨于诗人内心深处最柔软的那一部分,即围绕"情"字展开。"眉珠"者,女子"月眉"上之红痣也,集名就清楚不过地说明了他的词作的主题和基调。

《少年游》《柳梢青》《诉衷情》等三阕曾被王韬上海时期友人蒋敦复收录在他编的《芬陀利室词话》中,蒋氏称其"词句清丽,情韵缠绵①",表现了少年的相思及绮怀,隐含悼亡之意。录之如下:

少年游

西风吹得愁如许,隔院闻低语。怪底重阳,作出秋阴,便有凄凉处。

绿阴一角红楼露,寂历无人住。半桁筠帘,几树垂杨,都是回肠路。②

一个"愁"字渲染了诗人内心的压抑与愁思,一眼望去,景物似旧,但人去楼空,垂杨都作伤心路。作者苦恋之情无以渲泄,只能怪罪于重阳节的到来,令人读之悲怆泣下,同掬伤感之泪。

诉衷情

纤纤眉月可怜生。花影不分明。寂历晚凉庭院,闲煞读书灯。

谁与共,话零星,猛心惊。一声声笛,一更更点,一倍凄清。③

此词与苏轼的《江城子》有异曲同工之妙,两词都以虚实相生的手

---

① 蒋敦复:《芬陀利室词话》卷二《王子九词》,唐圭璋编:《词话丛编》,中华书局1986年版,第3662页。
② 蒋敦复:《芬陀利室词话》卷二,陈玉兰校点:《王韬诗集》,上海古籍出版社2016年版,第350页。
③ 蒋敦复:《芬陀利室词话》卷二,陈玉兰校点:《王韬诗集》,上海古籍出版社2016年版,第348页。

法,表达了诗人深深的思念,情意绵绵,字字血泪。上阕写过去相处的情景,下阕与之形成对比,现实的凄凉提醒作者佳人已逝,加深了全词的悲伤情调。"一"字暗含"多",一声声、一更更,思念忧伤更加难以释怀。

柳梢青

把梦支开,将愁放下,独自凄凉。记得人人,去年今日,特地思量。

如今梦也荒唐。恐夜夜,无聊炷香。手拨寒灰,香犹未断,只断柔肠。①

怀念去年的今日,彼此都在,今年的今日却只能独自凄凉,倍觉荒唐。全词用白描手法,家常话语,却字字肺腑,平淡中寓含着真情。

王韬词作中有专为"红蕤阁女史"写的《高阳台》《西子妆》《台城路》等三阕。蒋敦复的《芬陀利室词话》卷三中对这三阕词亦有记述:"子九自号淞北玉魫生,家居甫里,读书应试,往来于沪城鹿邑间,颇多影事。所眷红蕤者,绝色也。曾有啮臂盟,愿居妾媵列,后卒不果。红蕤工诗词,刺血写经,为子九穰病,其情深挚如此。宜子九之倦倦不忘也。酒阑灯迤,私为余述之,欷嘘不已。有寄红蕤词三阕,为录于此。"②

该三阕全词如下:

高阳台

棠韵添红,梨痕破白,芳丛缓缓偷开。曾不多时,绿阴寂寂楼台。流莺苦劝残春住,奈今年,春已成灰。为东风,吹得伤心,怕见春来。

香盟镜约何曾改,恨朱楼望远,青鸟音乖。尚记前番,扁舟载得愁回。枇杷门巷应依旧,怕他年,深掩荒苔。最堪怜,寒食飞花,芳草天涯。③

---

① 蒋敦复:《芬陀利室词话》卷二,陈玉兰校点:《王韬诗集》,上海古籍出版社 2016 年版,第 347 页。
② 尤振中、尤以丁:《清词纪事会评》,黄山书社 1995 年版,第 862 页。
③ 蒋敦复:《芬陀利室词话》卷三,陈玉兰校点:《王韬诗集》,上海古籍出版社 2016 年版,第 345 页。

西子妆

柳外烟霏,花边雾隐,作出浓阴如许。一分心事一分愁,叹芳华,飘零谁主。落红无语。忍亲见,残春归去。问东皇,算怨多恩少,碧穹难补。

无人处。开尽碧桃,门掩潇潇雨。镜台信息半无凭,况烟波,几重间阻。含酸带楚。浑不似,年时情绪。怕重来,只剩荒凉院宇。①

台城路

斜阳一片销魂地,重来已增凄楚。藓迹粘阶,苔钱绣径,旧日曾经行处。梁空燕去,算尚有流莺,苦留人住。记得栏前,深宵凉影共私语。

而今能否再聚,寻春知较晚,铅泪如雨。天荒地老,月缺花残,难减柔情一缕。旧时门户。更瘦到垂杨,添来愁绪。悄悄冥冥,自吟肠断句。②

春花秋月,垂柳斜阳,流莺梁燕,枇杷桃叶,野草荒苔,青烟细雨,都被作者赋予柔情痴念,托以哀感愁思。景中有人,物中见情,可谓佳作。可惜佳人已杳,男郎亦老,春梦难再,唯有无尽的愁绪在词句间飘荡。该三首词作显示了作者的才华和情怀。

王韬还留下其他一些词作,如《菩萨蛮》《一萼红》《玉漏迟》《清平乐》等等,基本上都是儿女情长之作,但也夹杂了一些对个人身世不幸和事业不顺的感触。如《玉漏迟·咏秋燕》:"西风吹病羽,雕梁未圮,不如归去。我亦无家,一样飘零羁旅。旧梦繁华醒来,怎当此,冷烟疏雨。从闲阻。暮宿朝飞,自怜何处。只经半载韶华,便门巷斜阳,凄凉如许。帘幕愔愔,中有伤秋人语。寻取乌衣旧样,总不是,前时院宇。何日聚,重作双栖伴侣。"③用秋燕来托物言志,"我亦无家,一样飘零羁旅"道出了漂荡的处境,感慨身世的多舛,而"只经半载韶华,便门巷斜阳,凄凉

---

① 蒋敦复:《芬陀利室词话》卷三,陈玉兰校点:《王韬诗集》,上海古籍出版社2016年版,第346页。
② 蒋敦复:《芬陀利室词话》卷三,陈玉兰校点:《王韬诗集》,上海古籍出版社2016年版,第347页。
③ 王韬:《眉珠庵词》,陈玉兰校点:《王韬诗集》,上海古籍出版社2016年版,第351页。

如许"更是有其深意,若有若无之间,意有所指,是怀念亡妻,还是另有所涉?

纵观王韬诗词,可以发现它有两个非常明显的特点。第一,内容丰富,面向广阔。诗人所经历的一切所见所闻,所思所想,都被他写入诗词。因此,诗词不仅反映了作者个人生活的起伏跌宕,也折射出整个近代社会的动荡不安。通过他的诗词作品,后人便可勾勒出作者及其生活时代的大致场景。第二,汪洋恣肆,不拘形式。内容之丰富常常突破形式之框限,情感之激越每每冲过格律之旧规。当形式与格律影响真情实感发挥的时候,王韬总是以尽情抒发爱恨情仇为第一选择,不惜放弃格律形式。王韬曾自称"余诗喜于长枪大戟中求生活,不能作细针密缕"。① 在《弢园老民自传》中也自承"于诗文无所师承,喜即为之下笔,辄不能自休,生平未尝属稿,恒挥毫对客,滂沛千言,忌者或訾其出之太易。至于身遭谗谤,目击乱离,怀古伤今,忧离吊逝,往往歌哭无端,悲愉易状,天下伤心人别有怀抱也"。② 当他写诗成名后有人向他求教如何写诗时,他以长诗《我诗》一首概括他的诗词特点及写作心得:

> 客来问我诗,我诗贵笃挚。譬如和太羹,其中有至味。平生所遭逢,自言无少讳。满胸家国忧,一把辛酸泪。书必读万卷,笔不著一字。从未区宋唐,惟在别真伪。我当少年日,词亦工侧媚。花月赋闲情,帏房抽绮思。甫逾弱冠年,饥驱遂人世。室无半月储,袖灭三年刺。从兹历艰难,稍复尚意气。跃冶动见憎,怀才安得试。逮乎忧患来,置身几无地。冷眼识交情,热衷绝世事。但知吟乱离,不能饰平治。但知乐饥寒,不能炫宝贵。咿唔秋草根,聊以鸣吾志。不求人见知,永为世所弃。客乍闻此言,悚然欲退避。揖客且闭门,将诗藏敝笥。③

---

① 王韬:《蘅华馆诗录》卷六《小楼主人以吟饮图索题》,陈玉兰校点:《王韬诗集》,上海古籍出版社2016年版,第210页。
② 王韬:《弢园文录外编》卷十一,光绪九年香港排印本。
③ 王韬:《蘅华馆诗录》卷三,陈玉兰校点:《王韬诗集》,上海古籍出版社2016年版,第107页。

上述"长枪大戟""下笔不能自休""诗贵笃挚"诸语,强调的都是直抒胸臆,内容为上,情感第一。这的确是王韬诗词区别于同时代文人诗词的显著特征,也是他能够在晚清上海诗坛和词林自立门户、别树一帜的根因。

第十章　探索"养才之道"

中国现代化从根本上说是中国人的现代化,因为以富强为目的的任何活动都离不开具有相应科学文化知识与技能的现代人的参与,而现代人则完全是教育的产物。王韬从19世纪70年代起逐渐发现他所倡导的富强运动遇到了人的问题,因而把他的注意力投注到"养才之道"的思考上。他参酌古今,比照东西,"盱衡时事",提出了许多有价值的独具慧眼的见解,这些见解或直接被呈送给清朝方面大员,或公开发表于报刊之上,从而为中国近代教育改革提供了不可或缺的方向标。

一　人才观的变化

中国历来是一个人治国家,朝野上下都深知人才是强国之本。在儒家经典著作《中庸》里就有"其人存,则其政举;其人亡,则其政息"的古老训条。鸦片战争时林则徐也高呼"为国首以人才为重,此扼要之谈也"。① 可以毫不夸张地说,中国封建社会的有识之士基本上都承认人才多寡与国家兴衰有着密不可分的关系。他们对人才的呼唤和关怀的热情一点也不比现代社会眼光犀利的思想家在这一方面来得逊色。所谓"民族的竞争就是人才的竞争"这一流行于当今世界的时尚口号,中国古代的政治家和哲人耳熟能详。

---

① 林则徐:《云左山房文钞》卷四《致邵懿辰》,民国五年上海广益书局石印本。

王韬秉承了中国古代社会重视人才的传统,终其一生,他几乎没间断过对人才重要性的呼喊。从他所留下的文章和书信中,我们也可以看到大量这方面的文字。略举数例如下:

> 地之兴废何常哉?系于人而已。得其人则兴,而百事以治。①

> 天下事皆在乎得人而已,得其人则治,不得其人,则虽有良法美意,多败于奉行故事之手。②

> 国之强弱何由哉?为土地有大小欤?为士卒有多寡欤?抑为器械有利钝欤?蓄积有虚实欤?余以为皆非也,非则何由,人材之盛衰为之也。今夫工师之宫室,伐木于山,相其大小短长,度才而用之,及其功成,崇台广榭,万户千门,轮焉奂焉,莫不备极工巧,国之于人材亦然,量能而授事,度材而任职,百事由以举……亦在乎得人而任之而已。③

在王韬看来,国家要强大起来,必须依靠人才。人才对国家的兴亡起到至关重要的作用,是国家的根本所在,观察一个国家的强弱主要就是看其人才的兴废程度:人才兴旺,贫弱之国可转为富强之国;人才凋敝,贫弱之国不仅不能求强求富,富强之国亦可因此趋于贫弱和败亡,"天下之患,莫大乎浮慕富强之虚名,而根本之地未立,虽强立见其蹶耳。治国之要,曰举人才,曰固民心"④。

王韬虽然把中国古代社会重视人才的思想强调发挥到无以复加的地步,但在人才概念的内涵上,其人才观与旧人才观是南辕北辙的。王韬的人才观具有崭新的时代内容,属于或接近近代资产阶级思想范畴。

首先,传统的人才观标榜"君子不器",人才的知识结构基本上框限在大而化之的儒家学说里面。被公认的"人才"看上去无所不通,但实际上行行不通。他们似乎是一个模子倒下来的众多的砖坯,缺少个性与特长,相互间既同构又同质,单调得令人生厌。传统教育下人才的唯

---

① 王韬:《弢园文录外编》卷八《创建东华医院·序》,清光绪九年香港排印本。
② 王韬:《论所谈洋务终难坐言起行》,《万国公报》1893 年 12 月,第 59 期。
③ 王韬:《去学校积弊以兴人材论》,陈忠倚编:《皇朝经世文三编》卷四十三,光绪戊戌年石印本。
④ 王韬:《弢园文录外编》卷八《送黎侍郎回越南后·序》,清光绪九年香港排印本。

一出路是做"官",所以官是传统人才的衡量标准和共通职业。甲官与乙官,不论他们属于吏、礼、兵、刑、户、工哪一部门,在传统人才观里只要被承认"有才"便可互相调来调去。王韬时常抨击的"今日治吏曹,明日治刑曹,未及熟其职事则又转而之他"的怪现象与传统人才观并无矛盾之处。至于"官"以外的其他方面的专门人才,在传统人才观里不过是难登大雅之堂的与贩夫走卒相差无几的工匠或山野术士罢了,不在正规人才之列。

王韬的人才观与上述人才观明显不同,他强调人才对民族发展的重要性是以承认人才的多样化、专门化为前提的。他认为以中国近代化为目标的富强运动是一场为了消除中国与西方之间存在的经济、军事、科学技术以至政治差距的一次民族总动员。这不仅需要一个讲究办事效率、有眼光、有谋略的官僚阶层,更需要拥有不同专业知识的企业家、商人、科学家、报人、工程师、技术员、教育工作者及其他各种有"一技之长、一材之擅"的专才。他说:"才有数等,有吏才,有将才,有匠才,有出使之才,有折冲御侮之才,有明体达用之才,有应急济变之才。"①"折冲行阵,则有将帅之才;教习火器,命中及远,则有战斗之才;统率艨艟,乘风破浪,则有驾驶之才;长于战具,巧思独绝,制胜出奇,精益求精,则有制造之才。"②所有这些人才,虽然可能会因知识构成的限制不能成为所谓的"通才"或"君子",但在专门领域他们对中国正在进行的富国强兵活动助益匪浅。王韬因此呼吁社会要抛弃旧时代封建士人对人才求全责备的心态,充分考虑到人才的不同特性,区别对待,"用之必各当其才,而后才乃见","因才器使,靡有或遗"。

对专门人才的关注是王韬人才观念的重心所在。他之所以孜孜不倦地长期呼吁人才之重要,其触点就是因为他对以经济、军事、科学技术为主要内容的富强运动缺乏行家管理和操演的现状不满。他曾不无痛心地写道:

今沿海各直省,皆设有专局,制枪炮,置机器,造火舰,遴选幼

---

① 王韬:《弢园尺牍续钞》卷三《拟上当事书》,光绪己丑铅字排印本。
② 王韬:《弢园尺牍续钞》卷三《拟上当事书》,光绪己丑铅字排印本。

童出洋肄业。自其外观之，非不彪然其著，庞然其大，惜乎徒袭其皮毛，有其名而无其实。夫枪炮则在施放之巧，舟舰则在驾驶之能，器固不可不利，而所以用利器者，则在人也。①

船坚、炮利、兵足，而不得其人，则有船与无船同，有炮与无炮同，兵足与不足同……欲务海战，必求其人。②

今天下要务莫急于理财，诚所以培国本厚民生而立富强之基者也。顾理财尤以得人为先。当此时事日艰，强邻四逼……国家因此许民间肄习西学，仿效西法，枪炮船舰，开矿织布，咸思次第施行，而卒未全收夫实效者，何也，是岂宜于泰西而不宜于中国哉？盖中国有泰西之法，而无泰西用法之人也。③

显然，王韬是把人才与求强求富的工商金融、军事国防、科学教育、工程技术等实际专门活动联系在一块考虑的。强调专门人才是王韬人才观的一大特点。他认为对人才的要求不应该拘泥于传统的"通才"，在近代中国应该重视实用人才，应该培养、选拔那些有一技之长能处理各种事务的专门性人才。这表明他的人才观与传统形态提倡的"君子不器"的人才观已发生相当大的背离。

其次，在无孔不入的儒家文化的长期辐射与影响下，传统人才观带有浓重的伦理至上的道德主义色彩，片面强调人的道德修养和心灵至善。当然，传统人才学说中有"格物致知"一说，从表面上看它似乎绕开了道德主义这一关，走到了功利主义的边缘，但仔细品味之下，它仍然是一种"功近于虚"的冥思苦索，其目的依旧是为了修得"诚正治平"的道德正果。这与近代西方"功徵诸实"的自然科学与技术不可同日而语。

在中国古代思想家的价值观上，人的道德始终是最重要的、第一位的、不可须臾离的，而智与能则是次要的、从属的、第二位的。"天下之治，系乎人臣之有德，而才不与焉"就是这种观念的典型表达。每当遇

---

① 王韬：《弢园尺牍》卷十《答余谦之大令》，光绪癸巳沪北淞隐庐本。
② 王韬：《救时刍议下》，《万国公报》1892年9月第44期。
③ 王韬：《论宜得人以理财》，《万国公报》1892年11月第46期。

到"德"与"才"两者发生冲突的时候,古代哲人总是取"德"舍"才"。女子无"才"尚且可称为"德",倘若无"德"恐怕连人也都称不上。一个能够用伦理道德修身齐家的所谓"道德之士",在古代中国可进而治国平天下;而一个"不孝""不悌"或"不慈"的人无论如何是不能治国平天下的。不能治平者也就是不能为"官",从而也就永远被排斥在社会公认的"人才"之外。

王韬的人才观虽然也有几分道德主义的回光返照,但他最看重的还是实用功利。无论是"平贼",或是"兴利",或是练兵,或是变法,都需要有用之才,"所以甄别人才者,直言极谏,舆图象纬,一切专求乎实用。"①就一个人来说,其才能可能存在着与道德不相一致的情形,但这绝不应该成为拒绝承认和使用人才的借口。一个精于算学或矿学的专家,或拥有任何"一技之长、一材之擅"的人,虽然他可能在道德方面存在着某一缺陷,德行不及"君子"或"道德之士",但这绝不能否认他的实际学问和才能有益于国计民生。因此,也就不能把他排斥在人才之外。在中国近代,既然"民富国强"是社会成员追求的最大目标,一技一材的专家便是最适用的真才。

"以有用之心思,施之于有用之地,日事讲求富强之效"②是王韬坚持的人才标准。他多次对封建顽固派把道德放在功利之前的论点嗤之以鼻,认为他们攻击洋务运动"侈事功、夸富强、兴管商之风"是"不知兵甲修而后道德尊,师旅雄而后礼义盛",是"夏虫不知冰",是杞人忧天。③王韬对自古至今中国社会的人才状况进行了反省。他发现,在道德主义盛行的中国社会里,人才存在着一种"名"与"实"的分离。一方面,身居要职,有翰林、进士、举人等头衔者,位在人才之列,肩有治国理民的重任,但这些人除了怀抱"圣贤之典籍,上下三千年之史册"和所谓道德修养之外,别无所有。"无论于泰西之国政民情,山川风土,茫乎未有所闻,即舆图之向背,道里之远近,亦多有未明者,河漕兵刑财赋诸大端,

---

① 王韬:《弢园文录外编》卷二《尚简》,清光绪九年香港排印本。
② 王韬:《论中国煤铁之富美国金银之富》,《万国公报》1893年10月第57期。
③ 王韬:《弢园尺牍》卷八《上丁中丞》,光绪癸巳沪北淞隐庐本。

亦问之而谢未遑焉。"①这种人才，对国外情况一无所知，对本国的国计民生也一窍不通，"问其何以察吏，何以治民，则茫然莫对也"②，说穿了就是一种"非治国经野之道、非强兵富民之略"的"伪才"，是一种成事不足败事有余的"高级游民"。对中国现代化运动来说，这种"伪才""游民"越多，起动便越困难，发展便越缓慢。王韬因此直言不讳地呼吁将这些有害无利的"伪才""游民"驱除尽净。另一方面，中国的工商活动所急需的拥有真才实学或怀抱一技之长者数量本来就十分有限，却还处在无职无权、被人轻视甚至连自己生活都朝不保夕的可怜位置，他们竟是空有报国之志而无报效之门。即使有一小部分人勉强挤进了某些官员的幕僚队伍，或者像王韬本人那样与统治阶层中的某些官员保持着私交，但扮演的不过是名不正言不顺的"帮闲"或"伙计"角色，于大局补益甚少。王韬不无自嘲地写道：

> 天下事大抵言之易，而行之难，所见能及之，而所行或不能赴之……事为创见之事，法为创行之法，而亟亟于进言者又只此草茅新进之人，即使一时能动当轴者之听，亦不过如异闻奇论，聊备一说而已，岂真欲采择而行之哉？坐令良法美意，日消磨于因循苟且之中。言之淳淳，听之藐藐，从未闻有起而整顿之也。③

王韬在这里似乎已经看出人才的"名实分离"是中国现代化运动始终吼声如雷而又无法实际展开的原因。

再次，传统人才观荡漾着强烈的中国中心主义的基调，贬低排拒一切非中国的"异端"。凡是沾一点"夷"边的学问、知识、技能、人才，在传统人才观或价值观里是毫无地位可言的。买办、通事、洋商、华侨资本家等，即使学问再大、本事再多、爱国之心再诚，却也总是和"小人""汉奸""二臣"一类人物相差无几。郑观应、唐廷枢等一批具有一定近代工商知识和爱国思想的买办早年几乎全被当成"圣教之罪人""国家之蠹虫"而受尽同胞的冷嘲热骂。而精通外语、知晓西学之士也绝对不能与

---

① 王韬：《弢园文录外编》卷三《洋务在用其所长》，清光绪九年香港排印本。
② 王韬：《弢园文录外编》卷二《变法自强中》，清光绪九年香港排印本。
③ 王韬：《格致书院课艺》(戊子年)，夏季超等第五名王韬"评语"，光绪丙申袖海山房石印本。

饱读四书五经的国学之士相提并论,近代西学大家容闳、严复等幼学"旁行文"而遭乡论指责便是明证。甚至进士出身已在传统人才之列的郭嵩焘在掌握一些西学之后也被士林目为"勾通洋人""不伦不类"的败类。王韬本人早年也拒不承认西学和西学之士应有的社会价值。他在1859年写给周弢甫的信中曾说:"西人于学有实际,天文历算,愈出愈精……察地理,辨动植,治水利,讲医学,皆务析毫芒,穷其渊际,是以有识之士乐与之游……然识者以为中外异治,民俗异宜,强弱异势,刚柔异性,溃夷夏之大防,为民心之蟊贼,其害有不可胜言者矣。"①

思想成熟时期的王韬则突破了中国中心主义或民族本位主义的藩篱。他把人才观与改革开放思想联系起来,以世界意识和多中心主义的视角来看待人才问题。他既承认中国之学、中学之才,也承认西方之学、西学之才。19世纪70年代,王韬曾多次向当权者推荐人才,西学和西学之才则是他强调的重点。1875年,他应邀向丁日昌荐举的三个人都属"西学之士",而非"国学之士"。他的推荐信是这样写的:

> 如陈蔼廷、张芝轩,皆其矫矫者也。张君明于欧洲情势,能见其大,著有驭外刍言……陈君之学,不名一家,弱冠即在英国衙署,律例尤所深知。近为西字日报,以华人而作西报,向所未有,非其西学稍有可观,西人安肯倾倒若是。伍君秩庸,不惮久远,学律英京,固一时有志之士也。②

王韬生平自视甚高,被他看上的人物寥寥无几,他在推荐信中用如此一赞三叹的溢美之词来推重这几个在传统人才观里不过是"以夷变夏"的"大蠹",表明他对西学和西学人才的重视,也反映了他衡量人才的标准已摆脱中国中心主义的偏见。

王韬有一句名言,即"东方有圣人焉,西方有圣人焉"③。在这一前提下,王韬自然而然地把西方的有学之士也包罗在人才之列。他曾力

---

① 王韬:《弢园尺牍》卷四《与周弢甫徵君》,光绪癸巳沪北淞隐庐本。
② 王韬:《弢园尺牍》卷九《上丰顺丁中丞》,光绪癸巳沪北淞隐庐本。又,王韬在1883年也曾向江西巡抚潘霨荐举过人才,此次所荐为祁翰荪,亦为"西学之才",曾"远航瀛海,游历美洲,采异方之情俗,识泰西之方言"。王韬:《弢园尺牍续钞》卷三《上潘伟如中丞》,光绪己丑铅字排印本。
③ 王韬:《弢园文录外编》卷一《原道》,清光绪九年香港排印本。

主聘请外国人才在中国开设外语学校:"专设一馆,以西人为师,使聪明壮健之俊秀少年,日夕肄习,务期堪于其任。"① 在王韬的文章书信中,介绍、称赞西方才学之士的文字屡见不鲜。从历史上的哥伦布、培根(Francis Bacon)、侯失勒(Frederick William Herschel)到现实交际中的傅兰雅(John Fryer)、伟烈亚力、合信,都是他赞美过的才识过人之士。他曾写道:"西学大昌,卮言日出,如伟烈亚力之天学,艾约瑟之重学,丁韪良之律学、格致学,合信氏之医学,玛高温之电器学,标新竞异,几于美不胜收。"② 王韬甚至认为,中国的现代化运动急需大批实学人才,中国在国内人才供不应求的情况下不妨采取"取材于各国以为我用"的方针。他在《代上黎召民观察》一信中明确指出,中国现代化不学西法、不聘西方人才指教或暂时管理,断难奏功。③ 把传统士大夫视西学和西学之人为"不若我甚"的观点颠倒到它的对立面——非西学和西学之人"不足为功",标志着王韬多元主义人才观的最终确立。

二 审判旧教育

人才是教育的生成品,教育是人才的摇篮,王韬清楚地看出了两者之间的关系。因此,他的思路自然地从重视人才进而转到重视教育。他说:"地之于草木,何地不生,国之于人材,何国蔑有,然则盛衰有不同者,无他,由乎养与不养焉耳"④;"天下未尝无才,患所以求才之道未至"⑤。这里所谓的"养才"与"求才之道"就是指教育。

王韬是从文化的深层意义上来认识教育的巨大功用的。他是一个"教育救国论"者,相信教育关系到兴学育才、关系到开启民智、关系到富国强兵,因而是国家命运的杠杆所在。只要中国教育发达,才智之民

---

① 王韬:《弢园尺牍》卷九《上丁中丞书》,光绪癸巳沪北淞隐庐本。
② 王韬:《弢园尺牍》卷七《代上丁中丞书》,光绪癸巳沪北淞隐庐本。
③ 王韬:《弢园尺牍》卷九,光绪癸巳沪北淞隐庐本。
④ 王韬:《去学校积弊以兴人材论》,陈忠倚辑:《皇朝经世文三编》卷四十三,光绪戊戌年石印本。
⑤ 王韬:《弢园文录外编》卷七《平贼议》,清光绪九年香港排印本。

增多,民富国强则指日可待。

然而,清朝的教育并没有造就出合格适用的真才,反而培养了一批道貌岸然而又毫无实际知识的"伪才"和"伪君子"。因此,它无疑是中国经济贫穷落后、政治黑暗腐朽和军事羸弱不堪的祸源。王韬以中国三代时期的教育为参考系,对中国封建社会的教育痛加挞伐。

王韬指出,与三代相比,中国封建教育弊端重重:

其一,三代之时,学校教学内容甚为广备,包括"德"(知、仁、圣、义、忠、和)、"行"(孝、友、睦、姻、任、恤)、"艺"(礼、乐、射、御、书、数),即"六德""六行""六艺",三者并重,全面发展,所培养的人才"德行足以为人之师,才能足以应当世之务,教其所用,而用其所教"。而今之学校,教学内容狭窄呆板,除四书五经、词章考据之外别无所学,以致生徒虽多,才俊不出。士者图务虚文而薄实行,"其能通当世之务者百不一二"。

其二,三代教育是"不惟其书惟其行,不惟其理惟其事","礼乐射御书数之文莫非事也,盖使人从事于日用实务而至于其理",教之以实事,程之以实功,于是实才辈出。今之学校,牵制章句,剖析文义,用力于末节,而不复顾其实际,"不惟其行惟其书,不惟其事惟其理",教者、学者要么为帖括所拘,要么高谈性命、衍说仁义,细析毫芒,至于钱谷财赋,舆图天算,则茫然不晓。

其三,三代之时,教者即官即吏,"教"与"治"、"学"与"仕"如出一辙,教学内容即为入仕为官之实际学问。礼乐刑法,钱谷算数莫不于学中俱备,学其所仕,而行其所学。今之学校,与实政脱节,仕、学歧而为二,所学者章句,所业者文词,所志者科名,学者及其入仕为官,如不习操舟而泛于海,茫然四顾,束手无策。所用非所学,所学非所用。如此方式培养出的人才,于教育无利,于国家亦无益。

其四,上古之时,文武出于一途,学校将射御并于文艺,学者既能文,又能武,一有征战,人皆知兵。今之学校,教文不教武,致使文武分为两途。武人率不知文,儒者亦藐视武事,以为非我所宜知。

其五,古者学问有专,古人专学一事,学成而仕,终身不变其任,所以事专而功易成。今之教学,泛泛而谈,散乱无纪,学成为官,亦用心不专,今日治兵,明日理刑,故事事无成。①

三代或上古教育并非如此完美无缺,王韬在这里借"三代"这一易为中国士人接受的传统名词,并将近代西方教育的新因素、新精神犀入其中,不过是想借一种理想化的教育模式来抨击清朝教育的弊端和呼唤教育改革罢了。后者是王韬所要表述的关键。至于前面所用武器的名称是否确切、是否合于历史真实,王韬似乎无暇顾及。马克思曾说过,在历史上有过这样一种现象,即当一切已死的先辈们的传统像梦魇一样纠缠着活人的时候,革命者常常请出古代亡灵来助战,借用古代的名字、战斗口号和衣服,以便穿着这种久受崇敬的服装,用这种借来的语言,演出历史的新场面。在革命中,使死人复生是为了赞美新事物诞生,而不是为了模仿旧事物;是为了提高想象中某一任务的意义,找到革命的精神,而不是为了回避在现实中解决的这一任务。② 王韬在这里的真实用意正如马克思所分析的一样,在于寻找批判现实、变革现实的"革命精神"。

与"借古讽今"有异曲同工之妙,王韬也曾利用英、法、德和日本等国的先进教育样板来反衬清朝教育的不合时宜。比如,他在《重订法国志略》一书中这样推崇日本的教育:

(由巴黎博览会日本馆格致器具物质之盛以观之),日本幼孩自少学习西法,出自平日父母之教训,所谓少成若天性,习惯如自然,已与泰西不甚相悬,其教习之法仿照英国北省章程,最为讲究。男女皆分塾督教,房屋均高大通风,并令学徒谙晓保养身体脏腑方法,虽伦敦巴黎无以加此。古时学塾墨守旧法,但读中国书,全不明格致要理,饱餐糟粕,以误终身。今皆读外国有用之书,测绘地图,认真不苟,论欧罗巴各国疆域甚详且尽。所列水师表,凡各口岸险要处所,有图有说,朗若列眉……谓通商泰西历年无多,而已能如此,国政人心效应如响,岂偶然哉?③

---

① 王韬:《去学校积弊以兴人材论》,陈忠倚辑:《皇朝经世文三编》卷四十三,光绪戊戌年石印本。
② 马克思:《马克思恩格斯选集》,第一卷,《路易·波拿巴的雾月十八日》,人民出版社1975年版,第603—605页。
③ 王韬:《重订法国志略》卷十,光绪己丑弢园老民校刊本,第37页。

在《论泰西学校》一文中推崇德国教育:

> 若日耳曼之教人则尤有进。自通都大邑下至比闾族党之间,皆立庠序,以作械朴而育菁莪,不特春夏秋冬习见鸾旗之筏筏,即东西南北常闻鼍鼓之逢逢,由是家弦户诵,讲让型仁,而林林总总之民,既能习礼义以化愚顽,亦可执干戈以卫社稷。至其司闻总戎,通三略,娴四音,能开鱼凫甲乙之门,可破鱼鸟庚丁之阵,而且聪明绝世,辣丁之言语能通,法国之音声尽悉,此允文允武之才,实为一国之冠冕也。①

与自然朴实的三代教育方枘圆凿,与清新实用的现代世界教育潮流亦背道而驰,清朝以务虚为特征的教育实在是应该寿终正寝了。王韬举出两个参照系的目的于此昭然若揭。

王韬尤其痛恨与清朝教育联为一体的八股取士制度,并对其进行了猛烈的抨击。在他所留下的文字中,这一方面的嬉笑怒骂连篇累牍。其文字所显示的时间跨度略在50年左右。也就是说,王韬从1847年第一次参加科举考试起至1897年撒手尘寰前为止,就一直没有停止过对八股取士制度的口诛笔伐。对同一问题花费如此之长的时间、如此之多的精力反复论驳,表明他对这一制度的深恶痛绝。

王韬认为,八股取士制度是明清以来教育退化、人才不出、国家不振的根源。他带着愤怒的情绪写道:

> 帖括一道,至今日而所趋益下,庸腐恶劣不可向迩。乃犹以之取士,曰制科,岁取数千百贸然无知之人,而号之曰士。将来委之以治民,民其治乎?故我曰:取士之法不变则人才终不出。②

> 国家以时文取士,数百年来莫之敢废。士之习此者,多有青年就学,皓首无成者。至于莅官之后,身之所行,尽非少之所习,于是不得不委之于吏,上下其手,是非颠倒,官场之坏,由于士习之颓。③

---

① 王韬:《论泰西学校》,《申报》1875年1月27日第4版,转录香港《循环日报》。
② 王韬:《弢园文录外编》卷一《变法中》,清光绪九年香港排印本。
③ 王韬:《弢园文录外编》卷七《平贼议》,清光绪九年香港排印本。

王韬曾在《循环日报》上发文对那些已经通过科举考试的所谓"硕彦名儒"进行冷嘲热讽,他写道:

> 唐尚制举,专以诗赋抡才,遂致文华日盛,动形浮躁之徒,所谓经明行修者已不多见矣……其后则运会日衰,教化日替,士之急功名喜奔竞者,抄袭怀挟,倩雇替冒,无所不为,即其能自树立者,亦只视文艺为敲门砖,各求捷径,撷拾浮言,讲求格调,互相摹仿,剿袭剽窃,漠不知羞,父以是传子,师以是传弟,口讲指画,无非此物,其命运之佳,则扶摇直上,掇巍科以去,人之尊之,则以为硕彦名儒也,即其人自命,亦俨然通品也,无论佛时诧为释典之语,贞观指为汉皇之号,种种谬妄,不值一噱,即稍知自爱,其能于六经之外,更有何所发舒耶?若时数限人,终老牖下,而终日所守,不过高头讲章,目光如豆,究不知其所见何物,而且讻讻然自命于大庭广众之中,曰我固读书人也,市井之徒,乌足与我俦匹哉?及窥其所作所为,则乡党自好者反多有所不屑,固不啻一无赖之徒也。至发而为文,每一矢口,动辄"且夫尝思",不辨何体,俱莫之或离,试思"且夫尝思"等字,不过制艺缘起之例,非可一概施也,自六经以至子史,详为翻撷,何尝用此等字样,以发凡而起例,取而譬之,要不过如降谕之钦此奉旨、之钦遵告示、之各宜凛遵、无违特示等字样,岂可混以相加,若非应试制艺,则又何为而用此等字样,而致有识之士阅之,而吃吃笑不休耶?……此而不知辨,遑论其他?此买驴书券博士所以贻诮也,呜呼,区区之言已如此舛谬,则乘时得位,又安望其通权达变,宏济艰难,上足以安社稷,而下足以利民人哉?①

科举不仅不能培养人才,反而将自然生成的材质聪颖子弟砍斫尽净,"夫天地生才,而国家非惟不能用,又从而摧残屈抑之,以自斫其元气。今国家取士,三年而登之贤书,升之大廷,称之曰进士,重之曰翰林,以为天下人才在是矣。不知……率天下之人才而出无用者,正坐此耳。败坏人才,斫丧人才,使天下无真才,以至人才不能古若,无不由

---

① 《通才难得》,《申报》1877年11月7日第4版,转录香港《循环日报》。

此"①。因此,学时文无论成与不成,最后的结果不外是变成"问以钱谷不知,问以兵刑不知,出门茫然,一举步即不识南北东西之向背"的废人。相反,倘若人们一开始就摒弃科举,"以学时文之精神才力,专注于器艺学术",则优者可治国安邦,服务于社会,差者亦可凭一技之长自谋生计,"足以终身用之而有余者"。

既然八股取士制度如此十恶不赦,统治者为什么还要视之如宝乐此不疲呢?王韬揭示说,封建制度从根本上讲是与天下人人有才不相容的。封建统治者既然把国家当成一姓的私产,便免不了时时刻刻提防他人的攘夺,而削弱、消除攘夺者的最好办法便是愚民政策:"以时文取士,盖欲其废书不观,使之囿于一隅之中而莫能出其范围;往往有髫龄就学,皓首无成,而士之受其愚不少矣。呜呼,此徒以功名富贵鼓舞其心志,虽有奇才异能,非是莫由进身,其愚黔首之心,实无异乎祖龙之一炬也。"②

明清以来,由于封建君主专制制度空前加强,为进一步控制人们的思想,八股文被作为科举考试的固定文体,专试时文,不论实际。命题局限在四书五经的范围内,因此,人才智慧也全被禁锢在四书五经的枷锁之中,这的确给中国社会造成了灾难性的后果。"取士之法,专以无用之时文,而不知少为变通,此无殊驱中国之人才而陷之于坎阱,导之于黑暗也。"③但直至王韬所生活的19世纪中后期,中国统治者依然抱住这一有害无利的制度不放,民间学子亦热心追逐而不悔,这便不能不引起志在振兴中国的王韬的极大愤慨。所以,他终身不厌其烦地攻击八股取士制度,并视之为中国社会落后、腐朽、黑暗及其他一切不如人意现象的"万恶之源",甚至把它与秦始皇焚书坑儒的恶举相提并论,这些都是可以理解的,尽管这种观点不无简单和偏颇之处。④

---

① 王韬:《弢园文录外编》卷一《原才》,清光绪九年香港排印本。
② 王韬:《弢园文录外编》卷一《原士》,清光绪九年香港排印本。
③ 王韬:《弢园文录外编》卷五《西人重日轻华》,清光绪九年香港排印本。
④ 造成中国社会落后的原因是多方面的。王韬把它归之为科举制度似乎过于简单;统治者开办科举考试的最初动机应该说是为了培养统治阶级的合格成员,虽然在实际过程中它阻碍了人才的培养。

三　构想新教育

王韬竭力抨击八股取士制度不合人性和事理是为了废除它以及整个封建主义的教育制度，进而建立一个资本主义性质的全新教育体系。但是，他毕竟是一个一贯主张"事求其渐进，道无贵乎欲速"的渐进主义者，其改革的目标虽具有革命意义，可从具体的改革方案来看，他的教育改革思想具有明显的循序渐进、不求其速的特征。

王韬认为，改革旧式教育最好采用"先增新，后废旧"，稳扎稳打步步为营的战术，即先突破一点，楔进新元素，以求局部改变旧教育的面貌，然后逐渐扩张，最后将旧教育，包括旧内容、旧形式、旧方法全部废除。他建议分三步以改革旧教育，建立新教育：

第一步，暂不停止科举考试，而是在科举内容上略加调整，除首场考题依旧考时文外，"二场之经题宜以实学，三场之策题宜以时务"。同时在制科以外，加设专科，以通达政体、晓畅实务者充其选。① 也就是说，新考试制度不仅要削减旧科举考试的"旧学"容量，增加"实学"和"时务"的内容，还要在旧系统以外另设专门考试，遴选时代需要的全新人才。王韬在这里之所以不建议立即全盘废除时文，而采取渐进的过渡办法，主要原因就是减少保守派的阻力，以达到对封建科举制度彻底、完整的改革。用他的话说，叫做"寓变通于转移之中，实以渐挽其风气而裁成鼓励之"②。

第二步，废除时文考试，将教学和考试内容区分为才、学、识三途和经学、史学、掌故之学、词章之学、舆图、格致、天算、律例、辨论时事、直言极谏十科，不论何途何科出类拔萃，皆得取之为士，试之以官。同时于武科废止弓、石、刀、矛考试，而改以学、艺、力三科取士，"学之大者，首在地理兵法，明乎山川扼塞，熟于行阵进取，料敌审势，屯营设伏，无不具有方略……此所谓大将名将才也；艺者如建营垒，筑炮台，制造枪

---

① 王韬：《弢园文录外编》卷一《变法下》，清光绪九年香港排印本。
② 王韬：《弢园文录外编》卷一《变法下》，清光绪九年香港排印本。

炮器械,及一切攻战守御之具,因敌而施,无不布置有方,深中要害,此所谓能将才也;力者在乎发炮鸣枪,命中及远,洞坚折锐,荡决无前,此所谓战将才也"①。王韬还建议对那些捐纳出身的官吏和候补人员增加一次考试,考试内容为:沿海省份试以洋务西学,内地省份试以理财钱谷实事。王韬宣称,此举一来可裁汰一部分不肖、不才、不能者,二来可扩大实学西学的影响,有利于官场和士林学风的转变,"取士之途太隘"的制度性缺失也可借此得到匡正。

第三步,在新的地基上建立全新的西方式近代学校。虽然走完上面的两步,实用之学、实用之才已经取得了立足之地,但这毕竟是旧房子上的"拆旧添新",在体系或模式上总缺少重新构造的气韵。所以王韬接着更进一步,提出了建立新式学校的构想。他在《漫游随录》中称道英国的小学校说:

> 英人最重文学(这里指教育),童稚之年,入塾受业,至壮而经营四方;故虽贱工粗役,率多知书识字。女子与男子同,幼而习诵,凡书画、历算、象纬、舆图、山经、海志,靡不切究穷研,得其精理。②

在《重订法国志略》中他进而注意到法国教育有太学、国学、小学三级之分,而重点全在乎小学、国学:

> 通国市镇计有三万七千五百一十处,所设小学之数如之。设学经费半出于官,半出于民,入学肄习者,毋须自备束修,其地贫民无力延师者,子弟许在学中……小学国学中所习课程其目有五:一审求天主、耶稣两教中规仪道法;一考察律例;一明医理辨药性;一诵读诗书;一专攻艺术(指各种专门应用性技术——著者)。此外,府州县镇中所有私设书塾不可胜数,皆以治杂学,习各技,各就所愿,群居讲肄……习兵法,开河道,造器物,博通古今,各国语言文字、历算、地理、史学、性道、图画、气机,无不涉猎其精粗,考究其本末。所以国中高材博识之士时不乏其人也。③

---

① 王韬:《弢园尺牍》卷八《上丁中丞》,光绪癸巳沪北淞隐庐本。
② 王韬:《漫游随录》卷二,《走向世界丛书》,岳麓书社1985年版,第107页。
③ 王韬:《重订法国志略》卷十七《志学校》,光绪己丑弢园老民校刊本。

在这里，王韬思想中顺理成章的逻辑是：中国不求人才兴旺便罢，若求人才兴旺，亦只有模仿西方，普遍设立各类新式学校。他在为中国统治者设计的变法自强方案中更明确地写道："每省每郡每州每邑，由国家设立文武学塾，以为训习储材之地"；"设立学校，以收教士之实效……当令士子日夜肄习其中，必学立艺成而后可出也。其一曰文学……其二曰艺学……文艺两端，皆选专门名家者为之导师，务归实用，不尚虚文。"①传统的教育主要是通过旧式书院或私塾完成的，教师知识结构简单而雷同，所授学问离不开四书五经和所谓的道德人伦，教授者要么愚腐不堪，要么徒有文名。教学方法死板，教学活动只是"奉行故事而已"，并不能教给学生真才实学。王韬所倡议的是分门别类的教学内容、众多的专门名家、务求实用的学风以及国家提供的财力基础，这些显然是传统教育不曾有过的新景象。他在竭力为西方式近代学校在中国的落地生根开拓道路。

王韬为中国教育改革设计了一套完整的方案，但他在1885年以前始终没有获得相应的地位和机会来从事教育改革的实践。他不知疲倦地呐喊，希望有朝一日能看到新式教育的胚芽在中国大地上破土而出。1877年当他听说日本天皇皇后"捐洋三万元"助建学校的消息后，立即在《循环日报》上刊登"捐资建学"一文予以报道，急切呼吁中国当局效仿日本皇后重视国民教育。文章评论道：

> 国中建立学塾最为急要先务，此即仰体礼记所言人不学不知道之遗意，故必须设学以教人也。是以泰西各国之学塾，或创自国家，或设由绅富，甚且有建造出于妇人者，至于国王王后之捐赀以为首倡者更不必言。故每身至一国，见其城镇乡村无不学塾林立，大有子之武城闻弦歌之声景象，其于圣人见民既庶即欲富之，见民既富即欲教之之意大相符合，于此愈足征泰西各国之君后深知治国化民之先务矣。日本今之此举，殆亦深知效行西法之首务……故武备虽有国者之所当务，然尚非急务也，若夫富教二事实有国家

---

① 王韬：《弢园尺牍》卷八《上丁中丞》，光绪癸巳沪北淞隐庐本。

者不可须臾缓图者也。①

当他听说留美归来的西学大师容闳在家乡广东香山兴办了一所新式小学堂的时候,立即著文给以热情的赞扬和鼓励。他写道:"乡设义学,教导有序,则子弟之俊秀可造者得以习文,资秉鲁钝者亦得工于艺,直可使野无遗贤,里无废人,其效之可观盖有如此者……将见义学之中岂无殊尤拔萃之姿,足以破浪乘风,慨然抱悫终军之志,驰驱异域,探求绝艺者。"②对新式小学教育的期待、奖劝和欢呼之情于言词中殷然可见。

近代教育的一大特征是把教学内容分为众多不同的科,分科授课。王韬注意到这一教育发展趋势,所以,他在倡议大兴普通学校的同时,主张根据现实富强活动的急迫需要建立一些专门学校,"国家于工农兵商各有艺塾,专宗艺学"③。他曾具体提及的专科学校有下述几种:

1. 外语学校。学习西方,与西方交际往来必须通彼此之情,而通彼此之情的首要前提便是掌握对方的语言。中西"交际往来者,曰官,曰商,而皆赖于语言文字以通彼此之情",而要掌握对方语言,就必须开设外语学校培养俊秀子弟。王韬因此建议国家应于各口岸设立翻译学院,招士子及候补人员肄习外语,"果其所造精深,则令译西国有用之书"。王韬认为,中国只要能坚持办学十年,"则西国机器、格致、舆图象纬、枪炮舟车等专门名家之学皆可探其秘钥"④。

2. 武备院。旧式长矛大刀以及与之相联的传统战略战术已不能适应近代形势下战争的节拍,有必要予以改变,这就急需大量的新型将帅之才和具有一定现代知识和技能的士兵。王韬主张设立新式武备院,即现代陆兵学校,来满足新形势的要求。武备学校专讲战斗、领兵、御边、山川地形、地理舆图、堵防、兵法、谋略、枪炮技术等实用之学。⑤他在《循环日报》上以英国军校为样板,呼吁中国当道全力模仿:"今闻

---

① 《论治国当以富教为先务》,《申报》1877年2月27日第1版,转录香港《循环日报》。
② 王韬:《弢园文录外编》卷八《拟设香山南屏乡义学·序》,清光绪九年香港排印本。
③ 王韬:《弢园文录外编》卷二《洋务下》《变法自强中》,清光绪九年香港排印本。
④ 王韬:《弢园文录外编》卷二《洋务上》,清光绪九年香港排印本。
⑤ 王韬:《弢园文录外编》卷十二《臆谭》,清光绪九年香港排印本。

英国学校如林,训诲从军之士亦如古来将帅……皆令其鼓箧入学教以敬业、亲师、乐群、取友,以致习思广益而底于大成,尚恐其暂志而久忘也,遂使其笔之于书。其英国之育才,军士而有儒风矣,然犹以为未备也,而复诲以珠盘玉算、纵横勾股,以及权衡轻重之有准,尺度长短之难达,务使其澈六艺之芳润而后已。"①

3. 水师院。中外相战,中国每失于海战,所以建立海军为中国的当务之急。王韬提议应在中国各海口兴办水师院,即海军学校,为中国未来海军培养合格的将帅和士兵。学校"专收驾驶战船,明习海道之人"②,以讲授船舰原理、航海术和海战兵法等为主要学习内容。王韬相信只要中国真心肯学,未来的中国海军必有内卫中国海、进规西国海、与列强海军并驾齐驱之日。③

4. 舵工馆。即船舶驾驶学校。王韬多次建议选择有经验的中国舵工水手入西方航海学校"精加习练",他特别注重在福建、广东、浙江等濒临大海省份招募学员,因为他们"岁必出洋数次,又渔船中人,日夜皆在水中,风涛猝至,亦无所畏惧"④。等他们学有成就后再回教更多中国生徒,以为扩充中国海军和拓展中国海外贸易培养航海人才。⑤

5. 艺术院。即工程技术学校或制造学校。王韬提出要重视艺术,"今宜创设学院,专重艺术,教习成童",专门录取"奇巧艺能之士",学习光化电重诸学和制造船舰、枪炮及其他各种机器之工艺。艺术院教学的最终目标是"务使器能自制"⑥。

专门学校在中国是一个全新的事物,也直接关系到中国富强运动的人才来源。王韬为此特别强调国家应在政策和经费等方面给以足够支持。学校应有能力配备各种科学书籍、杂志、地图、仪器设备及聘雇西方专家授课。在校学生应有相应的生活补贴和奖学金,以帮助或激励学生完成学业。学生毕业后也应有相应的功名以资鼓励。王韬断

---

① 王韬:《论泰西学较》,《申报》1875年1月27日第4版,转录香港《循环日报》。
② 王韬:《弢园尺牍续钞》卷三《拟上当事书》,光绪己丑铅字排印本。
③ 王韬:《弢园尺牍续钞》卷三《拟上当事书》,光绪己丑铅字排印本。
④ 王韬:《弢园尺牍续钞》卷三《拟上当事书》,光绪己丑铅字排印本。
⑤ 王韬:《弢园文录外编》卷三《练水师》,清光绪九年香港排印本
⑥ 王韬:《弢园尺牍续钞》卷三《拟上当事书》,光绪己丑铅字排印本。

言,只要在上者真心奖劝,中国必然出现"上以此求,下以此应"的人人自奋局面,到那时,"中国人心之巧,安见不如泰西,将见驾乎其上且不难"①。对国家未来的乐观憧憬溢于言表。

值得特别一提的是,在提倡兴办近代教育的过程中,王韬还注意到传统教育从不予以考虑的妇女教育问题。在王韬的教育思想中,女子教育与男子教育一样也应该受到重视。在旅欧期间,王韬就开始关心女子教育问题,还特地考察了英国和法国的女子教育状况。他指出,西方各国教育成功的一大特点是男女接受教育的机会平等,如法国教育"不但盛于儒生,而且教化下及乎女子,国中女塾公私并设,不节之流咸工笔墨而娴吟咏,琴歌画理,数学方言,无不兼通,或有须眉而愧此巾帼者"②。中国也应模仿西方,给予妇女广泛接受教育的权利与机会。他这样写道:

> 西国重女教,立女书院,中国宜仿其意……各省立女学校,延女师教之六经六学("六经"指四书合为一经,加原五经并称之;"六学"指西学中几何学、化学、重学、热学、光学、天文学、地理学、电学、兵学、动植学、公法学等中的任意六项——本书著者注)。女之才者,贱得为贵,妻妇得为夫师。③

妇女接受教育是妇女解放以至整个社会解放的前提和标志。封建秀才出身、曾受封建纲常伦理熏陶多年的王韬,在当时的中国社会条件下便提出让妇女平等接受教育不能不说难能可贵,这也反映了他的教育思想的先驱性和前瞻性。

总结上述的叙述与分析可见,王韬的教育思想是一种与传统教育思想及实践相背叛的新型教育思想,它在很多方面已达到或接近西方资产阶级教育思想的高度:

第一,在教育目的上,传统教育旨在培养统治阶级的接班人——官僚队伍,片面追求所谓的道德修养和心灵完善。明德、知礼、尊君被当

---

① 王韬:《弢园尺牍续钞》卷三《拟上当事书》,光绪己丑铅字排印本。
② 王韬:《重订法国志略》卷十七《志学校》,光绪己丑弢园老民校刊本。
③ 王韬:《救时刍议上》,《万国公报》1892年8月,第43期。

作教育的金科玉律。王韬则认为教育应以富国强兵为目标，为现代化运动中的各行各业培养合格的实用人才。换句话说，王韬是一位"职业教育说"和"教育救国论"的信奉者，他的这种信奉后来衍化为中国近代教育思想家的共同信念。

第二，在教育内容上，传统教育集中于读史诵经、吟诗作词、模拟帖括一类空泛无用的"虚学问"，王韬则把"艺""技""实学"放在首要位置。他打破了传统教育对科学教育的偏见与忽视，把科学教育提到与人文教育一样的高度。这些教育思想与主张对以后的近代教育思想家产生了重大影响，是现代教育德智体全面发展理念的滥觞。

第三，在教育对象上，传统教育过于狭窄，虽然各州县皆有县学，但受教育者皆为身列庠序之士或诸生文童。因此，它实际上仍是一种"精英教育"。王韬则把教育对象下移，普及化，工农兵商、男女老少均有受教育的权利。因此，它是一种平民教育、职业教育。其中，女子教育权利的提出，更是突破了传统教育"女子无才便是德"的偏见，跨入了现代资产阶级"全民教育"理念的殿堂。

王韬是一个愤世嫉俗的人，不仅在封建官僚阶梯上无一官半职，而且遭到通缉，身为"圣朝之罪人，盛世之逋叟"。他接触西方事物又较早，是中国最早游历西方世界的先进人物。这些因素很容易促使王韬在思想上背离传统而走得较远。但是，王韬毕竟早年接受过系统的封建教育，对四书五经、宋明理学、词章帖括等均有研究。他是在固有知识架构下去理解、接纳西方事物和西方思想的。这一方面的因素又常常拖住他背离传统的步履，使他每走一步都显得艰难沉重。前面提到，王韬建议采取稳扎稳打小步前进的渐进主义手段从事教育改革是出于减少阻抗力的考虑，这是从王韬对敌策略方面讲的。若从另一角度看，它何尝不是王韬向传统的妥协。这种妥协来自于他的知识层积和情感中潜意识的无形牵拽。

美国学者李文森（J. R. Levenson）在剖析中国近代知识分子的思想状态时曾提及，中国知识分子在思想转变过程中有一个理智与情感的分离，即在理智上他们毫无疑问地承认西方价值，但在情感上便免不了对儒家旧说缱绻不舍。① 王韬在理智与情感的纠缠中恐怕也有相似的情形。不管他理智上是如何憎恨传统,在情感的下意识中他时常回过头来欣赏一下传统的美妙,这是王韬教育改革思想中激进与渐进共生共存的深层原因。

---

① Joseph R. Levenson, *Confucian China and Its Modern Fate: A Trilogy*, California, University of California Press, 1965.

第十一章 晚年的颓废与再振作

日本归来之后,王韬几乎一直被病魔缠身,身体急剧地衰老。受此影响,他的精神状态也变得颓废不堪。国事的不幸和个人经历的坎坷使王韬提前步入了人生的晚年。以酒浇愁,借诗自嘲几乎成了他每日的功课。但是,自1885年他被推为上海格致书院山长之日起,他的精神状态得到改变,颓废情绪受到抑制。此后,他全力以赴地投身于中国近代教育事业,将提倡了多年的教育改革主张落实在教育的实践之中,从而为中国近代新式教育的发生和发展立下了汗马之功。他在遽归道山之前的再度振作与奋斗,为他波澜壮阔而又曲折坎坷的一生画上了一个辉煌灿烂的句点。

一 叶落归根

王韬从日本回来后短暂留沪,随后仍回香港继续从事《循环日报》的编辑和旧著的整理出版工作。此时,中国先后发生了与日本的琉球之争、与俄国的伊犁之争以及与法国的越南宗主权之争。鉴于东西方侵略者的咄咄气焰和清政府的举措失当,王韬写下了不少激昂慷慨的文字,以期避免国家主权与利权的丧失。

如针对日本兼并琉球一事,王韬写道:

> 迩来西字日报每论日本兼并琉球一事,韬多偏袒,盖日本自步武西法以来,自以为渐著富强之效,而骎骎然驰域外之观,西人每

重视日本,而轻视中朝,遇事辄任意抑扬,随声附和,琉球向时入贡于萨峒摩岛,不过与新罗、百济、高丽、渤海同为藩属焉耳,载之日本国史,斑斑可考,而遽欲视之内诸侯一例,此一人之私言也……呜呼!今日之事非可以口舌争,亦岂能以笔墨战,我中国亦惟有内求诸己而已矣。夫中国非小弱也,乃至今日,狡焉思逞者何国蔑有,时挟其所长以凌侮我,而恫喝我,跋扈飞扬已非一日,我中朝率以豁达大度一切包容之,此时事之所以每变而益亟也,有志者于此,蒿目时艰,眷怀大局,未尝不痛哭流涕长太息,而卧薪尝胆之不暇,是惟有奋发有为,亟图自强。①

针对中俄伊犁之争他写道:

中俄之事,前日几至于决裂,此时似有转机,明春或可成和局也。俄人此时,意不在战,盖在通商酬饷而已。将来东三省及新疆一带,俄人必渐肆其蚕食,我国家殷忧正未有艾也。自泰西通商以来,西国凡有所诛求,辄肆恫喝,而我朝惟含忍雍容,以与之委蛇周旋而已。近今十余年间,当轴者似略识西情,亟图自强,无如迟之又久而仍如故也。崇尚西学,仿效西法,虽非治国之本,而简贤任能,储才选吏,练兵择将,训士重农,通商惠工,睦邻柔远,古法之可循者,亦置之不复讲。宦海中人才,寥寥无几,横览四海,喟焉生慨。②

但是,言之谆谆,听之藐藐。清王朝依然我行我素,不思变革。爱国意识、忧患意识十分强烈的王韬不堪目睹此一局面,终于因忧成疾。他不无痛苦地写道:

泰西大小诸邦叩关互市,辄以兵力佐商力,所至各埠,设官置戍,艨艟相望,每挟其所长,从而凌侮我,来必应,请必遂,一旦龃龉,环而伺我者数十国,腹心肘腋间遍布森列,几于国不可为国矣。

---

① 王韬:《论琉事不足辨宜亟自强》,《申报》1880年1月20日第3版,选录香港《循环日报》;《弢园文录外编》卷六亦收录该文,文字略有出入。
② 王韬:《弢园尺牍续钞》卷一《与方照轩军门》,光绪己丑铅字排印本。

嗟乎！此盖误于羁縻之说，而驾驭未得其宜也。近者日并琉球，俄据伊犁，我国家并持节往问，而时虞失和，势且岌岌。老民外感于时势之艰难，内愤于措施之颠倒，旧疾陡发，诚使祈死得死，亦复何憾。①

王韬所说的"旧疾陡发"是指他少年时代就有的老毛病"咯血之症"的再度大爆发。其实，他此时所患之疾何止是咯血。从他与朋友的书信中可见，他还同时患有"眼疾""肝疾""风痹"诸症。如"与吴瀚涛大令"一信写道："韬自入春以来，陡患风痹，湿热注于四肢，动履维艰。深恐手足拘挛，将成废人，登山临水，无望于此生矣。瞬经两月，缠绵未痊……每对鸡鸭鱼肉，辄作腥膻气，闻之欲呕，几将效留侯之辟谷，以是枯瘠异常，几成老僧。"②在给马建忠的信中也说："韬年来屡躯多疾，精神困惫，迥非昔时；长夜无聊，辄不能寐，药炉茗碗，独遣良宵，几于一月二十九日病。"③在给理雅各的信里写道："韬年齿日增，精神意兴迥非昔时，几于上年六月二十九日病去。去秋美国副使容君纯甫拟招韬前往，以年老多病不欲远行。"④

身体的衰弱多病加剧了王韬归乡"耕读田亩"的愿望。他在前述致马建忠的信中求助于老朋友说："韬久病思归，以正邱首。时欲于莫厘、邓尉之间，筑室三椽，拥书万卷，聊以毕此余生足矣。"⑤在另一封致陈宝渠太守的信中，王韬也表达了今后不问世事、一意归隐家乡的心结："明岁拟归吴中，息影蓬庐，杜门却扫，枕葄经史，啸傲烟霞，藉以送此余年。"⑥

求归之心笼盖了一切，以致他对昔日孜孜以求的出山做官的正式邀请也无动于衷。1883 年，苏州藉的江西巡抚潘霨⑦倾慕王韬洋务时

---

① 王韬：《弢园文录外编》卷十一《弢园老民自传》，清光绪九年香港排印本。
② 王韬：《弢园尺牍续钞》卷二《与吴瀚涛大令》，光绪己丑铅字排印本。
③ 王韬：《弢园尺牍续钞》卷一《与马眉叔观察》，光绪己丑铅字排印本。
④ 1881 年 4 月 27 日《王韬致理雅各牧师信函》，林启彦、黄文江主编：《王韬与近代世界》，香港教育图书公司 2000 年版，第 469 页。
⑤ 王韬：《弢园尺牍续钞》卷一《与马眉叔观察》，光绪己丑铅字排印本。
⑥ 王韬：《弢园尺牍续钞》卷一《致陈宝渠太守》，光绪己丑铅字排印本。
⑦ 潘霨，字伟如，江苏吴县人，进士，1882—1884 年任江西巡抚。

名,坚邀王韬为其主持幕务。王韬毫不犹豫地放弃了这次建立功业的机会,他回复潘霨说:"去秋令弟镜如观察书来,转述盛旨,征佐幕府,闻命骇越,驰惶无地。伏念韬南武之鄙人也,学术未成,行能无算,名不胜于里巷,材不逮乎凡庸……生平略有著述,要不足供世覆瓿糊窗之用,流传南北,多有见者,辄漫称之曰好而已。独至阁下,识拔出于独鉴,采访断自寸心,非有左右之先容,非有同官之请托,招延甫至,书币已来,昔所谓说士若甘,求贤若渴,古大臣休休有容之度,洵为近今所罕见已……惟念韬老矣,羸躯多病,日在药炉火边作生活,二竖在门,四序非我,每一构思,辄致晕眩,文字因缘,近亦屏弃。设不自量,贸然来前,尸位素餐,倍形惭悚。"①事后,他写信给他的朋友盛宣怀,叙述他当时的心情:"弟自读书饮酒之外,了无所好。明春决作归计,行将于吴山越水之间,卜筑三椽,为菟裘以终老。从此杜门却埽,息虑寡营,藉以自全其天,虽有苏张其舌,不复出雷池一步矣。潘伟如中丞之聘,弟已自力却,诚以生平所挟持者,浅不足以献当道也。归来之后,蔬食菜羹,尽可优游以卒岁。"②

然而,王韬是清朝通缉在案的逋逃之人,要想"首邱"亦得需要清王朝网开一面,"格外施恩"才能实现。于是,他不得不拖着老病之躯奔波于港沪之间,游说清朝大吏设法取消清廷对他的通缉令。道台马建忠、盛宣怀、许钤身及总兵方照轩、江苏巡抚丁日昌、两江总督沈葆桢、闽浙总督何璟、直隶总督李鸿章等当政官员都曾是王韬游说的对象。他的书信和诗作中留下了大量的这方面的记录,试举一二,以窥其归心之急切和坚决。

致李鸿章幕僚许钤身诗:

> 半生豪气消已尽,肝膈犹在毛羽摧。
> 我本甫里之狂客,遭谗遁迹天南陬。
> 鹣栖蠖屈幸苟活,余生自分埋蒿莱。
> 心事向君莫可说,欲叩阊阖排三台。

---

① 王韬:《弢园尺牍续钞》卷二《上潘伟如中丞》,光绪己丑铅字排印本。
② 王韬:《弢园尺牍续钞》卷二《复盛杏荪观察》,光绪己丑铅字排印本。

归奈有志不得遂,莫厘咫尺空溯洄。
挥手筵前从此别,有酒不饮胡为哉?
我自南还君北去,相思幸寄江头梅。①

致马建忠信:

能成斯志(指回乡居住),惟在阁下。乞于修书上傅相之时,为韬从容委曲以言之,不必登姓名于荐牍,惟求安游钓于故乡。从此高枕林泉,长卧邱壑,优游著述,歌咏诗书,皆出自君之所赐也。"②

拟致李鸿章信:

韬虽才识庸下,智虑浅薄,学问谫漏,而未尝一日无用世之志。沦废退处,罔所舒展,抑郁之怀,一发之于文字间,即至降而为日报,亦务在尊中而抑外。伏念累世以茂才教授乡里,栖贫食淡,代有清德。束发受书,即承庭训。十八岁入邑庠,遂弃帖括,乃得肆力于时文。二十二岁,学将有成,严亲见背,由是奔走四方,长为东西南北之人矣。蠖屈海滨,未得一见天下伟人,徒读其书闻其事,而深景慕之思焉。……惟是韬自二十年来,潜行匿迹,永为待罪之人,负屈喊冤,未蒙湔雪,又何敢轻叩戟门,妄尘清听;虽一字亦不敢以上陈,惧渎也。今者,韬垂垂老矣,但得头白还山,复上先人丘垄,即时殒殁,亦

王韬《弢园尺牍》封面

---

① 王韬:《海上逢许仲韬观察赋长歌赠之即以言别》,《申报》1882年8月19日第4版。许钤身,字仲韬,浙江省钱塘县(今杭州市)人。清末外交官,官至直隶候补道。曾被清廷任命为首任驻英国副使和首任驻日使节,虽因故未能赴任,但在协助李鸿章处理一系列对外交涉事务以及训练北洋舰队等方面,做出不小成绩。许钤身是出身名门的世家子弟。父亲许乃普,曾任吏部尚书。二伯父许乃济,1836年在太常寺卿任上,上《鸦片烟例禁愈严流弊愈大应亟请变通办理折》,成为鸦片弛禁言论的代表人物。五叔父许乃钊,做过江苏巡抚。胞兄许彭寿,官至内阁学士。

② 王韬:《弢园尺牍续钞》卷一《与马眉叔观察》,光绪己丑铅字排印本。

罔所憾。伏维阁下河海之量,天地之恩,哀其穷,悲其遇,而早为之所,俾得养真衡泌,息影蓬茅,混迹渔樵,潜心缃素,则以后有生之年,皆出阁下所赐,感且不朽。①

殷殷之心,依依之情,字里行间爱恨杂陈,全是血泪,让人读后不得不为之动容。然而,清朝大吏觉得在中法关系紧张的年头,王韬居住香港更能为他们提供有关法国和其他西方列强的情报,他在港主笔《循环日报》也更能发挥信息和舆论两方面的作用,有意延缓批准他的回国居住申请。他的《弢园尺牍》中有关于丁日昌等大吏命令他"仍居香海,如有见闻,据事直书,参以所知,少加断制"②一类的记载。他后来也确实为清朝提供了许多有价值的情报和意见,并在报端刊登了许多揭露法国侵略行径以及支持和称赞刘永福黑旗军的文字。如:

> 港中纷传十三日法人与黑旗战于怀德地方,为黑旗所败,法兵死者约八百余人,与此西报所述情事迥殊,胜负相反,诚未知孰是孰非也。有太晤士西报派往越南采访人多君,偕同士丹达西报采访人及纽约新报采访人某某由东京附搭梳路地轮船到港,据称法营关防甚密,不许外人宣泄事机,故采访无从得其实,惟闻当法国将军波滑率兵往攻黑旗,交绥未久,法军即为黑旗所败,纷纷逃窜,黑旗乘胜逐北,至近河内始收队而回,据传黑旗所用之枪俱属廉明顿快枪,灵便异常,命中及远,法军被伤不计其数,多属弹穿胫股或洞中腰腹,即舁回营,亦殊费调治也。由此观之,黑旗洵法人之劲敌哉。又二十一日有中国商人由海防回港,所述十三日法军为黑旗所败事似较详,其言曰,黑旗探闻法军由南定启程来攻,即结营列队以待,其时人怀斗心,勇气百倍,咸欲得法军而甘心焉,法军见之,竟放枪炮密如雨点,只知向前,被黑旗从旁杀出,法军力遂不支,死约四百余人,其余窜回河内,十四日复整队而出,欲雪前耻,又为黑旗所败,计死者七百余人。十七日法军仍鼓勇出战,终以胆怯不能取胜,死者二百余人。是日,大雨陡作,黑旗遂命收队不复

---

① 王韬:《弢园尺牍》卷十二《拟上合肥相国》,光绪癸巳沪北淞隐庐本。
② 王韬:《弢园尺牍》卷十一《再上何制军》,光绪癸巳沪北淞隐庐本。

追击,闻十四日之战,法军分作三队,头队为所募西贡兵,二队为客籍,三队为法兵,既抵黑旗驻守之处,抢进隘口,见寂无一人,又复进占第二隘口,仍不见黑旗动静,法人以为其气馁先遁也,讵至第三隘口陡闻号炮响振,黑旗杀出,法军退走,遽将桥梁挤断,首尾不能相救。①

直到1884年,王韬的身体状况已经无法胜任清吏布置给他的任务。在丁日昌、马建忠、盛宣怀等人的斡旋下,经李鸿章默许,王韬终于叶落归根,"载全家于一舸,由两粤而返三吴",结束了长达23年之久的海外流亡生活。② 回航途中,王韬作诗自嘲"此回真作回乡计,屈指离家几流涕。已及晋文去国年,更嗟苏武投边岁。飞轮激浪促行程,海涛声若鸣不平。"③

青壮出门,奋斗一生,到头来只落得一副衰老多病之躯,刚刚回到故国家园的王韬免不了对生命的意义感到悲观绝望。他似乎看破了红尘,"卜筑三椽,寓居春申浦上",不再理会人世间的恩恩怨怨、风风雨雨,而只求做一个"与故山猿鹤为侣,与世永隔"的山野之民。封建政治的黑暗残酷更加重了他的这种心理倾向。为了彻底消解清王朝对他的"猜测之心",表明他确确实实是一位无心问政的人,他把悲观外化为生活上的颓废甚至荒唐。他自号"淞北逸民",逢人便说自己"日惟扫地焚香,杜门谢迹","仰屋觅句,闭户著书,不欲问世上事"④。他一到上海便在报端刊发明志诗,表明自己归乡隐居不问政治的愿望。《申报》上有他的《甲申春暮自粤归吴志感四首》,录之如下,以见其心迹:

其一:
三年三度返乡关,燕去鸿来两往还。
嵇阮穷愁归著述,原甯踪迹滞夷蛮。

---

① 《越南近耗》《申报》1883年8月30日第2版,节录香港《循环日报》。
② 王韬无子,只有两女,长女嫁钱征,早逝。小女生不能言。所以这里所谓"全家",也只是"老妻哑女"。
③ 陈玉兰校点:《王韬诗集》,《蘅华馆诗录》卷四《自粤回沪渎作还乡行》,上海古籍出版社2016版,第146页。
④ 王韬:《弢园尺牍续钞》卷五《呈邵筱村观察》,光绪己丑铅字排印本。

鹪鹩尚不营新垒,猿鹤惟知恋故山。
寄语闺中小儿女,阿侬今日唱刀环。
其二:
三径早无松菊在,一廛谅少雨风惊。
全家骨肉惟妻女,万里波涛托死生。
文字终难逃劫火,词章安用动名卿。
归来生计浑闲事,莳竹栽花寄物情。
其三:
不为海外长征客,暂息淞滨小隐身。
阳羡置田虚有愿,莫厘结屋苦无邻。
从兹朽骨依先垄,此后冥心绝世尘。
五十七年才一瞥,他生休种再来因。
其四:
欲归甫里是吾家,皮陆高风尚足夸。
思结比邻联杞菊,喜从野老话桑麻。
买山资少羞弹铗,避世心深学种瓜。
便卜一邱筑茅屋,柴门仅植万梅花。①

1884年四五月间,李鸿章为中法签约谈判事驻节沪上,其随员马建忠、盛宣怀、伍廷芳与刚回上海的王韬多有唱合,三人均有请王出山之想。王韬一概婉言回绝。王韬在《与方照轩军门》一信中透露道:

> 韬久病不瘳,仍作万里北归之客,四月中从香海言旋,寄居沪渎。人事简寂,倦于酬应,杜门却埽,习静养疴,每日晚睡早起,置理乱于不问……李傅相驻节此间,已浃两旬,越事尚无成说,想非口舌所能为功。幕府中相识,如马眉叔、伍秩庸两观察,均随傅相来此。即欲据律以争,亦岂骤能折服也哉?韬虽与两君素稔,而疏懒性成,不能昕夕往来,未敢纵谈时局,上献刍言,借留侯之箸,赠绕朝之策,而自矜其一得也。或有劝韬上谒傅相者,已力辞之。诚

---

① 《天南遯叟王韬未定稿》,《申报》1884年4月3日第3版。原诗附有两条自注:一为"余于己卯、壬午、癸未俱以养疴,旋沪小住数月";二为"辛巳冬,印局邻右失火,所排印著述半为祖龙攫去"。

以野鹤闲云,久居世外,岂欲再为罗网所撄也耶?①

王韬是倡导改革的名人和新闻界泰斗,但1884年4月至1885年年初上海《申报》对他的报道几乎都是与他此种身份毫不相干的斗酒联诗和艳闻逸事。诸如:

题小楼主人吟饮图即步原韵敬呈松堂司马尊兄宗大人正可:

海上成连不可寻,与君相见快披襟。
羞为小户拼狂饮,厌听巴渝作越吟。
醇酒妇人消壮志,诗荐画笔寄雄心。
何辞一日百回醉,万卷书中有赏音。②

读忏情侍者海上群芳谱书后:

沪曲莺花近卅年,霓裳曾见集群仙。
南方茉莉宵争艳,西域燕脂远斗妍。
欲选蛾眉归蕊榜,好凭象管谱瑶编。
旗亭画壁留诗句,惭愧搜罗继众贤。
百艳图中呼艳友,群芳谱里识芳卿。
文坛夙愧无双誉,玉磬初闻第一声。
青女素娥俱耐冷,慧兰贞菊并知名。
董狐花史原无忝,月旦从今有定评。③

寺田望南从东来,偕其国诗人冈鹿门,邀诸名士集饮酒楼,时在座者李芋仙刺史、易实甫部郎、曾重伯孝廉、黄式权茂才、黄瘦竹处士及余也,望南即席呈诗因和其韵:

高轩海外快相过,回首欢场感逝波。
客裏梦随人影远,杯中酒逊泪痕多。
河山百战悲陈劫,风月频年付短歌。

---

① 王韬:《弢园尺牍续钞》卷二《与方照轩军门》,光绪己丑铅字排印本。
② 《天南遯叟王韬未定稿》,《申报》1884年4月3日第3版。
③ 《淞北玉魫生王韬待定草》,《申报》1884年7月15日第4版。原诗夹注:"集中所录淞北玉魫生赠芳宝雏矍一绝句,即余作也";"集中孙文玉、朱素贞两词史,皆余旧识,曾有楹联云,文字诵教樊素口,玉容艳夺女贞花";"余曾著《海陬冶游录》,颇蒙海内名流许可";"近来北里志中当推为巨擘"。

老懒衰残消壮志,华鬉且伴病维摩。①

王韬的意志消沉和酒色生活超出一般士人的想象,连王韬老友日本汉学家冈千仞(即冈鹿门)也对他这位昔日的中国倡导改革第一人提出了质疑。冈千仞于1884年下半年至1885年旅行中国时在上海多次拜访王韬,王韬不是带他招朋斗酒,就是自行吸毒抽烟。6月12日的第一次聚会就被王韬安排在鸦片馆里,以至冈千仞大感吃惊。以后数次相见于酒楼、烟馆,冈氏总是对王韬数说鸦片之害,而王韬的回答或是"吃烟守度,不必为害,其人往往保六七十寿";②或是"洋烟何害,人固有以酒色致病至死者。以酒食之乐有甚于生者也。其死于烟毒,何异死于酒色"。③ 冈千仞先前对王韬的敬佩从此转为失望,他再游日本的打算也因此落空。

然而,王韬毕竟是一位内心不甘沉沦的勇士。在他颓废、荒唐、怪诞甚至自虐的背后我们可以隐约地看见一个杀不死的魂灵。在私下里给朋友的书信中他总是不自觉地流露出"老骥千里之心"。如写于此时的《与温觥园观察》一信写道:"练海军,造战舰,制火器,选兵士,设艺院,重肄习,储贤才,裕财赋,此八者,尤为当务之急。弟曾拟有条陈,纲举目张,欲献之当轴未果也。"④同样写于此时的《与方照轩军门》的长信,则差不多把他的改革主张浓缩式地重述一遍:

> 今我所以治内而驭外者有八,一曰通商口岸督抚司牧宜得人也。泰西诸邦,通商所至之地,设立马头,简遣领事,驻扎兵舶,隐然若待敌国,有事则文移往还,强以必从。若得深明洋务之督抚,任用得人,执和约以与之周旋,何尝不可挫其气焰……一曰专设海军以固边防也。自来有水战而无海战,长江水师之设,已为整顿于格外。粤、闽、沪、津四处,均有轮船,只可巡缉海盗,而不能与欧洲各国纵横驰骋于洪洋巨浸之中,故海军尤不可缓也。海军既设,必

---

① 《天南遯叟王韬未定稿》,《申报》1884年12月29日第9版。原诗夹注:"予在日东所眷角松闻已埋玉"。
② 冈千仞:《观光记游》,文海出版社1966年版,第220页。
③ 冈千仞:《观光记游》,文海出版社1966年版,第231页。
④ 王韬:《弢园尺牍续钞》卷四《与温觥园观察》,光绪己丑铅字排印本。

先广造战具,铁甲战舰火轮兵舶水雷鱼雷大炮排枪皆是也。既有战之具,尤必有战之人。船舶则重在驾驶,枪炮则重在施放。而尤必熟识风云沙线,经纬测量……是则艺术一科,断不可少也。当于沿海各直省,设立兵政衙门水师学堂,以为平日储材之地;一曰宜改营制而重武科也……武科考试之法,别立数门,废弓刀石而不用。天算舆图制造建筑机器格致,皆行军之所不废也,武科诸生,要宜肄习,则为有用之学矣,又何至所习非所用,所用非所长,临阵漫无所把握哉?一曰宜造铁路而为内运地也……今河运万不能复,海运一有变故,即不能行,故筑轮车铁路者,以备他日不时之需。其事可众力共举,而其权则操之自上,何惮而不为也哉!一曰宜设洋文日报以挽回欧土之人心也。近事西人在中土通商口岸,创设日报馆……其所立论,往往抑中而扬外,甚至黑白混淆,是非倒置。泰西之人只知洋文,信其所言,以为确实,如遇中外交涉之事,则有先入之言以为之主,而中国自难与之争矣。今我自为政,备述其颠末,而曲直自见,彼又何从再逞其鬼蜮哉!一曰延西国律师以为折衷也……一曰宜遣材干之员游历各国,以探消息而通声气也……一曰宜厚待所用西人,使尽心力于我也……①

国事民瘼、内政外交依然牵动着王韬的神经,使他沉默不得,欲隐不能。至1885年,他终于彻底抛弃对国家和社会的超然态度,毅然投身于中国近代教育事业,以期在将归道山之前能为中国的未来培养出一代新人来。

二 投身教育实践

王韬一生倡导改革,可几乎没能得到参与改革实践的机会。② 唯一

---

① 王韬:《弢园尺牍续钞》卷三《与方照轩军门》,光绪己丑铅字排印本。
② 西方某些中国史专家因此把王韬称为"改革呼唤者"(Advocate-Reformer)而非实际"改革者"(Reformer),参见 Paul A. Cohen, *Between Tradition and Modernity*: *Wang Tao and Reform in Late Ching China*, Massachusetts, Harvard University Press, 1974, p. 156。

例外的是在教育方面,他不仅拥有一整套的教育改革构想,而且亲自参加了教育改革的实践活动。1885 年 11 月,王韬接受唐廷枢、傅兰雅、丹文的联合邀请,应聘担任上海格致书院(Shanghai Polytechnic Institute and Reading Room)山长一职,开始了他教育改革的实际尝试。①

上海格致书院是王韬的老熟人——英国传教士麦都思的儿子、英国驻上海领事麦华陀倡议发起,经英国传教士傅兰雅、伟烈亚力、中国算学家徐寿、招商局总办唐廷枢等筹备而建立起来的。格致书院虽采传统"书院"一词为名,可与旧式书院毫无相像之处。它是近代中国第一所专门研习和传播西方自然科学的新型学校,并且兼有科学协会、图书馆、博物馆等多种文教功能。从其公布的"开办章程",我们可以窥见该书院的现代特征:

> 一设立格致书院,欲中国士商深悉西国之事,彼此更敦和好,先在上海通商码头购地建院,以便访求新法格致机器小样,并购买泰西新出书籍,邀同西士讲解理法。盖以现在讲求之人尚少,不得不借才以为倡导,将来风气日开,人才愈众,再行推广于各省会,另设分院,自可无藉西人矣。
>
> 一院中肄业,蠢鲁浮游之人不得混收,其来历清白,资性聪颖者,概听入院,由董事验明,司事登记籍贯、姓名、来历、年岁,然后逢期进院学习,均须自备资斧,惟院中亦不取修金。至官绅富商,亦可随意进院游观,并与董事等讲究一切,其倡捐之西人,亦听进院游观。
>
> 一经理书院各务,公举董事八人,首先一二年,邀同捐银之西人合办,并于董事中选出精晓艺术者四人,以为院师,均须自备资斧,每月拟定日期,轮流讲论格致一切,如天文、算法、制造、舆图、化学、地质等事,惟门类繁多,现在人才尚少,只可统讲大纲,日后学者益众,即可各习一门,以期专精,均系专考格致,毫不涉其传

---

① 《申报》1985 年 11 月 10 日第 2 版刊有《格致书院整顿新章》,内记"格致书院自徐仲虎观察赴徐州办矿务中西董事公举天南遯叟王韬为掌院,拟广拓规模,整顿一切新章"。可知王韬上任视事当在该年 11 月。

教,并不干预别项公事。

一院中陈列旧译泰西格致诸书、各种史志、上海制造局新译诸书、各处旧有及续印新报、西国文字各种格致机器新旧之书、格致机器新报、机器新式图册,以及天球、地球、各种机器小样、天文仪器、化学各器、格致入门各器、五金矿石各样,又备中国经史子集,以期考古证今,开心益智,广见博闻。今在创设,自宜择其尤要者,搜罗购备。盖此等书院,在西国原为聚精会神之所,一切制造之学,由此以兴,日后果能经费充足,亦当尽仿其规模……①

格致书院建有教授知识、演示仪器的讲堂,储藏各种中外书报杂志的藏书楼,陈列各种西方工艺、机械、实验器具、动植物标本、枪炮武器、农产品、电报机、摄影器材、汽轮机等"稀奇之物"的"知新堂"(后来改称博物馆)②,拥有当时中国境内最优秀的中外籍自然科学教师,如傅兰雅、白尔敦(Burdon)、李佳白(Reid Gilbert)、徐寿、华蘅芳、栾学谦③等,还定期聘请像狄考文(Calvin Wilson Matteer,演讲电学)一类外籍在华专业人士做学术演讲。④ 根据拟定的教学规划,格致书院教学采用分班分科讲授,教学内容只讲自然科学知识,不涉及基督教教义,也不讲儒家典籍。一句话,从内容到形式,格致书院在当时都是一个令人耳目一新的新生事物。

格致书院的开办宗旨主要是为了宣传西方的科学技术知识,推动

---

① 徐寿:《拟举办格致书院上李伯相禀稿》,《申报》1874年11月11日第2—3版。
② 《申报》1875年9月23日第1版刊有格致书院博物馆展物募捐公示,从中可见该馆规模为"各项物件二十万金上下",分为十大类:其一,生长之物,即地产动物、植物;其二,工艺之物,或食物内所用之生料或熟料;其三,织成之物与打造之物,并衣饰各种之物;其四,造屋所用之各物各件,并房屋内各种家具;其五,手中可持之器,并各种机器,与汽机、水机、热机等项;其六,工程之物,或水路、旱路各法运动之物,又开矿、起水、起泥、电报、造桥等工程内之机器,其七,做人物照像并各种绘画之物;其八,各种炮与各种弹,并一切战守之器;其九,绘画、照像、地图等类;其十,零星各物不在以上九类内者。原文标题为《劝捐建博物馆铁屋说》。
③ 栾学谦,字志让,山东蓬莱人,曾是格致书院的学生,后成为书院的化学教习,创立了新的化学教学方法,为中国近代以及后来的化学教学树立了楷模,是中国近代化学教学史上一个重要人物。
④ 《格致汇编》第二年(1877年)第五卷第16页对狄考文演讲有记载:"讲附电气之理甚清楚,用器具显出附电气之性情,最为灵巧。所试演之事,内用抽气筒在玻璃罩内得真空,而真空中通附电气。又用大小玻璃管内有轻气、养气等,令附电气通过,其颜色最为可观。又用细铁丝两条,其两端相近而不相接,令附电气行过,则铁丝成网丝,生大热而熔化……狄先生虽为美国教士,但格致之理法,胸中无不备,无论西国之圣教,与格致博物之教,俱能详细讲论。"

中国知识分子和一般民众学习西学的热情。创办人之一徐寿曾向李鸿章报告说：

民国时格致书院远景

> 窃维格致之学,大之可跻治平,小之可通艺术,是诚尽人所宜讲求,今日所当急务也。中国人材林立,智能不让西人,向特风气未开,素不究心于技末,军兴以来,参用西国枪炮操练之法,所向克捷,海内肃清,是非徒托空言,洵属有裨实用。上年宪台目击其利,讲求机器制造,创设各局,华人已渐窥奥窍,成效昭然,惟是局中从事者知之,而局外仍未尽知也。目前学艺者能之,而后日未必能尽也,欲使人人通晓而不虞日久废弛,则必有会集讲论之所,招集深思好学之人,随会学习,讲求参考,以冀将来艺学振兴,储备人才施诸实用。卑职等筹议及此,拟于上海设立格致书院,使风气渐开,以收致用之效。①

李鸿章在同意"于洋药加增捐款内拨给银一千两以资应用"的批复中也重申他"切盼"该书院开办后能使"中土艺学日兴,人材日多,有裨实用"。② 而格致书院董事会发送西方的劝捐公启也说在中国上海设立格致书院"其意欲令中国便于考究西国格致之学、工艺之法、制造之理"③。显然,格致书院办学宗旨与王韬本人对中国新型教育的构想和呼唤灵犀相通,两者因而一拍即合。

然而,王韬并不是自然科学的行家。他欣然接受此职完全是出于富强运动需要自然科学人才的社会利益的考虑。他后来回忆接受邀请时的心态说：

---

① 徐寿:《拟举办格致书院上李伯相禀稿》,《申报》1874年11月11日第2版。
② 徐寿:《拟举办格致书院上李伯相禀稿》,《申报》1874年11月11日第3版。
③《万国公报》,第三册,第1560页。

> 乙酉秋，唐景星观察偕丹文律师、傅兰雅西士延余为监院，不获辞……余虽略知西法，而格致之学仅涉藩篱，未足为肄业者师，况四方俊彦志乎西学者哉？窃谓近今一切西法，无不从格致中出，制造机器皆由格致为之根柢，非格致无以发明其理，而宣泄其闳奥，以是言之，格致顾不重哉？①

在与道台邵友濂的通信中，王韬也表达了相同的思考：

> 近以沪上中西董事公举，承乏格致书院，忝居掌院。拟广招生童，前来肄业，延请中西教读，训以西国语言文字，学业有成，则视其质性所近，授以格致机器象纬舆图制造建筑电气化学，务期有益于时，有用于世，为国家预储人才，以备将来驱策。②

虽然自己不通自然科学，但为了振兴中国的需要，也只好勉从其难。勇于开路，舍我其谁的气概于此可见一斑。

在王韬之前，格致书院采取董事会集体负责的管理形式。1874年书院初创时，董事会有董事五人，其中西人四位，即麦华陀、福弼士（F. B. Forbes）、傅兰雅、伟烈亚力，中国董事只有买办出身的富商唐廷枢一人。③ 后来又陆续增加了徐寿、王荣和、徐建寅、尉子春、王冀阶和李凤苞等中国董事。在这些董事主持期间，格致书院因资金短缺和学界风气闭塞进展不大。除了傅兰雅主持的《格致汇编》④具有一定影响外，教学、研习、博物诸项基本上处于"三天打鱼两天晒网"状态。王韬接掌书院后，改革创新，力图振作，并把他的教育思想贯彻到教学和管理中去，使院务起色不少。王韬担任山长的12年，是格致书院办得最红火、最有生气的时期。

王韬对格致书院的实际贡献主要有下列几项。

---

① 王韬：《格致书院课艺》，《丙戌年·序》。
② 王韬：《弢园尺牍续钞》卷四《呈邵筱邨观察》，光绪己丑铅字排印本。
③ 转见王尔敏：《上海格致书院志略》，香港中文大学出版社1980年版，第6页。
④ 《格致汇编》创刊于1876年，是一份以介绍声光化电等科学知识为中心内容的专门性刊物，也是中国近代最早的以传播科学知识为宗旨的科学杂志。

(一) 招收生童,进行初等自然科学教育

在王韬担任山长之前,格致书院有过招生教学的设想。1879年的《万国公报》和《申报》还登过它的招生广告。《申报》上的广告这样说:"本书院创设沪上,专为招致生徒,究心实学,其提倡者半为中西积学之士,院地极宏敞,拟以半造博物院,中列图书象物,为生徒考镜之资,半为学舍,比屋鳞次,可容数百人。学有二端,听其所向,例亦定为两则,一为学西国语言文字者,本书院延有名师,朝夕课责,来学者每岁纳四十金,本书院供给饮食;一为讲求格致实学者,本书院于算学、化学、矿学、机器之学,皆有专家,其考据书籍器具,亦皆罗列。来学者先纳三百金,三年学成后,原银仍交该生领回。学未三年不成而思去者,其银罚充公项。"①然而一直没有足够的学生前来报名上学。格致书院日常的教学活动不得不改为临时性不定期的西学演讲。

王韬有心改变这种不景气现状,他一方面通过在报端发表文章,大力抨击旧式教育制度,鼓吹格致之学对国家富强以及个人生计的功效,开启民间风气;另一方面积极奔走联络,组织规划,终于在格致书院开办了一个比较正规的教学班(王韬称之为"学塾",傅兰雅称之为"较高程度的科学学习班")。此班大略有21人。王韬为它亲自拟订的教学内容是:"自西国语言文字外,教以格致诸端。"②在这种教学班中,采取分科教学,教授语言、数学、地理等西方学科,这在教习的课程纲目中有所体现:"教法有二:一为公讲格致大纲,并用器具演试,以便众人观听而增识见,来听者不取分文;一为招集生徒,分班细教,学者长居院内,月教格致各门。"③格致书院学塾是王韬从事教育改革实践的第一次尝试。王韬把改革中国教育、促进西方式近代教育在中国成长的希望,把教育培养人才、人才强邦兴国的理想几乎都寄托在它的上面。因此,它花去王韬大量的时间和精力,而它的诞生也是王韬热情与心血的结晶。

王韬所倡办的学塾在教学内容与教学形式上都是一种创新。它不

---

① 《格致书院招致生徒启》,《申报》1879年11月1日第3版。
② 王韬:《弢园尺牍续钞》卷五《与盛杏荪观察》,光绪己丑铅字排印本。
③ 朱有瓛:《中国近代学制史料》,第一辑(下册),华东师范大学出版社1986年版,第183页。

教授四书五经,单讲外语和自然科学,这与旧式书院授"文"不授"艺"、授"中"不授"西"的教学,与洋务派"中学为体,西学为用"的欲进还退的教育均大相径庭;它不传授宗教教义,这与传教士在沿海商埠办学旨在传教的方针亦属南辕北辙。它的授课形式采用班级制,教学分门别类进行,虽然其规模不大,且断断续续不甚成功,但这在中国近代教育史上实是中国人主办课堂教学的滥觞。

(二) 四方张罗,为格致书院筹集经费和招募师资

格致书院办得不景气的两大原因,是经费短缺和师资不足,前者更是问题的核心。栾学谦在《格致书院讲习西学记》一文中就提到:"上海之创有格致书院,迄今凡二十余载,原为倡行格致,振兴西学起见,喜悦多年未获实效……一由于经费不足,推广良难;一由于寡乏名师教授有志诸生。"①格致书院没有常年固定收入,它的经费全来自于中外热心教育人士和慈善机构的捐献,因而十分有限。最初,它打算以开创风气为主要目标,实行免费教学和免费提供服务,但因经费难募,后来不得不改为收费招生。这在科举未废、科学与功名分为两途的社会条件下更使学徒裹足不前,招生数量更为减少。而招生愈少,资金愈缺;资金愈缺,收费愈高,学生就愈不愿前来报名就学,形成恶性循环,这是问题一方面。另一方面,因经费困难,所聘讲授者均为义务讲学,毫无报酬。时间一长,愿意前来讲课者亦复不多。王韬一接掌格致书院便立即遇到这一棘手问题。由于当时王韬已经颇负中外时名,与一些洋务派大员之间私人联系亦多,众董事往往推他于前台"劝捐劝教"。王韬当仁不让。为了使格致书院能够继续周转下去,实学在中国不至于毁于垂成,他常常借着名气,仗着私谊,游说四方。他的尺牍中有不少信都是为了募集经费和招募教师而写的,如有一封致天津海关道盛宣怀的信,就是当年他催讨经费和招募教师的写照。该信这样写道:

弟承乏格致书院,尸位素餐,自惭鸠拙……惟是经费不敷,待呼将伯……去岁阁下曾许岁助千金,以资膏火,想见阁下造就子

---

① 朱有瓛:《中国近代学制史料》,第一辑(下册),华东师范大学出版社1986年版,第193—194页。

弟,乐育人才,庇广厦者千间,溥慈云者九种,凡预闻者,无不合掌赞叹。今望者孔殷,而施者有待……(阁下)首重电学,苟习之有成,可备他日之用,则即出资相助,当亦非难,今我塾中所教导,似尚少电学一门。若自今日始,由大北公司霍洛师至塾教习,工夫既熟,即由各处电报局员挑选备用,此或可以仰副阁下用意之所在耳。期劝学之有成,知出言之必践。至于傅相之前,尚乞代为进词,庶使格致之学行之益远,或未必无裨于国是,而可藉以立富强之基也。①

名重中外、年约六旬的王韬为劝捐求师竟如此屈着腰向一"暴发户"说话,其为绵延中国近代教育的香火而不辞艰辛、忍辱负重的苦心跃然纸上。

(三) 创立考课制度,促进士人研究现实问题

王韬的教育思想是一种带有强烈功利色彩的实用主义教育思想。他强调学习西学的目的就是为了解决中国社会存在的现实问题。早在19世纪70年代他就多次对此加以论述。入主格致书院后又写道:"夫有益于日用行常者,皆谓之实学……深愿院中肄业之士,由浅以入深,由粗以及精。出其绪余,可以措之于实用,庶几为不负乎所学。"②为了贯彻自己一贯的教育主张,并借以扭转格致书院长期以来"来学者不多"的冷清局面,王韬改变书院原先单纯学习自然科学和课堂关门面授的做法,创立了一种把学习自然科学知识与探讨国内外实际问题糅合在一起的新知考课制度,即傅兰雅称之为"汉语论文竞赛项目"(Chinese Prize Essay Scheme)的制度。所谓考课原指旧式书院每年按季进行的诗赋时文考试。王韬以旧瓶装新酒,于1886年倡议格致书院每年亦举办四季考课(最初每年四次,后增加特课两次,每年共为六次——本书著者注),专门讨论西学新知识和现实新问题。参加者围绕某一拟定的题目展开自己的议论,写定后交王韬组织评阅,评品优秀者

---

① 王韬:《弢园尺牍续钞》卷五《与盛杏荪观察》,光绪己丑铅字排印本。
② 王韬:《格致书院课艺·序》,光绪己丑年(1889年)。

可得到一定奖金，①其文章亦由格致书院负责刻印发表。格致书院考课制度的创立，极大地推进了西学在中国的渗透和学人对国事民瘼的关心。格致书院也因此由一个科技学校一变而为一个既研究西学西艺，又探讨中外时务的理论联系实际的学术重镇和思想策源地。

　　最能反映考课性质的是考课题目的设计。王韬自己并不命题，他只是根据现实的需要设计一个范围，而后请有影响的中外人士出面参加这一工作。② 据王尔敏先生所制《上海格致书院特课季课命题官绅名表》统计，从1886年（光绪十二年）到1893年（光绪十九年）参加命题的人共有17位，他们是布政使邵友濂、宁绍台道薛福成、盐运使周馥、浙江按察使龚照瑗、登莱青道盛宣怀、浙江布政使许应鑅、天津兵备道胡燏棻、北洋大臣李鸿章、宁绍台道吴引孙、南洋大臣曾国荃、格致书院董事傅兰雅、署两江总督沈秉成、苏淞太道聂缉椝、南洋大臣刘坤一、江海关税务司裴式模（M. B. Bredon）、登莱青道李正荣、招商局总办郑观应。③ 显然，命题者大多为倾心洋务的主政大吏及具有时代眼光的中外有识之士，选他们来命题反映了王韬创办考课的良苦用心。

　　从考课题目分析，它们大多是与西学和现实密切相关的"时代焦点"。王韬为题目划定的总方向是或询西学，或询时务，"务归实用"，"书院既以格致名，则所命之题自当课以西学为主，而旁及时事洋务"④。从1886年至1893年，格致书院所出季课、特课题目共有77道，其中格致类或科学知识类有22道，富强治术类25道，人才类4道，教育类4道，国际局势类3道，边防类6道，语文类2道，社会救济类2道，其他类5道。⑤ 由比较可知，命题内容非常宽泛，但仍以格致和时务为主。

---

① 1989年4月9日《申报》刊有《格致书院戊子年冬季课卷出案》一文，内中透露当年冬季课卷共有"超等"奖五名和"特等"奖十名："计超等一名，得正奖银拾两，加奖洋十二元；二名正奖银七两，加奖洋十元；三名正奖银五两，加奖洋八元；四名正奖银一两，加奖洋六元；五名正奖银一两，加奖洋五元。特等一名，正奖银一两，加奖洋四元；二名、三名加奖洋三元；四名、五名加奖洋二元；自六名至十名加奖洋各一元。"
② 王韬在《记上海格致书院课士》中记述："每年分四季为课期，由余请于当道，出题课士，即由当道视其优劣评定甲乙。列前茅者，例拨院款，给以奖励，而当道亦复分厥廉泉，优加策勉，籍以鼓舞兴起之焉。"见朱有瓛：《中国近代学制史料》，第一辑（下册），华东师范大学出版社1986年版，第200页。
③ 王尔敏：《上海格致书院志略》，香港中文大学出版社1980年版，第54—55页。
④ 王韬：《格致书院课艺》，《戊子年春课王韬眉批》。
⑤ 王尔敏：《上海格致书院志略》，香港中文大学出版社1980年版，第56—69页。

题目类别的比例安排充分反映了考课对西学知识与富国强兵的重视。王尔敏先生为此评论道:"命题题旨所反映中国官绅对于当前问题所严肃考虑之重点,即实以求富强之想望最为热切。在官绅大吏命题之中,当已充分反映对于后学之期望,重大问题之提示,以至于时代思潮之传布与推广。王韬与傅兰雅之命题设计,不惟使在朝在野人士思虑有所沟通,而且对于后辈学者确实发生广泛多面问题之启发。"①

下面略举数道命题,以窥王韬创立考课用意之一斑:

> 问"大学"格致之说,自郑康成以下无虑数十家,于近今西学有偶合否?西学格致,始于希腊阿卢力士托尔德(即亚力士多德),至英人贝根出,尽变前说,其学始精。逮达文(即达尔文)、施本思(即斯宾塞)二家之书行,其学益备,能详溯其源流欤?②

> 考泰西于近百十年间,各国皆设立上下议院,藉以通君民之情,其风几同于皇古,书有之曰:民惟邦本,本固邦宁,又曰:众心成城。设使堂帘高远,则下情或不能上达,故说者谓中国亦宜设议院以达舆情采清议……其果有利益欤?或有谓行之既久,不无流弊,究未悉其间利害若何,能一一敷陈之欤?③

> 外国之富,在讲求技艺,日新月异。所以制造多,商务盛,藉养穷民无算。未悉泰西技艺书院分几门,学几年,艺乃可成?我中土何以尚未设技艺书院?各省所设西学馆、制造局多且久矣,未识有精通技艺机器之华人能独出心裁自造一新奇之物否?必如何振兴其事,斯不借异材异域?请剖析论之。④

> 问中国近年丝、茶出口之货,核通商总册,较光绪初年有增无减,而丝、茶各商,日见耗折,其故何欤?今议整顿之法,其策安在?⑤

可以看出,这些题目都是围绕着实学和时务展开的,都是时代思考

---

① 王尔敏:《上海格致书院志略》,香港中文大学出版社 1980 年版,第 69 页。
② 王韬:《格致书院课艺》,《李鸿章己丑年北洋特课题》。
③ 王韬:《格致书院课艺》,《郑观应癸巳年冬季课题一》。
④ 王韬:《格致书院课艺》,《郑观应癸巳年冬季课题二》。
⑤ 王韬:《格致书院课艺》,《薛福成丁亥年秋季题》。

的焦点所在,与王韬重视实用功利的教育改革思想也若合符节。而考生在题目的引导下所作的回答也顺着王韬设计的思考方向,切中了时代的脉搏和现实问题的要害。他们以西学,包括西方自然科学、技术、工艺甚至西方哲学和政治学说为利器,大胆剖析中国社会存在的现实问题,阐述改革旧经济、旧教育以至旧典章制度的必要性,为中国走向富强寻找有效之方。他们的观点和思想为当权者解决社会实际问题提供了参照,有利于中国社会的开放和进步。王韬不无欢欣地写道:"有言天算者,有谈经济者,有论时事者,有辨教术者,有备详舆图者,有精求农事者,有维持商务者,至于开矿、冶铁、织纺、制造、屯田备边、裕利源、去积弊、述枪炮施放之巧妙、考中西医学之源流,巨细精粗,无乎不贯。诸生所对,皆能荦荦举其大端,集思广益,萃众长而备一得,咸有裨于国家大计。"①

王韬创立的考课制度得到学界的热烈响应,"远近名流硕彦,闻风兴起,彬彬称盛"。②"院中肄业士子,多则百余人,少亦数十人,无不争自濯磨,共相奋勉","乃至功名士子贡举官绅均来参与"③。在考课带动下,格致书院名满东南,院务大进,"科学班的听众有明显的增多"④。连出题的李鸿章都说:"上海格致书院诸生课卷,经本阁爵大臣细加评阅,其中不乏究心实学、议论中肯者,殊堪嘉奖。"⑤

王韬创立考课制度的深刻用意在于,他不仅仅局限于引导参加者研究西学、探讨时事,他有更宏远的目标,即推进中国现实政治与经济的改革实践。他试图借助于应考学生自由发表见解与方面大员评阅考卷所造成的上下沟通机会,实现上策当道、加快改革的初衷。从现存的学生论文和洋务大员的批阅材料来看,王韬的愿望至少有一半得到实现。许多学生在回答问题过程中提出了极有价值的真知灼见,而的确也有不少参与批阅的官员表示愿意采纳实行。如常熟县学生商霖在回

---

① 王韬:《格致书院课艺·序》壬辰年。
② 王韬:《格致书院课艺·序》己丑年。
③ 王韬:《格致书院课艺·序》辛卯年。
④ Knight Biggerstaff, *Shanghai Polytechnic Institute and Reading Room: An Attempt to Introduce Western Science and Technology to the Chinese*, Pacific Historical Review, May1956, P. 143.
⑤ 王韬:《格致书院课艺·序》己丑年。

答"中国近年丝茶出口有增无减而丝茶各商日见耗折其故何欤？今议整顿之法其要安在"题目时指出，中国丝茶业日趋衰敝的真正原因是由于中国丝茶业缺少机器和丝茶质量低下，而与一般俗论所认为的"关税厘金之重、外洋出产之饶"关系不大。他这样论述说：

> 关税厘金之重，诚为病商之一大端，然我谓与外人争丝茶之利不在乎减厘金，而在乎精物产；不在乎减中国之厘，而在乎轻外国之税。盖外洋于入口货之有益者，必减税以招徕。其无益者，必重税以相拒。今洋人于中国丝茶入口，有较成本加至一半者，若不能请外国之轻税，纵尽弛中国关市之征，亦属无益。且洋人征税甚苛，亦因中国税重，无可再加耳。若我减税一分，彼反增税一分，亦无如彼何，是徒为他人藉手而已。今洋人于中国情形无不了如指掌，亦知丝茶完纳中国税厘，成本甚重，始肯出如许之价。如向值百金之货，洋商知中国免税一成，则彼必以九十两相奸……仍为洋商之利而已。若夫印度、锡兰、日本所产之丝茶日旺能夺我贸易者，正坐中国之丝茶未尽讲求耳……诚能将所出丝茶精益求精，驾乎日本、锡兰、意大利之上，则洋人喜用上品，不贪贱值，势必商贩争来，推之不去矣。①

因此，这位学生认为振兴中国丝茶业的根本出路在于增加投资，引入机器生产以提高质量。他进而提出了具体的整顿之法。他说："整顿之法，其道约有数端。第一在讲制作。如丝之饲桑剥茧，虽必出于人工，而缫丝烘茧，不妨仿照西法也。如用汽水熏泡，则色白而软，质尤光亮；用机器纺制，则丝细而匀。尤能受染，价值略增十之三四；如用烘房烘死茧内之蛹，则不致齿破茧头……价值倍增。至于茶，则种植采摘虽不废人工，而焙炒制作不妨添用机器，则火候足而颜色匀，不至因茶师少而制茶不多矣。其次在乎充商本。中国商务之衰，半由私利太重之故。同一公司、同一矿产，在洋人则欣为有利，在华人则哗为大亏，正坐中西利息悬殊耳。如国家开设银行，颁发钞票，鼓铸银币，则天下藏镪

---

① 王韬：《格致书院课艺》，《丁亥年秋季超等第二名论文》。

尽出,官市流通,官利仅取数厘,私利亦不准一分以外,则丝茶之商虽借客本,亦不致受重利盘剥而倒矣……第三在化学……"①从生产领域中的机器手段、自然科学运用、工艺流程到流通领域里的利率影响、资金走向、银行贷款对工商业的作用,分析得入木三分,切中肯綮。参加评卷的洋务派大员看后受到极大启发,宁绍台道薛福成于文末评点说:"洞见症结。论中国轻减税厘仍为洋人之利,议论透辟,足以破当世妄疑税厘太重之惑,前后各条,多切实可行。""议论警辟,痛快之至,精当之至。"②可以预料,薛福成在办理地方事务之时一定会参考这位考生的意见。

王韬在格致书院的十多年,正是中国社会新旧势力相持不下的年代。新思想、新观念的幼芽在旧思想、旧观念的汪洋大海之中大有遭到封杀的危险。王韬不愿看到中国思想界再次退入昔日萧条局面,期望以弟子们的改革议论扩大新思想、新观念声势,促进思想界的彻底觉醒。所以,他每年都将考课中的优秀论文,以及他和其他考官的评语、眉批一起编为《格致书院课艺》刻印发表。此举的意义已经超出教育的范围,而具有社会启蒙的深远意图。当时的上海外文报纸《北华捷报》(North China Herald)正是用"中国启蒙的最有力的杠杆"(A most powerful lever for the enlightenment of China)一语来赞颂王韬此举的。③

从印行的《格致书院课艺》内容分析,王韬借课艺文字宣传西学,鼓吹变法,开启风气的良苦用心昭然若揭。《格致书院课艺》所收的论文绝大部分都是针砭现实、主张变法改革的议论,其思想之激烈、用词之尖锐在当时的中国堪称独步一时。如江苏长洲县考生许象枢在对比中西政治制度时写道:

(泰西)上议院下议院无国蔑有,诚以议院之有益治理非浅少也……君主者,权操于上,议院不得擅施行,弊在独断。英国为君

---

① 王韬:《格致书院课艺》,《丁亥年秋季超等第二名论文》。
② 王韬:《格致书院课艺》,《丁亥年秋季超等第二名批语》。
③ *North China Herald*, May 27, 1892;另参见 Paul. A. Cohen, *Between Tradition and Modernity: Wang Tao and Reform in Late Ching China*. P. 183.

民共主之国,君可民否,君不得擅行,民可君否,民不得擅作……上情可以下逮,下情可以上达;我中国幅员之广,物产之饶,人民之众,甲于五大洲。然而地利不能尽,国用不能充,弊政不能革,刑罚不能简,民困不能苏,国威不能振,下有贤才不能遽用,上有庸妄不能遽退,非中国之君不若泰西各国之君也,上下之情隔焉故也。是故中国……设议院其有利于国家有不可偻指计者。①

又如江苏丹徒县学生吴佐清在揭露官督商办企业弊端时写道:

> 泰西虽官商一体,然商务则官第保护之、维持之,不侵其权也。中国之纺纱织布局,若云官办,则实招商集股;若云商办,则有总办、帮办、提调名目……商民虽经入股,不啻途人。即岁终分利,亦无非仰他人鼻息。而局费之当裁与否,司事之当用与否,皆不得过问。虽年终议事,亦仿泰西之例,而股商与总办分隔云泥,亦第君所曰可据亦曰可,君所曰否据亦曰否耳。自官为督责,则所用司事皆官场荐举之人,情面太多,必有屡满之患。商人沾染官气,则凡达官过境,下临布局,亦必多方酬应,献媚取怜,而局用浩繁矣。此官督商办之万万不可也。②

王韬把大批类似上面这样激昂慷慨、横议时政的文章加上褒奖、推崇、赞许的评语、眉批抛向社会,这在严复、梁启超登台之前的中国无疑等于抛出一连串令人警醒的重磅炸弹,其振聋发聩、催人振奋的作用无法估价。在《格致书院课艺》被众多出版者争相转刻印行之中,王韬及其弟子们的改革变法思想激荡遐迩,社会风气为之一新。③

在主持格致书院期间,王韬除了于上述三个方面倾注了极大的心血之外还与傅兰雅配合,邀请中外专家举办临时性的讲演。1895年以后又开办函授性质的成人夜校班,该班每星期六晚上上课,每期至少有三四十人参加。由傅兰雅所设计的课程看,它是一个应用型自然科学

---

① 王韬:《格致书院课艺》,《癸巳年冬季超等第一名论文》。
② 王韬:《格致书院课艺》,《癸巳年秋季超等第二名论文》。
③ 有的同时代书商直接将《格致书院课艺》易名《富强策》刊行于世,可见格致书院考课在当时的影响之大。参见《钟鹤笙征君年谱》记格致书院课士,朱有瓛:《中国近代学制史料》,第一辑(下册),华东师范大学出版社1986年版,第200—201页。

班,所学内容有数学、矿务、电务、测绘、工程、汽机、制造等。① 王韬身为山长,对夜校的办学方针和具体管理提出了许多切实可行的意见。

总而言之,王韬所主持的格致书院既是"中国近代新制教育的滥觞",又是"近代科学教育的先驱",更是近代新思潮的温床,极大地影响了以后中国科学教育事业和思想文化的发展。② 就教育而言,在格致书院引带下,宁波在薛福成任宁绍台道期间仿办了一所类似的书院。③ 四川川东道在黎庶昌主持期间亦兴办了一所外语兼科学学堂。④ 1895年,康有为到上海开办强学会,还特意托人介绍,拜访王韬,参观格致书院,吸取其办学经验。⑤ 就思想而言,在王韬独具苦心的"诱掖奖劝"和"针刺棒喝"之下,中国知识分子开始以科学精神审视传统和现实,从而产生了对旧制度、旧传统、旧习惯的怀疑。这种怀疑是改变旧世界的动力。戊戌变法时期,许多出自格致书院的青年知识分子,如叶瀚、瞿昂来、钟天伟等都是冲杀在政治改革和思想解放运动第一线的骁将,他们为中国历史的向前跃进贡献了巨大的热力。

王韬晚年在格致书院的工作是他一生所从事的时间最长、用力最多的"实业",凝聚着他教育改革思想的精义,载荷着他富国强兵的希望。他曾不无感慨地写道:"余老矣,行将拭目而观中土人才蒸蒸日上,通知时事,为国家立富强之基也,岂不幸哉!岂不快哉!"⑥他用实实在在的教育实践,为他的人才观、他的教育思想、他的救国情怀写下了最好最恰当的注脚。台湾史家姚海奇先生为此十分崇敬地赞道:"王韬在遽归道山之前夕,仍以其余生,投注于教育事业,提携后进,鼓舞士子,以富强思想,广播于士子心田,以时局时弊,求方于朝野士绅。其苦心孤诣,惨淡经营,实令人感佩。其精神值得后辈士子,仰之再三。"⑦王尔

---

① 傅兰雅在1895年发表的《格致书院西学课程·序》中说:"本年夏,复筹及一会讲西学之法,定于每礼拜六晚,躬亲教习。凡聪幼文人有志考求者,皆许来院习学。爰拟课程六学:一矿务,二电务,三测绘,四工程,五汽机,六制造。"傅兰雅:《格致书院西学课程》,光绪二十一年,上海格致书院印。
② 王尔敏:《格致书院志略》,香港中文大学出版社1980年版,第90页。
③ 王尔敏:《格致书院志略》,香港中文大学出版社1980年版,第91页。
④ 王韬:《论川东设立洋务学塾》,《万国公报》1892年10月,第47期。
⑤ 汤志钧:《戊戌变法人物传稿》,中华书局1982年版,第722页。
⑥ 王韬:《格致书院课艺·序》丁亥年。
⑦ 姚海奇:《王韬的政治思想》,台湾文镜文化事业有限公司1981年版,第26页。

敏先生也在《上海格致书院志略》一书的"结语"中高度赞评：（格致书院）"对于国政富强之道，西方列强现况，工业建设大计，人民疾苦之情，商贸出入之术，均作广泛探讨，不但激发思想，实并陶铸治世专才，此在王韬不厌反复致意盼望，一再申明宗旨。于此，概可见出格致书院之贡献及其所达历史使命，于中国近代教育及科技知识，实具先驱意义，有其宏伟价值。"①验之于王韬的教育实践，这些评价毫无过誉之处。王韬在中国近代文化教育发展史上无论从思想还是从实践上讲，都是一位当之无愧的伟大先行者。

三 最后的呼唤

王韬第二次居沪时期正当列强蚕食鲸吞胃口增大、中国边疆危机日益加深的危亡年代。中法战争炮火掀起的尘埃还未落定，英国便在1885年发动了侵略缅甸的战争，清朝在缅甸的宗主权被剥夺；1888年又发动侵略西藏的战争，夺取了在西藏自由旅行和免税通商的特权。与西方侵略者相呼应，日本作为新兴的亚洲资本主义强国于80年代后期开始染指朝鲜，1894年终于爆发了中日之间的甲午战争。战争的失败使中国丢失了对朝鲜的宗主权和边疆的大片土地。此后，俄、法、德在日本侵略行为的刺激下也伺机待发，蠢蠢欲动。中华民族面临着瓜分豆剖的危险局面。

但是，面对着亡国灭种命运的清王朝却依然缺乏变革的勇气，它期望以不痛不痒的"皮毛之变"求得暂时的安宁。王韬不能忍受这样的现实，他不顾年老多病，毅然再次拿起他的如椽之笔，写下了一系列政论文章，呼吁御侮图存，变法救国。这些文章是他在离开人世之前对富国强兵理想的最后呼唤，饱蘸着他对中华民族深厚的苦忠血诚。

王韬晚年的政论文章主要发表于《申报》和《万国公报》。《申报》是王韬的女婿钱征主持的报纸，他自己也一度担任过编纂部主任。《万国

---

① 王尔敏：《上海格致书院志略》，中文大学出版社1980年版，第91页。

公报》①为西方传教士组织广学会（Christian Literature Society For China）的机关报，其主要编辑和撰稿人林乐知、慕维廉、韦廉臣、艾约瑟等都是王韬比较熟悉的传教士朋友。因此，从人事上讲，王韬与这两家报刊关系是十分密切的。再者，《申报》和《万国公报》在当时都是提倡变法改革的中文报纸，思想倾向与王韬的改革主张若合符节。所以王韬选择这两家报刊作为自己的舆论阵地均在情理之中。

王韬这一时期在《申报》与《万国公报》上发表的文章数量极多，仅据1892年至1893年的《万国公报》统计，就有《哥伦布赞》《救时刍议上》《救时刍议下》《论宜兴制造以广贸易》《论宜得人以理财》《论川东设立洋务学塾》《论宜设商局以旺商务》《阅德国什好船厂章程书后》《论巡阅炮台》《论中国煤铁之富美国金银之富》《论大地九州之外复有九州》《欧亚金银宜各自为价论》《论出使须求真才》《论所谈洋务终难坐言起行》等十多篇。王韬是在与他自己的生命衰老周期比赛速度，他要把更多的声音、更多的光与热留在人间，传给后世。

在这些文章里，王韬除了继续鼓吹他早年变法维新救亡图存的主张以外，还发展了或修正了某些早年不成熟的观点。其发展或修正之处略有下述几方面：

（一）考虑工商问题更深更细

王韬在主办《循环日报》时期所发表的文章大多具有"大而化之"的特点。其时，中国社会风气未开，不但王韬本人专门知识有限、对工商问题看得不够清晰透彻，而且广大读者也不可能理解过细过专的理论文章。中国此时最需要的是打破保守而又沉闷状态的呐喊，是冲击旧传统、旧观念的勇气，是粗犷雄劲的扫荡封建马厩的狂飚。所以，王韬泛而不专的文章刚好适应了那个时代的需要。

经过近二十年的洋务运动的实践，中国的社会风气已逐渐开通，国人的认识水平得到提高；同时，洋务运动中所暴露的具体问题又亟待理

---

① 《万国公报》，原名《教会新报》（*Church News*），1868年创刊，早期为周刊，主办人是美国监理会传教士林乐知，为宗教性质刊物。1874年改名为《万国公报》，内容大为拓展。1889年改为月刊，成为广学会的机关报，仍由林乐知主编，李提摩太和丁韪良等外籍传教士也参与过编撰工作。

论的指导。在这样的背景下,原先那种狂飙式、粗放式的议论已不能适应解决现实问题的需要,也不可能再引起广大读者的共鸣。因此,王韬把他的笔触沉得更深,对工商问题的观察和分析更加具体细致。与《循环日报》时期的文章喜谈兴办工商的意义或益处不同,此时的文章却大多涉及工商活动中的具体细节。下面略举两例,以窥一斑:

> 丝茶为出口大宗,磁器为著名要物。西人至名之为华器,以其得自中华也。然则贵重可知矣。今可揣西人之所尚,将丝织成文绮美绸,色式同于外洋所制而又胜之,以投其所好,不必由华商运往外洋,自有西商贩运,而外洋之绸匹不来矣。夫西商以华丝运出华口,入其本国,织成绸匹,又出其本口,入我华口,关税重叠,工价又重,尚能贸利,则华工以自有之丝,织缎匹,关税既少,工价又廉,货值必较贱。西人在中国者固乐就近取用,即运往外洋,较之洋绸工价较贱,且更坚致,西人在本国者无不乐用……磁器由日本来者不少,华人反有用日磁者,见异思迁,人情不免。日磁之料,虽逊于我,而外观之美,几能胜我。是当描画精细,工料坚实,使日本不能夺我自有之利,并夺我应得于西人之利。推之各色纸料、图绘、仪器、灯盏、各铁器等,一名一物,凡有益于日用者,无不绳度曲中,动合自然。①

> 今国家兴大徭役,欲与民间贷债一千万,准以十年偿还,尔民其输将勿缓,民间果有应之者乎?乃外国银肆发出股票,民之趋者如鹜,名为贷债于外洋,其实取资于华民,华民之预股者多,而洋人反得以坐扣其息,呜呼,民至不信上官而信外洋,此真可为叹息痛哭流涕者也。②

从上述文字可见,经过二十年的人生磨练,王韬看问题变得更深入、更冷静、更细致了。"言之有物""论必征实""辨析必细"成为他这一时期有关工商文章的风格。

---

① 王韬:《论宜兴制造以广贸易》,《万国公报》1892 年 10 月第 45 期。
② 王韬:《论所谈洋务终难坐言起行》,《万国公报》1893 年 10 月第 59 期。

(二) 强调"推洋出新"

王韬对洋务活动中只知"引进西器,不知探求西法"推而出新的消极做法表示不满,认为这是一种最愚笨、最原始的学习西方的模式。中国在学习西方活动进行了二十年之后,应该把重心放在"自造"上面。这是中国能够臻于像日本那样的真正富强之境的唯一有效途径。他写道:

> 铁甲兵轮、水雷渔艇、联珠枪炮、棉花火药、铅弹等有益于军需者,皆能自造。较之岁以数百万银钱托外洋定造者,其得失损益为何如?且一旦与某国失和,他国即守局外之利,所购船舰概不得驾运而来。法之事其明征也。如能自造,然后百工有业者多,生之者众,利权可以节节收回,而富强可望……我国虽已设船政局、机器局、军火局,船舰枪炮可自制造,而凡其中所需精微细致各物无不取之外洋。他如橹舵、帆缆、锅炉、汽机、轮叶、船皮年中时须修理者亦无不自外洋购至。有自制之名而无自制之实,其利仍流于外耳,可为叹矣。尝按美国出产多于英国,而英国制造易于美国。英以美产,加以运费,制成物件,价反贱于美之所自造。同一物,同一价,英可获利而美则失利,未尝不叹英之工价廉而机器多也。中国工价更廉于英,倘能皆用机器,安见所制之物不足与英竞胜哉。①

而且,"自造"也非简单地依样画葫芦,而是在进口之器物的基础上推陈出新,精益求精,反驾乎原器物之上。王韬由此提出了"得其器"与"法其法"两组概念,指出"徒知购器于西人"只能称之为"得其器",而引进方法,吸收消化,推洋出新才是正确地学习西方的态度,才能被称为"法其法"。"得其器"者制于人;"法其法"者制人。②

(三) 评论推荐洋务新著

早在香港主持《循环日报》时期,王韬就常在报端公开发表"序"

---

① 王韬:《论宜兴制造以广贸易》,《万国公报》1892年10月第45期。
② 王韬:《救时刍议下》,《万国公报》1892年8月第44期。

"跋""记""附识""按语"一类文章,对新近出现的"洋务"新著予以彰扬,《弢园文录外编》中收录的《〈瀛环志略〉跋》《〈地球图说〉跋》《〈星轺指掌〉序》等文都属此类。回沪居住期间,王韬已是名满天下的"沪上闻人",其月旦臧否往往牵动舆论神经,引发公众兴趣好恶。① 王韬正是借助了他在公众领域的影响力,在《申报》《万国公报》等报刊上发表了多篇论赞洋务新著的文章。

清末曾任驻日公使的蔡钧(字和甫)未显时只是洋务大僚的随员,他写的《出使须知》是一本常识性普及性的小册子,知之者甚少。王韬认为该书对中国办理外交和民众开通眼界极为有用,1885年即欣然为之"跋",大力推荐。跋文写道:

> 郑玉轩星使奉命为驻扎美日秘大臣,有以和甫荐者,遂随星轺西迈,旋为日斯巴尼亚参赞,居两年余,以疾乞假言旋。五月间由粤至沪,访余于淞北寄庐,谈次袖出其所著见示,一曰《出洋琐记》,则追述耳目之所见闻,舟车之所游历,凡道里之远近,山川之诡异,土风俗尚,国政民情,无不备载焉,俾未至海外者可作宗少文卧游观;一曰《出使须知》,则凡随使节以渡重洋,备皇华而专应对,折冲乎樽俎,焜耀于敦盘,周旋晋接夫燕享朝会之间,以克副此使才之选而无虞乎陨越者,必以是书为先路之导、识途之马焉。有心哉,

---

① 王韬晚年在沪上名声太大,有些媒体竟盗用他的名字发表文字,甚至算命看相、勒索诈骗之人也冒用王韬之名行事,弄得王韬多次在报上刊登告白澄清事实。如1891年2月2日《申报》第6版刊有王韬《告白》一篇,内有"余自壬午春自粤旋沪,于兹十年,日惟杜门著书,不问户外事,与友朋往来尺牍,皆亲自染翰,从不假手于人……今乃有捏造信函,仿刻名柬,投相识处,意图恫喝。此等伎俩,岂余所屑为,相识者早经洞烛其奸,已将原信交来。惜当日未将投信之人扣住,以致一时无从查究。用特登报布告同人,倘以后见有冒昧投函,或设法借贷,或托名诬蔑,务望勿为所愚"。再如1896年9月21日《申报》第6版刊有王韬《辞不列名》的声明,文曰:"天南遁叟自粤倦游归来,惟知闭门著书,不问户外事,十有五年来,所有各报馆新闻皆有主者,鄙人从无片纸只字,亦从未揭管代作,妄赞一词。惟曾月撰申报馆新论四篇,现亦一并辞之矣。至于告白之中,间列贱名者往往而有鄙人或不及知。昨晤西士,述及卜筮星相之说是耶稣正教所不言,似不宜列名其上,亦当有所区别。以是列名一事,亦敬辞之。见者谅焉。"王韬逝世前在《申报》发表的最后一篇文章居然也是《贱名并未列报》的澄清告白,日期是1897年5月15日,内云:"天南遁叟自去岁四月杪,移入城西,谢绝人事,闭户著书之外,罕出柴门一步……至于笔墨之役,文字之好,亦复屏弃。鼠须侧理,视为畏途,沪上诸家日报,或有下询者,皆谢未遑。即如近日商务报,或有列鄙人姓名于上者,亦不过浮慕虚名,欲引以为重,鄙人实未及知,并未尝亲临其事也。商务报自十四号至二十三号鄙人从未寓目,乃列以贱名,并加鉴定报章四字,鄙人不任受也。恐阅者有所未知,特此声明。"

和甫之为是书也,固当人置一编者也。……夫两国交际,燕享雍容,原古者之不废,泰西列国之风犹近乎古,会盟聘问,皆以酒礼笙簧为欢聚好合之具,情至而文自生焉。然则貌合神离,情不足而文有余者,为彼邦人士之所不喜可知也。余览是书,而深服和甫之能尽言毋隐也。随使外洋者,苟能三复是书思过半矣。和甫既至京师,献书阙下,颇为当轴所许可,前后所上条陈,剀切晓畅,皆可见之施行,是真可谓能明时务者矣。他日者或持节远邦,或出守要郡,当必能大展其抱负,而见之于措施,以自行其所言,岂第作纸上空谈而已哉?①

美国传教士林乐知曾跟从王韬学习汉学,后在上海创办《教会新报》(1874年9月更名《万国公报》),1895年中日甲午战争之后,他写就《中东战纪本末》一书,呼吁中国变法维新。王韬认同他的变法观点和教育启蒙做法,欣然为之做序提携,并将序文全文发表在1896年4月20日的《申报》上。序文推赞道:

> 呜呼! 中东之战,实当今亚洲一大变局也。强弱盛衰,胥于是乎系。当此创巨痛深之后,而能痛定思痛,励精图治,卧薪尝胆,寝干枕戈,内修政教,外诘戎兵,以期得一当,何难渟然以兴,蔚成中兴之盛哉?……林君之作此书,盖欲中国自强而发也。是书原始要终,因端竟委,挈领提纲,具存微旨……其命意所在,实欲中国自强,行新法,敷西学,克自振拔,借日本以自镜,其所期望者深矣。②

当然,推荐提携之中,王韬依然没有忘记宣传他自己的改革主张。他在同篇序文中警告当轴者说:"日人处心积虑于二十年以前,而发之于一旦,我中国欲以靡然积弱之势、宴然无备之形御之,其能得乎? 呜呼! 前车之覆,后车之鉴也,前事之不忘,后事之师也。及今而中国力图变计犹可及也,当思以堂堂绝大中国反厄于日本,可耻孰甚焉? 耻心生变机,作踔厉奋发,以求日进乎上,即此一战,而迫我以不得不变,毋

---

① 《出使须知·跋》,《申报》1885年11月12日第9版。
② 《中东战纪本末·序》,《申报》1896年4月20日第1版。

徒为泰西环伺诸国所轻,他日转败而为胜,转祸而为福,胥于此一变基之也,是日人未始非大有造于我也。若谓难已息矣,事已平矣,仍复虚憍之气中之,自足自满,漫然无所动于其心,因循苟且如故也,蒙蔽粉饰如故也,勿论报复无期,亦且振兴无自,不有负林君乐知先生作书之本意乎哉?"①

(四)推赞贤明官员

浙江安阳知府程步庭在任时抑制豪强、爱护弱小,颇具政声,离任时安邑民众依依不舍,万人空巷相送。王韬于坊间多位"贤士大夫"处闻知此事,甚感有义务张扬此人此事,便随即在《申报》上发表《程步庭太守安阳德政纪》一篇,称赞其为政之善,为民之诚。纪文写道:

> 程步庭太守前来宰是邑也,治之绰然有余裕……下车伊始,即已博咨耆老,遍察舆情,登之庭而告之曰,一邑中兴利除弊,此有司之责也,其详陈勿隐,凡我所能为者,敢不竭一毫心力,为我民筹永远计,顾必先悉弊之所由除,然后能知利之所由兴,爱条举其目,揭之座右,曰造士,曰育婴,曰置义冢,曰设义渡,曰创医局。邑中之有书院,所以造就人材也,院中膏火之赀,士藉以养,苟或不敷,名实不相副,士即不能专于其业。太守为筹别款以助其所不足,而后教养皆有实用。太守之所以嘉惠士林者,岂浅鲜哉?邑中本有婴堂,具文而已,每岁田租悉为顽农所把持,侵蚀其所入以饱私橐,而置公费于不顾。堂中董事,懦而勿问,已成积习。太守闻之曰,是风乌可长也,严惩顽农,而重倡义捐赀,以是集事,以是举邑中弃婴咸庆更生……安邑向来敝俗相仍,多停棺而不葬者。太守知其然,榜示通衢,晓以入土为安之义,兼以水火不测之虞,诚恻之语,感动行路,又自捐置义冢,设局延董事经理,贫乏不能葬者,代其瘗埋,不数月舆榇而往者络绎不绝于道。仁人之言,其利溥哉!邑之云江,向设义渡,渡夫渔利,重载不顾倾覆。太守于是别设规条,严申禁令,俾渡者得免风涛之险,而永无沈溺之害。邑中向无医局,贫

---

① 《中东战纪本末·序》,《申报》1896年4月20日第1版。

病无所求治,多致昏痔夭札之患,太守恻然伤之,怒然忧之,乃自捐清俸,舍药施医,以拯疾苦,颠连者俾有所归……三年以来,所揭于庭者,咸次第行之。几于无利不兴,无弊不除。邑中士民,咸动色而相告曰,吾侪何幸,而得此贤父母哉？口碑载道,万众如一词,太守恩德之及人,可不谓深且广哉？……余之交太守也浅,而侧闻交口称太守者,皆当世之贤士大夫也,必不作无端之虚誉有可知也。①

光绪年间曾担任清政府驻英、法、俄国大使的曾纪泽是中国近代不可多得的外交人才,曾不惜个人安危与沙俄力争,改崇厚擅自签订的《里瓦几亚条约》为《中俄伊犁条约》,收回伊犁等地。中法战争时,又多次与法国谈判,立场强硬,措施得当。但才人命短,1890年4月,年仅51岁便溘然而逝。王韬对此不禁悲从中来,痛惜"才通今古学贯中西"的洋务长才"栋梁顿折"。他在门生吴县生员叶耀元《祭曾劼刚袭侯》一文后附识道：

> 天下揄扬之语,颂美之词,出于近者亲者则私,出于远者疏者则公矣。施之生前,则类于谄,施之死后则见为真矣。其在生前,千人之诺诺,不如一士之谔谔也,其在死后获二三交际者诔词,不如洒八百孤寒之痛泪也。惟其感恩知己之言,出于疏远卑贱之一士,则平日之所以爱才下士,重学尊贤,迥越于寻常可知。侯之为人,余虽未尝有一面之识,而遥听其声名,伏观其著述,并窃窥其见之于措施,而叹为国家栋梁柱石之臣也。侯于中外交涉之事,凡遇盘根错节者,朝廷一以命之,而无不应节以解,涣然而冰释,或遇所不可,侯必以利害争之,即远人亦无不共仰具公忠体国,不忍行其欺,所谓忠信笃敬,行于蛮貊者非耶？侯之还朝,咸望其大用,措一世于和平,登斯民于衽席,俾遐陬一体,薄海同风,庶几如汉萧曹张陈,唐之房杜姚宋,宋之韩范欧富,乃不谓天不憗遗,未及中寿,抑何夺我重臣之速也？天下之人,无论识与不识,无不同声叹息,皆

---

① 《申报》1887年9月8日第1版。程步庭勤政爱民之事亦见于孙诒让《经微室遗集》(瑞安孙氏玉海楼藏手抄本),在孙氏1886年写就的《送程大令(步庭)》中,孙诒让对为政清廉的程步庭也极为赞赏："豪酋心折无一词,恶少股栗有三木。清名自在瓯江滨,浮云变幻何足论。"

谓天岂不欲我中国骤臻富强执泰西牛耳也哉？……余之不及一见侯之颜色，徒于木坏山颓之后，而一伸其景仰之私。①

王韬对程步庭施政行为的推赞，对曾纪泽英年早逝的惋惜，一定程度上也反映了他对国家政治风清弊绝的追求、对洋务人才的期待和个人为民做事的渴望。

（五）力主严禁鸦片

19世纪60到70年代，王韬曾提议清王朝自种鸦片并开征重税来抵制洋鸦片的进口。② 80年代以后，他发现这种方法不仅不能禁住鸦片，反而诱使鸦片之灾难扩散开来。因此他修改了早年的观点，提倡绝对地严禁鸦片，"夫鸦片者，千古未有之恶卉。一时不禁，祸及后世；一国不禁，祸及他国"。③ 他在《救时刍议上》一文中这样写道：

> 自道光以来，鸦片日盛。由外洋入口易白银出口者，岁不下四千余万两。而各省不种嘉谷而种鸦片者，岁亦值银数千万两。国家收鸦片税银亦近千万两。呜呼！奇矣！海禁大开，辟埠通商，以洋货易华货，除鸦片，值相当。自道光至今五十年，鸦片银之流出外洋而不返者，截长补短，可十五万万两，此十五万万两者，皆十八省人民之脂血。而中国种鸦片者，以华病华，虽获利数倍，而食者病，种者亦病。前晋豫奇荒，赤地千里，人相食，其明征也。国家增其税银，使天下知鸦片能病人能贫人而不可食，所谓不禁之禁也。然天下食者如故。夫富强者，天下之急务，而禁鸦片者，富强之要著也。禁鸦片，禁食禁种禁洋运。食鸦片者有瘾，有瘾者食则生，不食或死，禁之者，不问其生死，不问其贵贱，逾限而仍食者杀无赦。种鸦片者……洋运鸦片者……杀无赦。或曰鸦片洋药也，能治病。当禁有瘾，不当禁治病。或曰鸦片烟类也，各省颇种烟，何独禁鸦片。且我种者多，则彼来寡，是塞漏卮也……此数说皆非

---

① 《申报》1890年6月29日第1版。
② 参见本书第七章第二节。
③ 王韬：《救时刍议上》，《万国公报》1892年7月第43期。

也。鸦片之为药,能治小病,不能治大病,其利天下也少而害天下也多,则必禁。烟无瘾,鸦片有瘾,自种自瘾是自病也……若复耗银数十年,天下尚可问乎?①

王韬早年不仅是一个鸦片"弛禁论"者,而且他本人对鸦片还时有所染。晚年的他能提出如此决绝的严禁主张,表明他不是谬执己见的固执老人。为了民族的长久利益,他既可改变自己的观点,也可将自己的行为宣判为"罪恶"。

王韬曾在一篇文章的结尾部分满怀期望地写道:"富国强兵,全在乎人之自为。以有用之心思,施之于有用之地,日事讲求富强之效,可操券而得之矣。我不禁日夕拭目以俟之。"②然而,他所期望的清朝大吏最终没能将中国导入富强之境。甲午一役,中国跌进了更加耻辱的灾难之渊。此后,已经发落齿稀的王韬把拯救中国的希望寄托在新一代的维新知识分子身上。1894年,王韬在上海和当时仍属改良主义者的孙中山见了面,对孙中山变法维新、发展资本主义的主张甚为赞赏,并帮助孙中山修改、润色《上李鸿章书》。书成之后又为孙中山晋见李鸿章牵线搭桥,写信给自己的朋友——时在李鸿章幕中供事的罗丰禄,请他介绍孙中山与李鸿章见面。③ 1895年,王韬又在上海接见"公车上书"后名声正响的康有为,声援康有为组织上海"强学分会"的努力,鼓励他把改革的主张变为改革的政治活动。④ 与孙、康二人的见面,使王韬预感到中国改革运动的高潮即将全面铺开。在严寒萧条的冬天里生活了数十年的王韬终于嗅到了一丝春天的气息。

甲午战争之后,是中国政治领域风雷激荡的年代。王韬满心欢喜地注视着新一代改革者的政治实践,自己却再也没有精力直接投身其中了。他像一只用尽了气力和心血啼春的杜鹃鸟,当满山花红叶绿的时候,他只能维持着临终前的喘息,默默无声地凝视着自己的呼唤成

---

① 《救时刍议上》,《万国公报》1892年8月第43期。
② 王韬:《论中国煤铁之富美国金银之富》,《万国公报》1893年10月第57期。
③ 冯自由:《革命逸史》,中华书局1981年版,第43页。
④ 《郑观应致王韬函》(光绪二十一年十月十五日),常州博物馆藏未刊稿,原函有"康长素主政,奉南皮命到沪,设立强学总会,约弟午后两点钟同谒先生,邀往格致书院一游"一句。

果。风烛残年的王韬,身体急剧地衰老,一年之中几有大半年为"药罐在怀"。① 心力亦告衰竭,稍一动脑,便觉头昏目眩,困顿不支。1897年5月24日,他终于怀着烈士暮年力不从心的遗憾在上海寓所里撒手尘寰,溘然逝去,时年70岁。②

王韬遗像

巨星的陨落引发了上海新闻和知识界的震动,《申报》《新闻报》等沪上大报都对此有所报道。如《申报》在5月26日发表了孙瑞撰写的悼文和挽联:

　　王紫铨太守别号天南遯叟,生平足迹曾绕地球一周,著述不下百余种,名重中西,久为格致书院山长,培植人材,卓有成就。小隐淞滨,置遯窟于怀仁里,琴书四壁,梅鹤一家,另辟别墅于西门红栏杆桥,颜曰"畏人小筑",与昔渊明诗云,亦在尘埃中,人远地自偏,襟怀洒落,古今同一致也。校文之暇,偕幼铨令孙,散步沪北,评花载酒,以娱晚年,白发青衫,风流照耀。余时得遇迓杖履,长聆清谈,讵料黄杨厄闰,夺我诗人,鲁殿灵光,一朝凋谢,特缀挽辞以志哀思:公长诀矣,南极星沈,东山木萎,千百卷六艺群言,名山著述直剩邺侯架满,陆氏厨盈,家学守遗经,砚捧范乔,他日栖卷绳祖德;我谁师乎,谈经遯窟,问字弢园,十余年论文载酒,丽泽

---

① 早在1893年8月,王韬就险些一病不起,他在《申报》上刊出布告说:"望七颓龄,旦夕且死,七月痰喘剧发,粒米勺水不能沾唇,坐卧皆难,话言不易,生理将绝,幸蒙邀宝和里张仲芳先生,专行诊治,略有转机,请以静养一室,不见一人,万事不以关心,尚可挽回。至于信札赠答,筵燕酬酢,往来晋接,一切勿扰其虑,否则,恐无作字著书之日矣。言之可伤,惟祈诸友谅之。"《申报》1893年8月30日第6版《天南遯叟王韬布告同人》。1897年5月12日《申报》又登载他的告白说:"八九月间喘疾剧发,伏枕者四阅月有半,长事药炉。春风扇和,病体始苏,然屡躯仅存,瘦骨盈把,精神既非昔,步履亦迥不如前。"

② 关于王韬卒年具体日期有不同说法,这里采用上海《新闻报》报道的日期。该报在1897年5月25日,即王韬去世后第二天,以《天南星逝》为题,报道了王韬逝世的消息:"天南遯叟王紫诠广文韬著作等身,才名藉甚,前时曾为申报馆主持笔政,颇能一秉大公。近因年迈,退居西门内红阑干桥,建屋一椽,颜其名曰'畏人小筑',闭门谢客,颐养余年。不料近报沉疴,一病不起,于昨日骑箕仙去。从此诗坛酒国中顿少一风流老辈,言之能无沮然!"

交孚,讵期梦醒庄周,琴孤牙旷,海滨惊噩耗,赋残王粲,伤心鲁殿泯灵光。①

上海《新闻报》5月30日和7月12日也有挽联发表,哀其不幸,录之如下:

海峤共知名,旷达不羁,博物允推君子望;
云天空洒泪,蜚腾倏逝,英才洵裕后昆谋。②

经传西国,诗重东瀛,华夏名流推一个;
归自天南,闲居淞北,译编手泽足千秋。③

出殡之次日,《申报》复有报道,内云:"王君紫诠以吴下闻人侨居沪渎,筑畏人小筑于城西隅,闭户著书,怡然自乐,盖年已届古稀矣。上月忽撄小疾,遽赴玉楼。昨为五七出殡之期。本邑地方官咸来吊奠,惟刘康侯观察因抱清恙未及驾临。及午后二下钟时,排导举衰一切,旗锣、伞扇、衔牌、容亭、香亭、饭亭、翣牌、功布、僧道、清音,簇簇生新,应有尽有。衣冠执绋者多至数十人,迤逦出西门,由法界绕至英界六马路。施子英太守④诸

王韬塑像

---

① 《挽联联志》,《申报》1897年5月26日第4版。另《新闻报》1897年5月27日也刊发了该悼文和挽联。
② 《青藜旧主挽天南遯叟联》,《新闻报》1897年5月30日。
③ 《倪锡光挽联》,《新闻报》1897年7月12日。
④ 即施则敬(1855—1924),吴江震泽人,光绪元年(1875)乙亥科举人,以知县见用,因堵筑山东段黄河漫口有功,升知州,继擢知府,后受李鸿章委命办理赈务。1904年奉旨创办中国红十字会,辛亥革命后任中国红十字会万国董事会董事。

君,在仁济善堂前公祭。"①上海绅民举行公祭,包括在任地方官也"咸来吊奠",说明王韬的狐死首丘之情、家国关山之望最终得到了中国朝野的认同。

在时人的哀痛惋惜之中,一代伟人王韬走完了他的生命旅程,结束了他悲凉而又壮丽、坎坷而又多彩的改革思想家兼文化布道者兼风流名士的奇特人生,也就此完成了他应负的历史使命。后来者在他停止的足迹之后走出了一片更加辉煌灿烂的新天地。

王韬家乡苏州甪直镇上的王韬纪念馆

---

① 《名士举裏》,《申报》1897年6月28日第2—3版。

附录一　王韬社会关系一览表

姓名	与王韬关系及主要活动
杨引传	(1824～?)，字延绪，号醒逋，少与王韬同里，后为王韬妻兄。对王韬早年思想有所影响，反对王韬谋食上海，但后来他自己亦因太平军占据苏州而携眷至洋泾浜。
顾惺	字日瞿，号涤庵，王韬启蒙塾师。曾中科举明经。通经史，善诗词，喜饮酒作乐，性格放荡不羁。王韬性格的定型与他有极大的关系。
蒋敦复	(1808～1867)，字剑人，又字纯甫，江苏宝山人，与王韬在上海相识，过从甚密，曾与慕维廉合作《大英国志》。太平天国进攻上海时，力主"借师助剿"。
李善兰	(1813～1884)，字壬叔，号秋纫，精数学，曾与伟烈亚力合译《几何原本》等西学著作。王韬在上海时与他同在墨海书馆共事，相互间多有影响。后成为曾国藩幕僚。1868年起任同文馆算学总教习。
何镛	(1841～1894)，字桂笙，以字行，别署高昌寒食生，浙江绍兴人。幼年时有神童之誉，曾考取秀才，1870年起在苏州教书，授课之余到正谊书院进修，得到冯桂芬和俞樾的指点。后至上海谋生，进入《申报》，担任王韬女婿钱征的副手，襄理笔政。王韬晚年回沪居住后与他多有唱和，曾为其著作《劫火纪焚》题跋。
徐圆成	字古春，出身浙江海盐世家，是誉满东南的沪上名中医，擅针灸，曾赴京为同乡亲戚工部右侍郎兼署兵部左侍郎徐用仪治病，得其题匾"种诸善根"。王韬两次居沪期间都与他相过从，曾为其《耆旧诗存》作序，序中称"海盐徐古春先生，余三十年来老友也。咸丰初祀，余方客沪上，君亦挟活人术悬壶于市。恒偕海宁李壬叔造君寓斋，挥麈清谈，竟晷忘倦"。
赵烈文	(1832～1894)，字惠甫，又字能静，江苏阳湖人。因避太平军至沪上，常与王韬切磋文字，其所记《能静居士日记》中有多处提及王韬。后入曾国藩幕。
龚橙	(1817～1870)，字孝拱，又字昌匏，浙江仁和人，龚自珍之子，家学深厚，魏源任高邮知州时入其幕，1855年投曾国藩行营，不为重用，离职赴沪谋生。后为英国公使威妥玛"佐理文墨"，因而熟悉外洋情况。在沪期间与王韬多有往来。王韬敬其才而惜其节，曾叹息"英师船闯入天津，孝拱实同往焉。坐是为人所垢"。

(续表)

姓名	与王韬关系及主要活动
管嗣复	(?～1860),字小异,江宁落魄秀才,懂医术,曾与英国医生合信合译《西医略论》《内科新说》《妇婴新说》等书。王韬第一次居沪时与他多有来往,日记中多次提及。
周腾虎	(1816～1862),字弢甫,江苏阳湖人。1853年至沪,与王韬相友善。周氏观念陈旧,王韬居沪时思想受其影响不少。后投奔曾国藩大营。1862年死于沪上。《弢园尺牍》中收有王韬致周弢甫函两件。
应龙田	字雨耕,浙江兰溪人,随父做官先至京,后其父升广东副将,再随迁至粤。1847始任英国外交官威妥玛的汉语教师,协助其编写《语言自迩集》。王韬第一次居沪时与应氏时相过从,日记和书信中多有及之。
麦都思	(Walter Henry Medhurst,1796～1857),英国伦敦布道会早期来华传教士。鸦片战争后在上海建墨海书馆,从事传教和印刷活动。王韬第一次至沪时受雇于他的墨海书馆,接触到不少西学知识。其子小麦都思为英国驻上海领事,王韬被清廷通缉时受到他的庇护,从而顺利出走香港。
合信	(Benjamin Hobson,1816～1873),英国传教士,医生,著有多部医学著作。1839年来华,1857年任上海仁济馆医师,与王韬常有交往,曾为王韬治愈多年不愈的老烂脚,改变了王韬对西医的看法。《弢园文录外编》中收有王韬所作《英医合信氏传》,对其评价甚高。
慕维廉	(William Muirhead,1822～1900),英国伦敦会传教士。1846年来上海传教,在华达53年。麦都思离华后,主持上海墨海书馆,是王韬的雇主和论著合作者。王韬遭通缉后他多方奔走营救。
美魏茶	(William Charles Milne,1815～1863),伦敦会来华传教士,早期传教士米怜之子,1839年受伦敦会派遣,与理雅各、合信医生等一块来华。1843年8月他和麦都思、马儒翰组成圣经翻译委员会。1846年后出任上海圣经翻译委员会的代表,王韬在上海墨海书馆"助译"时与他多有交往。后担任英国驻华公使馆译员教师,1863年猝死于北京,王韬在致友人信中追忆"襄时情好,为之怃惜"。
林乐知	(Young John Allen,1836～1907),美国监理会传教士。1860年来华传教。王韬居沪时曾向他请教西洋地知识,他也向王韬学习汉学。王韬主持上海格致书院时曾请林乐知为课艺出题,也曾为林的《中东战纪本末》作序,为林的中西女塾作文志贺。
伟烈亚力	(Alexander Wylie,1815～1887),英国传教士,汉学家。1847年来华在上海布道,曾任上海《教务杂志》编辑数年。王韬与他合译过《重学浅说》《西国天学源流》《华英通商事略》等著作。
艾约瑟	(Joseph Edkins,1823～1905),英国传教士,汉学家,1848年在沪传教。译有《希腊罗马史》,对中国知识界有一定影响。王韬曾随之进行布道活动,并合作翻译过宗教和科学作品。

(续表)

姓名	与王韬关系及主要活动
洪仁玕	(1822～1864),洪秀全族弟,拜上帝会最早信徒,太平天国干王和后期总理,曾向洪秀全提出在太平天国发展资本主义的纲领《资政新篇》。洪氏早年在香港跟随外国传教士布道,与理雅各、韩山文等共事,1854年曾绕道上海拟赴天京,与王韬结识于墨海书馆。
容闳	(1828～1912),字莼甫,中国第一位留学美国且取得正规文凭的学生。归国后入曾国藩幕,是中国现代化和留学生教育先驱人物,王韬在上海与香港都曾与他有过接触,曾为其所办之南屏小学作贺文一篇。
吴煦	(1809～1872),字晓帆,又字晓舫,初以捐纳任知县,后升苏松太道。1860年,太平军东下苏南后,在上海组织洋枪队和筹划"借师助剿"。王韬曾奉其令回乡办理地主团练,后两人意见不合。王韬投书太平天国案发后,他企图诱捕王韬,遭到英国传教士及领事的抵制。
徐有壬	(1800～1860),字君青,道光进士,曾任广东盐运使、云南布政使等职。1858年督办江南军营粮台,升江苏巡抚。王韬曾多次上书给他谈论"御夷"和"剿贼"之道。
丁日昌	(1823～1882),字禹生或雨生,广东丰顺人。早年入曾国藩幕。1863年被李鸿章调至上海专办军事工业,支持容闳赴美采买机器和留学计划。1867年升江苏巡抚,与王韬合作编纂《火器略说》,王韬多次与他函商富强之道。他的奏稿中甚至有王韬的文字。《弢园老民自传》说丁曾为王韬"揄扬于南北诸大僚,于是南北诸大僚始稍稍有知老民者"。
理雅各	(James Legge,1814～1897),英国传教士,汉学家,1839年被伦敦布道会派赴马六甲任英华书院院长,1843年随该院迁往香港,王韬流亡香港后与之朝夕相处,两人合译中国经典多部。王韬曾随他居住英国两年半,并因其介绍而有机会在牛津大学和爱丁堡大学演讲中国文化。
德臣	(Andrew Dixson),苏格兰人,香港《德臣西报》的老板和主笔,颇具办报经验,王韬在香港和英国居住时和他都有来往。容闳赴美留学的经费也有一部分是他资助的。
傅兰雅	(John Fryer,1839～1928),英国传教士,1861年来华,任香港圣保罗书院院长。旋赴北京任同文馆英文教习。1865年后转任上海江南制造局编译处编译。傅氏是上海格致书院的发起者和主要经理人,编有《格致汇编》,对中国知识界极有影响。王韬主持格致书院期间与他共事,在招生、讲课、课艺出题、筹款等方面合作颇多。
钱昕伯	(1832～?),名徵,别署雾里看花客,以字行,浙江吴兴人,早年考中秀才,善诗文,才思敏捷。1868年与王韬长女苕仙结婚,1872年《申报》创刊时赴香港考察报业。1874年回沪后出任《申报》总编纂,主持《申报》编辑部"尊闻阁"二十余年。他经常在《申报》上转载《循环日报》政论和消息,声援王韬的改革呼唤。

(续表)

姓名	与王韬关系及主要活动
黄胜	(1827～1902),与容闳同期赴美之留学生,后因病中辍学业归国,在香港先后于《德臣西报》及英华书院印刷所从事印刷和翻译工作,并佐助理雅各翻译中国经典。王韬在港时与之共同集资创办《循环日报》。黄氏英文功力深厚,王韬主持《循环日报》时多有借助,还与之合著《火器说略》一书。1870年黄氏参与创立东华医院,后又协助清廷率领第二批学童出洋留学美国。
儒莲	(Stanislas Lulien,1796～1873),法籍犹太人,汉学家,世居巴黎,为法兰西学院汉学教授,曾将中国典籍《孟子》《老子》等翻译介绍到欧洲。王韬居英时与之有书信往来,回华时曾于巴黎拜访之。王韬拟与儒莲合作撰写有关法国史地或元史的著作,因儒莲病逝而未果。《弢园文录外编》收有《法国儒莲传》一篇,《弢园尺牍》收有"与法国儒莲学士"信函一封。
何启	(1859～1914),字迪之,号沃生。香港中央书院毕业后赴英学习医学和法律。1882年回港后,创办雅丽氏医院,鼓吹君主立宪。曾当选立法局议员。王韬在港办报时得到他的经济支持与声援。
何璟	(1816～1888),字伯玉,号筱宋,广东香山人,1876年任闽浙总督,1879年兼署福建巡抚。在任期间,正值日本兼并琉球和法国染指越南,有意广招洋务人才,经丁日昌介绍,得以认识王韬,并意欲招其入幕,王韬以身体多病相辞。后又传令王韬在港收集日本和法国侵略中国的相关信息。王韬受其命,多有文报。《弢园尺牍》中亦收有《上何筱宋制军》等数封信函,详论对日对法策略和改革主张。
胡礼垣	(1857～1916),何启的同学,曾与何启合作,发表《新政真诠》一书,倡导立宪改良。王韬办报也得到他的支持。《循环日报》上有些论说和翻译出自胡氏。
潘霨	(1826～1894),字伟如,江苏吴县人,进士,是王韬大同乡,1882—1884年任江西巡抚。在任期间慕王韬洋务时名,坚邀王韬为其主持幕务。王韬以病老回绝。《弢园尺牍续钞》中收有《上潘伟如中丞》函。
伍廷芳	(1842～1922),字文爵,号秩庸,广东新会人,清末民初杰出的外交家、法学家。1861年毕业于香港圣保罗书院。1874年自费留学英国学习法律。回港后做过律师、法官和立法局议员。1882年入李鸿章幕佐理外交,后被任命为中国驻美大使。辛亥革命成功后,任南京临时政府司法总长。王韬在港办报得到伍的支持,伍入李幕后也常与王韬商讨外交事宜。两人通信频繁,《弢园尺牍》中收有多封"与伍秩庸观察函"。
陈言	(1846～1905),字慎于,号霭庭,1846年生于广东新会,幼时因家乡饥荒,随父母逃至香港,入香港英文书院学习,后创办《华字日报》并任主笔,王韬在港时与陈氏及《华字日报》有合作关系,《循环日报》的创办也得陈氏相助甚多。王韬友人伍廷芳也在《华字日报》与陈氏共事。1874年因《华字日报》刊出清中枢之机密决策,遭清廷通缉,遂改名陈善言。1878年随陈兰彬出使美国,任参赞,后改任驻古巴总领事。

(续表)

姓名	与王韬关系及主要活动
郭嵩焘	(1818~1891),字伯琛,号筠仙,早年随曾国藩办理团练。1859年佐僧格林沁守大沽,因主和与僧意见不合离去。后授广东巡抚。1876年被清廷任命为首任驻英公使。郭氏与王韬结识于上海墨海书馆,《郭嵩焘日记》中有关于两人见面的记载。在他前往欧洲赴任前,特往香港谒见王韬,询问泰西情况。王韬晚年定居上海后,与被贬回籍的郭氏仍然有书信来往。
易实甫	(1858~1920),名顺鼎,号哭庵,以字行,湖南龙阳人,1875年中举,纳资为江苏候补道,旋师事张之洞。《马关条约》签订后上书请罢和议。易氏为才子、诗人、名士"三合一"人物,自称"三十余年内,初为神童,为才子,继为酒人,为游侠"。其诗作名句有"江山只合生名士,莫遣英雄作帝王"。王韬晚年与他多有来往唱和。
曾广钧	(1866~1929),字重伯,号躲庵,又号伋安,生于湖南湘乡,是曾国藩第三子曾纪鸿长子,1881年曾纪鸿去世,曾广钧被特授举人,时年15岁,后游学上海,与王韬相熟识。1889年中进士,授编修,甲午战争后官广西知府,戊戌维新时在京加入康梁新党。曾氏诗才极高,旅居沪上时与王韬多有唱和,1884年12月上海《申报》就多次刊登王韬招集"李芋仙刺史""易实甫部郎""曾重伯孝廉"等与日本文人寺田望南、冈鹿门酒楼轰饮斗诗的新闻和诗作。
黄遵宪	(1858~1905),字公度,广东嘉应人,1877年被任命为中国驻日公使馆参赞,著有《日本杂事诗》《日本国志》等,主张变法自强。王韬访日时两人恨相见晚,多次畅谈振兴中国之道。王韬回国后一直与他通信频繁,《弢园尺牍》中收有两封"与黄公度太守函"。黄氏后来参加了康梁的戊戌变法政治活动。
张斯桂	(1816~1888),浙江慈溪人,早年与丁韪良等西方传教士交往,曾为丁所翻译的《万国公法》作序,与王韬一样同属"口岸知识分子"。太平天国期间,张斯桂与王韬都倡议成立洋枪队,在江浙分别组织团练抵抗太平军。张氏后投曾国藩幕,协助创办安庆内军械所。1871年,张斯桂被沈葆桢聘为幕僚,1876年被任命为驻日副使。王韬在游历日本时与他唱和颇多。
粟本锄云	日本维新派报人,曾赴法国考察政治与经济,回国后主持《日知新闻》。他赞同王韬的改革主张,将《普法战纪》在日翻印出版。1879年,由他牵头,日本多位学者邀请王韬访日。
冈千仞	(1833~1914),号鹿门,日本东京图书馆馆长,著有《美国志》《法国志》《英国志》等世界史地著作,了解泰西大势。王韬访日时与他交往颇多,曾相互为对方著作过"序"或"跋"。王韬函牍中有不少是写给他的。
中村正直	(1832~1891),日本汉学家,明治维新后摄理东京师范学校事,兼明东西方学术。王韬在日时与之时相唱和。王韬《扶桑游记》有其"序"一篇。
冈本监辅	(1829~?),日本学者,著有《万国史略》等书,反对全盘西化的观点,曾为此与王韬讨论多次。王韬在1890年修订《法国志略》时曾参照冈本监辅的欧史著作。

(续表)

姓名	与王韬关系及主要活动
曾根俊虎	(1847～1910),原为日本海军军官,70至80年代倡导泛亚主义,组织兴亚会,自任会长。他多次到中国上海进行外交活动,与王韬有过多次接触。王韬赞同他的中日联合抗俄主张。
郑藻如	(1824～1894),字玉轩,津海关道,1881年接陈兰彬为驻美、西、秘大使,王韬与他有多年通讯关系,《弢园尺牍》及《续钞》中致他的函件大多为讨论时务或洋务的内容。
郑观应	(1842～1922),字正翔,号陶斋,别号杞忧生。买办出身,1880年后,先后由李鸿章委为上海机器织布局总办、轮船招商局帮办、总办、上海电报局总办等职。热心西学,关心时政,著有《盛世危言》一书,提倡与外人商战。王韬曾为其著作作序,向读者推荐《盛世危言》。主持格致书院后,王韬屡次请郑出题课考学生。
唐廷枢	(1832～1892),字景星,广东香山人,毕业于香港教会学校,1851年至1857年,先后在香港巡理厅和大审判院充当译员。以后到上海外国洋行服务,1873年由李鸿章委为轮船招商局总办。1877年后主持开平煤矿。他曾就许多工商问题向王韬征求意见。《弢园尺牍》中收有"与唐景星观察"或"与唐景星司马"数封信函。
徐寿	(1818～1884),字生元,号雪村,江苏无锡人,中国近代化学的启蒙者,1853年徐寿首访墨海书馆即与王韬结识。徐氏后入曾国藩幕造火轮,再入江南机器局翻译处助译西学,1874年与傅兰雅等在上海共同发起创建格致书院。徐氏在沪时期一直与王韬有来往,王韬日记1860年2月15日记录道:"徐雪村从锡山来,旷岁不见,渴思正甚,忽然觏面,殊慰所怀。雪村巧慧绝伦,制器造物,可造西人之室,余识之已数年矣。"
徐继畬	(1795～1873),字松龛,山西代州五台县人,道光六年进士,历任广西、福建巡抚、闽浙总督、总理衙门大臣、首任总管同文馆事务大臣,是晚清中国思想界的先驱人物,与西方在华传教士多有接触,著有介绍西方的著作《瀛寰志略》,王韬与他有文字交,曾为其《瀛寰志略》作跋予以推赞,称"此诚当今有用之书"。
华蘅芳	(1833～1902),字若汀,江苏无锡人,通天算、机器、地质、矿学诸学。同治初年与王韬相识于上海,后为曾国藩擢用,与徐寿同造中国最早的轮船"黄鹄"号。再入江南机器制造局任职,译出大量科学著作。格致书院成立后又不时来院演讲。王韬日记中有"雪村、若汀酒量殊豪,已罄五斗。若汀名蘅芳,锡山诸生,亦具巧思,能历算"的记录。
姚景夔	(1839～?),字拊仲,号少复,室名琴咏轩,浙江镇海人,晚清活动于上海的画家兼诗人,著有《琴咏轩诗稿》,王韬晚年在沪上与他多有唱和,《申报》曾刊登两人唱和诗作,他称王韬为"紫诠世伯",自称"蛟门小侄姚景夔少复"。

(续表)

姓名	与王韬关系及主要活动
李圭	(1842~1903),字小池,江苏江宁人,太平天国战乱中阖家遭难,只身逃赴上海,作《思痛记》记其经历。后赴宁波海关任职,1876年代表中国参加费城博览会,回国后著《环游地球新录》,引起李鸿章和总理衙门诸大臣关注,给资加印3000部。1893年任海宁知州。王韬在沪上与李圭时相过从,《申报》上有"题李小池环游地球图"长诗,内有"今写此图聊寄意,素怀远志何时酬,索我题诗已五载,几疑鸿雁多沈浮。养疴北旋践宿诺,藉将文字消离愁,李生倘来期一醉,长揖同上酒楼"等句。《弢园尺牍》中收有"与李小池太守"函,内有"足下远道书来,索文债于五千里外,征诺责于四五年前"之句。
李士棻	(1821~1885),字重叔,号芋仙,别号二爱仙人,四川忠州人,道光拔贡,博学工词,以名孝廉入曾国藩幕。同治初出知彭泽县,再移临川。去官后流寓上海近二十年,结社题诗,饮酒看花,与王韬交游甚密。两人均有官场失意欢场得意的经历,故而文字中惺惺相惜,《申报》上常有两人唱和之记录。王韬《淞隐漫录》中称其为"管领南部之烟花,平章北里之风月"的"评花教主"。
盛宣怀	(1844~1916),字杏荪,号愚斋,江苏武进人。1870年入李鸿章幕。1873年后协助李鸿章办洋务,甚得信任。曾任轮船招商局督办、中国电报局总办、中国铁路总公司督办、中国通商银行总办、邮传部尚书等要职。王韬第二次居沪时与他多有来往,格致书院亦请他出题考学生和赞助经费。
马建忠	(1845~1900),字眉叔,早年生活于上海,受西方资本主义的影响,留意西学。1876年赴法留学,回国后佐李鸿章办洋务,曾任轮船招商局会办、上海机器织布局总办,后向改良派过渡,主张设立议院,实行君主立宪制。王韬与他私交甚笃,政治取向多有吻合之处,两人经常书信来往讨论时务。《弢园尺牍》中收有"与马眉叔观察"信函多封。
马相伯	(1840~1939),原名志德,字相伯,又字湘伯,以字行,马建忠的哥哥,祖籍江苏丹阳,全家信奉天主教,1858年转沪定居,与王韬结识。1876年马氏脱离耶稣会,投身李鸿章主持之洋务活动,曾先后去日本、朝鲜、美国、法国和意大利等国。后创办震旦大学院,自任院长。王韬晚年与马氏时有文字唱和,1883年7月21日《申报》刊有王韬写的"马湘伯自朝鲜回赠予发纸赋此致谢",内有"马君携自渤海东,馈余十样拜君赐";"君家昆季云霄侣,三年两次见粤中,奇功乃复遭蜚语,中朝威力宣藩封"等句。
李鸿章	(1823~1901),晚清洋务派大官僚,把持内政外交大权数十年,其幕府成员多有与王韬关系密切者。王韬的回沪定居受到他的默许。王韬主持格致书院后,多次请他为考课命题。《弢园尺牍》中有致他的信函数封。

(续表)

姓名	与王韬关系及主要活动
曾国藩	(1811～1872),湘军总统,晚清洋务派大官僚,其幕府中多有与王韬关系密切者,曾拟招王入幕未果。《弢园文录外编》收"重刻曾文正公集序"一篇,内云:"余与公虽有一日之知,而未尝有一见之雅。当公驻节徐州,屯军安庆,余亦从戎沪上,曾上书戟门论贼可破状。旋余以谗废,宜见公而初不得见。同治庚午,返自泰西,时普法战事起,七阅月而后定,余撮其前后事实,勒成一书,有以缮本上公者,公亟称善,拟招余至幕府,余辞之卒不往,宜见公而终不得见。"
康有为	(1858～1927),字广厦,号长素,改良派思想家和活动家。1895年为筹办强学分会事赴上海,特地请郑观应作介绍往访王韬,参观格致书院。王韬学生中多有追随康梁者。
孙中山	(1866～1925),中国资产阶级革命家和领袖。1894年上书李鸿章。建议改革中国的政治和经济。就在这次上书之前,他托同乡郑观应介绍,拜访了王韬,请教救国方略。王韬并为其上书增删润色。

附录二 《循环日报》论文目录一览表

论文名称	发表日期
本馆日报略论	＊1874.02.04
富强要策	＊1874.02.05
日报有裨于时政论	＊1874.02.06
法辟议院	＊1874.02.10
倡设日报小引	＊1874.02.12
西国日报之盛	＊1874.02.12
台湾土番考中	♯1874.05.12
台湾土番考下	♯1874.05.13
续论旧金山事	＊1874.05.16
论旧金山土人不得驱华佣	＊1874.05.16
论华人驾驶轮船	＊1874.05.18
台湾番社风俗考五	＊1874.05.19
台湾番社风俗考六	＊1874.05.20
台湾番社风俗考七	＊1874.05.21
论日本往剿台湾生番	＊1874.05.23
台湾番社风俗考一	♯1874.05.27
台湾番社风俗考八	＊1874.05.28
论烟宜禁	＊1874.05.29
台湾番社风俗考二	♯1874.05.30
论火船之盛	＊1874.06.01
台湾番社风俗考九	＊1874.06.01

(续表)

论文名称	发表日期
西人论日本新政	♯1874.06.01
论日本使臣之言不可信	*1874.06.06
台湾番社风俗考十	*1874.06.08
西人论日本新政	*1874.06.10
论日本伐台湾生番之难	*1874.06.12
论西人所谓四端不能骤行	*1874.06.13
论西士述东洋事	*1874.06.13
论东洋近日筹议情形	*1874.06.15
台湾番社风俗考十一	*1874.06.16
论英美贸易之利	*1874.06.18
论与日本交兵情形	*1874.06.20
台湾番社风俗考十二	*1874.06.23
论李制军筹办台湾近日情形	*1874.06.23
论台湾形势	*1874.06.24
议林华书馆东洋伐台湾论	*1874.06.24
论东洋伐生番	*1874.06.27
台湾番社风俗考十三	*1874.06.29
论日本之必可胜	*1874.07.01
书中外新报论中国后	*1874.07.08
论铁甲战舰	*1874.07.09
论人不可恃智力	*1874.07.09
纪星使往核古巴华佣事	*1874.07.11
纪日本用兵台湾生番辨	*1874.07.11
台湾番社风俗考之三	♯1874.07.11
书学校论略李序后	*1874.07.14
当仿西法造战舰	*1874.07.15
论台湾实为中国重镇	*1874.07.16
台湾番社风俗考十四	*1874.07.20

(续表)

论文名称	发表日期
论华人以彗星为不祥	＊1874.07.24
论铁甲战舰之足恃	＊1874.07.28
西人甲乙论	＊1874.07.28
台湾番社风俗考十五	＊1874.07.29
西人论中国当与日本和	＊1874.08.04
土耳其与波兰不和	＊1874.08.05
台湾番社风俗考十六	＊1874.08.06
论日本举事之谬	＊1874.08.10
台湾番社考第十四	＃1874.08.11
西报论琉球所属	＃1874.12.15
续论琉球所属	＃1874.12.16
答西人论《循环日报》说	＃1874.12.23
论日本亦长于用兵	＃1875.01.01
论日本人夸语	＃1875.01.02
编述日本火船情形	＃1875.01.07
新立战舰	＃1875.01.14
论征新疆	＃1875.09.06
论西人欲中国富强	＃1875.10.16
论中国尚西法	＃1875.10.29
论高丽宜仇日本	＃1875.11.03
有备无患	＃1876.01.08
论日本厚待琉球	＃1876.01.13
跋欧洲游客书后	＃1876.09.27
论旺贸易不在增埠	＃1876.09.29
论中国宜名实并务	＃1877.01.02
论六合将混为一	＃1877.01.18
论新疆台湾皆中国必不可弃之地	＃1877.09.01
矿务宜归商办	＃1877.11.20

(续表)

论文名称	发表日期
论英俄近事	♯1877.12.14
论宜设法以保新疆	♯1877.12.27
论俄宜因各国以和土	♯1878.01.04
守礼说	♯1878.01.07
眉珠庵主自强要策	♯1878.01.09
东游纪盛	♯1878.01.15
论练兵以固边防	♯1878.01.23
论练兵以固边防接续前稿	♯1878.01.24
论出洋佣工	♯1878.01.25
海防要策	♯1878.01.26
论俄潜移碑石	♯1878.01.28
论俄澳失睦	♯1878.02.28
论日本募民开耕	♯1878.03.06
论欧洲近事	♯1878.03.13
论日报录西征事	♯1878.12.03
平寇宜不分畛域说	♯1878.12.13
论高丽与日本失和	♯1878.12.19
辨近日所传李杨村事	♯1878.12.24
论日本国人不用泰西器物	♯1878.12.26
论俄人专意铁路中国不可不备	♯1879.01.10
论土耳机欲使埃及归英管辖	♯1879.01.13
论钱买日贵	*1880.02.14
论保甲团练宜分别举行	*1880.02.16
论港督振兴文教	*1880.02.17
论港督为政执中	*1880.02.18
华人不宜往旧金山说	*1880.02.19
论法国越南	*1880.02.20
论英俄争结好于波斯	*1880.02.23

(续表)

论文名称	发表日期
论西报纪俄国事	＊1880.02.25
论波斯拟抗俄兵	＊1880.02.27
论禁入庙烧香	＊1880.03.01
论中俄近事	＊1880.03.02
论日本政刑得失	＊1880.03.03
论俄人设立水师义勇公司	＊1880.03.04
论出游被辱	＊1880.03.05
论俄用兵未必尽利	＊1880.03.11
中国宜亟设电线论	＊1880.03.12
日本武备考	＊1880.03.13
论助赈阿尔兰饥	＊1880.03.15
论水师宜招集沿海枭徒充补	＊1880.03.16
阅西人论中国事书后	＊1880.03.17
论西人关心中俄时事	＊1880.03.18
论普澳立约互相保护	＊1880.03.19
论书院甄别	＊1880.03.20
论水师当求驾驶战舰员弁	＊1880.03.22
论西人皆注意伊犁	＊1880.03.23
论中外交涉事宜明白宣布	＊1880.03.24
论台北矿务亟宜整顿	＊1880.03.26
御外论	＊1880.03.29
论中国购办军火	＊1880.03.30
论俄人请救崇星使	＊1880.03.31
论谣言可恃	＊1880.04.01
阅西字报论中俄事书后	＊1880.04.02
论朝廷谕举贤人	＊1880.04.03
论当审时局	＊1880.04.05
论美国货物之消流	＊1880.04.05

(续表)

论文名称	发表日期
论日人善变	*1880.04.06
治兵论	*1880.04.08
论考举真才	*1880.04.09
书言官论俄约难行疏后	*1880.04.15
论日本拟遣人来学中国	*1880.04.16
论御俄	*1880.04.17
再论御俄	*1880.04.19
论中国急务在固结民心	*1880.04.20
成败是非论	*1880.04.21
论裁汰差役	*1880.04.22
书黔抚拨解兵饷折后	*1880.04.26
论俄日结好	*1880.04.27
阅各报洋烟事书后	*1880.04.28
论日本设兴亚会	*1880.04.29
兴亚会事续录	*1880.04.30
论各国关心中俄事	*1880.05.01
论整顿水师	*1880.05.03
论理财不可惑于人言	*1880.05.05
论县府考录案宜严	*1880.05.07
论日耳曼议通商高丽	*1880.05.08
日本人论中外大势	*1880.05.10
接录中外大势论	*1880.05.11
接录中外大势论	*1880.05.12
论西报述俄事	*1880.05.13
论中日当释嫌	*1880.05.14
译东瀛报论中东事	*1880.05.14
论善举宜设善法	*1880.05.15
论亚洲大局可危	*1880.05.17

(续表)

论文名称	发表日期
论筹赈款	*1880.05.18
论试士宜参变其法	*1880.05.19
论俄人逐客	*1880.05.20
论查勘田亩	*1880.05.21
论日人拟改和约第二款	*1880.05.22
论意国送炮与日本	*1880.05.25
论华商关心时事	*1880.05.26
论亚洲时事	*1880.05.28
论粤垣赌馆闭歇	*1880.05.29
论西商团练法可行于沿边	*1880.05.31
论俄人备予启衅	*1880.06.01
论除官场陋习	*1880.06.02
论俄人救星使	*1880.06.03
论日本议收民间金银器皿	*1880.06.04
论俄人通东洋	*1880.06.05
论美国兵船再往高丽	*1880.06.07
论中国宜助越南以自强	*1880.06.08
论嘉兴案情	*1880.06.09
论御强寇宜先安奸民	*1880.06.10
论暹罗有意自强	*1880.06.11
论中西贸易	*1880.06.14
论台湾防守	*1880.06.15
续论台湾防守	*1880.06.16
招回金山华佣议	*1880.06.17
纪西班牙得吕宋岛之难	*1880.06.18
论西报述曾袭侯回英国事	*1880.06.22
论日本人兴设备会	*1880.06.23
论西班牙通商越南	*1880.06.24

(续表)

论文名称	发表日期
论俄船来华	*1880.06.25
论英人议维持贸易	*1880.06.26
论中国战俄	*1880.06.28
论葡人建议助俄	*1880.06.29
论印度烟利	*1880.06.30
阅西报论中国军政书后	*1880.07.02
论盗劫官衙	*1880.07.03
论中国创造机器	*1880.07.05
论查办教匪	*1880.07.06
论中国军务	*1880.07.07
论出洋学童不必再遣	*1880.07.08
论习西学宜知变通	*1880.07.09
论禁鸦片宜行之以渐	*1880.07.13
琉球琐纪	*1880.07.13
论法在因时变通	*1880.07.15
论亚洲已半属欧人	*1880.07.16
论御俄宜用士勇	*1880.07.20
论出使	*1880.07.26
论西国兵额日增	*1880.07.27
谣言不足深辨说	*1880.07.28
论土耳机大势	*1880.07.30
吏役为奸说	*1880.07.31
论筹办军需	*1880.08.02
论练兵宜先练将	*1880.08.04
中国战和说	*1880.08.05
论拒外寇官军不如义勇	*1880.08.10
论西报述中俄近事	*1880.08.12
论各国断难合从	*1880.08.13

(续表)

论文名称	发表日期
续录各国断难合从论	*1880.08.14
论中外筹办军务不同	*1880.08.16
附录东洋兴亚会同人上李爵相书	*1880.08.17
论联诸国以拒俄	*1880.08.21
论俄拟攻中国	*1880.08.23
论日本留心理政	*1880.08.30
论和局难恃	*1880.08.31
论整顿军政	*1880.09.02
论俄仍志任启衅	*1880.09.07
论办防务不可扰民	*1880.09.08
论俄人索赔	*1880.09.09
论习西国语言文字无实济	*1880.09.13
论儒者当见其大	*1880.09.14
论通事宜选用正人	*1880.09.15
采郭侍郎论上	*1880.09.16
采郭侍郎论下	*1880.09.17
论中国不可自恃	*1880.09.18
论民教宜使相安	*1880.09.21
论日本助俄无益	*1880.09.22
息谣言以固民志说	*1880.09.24
论西国谋通商高丽	*1880.09.25
论管驾轮船务在得人	*1880.09.29
论传讯妇女不宜轻发官媒	*1880.09.30
论办海防	*1880.10.01
论俄将探察军情	*1880.10.02
论派捐军需	*1880.10.07
论战守当审诸己	*1880.10.08
论中外人情	*1880.10.09

(续表)

论文名称	发表日期
智利国沿革考	*1880.10.11
论政教各有所偏	*1880.10.13
论俄人志不仅在得伊犁	*1880.10.14
论中国宜助高丽开设口岸	*1880.10.15
希腊国沿革考	*1880.10.16
论观俄国日报宜有辨别	*1880.10.19
波斯有志振兴	*1880.10.20
阅黄崖教匪事书后	*1880.10.20
书机器织布局章程后	*1880.10.25
论西人谙中国政体	*1880.10.27
论民间善举以美邦为最	*1880.10.28
论旧金山人轻侮华官	*1880.10.29
书西报论高丽通商事宜后	*1880.10.30
论战守亟宜剔除积弊	*1880.11.02
论俄欲索台湾	*1880.11.03
论中国不可一日忘战	*1880.11.04
论绥靖洋盗	*1880.11.06
论缉捕宜求善法	*1880.11.08
阅贵州巡抚奏折书后	*1880.11.09
论日本结好俄罗斯	*1880.11.10
论官役巡查	*1880.11.11
论高丽不宜遽绝日本	*1880.11.12
辨琉球属于我朝	*1880.11.15
论俄近事	*1880.11.20
论土廷割地	*1880.11.22
黑龙江中俄分界考	*1880.11.23
论富强自有水务	*1880.11.24
答筹饷捷径论略	*1880.11.25

(续表)

论文名称	发表日期
论购办军火亟宜变通	*1880.11.26
论防守陆路宜设地雷	*1880.11.27
论天时	*1880.11.29
论兵强不足恃	*1880.12.01
论泰西政治日上	*1880.12.02
论西国不能保护华官	*1880.12.03
泰西富强已久论	*1880.12.06
论为人以诚为本	*1880.12.08
论俄人释霍酋回国	*1880.12.09
论西报述东事	*1880.12.10
论中外务敦和谊	*1880.12.11
阅一知子论中俄事书后	*1880.12.13
论施棉衣宜变通其法	*1880.12.17
论营兵宜体恤	*1880.12.18
重刻《弢园尺牍》书后	*1880.12.18
论俄人致书	*1880.12.20
守舟山议	*1880.12.21
论高丽筹办防务	*1880.12.24
中国海防较易筹办论	*1880.12.25
论西人防事迅速	*1880.12.30
论粤东防务	*1880.12.31
攘外探原论	*1881.01.04
民兵御敌说	*1881.01.05
论中俄和耗	*1881.01.06
论俄人安慰英心	*1881.01.07
原富强	*1881.01.08
论开垦	*1881.01.10
论西报述俄事	*1881.01.11

(续表)

论文名称	发表日期
论俄经营西域	*1881.01.18
论学西艺不必遣人出洋	*1881.01.19
左侯经营关外纪略	*1881.01.20
接录左侯经营关外纪略	*1881.01.21
论葡日二国近事	*1881.01.22
俄人窥伺高丽	*1881.01.22
论造士	*1881.01.24
论制造	*1881.02.03
俄人通商高丽	*1881.02.03
论炮匠赴俄	*1881.02.05
论俄人窥伺日本	*1881.02.07
节录海防臆测一	*1881.02.08
节录海防臆测二	*1881.02.09
论备箸不可存幸灾之心	*1881.02.10
节录海防臆测三	*1881.02.11
整顿茶务	*1881.02.11
振兴农务	*1881.02.11
论中国待俄宜有区别	*1881.02.12
节录海防臆测四	*1881.02.14
东瀛筹办防务	*1881.02.12
论中东近事	*1881.02.15
日使回国续耗	*1881.02.15
论日本建筑炮台	*1881.02.16
论高丽通商利害	*1881.02.18
节录海防臆测五	*1881.02.19
论招工	*1881.02.21
节录海防臆测六	*1881.02.22
论西贡发回华人	*1881.02.23

(续表)

论文名称	发表日期
论中国武备不可少也	*1881.02.24
论东路宜先建于边省	*1881.02.26
攘敌非佳兵辨	*1881.02.28
论船政宜早为整顿	*1881.03.01
保民说	*1881.03.02
论火器不可购诸外国	*1881.03.03
论教民垦耕	*1881.03.04
连阅虐婢案情有感	*1881.03.05
论调和息争	*1881.03.07
论中西武备同异	*1881.03.09
檀香山考	*1881.03.12
书中美新约后	*1881.03.15
论教习水师	*1881.03.16
论日本近事	*1881.03.17
论俄人开矿	*1881.03.19
论疑习西学	*1881.03.21
书英人重议禁烟条款后	*1881.03.22
论东瀛国势	*1881.03.23
论建铁路	*1881.03.25
论中国商务	*1881.03.26
阅东瀛新报书后	*1881.03.28
论俄国大势	*1881.03.30
论土希两国不宜构兵	*1881.03.31
招回华人末议	*1881.04.07
书伊犁将军奏请奖折后	*1881.04.12
刍议琉球事	*1881.04.12
抚存琉球议	*1881.04.13
论檀王颇有志于治国	*1881.04.19

(续表)

论文名称	发表日期
论中西政俗	＊1881.04.26
论英国属土兵费	＊1881.04.26
论波斯有志振兴	＊1881.04.28
巴西非波斯考	＊1881.04.29
论中国宜自造枪炮	＊1881.06.06
论船政	＊1881.06.08
论日本民变	＊1881.06.10
论出洋谋生	＊1881.06.11
端尼士暨尼罗河考	＊1881.06.13
论省宪查办出洋	＊1881.06.15
论宜特设海军大员以专责成	＊1881.06.17
书西报论中国水师事后	＊1881.06.18
答客问	＊1881.06.20
为高丽谋意见不同	＊1881.06.20
阅澳门户口册有感	＊1881.06.21
书日本新报后	＊1881.06.24
论俄船留华	＊1881.06.25
论承充人不可有必得心	＊1881.06.28
论欧洲时局	＊1881.07.01
论俄拟增铁路	＊1881.07.04
论练兵宜自为号令	＊1881.07.05
论出洋事	＊1881.07.07
论官场陋习	＊1881.07.08
琉球难民不应交日本领事	＊1881.07.08
书西报论琉球难民事后	＊1881.07.11
论招工	＊1881.07.13
论体制不宜	＊1881.07.18
论出售海岛	＊1881.07.19

(续表)

论文名称	发表日期
论恤囚	*1881.07.20
论查办会匪	*1881.07.21
论撤防	*1881.07.23
日本通商当以中国为重	*1881.07.25
阅秘智和约有感	*1881.07.27
论票害亟宜查禁	*1881.07.29
船政亟宜整顿说	*1881.07.30
论法意近事	*1881.08.03
论法征端尼士	*1881.08.04
论查验出洋	*1881.08.05
论巡船走私	*1881.08.06
论战争断难解息	*1881.08.08
论禁鸦片事不易行	*1881.08.09
续论禁鸦片事不易行	*1881.08.10
论宜变古以通今	*1881.08.12
论中国当自强	*1881.08.13
论滇境宜早设备	*1881.08.15
论日本当与中国和	*1881.08.16
续论日本当与中国和	*1881.08.17
论中日当合力以拒俄	*1881.08.18
琉球臣服中国考	*1881.08.23
琉球见闻琐纪	*1881.08.30
琉球见闻小纪	*1881.09.02
琉球见闻续纪	*1881.09.03
琉球见闻续纪	*1881.09.07
论高丽亟宜图存	*1881.09.09
论边防不能废弛	*1881.09.10
论出洋华民亟宜保护	*1881.09.14

(续表)

论文名称	发表日期
论琉球事宜速办理	*1881.09.16
论驻洋星使宜多带翻译人员	*1881.09.23
论通商未必尽得利益	*1881.09.27
论俄国徙民以实边	*1881.10.03
论日本扩商务	*1881.10.07
论召学童回华	*1881.10.11
论台匪滋事	*1881.10.14
论法俄近事	*1881.10.17
论中国宜亟求真才	*1881.10.19
地兰士华路考	*1881.10.21
论俄人不忘并土	*1881.10.24
论小吕宋华商请设领事	*1881.10.26
论驭兵宜严	*1881.10.27
论招华工	*1881.10.29
论日商维持丝业	*1881.10.31
论波斯练兵	*1881.11.01
论宜拔真才以讲武备	*1881.11.02
论军火被窃	*1881.11.05
论日本搜获金银	*1881.11.07
论高丽近事	*1881.11.08
论西人做事认真	*1881.11.10
波斯兴替论	*1881.11.11
论土耳机易于振兴	*1881.11.12
论意国与普奥立约	*1881.11.14
论秘鲁华民亟宜保护	*1881.11.15
论德国查禁造船	*1881.11.17
论德国有志经营南洋	*1881.11.18
论开通红河	*1881.11.21

(续表)

论文名称	发表日期
论中国茶利将为印度所夺	*1881.11.22
论俄国经营亚洲	*1881.11.25
论弭祸在得人心	*1881.11.30
论为治宜知急务	*1881.12.02
论停止华人往檀香山	*1881.12.06
论俄人立心叵测	*1881.12.07
书印度报论洋布机器事后	*1881.12.08
论暹罗志图自强	*1881.12.10
论俄使请通电线	*1881.12.12
淘汰僧尼议	*1881.12.16
论土希二国终必启争	*1881.12.17
论剿办台匪	*1881.12.20
阅西人论使才书后	*1881.12.21
论俄奥欲分土耳机地	*1881.12.24
论强兵必先去弊	*1881.12.27
阅西人报述檀香山事书后	*1881.12.29
论日本经营琉球	*1881.12.30
论高丽民情	*1881.12.31
论办理中外交涉事	*1882.01.02
论黑番残酷	*1882.01.05
论会剿红帽贼	*1882.01.06
阅西人述秘鲁事书后	*1882.01.07
论武员宜知法纪	*1882.01.10
论秘鲁用伪票	*1882.01.11
弭火灾说	*1882.01.12
论中朝宜亟谋保朝鲜	*1882.01.17
论火水油贻害	*1882.01.18
论琉球欲图恢复	*1882.01.19

(续表)

论文名称	发表日期
论回疆宜设法抗缉	＊1882.01.21
论秘智二国事	＊1882.01.24
论日本优待琉王	＊1882.01.28
论轮船管驾须慎选真才	＊1882.01.30
论西报述中东事	＊1882.02.01
论中西民情不同	＊1882.02.02
阅晋源西报论中国炮船书后	＊1882.02.03
论筹饷	＊1882.02.04
论合兵以和万国	＊1882.02.06
论差役不可过多	＊1882.02.07
论埃及近事	＊1882.02.09
论出洋雇工	＊1882.02.10
论西陲防备宜周	＊1882.02.11
中国振兴说	＊1882.02.22
论美邦干预秘智二国事	＊1882.02.23
论岁除查封赌馆	＊1882.02.25
论俄普近事	＊1882.02.27
阅旧金山新例书后	＊1882.03.02
论高丽遣人学制造	＊1882.03.03
论剿台匪	＊1882.03.04
论东洋票贻害	＊1882.03.06
论波斯援阿富汉逆酋	＊1882.03.07
论查办猪仔	＊1882.03.08
论鸦片厘税	＊1882.03.09
阅西报述中俄事书后	＊1882.03.13
阅外国日报述中国事书后	＊1882.03.14
论日本甚俄人图高丽	＊1882.03.20
论中朝宜助高丽以拒俄	＊1882.03.22

(续表)

论文名称	发表日期
论治国当内外相维	*1882.03.24
海防设官考上	*1882.03.25
海防设官考下	*1882.03.27
兴京畿水利议上	*1882.03.28
申论京畿水利下	*1882.03.31
中国办事解	*1882.04.04
论高丽通商	*1882.04.05
述日本人论中国事一	*1882.04.06
述日本人论中国事二	*1882.04.07
述日本人论中国事三	*1882.04.08
论东瀛多盗	*1882.04.10
论法国调兵至越南	*1882.04.14
阅外国新闻纸书后	*1882.04.15
越南保守东京议	*1882.04.17
论高丽国俗	*1882.04.20
论俄人必争伊犁	*1882.04.21
论俄国时事	*1882.04.24
论俄人不欲启衅于德国	*1882.04.25
论固边宜广教化	*1882.04.26
论越南筹办防务	*1882.04.28
论黔滇粤三省情形	*1882.04.29
论办理中外交涉事	*1882.05.01
论美国通商高丽	*1882.05.03
论办事难于和协	*1882.05.06
论通商口岸宜亟立规条	*1882.05.08
论保国首在恤民	*1882.05.09
论剿除回匪	*1882.05.12
论英人请勿预闻烟厘事	*1882.05.13

(续表)

论文名称	发表日期
论法人经营海内	＊1882.05.15
论美总统准禁华人前往	＊1882.05.16
论埃及乱耗	＊1882.05.17
论越南遣使议和	＊1882.05.18
论日本不欲高丽与各国通商	＊1882.05.19
论西人虑事周详	＊1882.05.20
论使署下旗	＊1882.05.25
跋申报书美将致美员信后	＊1882.06.01
书洪侍御奏折后	＊1882.06.02
论德俄近事	＊1882.06.03
论华人难安居美国	＊1882.06.06
论埃及时事	＊1882.06.07
述录戈将军事迹	＊1882.06.08
论高丽待日本人	＊1882.06.10
论俄人欲在高丽开口岸	＊1882.06.12
论南洋各岛宜设官以宜教化	＊1882.06.13
论法人不认越南为中朝藩属	＊1882.06.16
论土廷不允法国所请	＊1882.06.17
论载华佣出洋	＊1882.06.22
论俄人谋攻南洋诸岛	＊1882.06.26
论俄人背约	＊1882.06.27
论西报传高丽事	＊1882.06.29
论俄国岸宜设领事	＊1882.07.03
论法人谋攻黑旗党	＊1882.07.04
美绅驳苛待华人书	＊1882.07.07
接录美绅驳苛待华人书	＊1882.07.08
论高丽民俗	＊1882.07.10
论日本民间设会聚党	＊1882.07.11

(续表)

论文名称	发表日期
书美绅驳苛待华人新例后	*1882.07.12
论英攻埃及	*1882.07.14
论西报述美高和约	*1882.07.15
论日本学生暗通电信	*1882.07.21
论妇女出洋	*1882.07.24
论伊犁善后事宜	*1882.07.26
论中国驻防越南	*1882.07.28
论俄人致书高丽	*1882.07.29
西报论华佣书后	*1882.08.01
论俄人良言	*1882.08.02
阅西人论法攻越南事书后	*1882.08.03
论宜设法以杜拐诱	*1882.08.05
论土耳机宜协同各国以靖埃乱	*1882.08.07
论琉球人不忘故君	*1882.08.11
筹赈六策跋后	*1882.08.16
论中朝宜助高丽平乱	*1882.08.18
论查办会匪	*1882.08.19
论俄使不赴士丹波路之会	*1882.08.22
重刻徐光烈公遗集序	*1882.08.26
论中国办事不如西人切实	*1882.09.19
驳禁华工始末情由	*1882.09.22
续录驳禁华工	*1882.09.23
再续驳禁华工	*1882.09.29
再续驳禁华工	*1882.09.30
论领事宜兼劝学	*1882.10.07
论暹罗却法人设电局	*1882.10.10
论防御宜明形势	*1882.10.11
论土希启衅	*1882.10.12

(续表)

论文名称	发表日期
论中东近事	*1882.10.17
论日本重索赔款	*1882.10.19
论越南近事	*1882.10.21
阅西字报论越南事书后	*1882.10.23
述高丽全境形势	*1882.10.26
续述高丽全境形势	*1882.10.27
论中国宜力庇越南	*1882.10.28
婆罗洲游记上	*1882.10.30
婆罗洲游记下	*1882.10.31
论越南存亡有关边省安危	*1882.11.03
论越南宜去虐政以爱民	*1882.11.04
论使臣宜探悉外情	*1882.11.08
论埃及近事	*1882.11.09
论啬提督劝美廷迫勒中国	*1882.11.14
论回人欲助埃及	*1882.11.01
阅西报论朝鲜乱书后	*1882.11.17
论中国宜联络南洋	*1882.11.18
朝鲜人心忿怒说	*1882.11.22
论中朝办理越南事	*1882.11.24
论琉球事未易调停	*1882.11.25
论法人干预埃及事	*1882.11.28
论会党宜解散	*1882.11.30
书富强奇策后	*1882.12.04
旧金山领事官新政纪一	*1882.12.07
旧金山领事官新政纪二	*1882.12.08
华人可到旧金山	*1882.12.11
旧金山领事官新政纪三	*1882.12.12
旧金山领事官新政纪四	*1882.12.13

(续表)

论文名称	发表日期
论查禁放火	*1882.12.14
论通商宜知各国情形	*1882.12.15
论报穷滋弊	*1882.12.19
论朝鲜民情	*1882.12.22
论欧洲患俄侵扰	*1882.12.30
论地方官宜练习外事	*1883.01.03
论越南近事	*1883.01.04
论越官杀商人事	*1883.01.06
论厦门近事	*1883.01.08
论德俄两国大势	*1883.01.09
论朝鲜民俗难化	*1883.01.18
论西陲宜自筹兵饷	*1883.01.19
论西藏宜防意外	*1883.01.20
论剖分越南东京	*1883.01.26
论日本增修武备	*1883.01.31
论巴西招工	*1883.02.01
论西人经营阿非利加洲	*1883.02.02
论中朝宜助朝鲜通和欧美各国	*1883.02.13
论法人欲专南洋利权	*1883.02.14
阅各国武备录书后	*1883.02.15
琉球近耗	*1883.02.16
论欧洲政教	*1883.02.17
论中东商办琉球事	*1883.02.19
书西报述中法商办越南事后	*1883.02.20
论俄人不足畏	*1883.02.23
论宜建车路以辅电线	*1883.02.26
论绥外当用威武	*1883.03.01
豫储米以备荒说	*1883.03.02

(续表)

论文名称	发表日期
论西人以坚忍成事	*1883.03.05
论欧洲大势	*1883.03.07
论法人调兵越南	*1883.03.10
论弓矢能尽废	*1883.03.17
阅沪报法人论越南事书后	*1883.03.20
论泰西于中国交涉事宜遵和约	*1883.03.22
论朝鲜祸尚未已	*1883.03.23
论拐贩猪仔亟宜查办	*1883.03.24
论日官识治体	*1883.03.26
论学校宜核实	*1883.03.27
论日人多疑实	*1883.04.14
论台湾近事	*1883.04.21
论会党不利于国家	*1883.04.24
论俄人戍边	*1883.04.28
论檀香山近事	*1883.05.03
论中朝宜力保越南	*1883.05.05
论法国派船来华	*1883.05.09
论外情宜洞悉	*1883.05.10
论日使议琉球事	*1883.05.11
论和约宜详为修改	*1883.05.12
论欧洲党人近事	*1883.05.14
论日本整顿军制	*1883.05.19
论中国宜先筹海防以备法人	*1883.05.22
论中国与法构衅宜兼防俄	*1883.05.24
阅西报论中法事书后	*1883.05.26
论黑旗拒法人	*1883.06.02
论法人不许华军入越境	*1883.06.04
阅外洋日报论越事书后	*1883.06.07

(续表)

论文名称	发表日期
论黑旗不进攻河内	*1883.06.11
论黑旗智败法人	*1883.06.12
论和议当操权于己	*1883.06.14
黑旗进攻河内说	*1883.06.15
论和议未易猝成	*1883.06.21
和战末议上	*1883.06.22
和战末议下	*1883.06.23
论倡团练以御敌	*1883.06.25
论西报多言法国兵强	*1883.06.29
论法军在越情形	*1883.07.03
阅申报法国谋越原起书后	*1883.07.04
论边防不可废弛	*1883.07.06
西人论法难动众以攻越	*1883.07.07
论中朝请英国劝和	*1883.07.11
论攘外即以安内	*1883.07.14
论中法事未易调停	*1883.07.16
日本叵测	*1883.07.17
论中国水师宜遣出洋	*1883.07.19
论法募华人为兵	*1883.07.24
论法人欲夺中国所恃	*1883.07.25
论法人议封中国海口	*1883.07.26
论法人以红河饵各国	*1883.07.27
论办理越事	*1883.07.28
论民愚始可用	*1883.07.31
时事增慨	*1883.08.01
论中原大势	*1883.08.04
论赌匪械斗	*1883.08.15
中法越三国交涉近闻	*1883.08.21

(续表)

论文名称	发表日期
越南军务近闻	*1883.08.22
论法人必不肯退兵	*1883.08.24
论滇省矿务	*1883.08.25
论法强不利于德	*1883.08.30
论边防不宜稍弛	*1883.08.31
论中朝欲救越南亟宜发兵	*1883.09.05
论法越议和	*1883.09.06
论军火宜招商制造	*1883.09.07
论防内河宜多制小战船	*1883.09.08
中国不必畏法人辨	*1883.09.10
中国以守为战说	*1883.09.14
法军败绩汇记	*1883.09.17
节用以裕饷说	*1883.09.18
论法人拟攻粤东	*1883.09.19
弭乱说	*1883.09.20
敌忾国心	*1883.09.20
论朝鲜近事	*1883.09.25
论官民皆宜知和约	*1883.09.27
论红河为法所必争	*1883.09.28
论举事宜先去民疑心	*1883.10.04
论中朝并未预黑旗事	*1883.10.13
论法人断不与中国构兵	*1883.10.15
黑旗战捷纪事	*1883.10.18
接录黑旗战捷纪事	*1883.10.19
论越南事势可危	*1883.10.23
论法人筹兵	*1883.11.01
详述黑旗事	*1883.11.05
论边防不可因无事稍弛	*1883.11.08

(续表)

论文名称	发表日期
论法人筹饷	*1883.11.10
论维持商务	*1883.11.13
续论维持商务	*1883.11.15
中国非助黑旗辨	*1883.11.17
论法人拟向中国索赔兵饷	*1883.11.21
论法人探察越矿	*1883.11.22
阅字林西报论沪市书后	*1883.11.23
论民心当联络	*1883.11.24
论省浮费	*1883.11.27
论谨慎为办事之本	*1883.11.28
中国不必与敌争胜于海上说	*1883.12.06
论法人筹饷	*1883.12.07
刘永福非发逆辨	*1883.12.10
论中国自固藩篱	*1883.12.11
论中国重在能守	*1883.12.13
调集兵勇末议	*1884.01.03
论御外寇当参用民兵	*1884.01.04
论中国备御无时可弛	*1884.01.05
论法人必不敢窥琼州	*1884.01.12
论法人拟在暹缅募兵	*1884.01.15
论越南官卖城	*1884.01.21
防边赘言	*1884.02.02
论观捐宜得简便之法	*1884.02.04
防守北宁议	*1884.02.05
论靖寇宜惩贪去懦	*1884.02.06
论海战宜募私枭	*1884.02.07
中国可自造战舰说	*1884.02.09
论办理中外交涉事	*1884.02.11

(续表)

论文名称	发表日期
论北宁战务当专用黑旗	*1884.02.29
论学习西艺	*1884.03.06
论靖内乱	*1884.03.08
论中国购造战舰	*1884.03.10
商务近论	*1884.03.14
论御敌	*1884.03.19
论北宁军报	*1884.03.20
论民团	*1884.03.22
答客问	*1884.03.24
御法管见	*1884.03.29
论刘提督募苗御敌	*1884.04.01
论法人穷兵	*1884.04.02
垦荒即以防寇论	*1884.04.04
致乱有源说	*1884.04.05
中国战胜续闻	*1884.04.07
论御敌与剿贼不同	*1884.04.08
论防军退守谅山	*1884.04.09
论兵溃	*1884.04.10
论总署宜藉使臣以悉外情	*1884.04.12
论中国民心大可用	*1884.04.19
法越交兵记序	*1884.06.20
刍言	*1884.07.08
续刍言	*1884.07.09
续刍言	*1884.07.11
续刍言	*1884.07.15
续刍言	*1884.07.21
论中国此时机会不可不战	*1884.08.14
论不战必不能和	*1884.08.19

(续表)

论文名称	发表日期
论汉奸当诛	*1884.08.22
论中朝胜法情形	*1884.08.25
论军情电音难得确实	*1884.08.27
论招商局仁和济和贵池各股宜早调停	*1884.09.01
论粤民迁徙之非	*1884.09.08
论台湾近事	*1884.09.13
裕民食以资敌忾说	*1884.09.16
练水师以制强敌说	*1884.09.20
论中国有可恃之民心	*1884.09.25
忠勇可嘉	*1884.09.27
海防七策	*1884.10.14
论法人有思和之意	*1884.10.15
论粤垣近日民心静谧	*1884.10.24
论法人封禁台湾口岸之非	*1884.11.01
御法条陈	*1884.11.04
论法人始终无悔悟之心	*1884.11.12
今日亟宜选学将材论	*1884.11.14
今日亟宜富强论	*1884.11.21
论宜遵约章以维国体	*1884.11.22
战守宜相辅而行说	*1884.11.26
论西人助顺	*1884.11.28
平法寇以靖边疆说	*1884.11.29
奇士上书	*1884.12.02
北宋亡于和议论	*1884.12.06
论中国宜乘胜以剿灭敌人	*1884.12.11
拟讨法兰西檄文	*1884.12.12
不可轻视机说	*1884.12.20
妄论可笑	*1884.12.24

(续表)

论文名称	发表日期
论朝鲜乱耗	*1884.12.26
论拨船援台为今日最好机会	*1884.12.27
论粤人急公好义	*1885.01.03
守口刍言	*1885.01.05
续录守口刍言	*1885.01.06
三录守口刍言	*1885.01.07
条陈高事	*1885.01.13
书日人论台湾后	*1885.01.16
书本报昨录津电法人议和后	*1885.01.21
能战而后可和论	*1885.01.28
接续能战而后可和论	*1885.01.29
拨船援台不宜再迟说	*1885.01.30
亟宜查办猪仔以清其弊说	*1885.01.31
拟筑炮台说	*1885.02.23
中必胜法论	*1885.02.24
书本报谅山惊耗后	*1885.02.25
联民团以同敌忾说	*1885.02.26
接续联民团以同敌忾说	*1885.02.27
接续联民团以同敌忾说	*1885.02.28
接续联民团以同敌忾说	*1885.03.02
宜密布水雷说	*1885.03.04
缅甸故事考	*1885.03.12
论谋持不必远适异地	*1885.03.14
三续缅甸故事考	*1885.03.16
论士宜求实学	*1885.03.18
四续缅甸故事考	*1885.03.20
论星嘉坡法船购煤事	*1885.03.21
论法好用兵以残民	*1885.03.26

(续表)

论文名称	发表日期
论法人断敢窥伺粤垣	*1885.03.28
中法和议未定说	*1885.04.02
书中法和议电音后	*1885.04.09
和战务以得才为要论	*1885.04.16
中英有可合之机说	*1885.05.05
日本报述中日订约事	*1885.05.14
论冒名行骗之非	*1885.05.15
谅山战事虚实辨	*1885.05.20
古今彝患综论	*1885.05.21
英俄争据海岛中国利害说	*1885.05.25
法怨宰臣花利确证说	*1885.05.30
论澎湖险要	*1885.06.04
时务策	*1885.06.08
书本报中法议和信息后	*1885.06.10
英俄阿交涉起端详述	*1885.06.10
续时务策	*1885.06.11
谅山胜仗指证说	*1885.06.12
再续时务策	*1885.06.17
评论法事	*1885.06.17
中法详约书后	*1885.06.19
三续时务策	*1885.06.20
四续时务策	*1885.06.22
五续时务策	*1885.06.23
六续时务策	*1885.06.25
论详约与草约异同	*1885.06.26
胜法补纪	*1885.07.08
申论俄高订约事	*1885.07.15
宜慎选出使人员不可滥竽充数说	*1885.08.01

(续表)

论文名称	发表日期
和局既定宜亟筹善后事宜总论	＊1885.08.03
善后策设官第一	＊1885.08.04
善后策设官第二	＊1885.08.21
综论亚细亚洲时局	＊1885.08.23
善后裕饷第三	＊1885.09.03
中国方域总论	＊1885.09.09

注：打"＊"号者为《循环日报》论文；打"♯"号者为《申报》转载之《循环日报》论文。

以上根据夏良才先生《王韬的近代舆论意识和〈循环日报〉的创办》(《历史研究》,1990年第2期)和日本西里喜行先生《关于王韬和〈循环日报〉》(《东洋史研究》第43卷第3号,1984年12月,译文见于中国社科院近代史研究所编:《国外中国近代史研究》第10辑)两文及《申报》电子版整理。

附录三　上海格致书院考课题录

类别	命题者	题目
格致类	许应鑅	格致之学中西异同论。
	李鸿章	问《大学》格致之说，自郑康成以下无虑数十家，于近今西学有偶合否？西学格致，始于希腊阿庐力士托尔德，到英人贝根出，尽变前说，其始益精。逮达文、施本思二家之书行，其学益备，能详溯其源流欤？
	龚照瑗	泰西格致之学与近刻翻译诸书，详略得失，何者为最要论。
	李鸿章	杨子云难盖天八事以通浑天说。
	李鸿章	以月离测经度解。
	吴引孙	西历称善承明季之衰，试证之。
	聂缉椝	风性表说。
	刘坤一	潮汐应月说。
	李鸿章	问古设律度量衡，所测点线面体也。自声学、热学、光学、电学之说出，而寻常律度量衡之用几穷。西人测音、测热、测光、测电，果何所凭藉而知其大小多寡？能详言其法欤？
	胡燏棻	论事物各有消长，试求其正变公例。
	刘坤一	物体凝流二质论。
	李正荣	问枪炮取准必用抛物线法，今以二十四生特之炮，平击敌船，当若干里？若斜向下击，或斜向上击，各当若干里？究竟下击上击有何区别？果用何法乃能避其上击，仍不碍我下击？能静思其故得其数而详述欤？又以开花弹子下坠平口与平击竖口，当用何术使之不失累黍？能考其用法欤？
	李鸿章	问化学六十四原质中，多中国常有之物。译书者意趣简捷，创为形声之字以名之，转嫌杜撰。诸生宣究化学有年，能确指化学之某质即中国之某物，并详陈其中之体用欤？

(续表)

类别	命题者	题目
格致类	李鸿章	问锻炼金质,全视火候。西人将各物质试验,定为熔度,能一一详列欤?电池必用二种金类,一阴一阳,方能生电。有同一金质与彼金相较则为阴,与此金相较则又为阳,西人因列金质十数种,按序推排,任取二种,皆成阴阳,绝不淆乱。能详其说并列表以明之欤?
	聂缉椝	嵇叔夜《养生论》云:豆令人重,榆令人瞑,合欢蠲忿,萱草忘忧,薰辛害目,豚鱼不养,虱处头而黑,麝食柏而香,颈处险而瘿,齿居晋而黄。诸生研究物理,试析言其故,以补注家所未及,将觇素蕴焉。
	刘坤一	昔扁鹊为两互易心。仲景穿胸纳赤饼,华陀刳股去积聚,在肠胃则湔洗之。今其法华人不得,惟西医颇用其法,而不尽得手,究竟中西医理孰长?
	吴引孙	泰西医术自何时?传自何人?其病诸法,各国有无异同?视中东医理精粗优劣如何?试详证之。
	李鸿章	《周髀经》与西法平弧三角相近说。
	李鸿章	西法测量绘图即晋裴秀制图六体解。
	李鸿章	《管子·地数篇》解。
	聂缉椝	大洋海、大西洋海、印度洋、北冰海、南冰海考。
	刘坤一	上海海口形势舆图广袤城池道里丈尺考。
言语类	傅兰雅	华人讲求西学,用华文、用西文利弊若何论。
	聂缉椝	仓颉造字,篆隶渊源;扬子《方言》,齐楚言别。近自昆山顾亭林氏辑《音学五书》,辨五方之音字,考核綦详。泰西人语多诘屈,字皆斜行,而英、法两国文字语言,尤为各国通行,近译《英字入门》《英语集全》《法字入门》《法语进阶》诸书,为西学之初桄,果能吻合无误否?夫不译西字,曷窥制作之精;不解洋言,难应行人之选。其于中西及各国文字语言之异同,诸生讨论有素,其各条举以对。
教育类	沈秉成	两学储材说。
	刘坤一	书院之设,即古党庠术序之遗意。宋时鹅湖、鹿洞讲学著闻,胡安定行生以经学治事,分斋设课,得人为盛。中国一乡一邑,皆有书院,大率工文章以求科举。而泰西艺学,亦各有书院。自京师有同文馆,以肄算学,天津、江南有水师学堂,以习海军;上海设立格致书院,专论时务。踵事日增,中西书院不同,其为育才一也。或谓纲常政教,中国自有常经,惟兵商二途,宜集思以广益。第中西之载籍极繁,一人之材力有限,果何道而使兼综条贯,各尽所长欤?试互证而详论之。
	郑观应	三代以上党庠学校,以教以养,统隶于官。故人材之盛衰,关国家之兴废。自秦始皇焚书坑儒,以愚黔首,汉初崇尚黄老,私家传习各守专经,以迄唐宋,虽设学官,有同流赘。朝廷以科目取士,士亦竭毕生精力沉溺

(续表)

类别	命题者	题目
教育类		于诗赋时文帖括之中，书院介乎官私之间，虽亦能作养人才，而其所传习，亦不离乎三古遗风。其经费多出于官欤？抑多由私家捐办欤？其章程之不同者安在？中国将统古今合中外，使积习丕变，而民听不疑。设学将以何地为先？取法当以何国最善？科举与取士于学校之孰优？可详悉言之欤？昔年资遣出洋学生，所费颇巨，中途而废。说者谓年岁太小，中学未通，故为人所诟病。日本历派出洋肄业诸生，有无成效。应如何变通尽利，使一事半功倍欤？其悉抒谠论毋隐。
	郑观应	外国之富，在讲求技艺，日新月异。所以制造多，商务盛，藉养穷民无算。未悉泰西技艺书院分几门，学几年，艺乃可成？我中土何以尚未设技艺书院？各省所设西学馆、制造局多且久矣，未识有精通技艺机器之华人能独出心裁自造一新奇之物否？必如何振兴其事？请剖析论之。
人才类	龚照瑗	西汉人才可与适道，东汉人才可与立，三国人才可与权论。
	李正荣	张骞、班超优劣论。
	邵友濂	陈汤、甘延寿论。
	裴式模	中国各大宪选派办理洋务人员，应以何者为称职论。
富强治术类	周馥	中国近日讲求富强之术当以何者为先论。
	曾国荃	圣人有四府论。
	聂缉椝	《周礼·考工记》攻木之工七，攻金之工六，攻皮之工五，设色之工五，刮摩之工五，搏埴之工二，各有分职，厥类惟详。古之工作，多以人力；今之工作，间用机器。目今制造钢船铁炮，为防海之利器，亦格致家所宜及也。诸生讨论有素，其一一参校而详说焉。
	盛宣怀	问铁利为自强要务，汉阳厂基炉座，规模具举，大冶矿苗原旺，开采如何合法？钢铁以畅销为先，如何推广销路，利不外传？若使官督商办，能为经久之计否？织纺相辅而行，今欲推广纱利，兼顾布局，如何妥筹尽善？洋纱不用土花，如何改种洋棉，并使华棉有用？盍胪举所知以对。
	郑观应	古时劝百工之法，日省月试，既廪称事。曲台记著于《九经》。自《周礼·冬官》，经乱而逸，以《考工》一记补之。自汉以来，渐亡古制。百工居肆，间有传习，高曾规矩，日敝日窳。聪明才智之人，夷诸贱隶，亦遂无能克自振拔者。皆国家无以劝之故也。今泰西巧思奇器，日异月新。窃思名物家数，授受必有渊源。其由何时何人何法能不使各国仿造，能约略言之否？华人才智，岂皆远逊西人。惟用志不纷，乃凝于神。非童而习之，终身行之，子孙守之，不能精进不已也。宜如何设艺塾以教之，立艺科以奖之，赐金牌给凭照以维持之。试参酌中西详言规制。美国外部考察船炮，物美价廉，官厂不如商厂。费省而成功速，非由新意不能销售也。中国尚无商厂，应若何逐渐振兴，劝商民设立，请试言之。
	龚照瑗	中国创行铁路利弊论

(续表)

类别	命题者	题目
富强治术类	盛宣怀	轮船、电报二事应如何剔弊方能持久论
	盛宣怀	问海军衙门议造汉口至芦沟桥车干路,以资拱卫。或谓汉口至信阳山路崎岖,工程倍费;或谓取道襄樊路较平易;或谓由浦口起可兼运长江下游各省货客。南北干路,自系定策,取道远近难易,平陂繁简,将来勘择,不厌求详。如有熟识舆地之学,精核工程之计,以及如何分筹官本、商本,不借洋债,不买洋铁,以期有利无弊,盍详晰以对,并可绘图立说,备转陈择焉。
	盛宣怀	问各国至中国通商,按光绪十六年贸易册,英赢银至六千八十余万,而俄、美等国各补入中国银八九百万。核稽历年,大抵英必赢,而俄、美必绌。岂西国经商亦各有工拙欤?抑物产使然欤?今欲振兴商务,其策安在?
	盛宣怀	问中国工商生计多为洋人所夺,欲收回利权,应如何进口货少,出口货多,以期利不外散,权自我操?诸生留心时事,其各条举以对。
	郑观应	中国古者众建诸侯,各有分土,恶民之轻去其乡,故有崇本抑末之设。然官山府海,齐用富强;服贾牵车,卫隆孝养。日中为市,货殖成书;陶朱计然,古有专术。维时国家赋税取之于农民,商之操奇计赢以剥之,故抑之耳。自汉以来,土宇益廓,盐茶转运,亦国计所关。迨此次军兴及五口通商而后,厘金洋税,数垺地丁。中国度支,农与商遂各居其半。商务盛衰,隐关国本,安可侈言旧制,坐受困穷。惟中外商情,西巧而华拙,西大而华小,西富而华贫。必若何而后能维持补救欤?说者谓中国官商隔阂,剥商之政,以致此。近日华商创设公司,阴图专利,不公不溥,适以病商。应如何参用西法,尽祛其弊。泰西商部规制若何?商律之保护商民者何在?商学之开益神智者何方?现在之商务若何保全?将来之利源若何振兴?诸生关怀时局,留意有年,望条举所知,以咨商榷。
	薛福成	问中国近年丝茶出口之货,核通商总册,较光绪初年有增无减,而丝茶各商,日见耗折,其故何欤?今议整顿之法,其策安在?
	李鸿章	问印度近来讲求茶利不遗余力,幸茶味不及华产,是以销售未广,一时尚难与中国敌;惟印商近以华茶搀和印茶,冀畅销路,始则华多而印少,继则华少而印多。中国茶利,此后必渐为所夺,能预筹防弊之方欤?
	傅兰雅	中国仿行西法,纺纱织布,应如何筹办,以俾国家商民均沾利益论。
	吴引孙	问中国古今养蚕之法。宜取何术,致蚕丝收成日旺?并各国现在养蚕利病得失,视中国有无异同?出口之货,丝为大宗;浙江等省,尤以蚕务为重。诸生讲求时事,其详举所闻以对。
	吴引孙	洋药一项,每岁金钱出口甚巨,中国吸烟多,而罂粟之禁,虑妨民食,势必土浆少,洋药居奇,宜用何策,杜塞漏卮,无害谷产论。

(续表)

类别	命题者	题目
富强治术类	吴引孙	各省兵焚以来,军需善后多赖厘金以应度支,现在承平日久,未能遽停,库款仍绌。其盈虚损益情形,论时事者所宜考究。应如何筹节饷项,减免抽厘,以裕利源,而纾商力策。
	沈秉成	丝、茶、烟、布合论。
	聂缉椝	问各省仿行泰西设立银行,试言其利弊所在。
	曾国荃	铸银币得失说。
	吴引孙	问近来东南各省多用洋银钱,民尚称便。中国如自造金银各钱,应用何策?能否通行?有无利弊?试详言之,用备采择。
	吴引孙	问昔有行钞之法,多因滋弊而罢。如部局颁发银钱各币,必恒示天下以信。应如何变通古制,参用西法,详酌时宜,俾可通之四海,行之百年,免匮乏而保利权,便商民而济国用策。
	盛宣怀	问中国邮政应如何办法,其各以实义条对。
	薛福成	中国创设海军议。
	薛福成	问海军以船为本,有船则必有修船之坞。而修理铁甲船之坞尤为难得。以经费与地势限之也。近者北洋大沽、旅顺皆有船坞,胶州则甫经规划,将来能否渐修铁舰,均未可知。南洋惟广州之黄埔船坞,号为能修铁甲船,恐亦不甚宽畅。故中国近虽有铁舰,必须驶至日本之长崎借坞修理,甚非计也。夫以中国之大,岂竟无一善地可为铁甲船坞者乎?彼长崎之船坞,其初用费几何?究竟形势若何?中国经营铁甲船坞,以何地最善,能详悉言之欤?
农业类	龚照瑗	水旱荒灾平时如何预备,临事如何补救论。
	曾国荃	救荒备荒目前宜若何为尽善策。
	刘坤一	《隋书》婆登国有月熟之稻。《抱朴子》南海有九熟之稻。昔人又云天竺稻四熟,交趾稻再熟。今有其种否,能行诸内地否?《齐民要术》广志南方有蝉鸣稻。五月熟;青芋稻,六月熟;白汉稻,七月熟。《演繁露》又有红霞米。早熟且耐旱。其耐水者,宜何种?殷区田,周稻人,诸法久废。水旱之备,宜何施而可?
	郑观应	伊古黄帝分疆划井,禹平水土,主名山川,烝民乃粒。后稷播时百谷,成周遂以稼事开基。今所传区田之法,出于伊尹,行之或效或不甚效。孟子所谓上农夫食九人,其次食七人,最下食五人。知上古农书必有专学。屡经兵火,浸至失传。其散见于经史者,能略举之否?准古宜今,家喻户晓。泰西近日讲求化学,植物之最不可少者何质?试详言之。西人耘田用海岛鸟粪,中国不易致,能以他物代之否?古者开渠畎浍,树艺有经。今北方水利若何修复?沟渠筑塘浚井,何者宜先?英人治北印度,在高

(续表)

类别	命题者	题目
农业类		地蓄水,售与农民。可参用之否?泰西农部种树有专官。以为树多致雨,瘠地可变膏腴,规制若何?愿闻其略。南北各省寒暖迥殊,五土之宜,应如何肇兴大利,立富强之本。中国农民太愿,弗厌详求。以开风气,宜推广言之。
社会救济类	聂缉椝	《周官》大司徒保息六以养民,有赈穷恤贫之条。文王发政施仁,必先茕独,嗣是收养贫民,有普济堂、政先堂、体仁堂、广仁堂、养济院、留养局,名目不一,总为收养鳏寡孤独废疾贫民而设。上海善堂林立,而蒙袂乞食之徒时见于道路,盖博施济众,仁圣所难。闻欧洲诸国,亦设养济院,教以工艺,严其部勒。洁居室,别勤惰,厥法若何?其可得闻乎?
	郑观应	泰西善举甚多,除育婴、施医、禁酒、自新、恤孤、劝和、训哑、教聋等会外,又有恤贫院。凡丐食街市及无业游民,收入院中,教以浅近手艺,至期艺成,得以自养。诸院有设自国家者,有捐自官绅者,每岁所集经费,自十万数十万不等。窃思古者发政施仁,凡有鳏寡孤独穷民之无告者,皆在所矜恤,然则恤贫院亦当今急务,不悉当道与富绅能立此功德否?应若何筹款?其章程如何悉臻美善?请切实指陈以备采择。
国际与边疆局势	李鸿章	问各国立约通商,本为彼此人民来往营生起见。今设有一国,议欲禁止有约之国人民来往,其理与公法相背否,能详考博征以明之欤?
	李鸿章	德、奥、意合纵,俄法连横论。
	刘坤一	暹罗疆域政俗考。
	吴引孙	防海防路难易缓急论。
	胡燏棻	近日北边防务轻重缓急何在论。
	李鸿章	俄国西伯利亚造铁路道里经费时日论。
	李正荣	黑龙江通肯河一带请开民屯议。
	聂缉椝	朝鲜为中国藩属应宜如何保守论。
	李鸿章	西域帕米尔舆地考。
律政类	郑观应	考泰西于近百十年间,各国皆设立上下议院,藉以通君民之情,其风几同于皇古。《书》有之曰:"民为邦本,本固邦宁"。又曰:"众心成城"。设使堂廉高远,则下情或不能上达。故说者谓中国亦宜设议院,以达舆情,采清议,有若古者乡校之遗意。苟或行之其果有利益欤?或有悉其间利害者何?能一一敷陈之欤?
	刘坤一	《风俗通》论称:皋陶造律,至汉萧何因秦法作律九章,律之名所由始。其曰例者,《王制》之所谓比是也。古者狱辞之成必察大小之比。律有一定,例则随时变通。读律者有八字、十六字之分,剖析毫厘,不得畸轻畸重。无非明慎钦恤,以仁施法之意。《史记》言,匈奴狱久者不过十,一

(续表)

类别	命题者	题目
律政类		国之囚,不过数人,何其速而简也。宋邓萧对高宗言,外国文书简,简故速,中国文书繁,繁故迟。其说信否?西国用律师,判断两造,权与官埒。此中国所无也。中西律例异同得失安在?能详悉言之欤?
	吴引孙	中外各国刑律轻重宽严异同得失考。
	吴引孙	请永停捐输实官议。
	李鸿章	整顿中国教务策。

注:此表根据王韬《格致书院课艺》及王尔敏《上海格致书院志略》制作。

主要史料与参考书目

1. 王韬:《弢园文录外编》,香港光绪九年排印本。
2. 王韬:《弢园尺牍》,光绪癸巳沪北淞隐庐本。
3. 王韬:《弢园尺牍续钞》,光绪己丑铅字排印本。
4. 王韬:《蘅华馆诗录》,光绪庚寅弢园丛书本。
5. 王韬:《格致书院课艺》,光绪丙申袖海山房石印本。
6. 王韬:《瀛壖杂志》,岳麓书社1988年版。
7. 王韬:《瓮牖余谈》,岳麓书社1988年版。
8. 王韬:《漫游随录》,岳麓书社1985年版。
9. 王韬:《扶桑游记》,湖南人民出版社1982年版。
10. 王韬:《普法战纪》,光绪丙戌弢园王氏刊印本。
11. 王韬:《重订法国志略》,光绪己丑弢园老民校刊本。
12. 王韬:《遁窟谰言》,民国十二年上海大同书局版。
13. 王韬:《淞隐漫录》,上海点石斋石印本。
14. 王韬:《淞滨琐话》,上海进步书局铅印本。
15. 方行、汤志钧整理:《王韬日记》,中华书局1987年版。
16. 陈玉兰校点:《王韬诗集》,上海古籍出版社2016年版。
17. 太平天国历史博物馆编:《吴煦档案选编》,江苏人民出版社1983、1984年版。
18. 太平天国历史博物馆编:《太平天国文书汇编》,中华书局1979年版。
19. 中国史学会主编:《中国近代史资料丛刊》,《洋务运动》,上海人民出版社1961年版。

20. 中国史学会主编:《中国近代史资料丛刊》,《戊戌变法》,神州国光社1953年版。

21. 陈忠倚辑:《皇朝经世文三编》,光绪戊戌年石印本。

22. 赵靖,易梦红主编:《中国近代经济思想资料选辑》,中华书局1984年版。

23. 赵烈文:《能静居士日记》,台湾学生书局1964年版。

24. 李鸿章:《李文忠公全集》,《朋僚函稿》,光绪二十八年莲池书社本。

25. 王炳燮:《毋自欺室文集》,见沈云龙主编《近代中国史料丛刊》(第24辑),台湾文海出版社1967年版。

26. 梁启超:《中国近三百年学术史》,北京中国书店1985年版。

27. 南京图书馆藏:《万国公报》。

28. 南京大学图书馆藏:《申报》。

29. 南京大学图书馆藏缩微胶卷:*North China Herald*(《北华捷报》)。

30. 侯厚吉,吴其敬主编:《中国近代经济思想史稿》,黑龙江人民出版社1983年版。

31. 方汉奇:《中国近代报刊史》,山西人民出版社1981年版。

32. 戈公振:《中国报学史》,三联书店1986年版。

33. 王尔敏:《上海格致书院志略》,香港中文大学出版社1980年版。

34. 吴剑杰:《中国近代思潮及其演进》,武汉大学出版社1989年版。

35. 金耀基:《从传统到现在》,时报出版公司1978年版。

36. 熊月之:《中国近代民主思想史》,上海人民出版社1986年版。

37. 冯自由:《革命逸史》,中华书局1981年版。

38. 游唤民:《先秦民本思想》,湖南师范大学出版社1991年版。

39. 胡寄窗:《中国近代经济思想史大纲》,中国社会科学出版社1984年版。

40. 张力、刘鉴唐:《中国教案史》,四川省社会科学院出版社1987

年版。

41. 顾长声：《传教士与近代中国》，上海人民出版社 1981 年版。

42. 茅家琦：《太平天国对外关系史》，人民出版社 1984 年版。

43. 王绍坊：《中国外交史》（第一卷），河南人民出版社 1988 年版。

44. 姚海奇：《王韬的政治思想》，台湾文镜文化事业有限公司 1981 年。

45. 罗香林：《香港与中西文化交流》，香港中国学社 1961 年版。

46. 林启彦、黄文江主编：《王韬与近代世界》，香港教育图书公司 2000 年版。

47. 费正清编，中国社会科学院历史研究所译：《剑桥中国晚清史》，中国社会科学出版社 1985 年版。

48. 马士著，张汇文等译：《中华帝国对外关系史》，商务印书馆 1963 年版。

49. Helen H. Legge, *James Legge: Missionary and Scholar*, London, 1905.

50. Paul A. Cohen, *Between Tradition and Modernity: Wang Tao and Reform in Late Ching China*, Harvard University Press, 1974.

51. Ping Li Ho and Tang Tsou eds, *China in Crisis*, Chicago, 1968.

52. Mary Clabaugh Wright, *The Last Stand of Chinese Conservatism, the Tung-Chi Restoration*, 1862 – 1874. Stanford University Press, 1962.

53. Joseph R. Levenson, *Confucian China and Its Modern Fate: A Trilogy*, University of California Press, 1965.